U0135315

魏晋之际的政治权力与家族网络

On the Cusp between Wei and Jin: Power and Networks during the Transition (249-300A.D.)

修订本

仇鹿鸣 著

上海古籍出版社

图书在版编目(CIP)数据

魏晋之际的政治权力与家族网络 / 仇鹿鸣著. —修订本. —上海：上海古籍出版社，2020.8（2023.5重印）
ISBN 978-7-5325-9655-3

Ⅰ.①魏… Ⅱ.①仇… Ⅲ.①政治制度—研究—中国—魏晋南北朝时代 Ⅳ.①D691.21

中国版本图书馆 CIP 数据核字(2020)第 100284 号

书　　名	魏晋之际的政治权力与家族网络(修订本)
著　　者	仇鹿鸣
责任编辑	陈丽娟
美术编辑	严克勤
技术编辑	耿莹祎
出版发行	上海古籍出版社
	（上海市闵行区号景路159弄1-5号A座5F 邮政编码201101）
	（1）网址：www.guji.com.cn
	（2）E-mail：guji1@guji.com.cn
	（3）易文网网址：www.ewen.co
印　　刷	江阴市机关印刷服务有限公司
版　　次	2020 年 8 月第 1 版
	2023 年 5 月第 6 次印刷
规　　格	开本/890×1240 毫米　1/32
	印张 13.125　插页 9　字数 318,000
国际书号	ISBN 978-7-5325-9655-3/K·2852
定　　价	88.00 元

序

韩　昇

在中国古代历史的研究中，短暂王朝的历史往往没有得到足够的重视，容易轻易地下个结论，以偏概全，或者一笔带过。典型的如秦朝，大家都津津乐道其统一的伟业，书同文，车同轨，而不注意揭示从封建制到郡县制转变的过程，及其对汉朝崛起的影响，秦始皇的暴政必须从这个过程中才能得到深刻的理解。至于“汉承秦制”的通论，更是流于表象，后起的王朝总是以前朝为镜鉴的，汉朝的治国理念反秦之道而行之，所承之制背后的灵魂截然不同。同样的情况在隋唐之际再次重演，没有从国家意识形态崩溃、民族对立、急功近利的唯权力论横行而造成的国家机器和基层社会的分崩离析去考察重新统一趋势的形成过程，就无法领悟隋唐两代的起承转合，兴替跌宕。因此，所谓“唐承隋制”，犹如看到唐朝开的是和隋朝同一个品牌的车子，就认为他们是一回事，而且因为开车的司机曾经相识，就指认他们是同伙，属于“关陇集团”。其实，刘邦和李世民远比世人理解的高明得多，他们看到前朝打造了一部好车，所以都继承了过来。但是，他们看到问题不在于车子，而在于开车的人，因为开车去撞人，最后被愤怒的人群掀翻了，所以他们接过这部车子，载上人群去赶路，去让大家享受坐车的快乐。你能说前后的司机是同伙吗？为什么我们的眼光总是停留在那部车子上面，投去羡慕的眼光和啧啧的赞叹，而罔顾行车精神和目的的质变,难道唯有物才是历史评论者的史观吗?

秦和隋还算是好的,毕竟是统一进程中的短命王朝,至于西晋史的研究就更加难以与之相提并论了,因为它属于分裂过程中夭折的王朝,从西晋平吴实现统一起算,这个王朝也就维持了三十七年,其中十六年还在“八王之乱”的兵燹中度过,如此短命的统一王朝,在中国历史上绝无仅有。所以,在历史叙述中往往被一笔带过,或者简单概括为奢靡、贪婪、白痴和政治上的不思进取,清谈误国。对历史作简单草率的处理,或者带着预先设定的观点以及强烈的价值判断去观察,就无法揭示历史真相,更不能对后人有所启发。

实际上,西晋的统治者并非不思进取、无所作为。从司马懿以至西晋武帝,有一个一以贯之的思想,那就是推崇“孝”,以孝入法,以孝治天下,企图打造出一个君臣父子秩序井然的社会,一个有道德的文明时代。这一点不应该一笔抹煞,斥之为虚伪,也不能简单地用政治派别来区分思想,诸如法家崇尚简朴法制,儒家热衷奢靡人治等,虚构一幅党派线条清晰却是人造的魏晋历史图画来。

西晋最大的问题有两个。一是政治人事问题,司马氏继承的是曹魏的人马和传统,如何转变到西晋自己的政治路线上来,这个问题司马氏一直没有处理好。第二个问题更重要,那就是如何树立适应当世、引领思潮的文化思想。在这个问题上,司马氏做得更差。

东汉不亡于黄巾民变,而亡于清流官僚,其背后是“党锢之祸”以后汉代统治思想彻底崩溃,造成整个有历史使命感的清流阶层的信仰崩溃,于是反统治意识形态的各种思潮纷纷兴起,思想之混乱,莫此为甚。一方面当然可以称之为思想大解放。但是,这个大解放是在漫无目标、没有基本方向下的漂流,四顾茫然,乡关何在?道德一再被摈弃,人心不能凝聚,反映在政治现实上就是各地豪杰拥兵自重,相互征伐。以前的历史著作称他们为新军阀,恐怕不妥。割据一地者多为清流领袖,或有志于澄清天下的新秀,但是,他们在政治上互相不服,在思想上谁也提不出一套能够为多数人信服的新道德、新理论来。曹操、刘备、孙权、诸葛亮等人只能做到相对的政治清明,但是,传统法家的政治权术不足以构成主流意识形态,儒家的道德又被东汉的腐败政治现实污名化,被斥为虚伪而弃之如敝屣。司马氏出身于传统儒学大家,他试图用大家族伦理中的"孝"来重建国家意识形态。然而这种观念已经落伍,我们应该注意到东汉末期流传的童谣"举秀才,不知书;举孝廉,父别居。寒素清白浊如泥,高第良将怯如鸡",透露出对于"孝道"反人性与虚伪性的批判。在社会动荡时代,大家族制度首当其冲,山谷陵替,旧族衰落,新人云起,想用已经破产的宗法绳索去驯服新的时代,当然不会成功,而且更因为西晋皇室内部的血腥争斗而令旧道德彻底失去人心,导致了西晋以后社会彻底的瓦解。

西晋的失败,应该放在东汉以来政治社会与国家意识形态大崩溃的背景下来认识。魏晋之际错综复杂的政治人事关系,以及统治者面对高昂激化的舆论时应对失措,无能、不作为和用错药,变成恶性循环,社会迅速断裂为碎片,"八王之乱"又勾引胡族参加到争权夺利的内讧中来,政治破产、信仰崩溃加上民族斗争,从而造成了中国历史上最为漫长的分裂时代。西晋是这个大崩溃时代的庸医,非但没能救世,反而用老处方给气息奄奄的病人开了一剂毒药。

短暂的王朝容易被人忽视,但它处于历史转折点上,是不可跨越的桥梁,其内容和启示意义丰富而深刻,成为后来者的镜鉴。许多强盛王朝的制度和做法,其源头往往都能追溯到前一个短暂王朝,这样的事例很多。将这些朝代的历史一笔带过,整个历史过程就被打断,甚至被碎片化。历史是一个连续的过程,我们更应该关注的不是结果,而是事物是如何形成的,只有对过程有全面而准确的把握,才能对既成事实有深刻的理解,进而对未来的趋势有所展望。

真正对历史有深刻感悟的人,从来都重视短暂王朝的研究。唐太宗以史为鉴,特别注重对隋朝的剖析。人们会说那是以前朝为鉴,历代皆然。但是,我们不应该忘记,唐太宗也特别重视晋史,甚至为《晋书》执笔撰文,此即可见一斑。

当然,做短暂王朝史的研究,难度更大。就魏晋史而言,既要有大视野,要看得清时局大势,又要有足够的观察力,能够在混乱的政治人事关系中,循着蛛丝马迹将历史真相钩沉揭示。而且,这段历史的研究,积累非常丰厚,从近代历史学在中国确立以来,魏晋史研究就不断取得进展,从文献整理、历史考证到史事评论、理论辨析,无不硕果累累。在日本,魏晋史也一直处于研究前沿,其中国史研究的代表性著作中,魏晋史论著占有相当的比重。对于后来研究者而言,在这片园地开垦是非常好的锻炼,既要善于把握宏观与微观的平衡,又要善于继承和创新。史料记载不足,是做魏晋史研究的薄弱之处,需要研究者有很好的历史领悟力,其观点可以展示作者认识的境界。研究积累丰厚似乎是个优势,然而,以往的学说也包含着研究者的主观判断,甚至是误解,不能批判性地继承,就可能成为包袱甚至是障碍。

仇鹿鸣博士从大学本科时就选择了魏晋南北朝史为研究方向,一直坚持不懈,他像一位优秀的长跑运动员,每天清晨,都能看到他端坐于书桌前静静读书,从不间断。时代风云往往在他胸中激荡,卷起思绪万千,评骘论说,慷慨激昂。近年来,书越读越多,史料辨析与阅历倍增,更显静气,思考周详,论证缜密,洞察愈深。这本书是他在博士论文基础上修订而成的专著,对魏晋之际的政治关系有相当深入的辨析考订,往往有出人意表的新见,且言之有据，成一家之言。我读过此书多遍，所以敢说这本书一定是研究魏晋史必须一读的著作，相信大家读了以后也会有同感。

这本书好在哪里呢？我不想在这里做书评，只说一点，那就是对魏晋之际的政治过程有细腻而深入的分析，对于错综复杂的政治人事关系做了梳理，让读者能够在政治过程的细微之处，看清楚事件的原貌，力图还原出真相来。一旦将这些问题辨析清楚了，作者对于这些问题的提炼及评说，会让人领略到以往未曾想到的新的魏晋史，不禁发出原来如此的感叹，同时又在感叹中对这段历史的认识到达一个新的高度。

一本好的历史著作，一定是对历史进程的详实把握，不放过任何一个细节，同时又是对此过程有一个批判性的理论思考，给人回味无穷。这是历史与研究者的呼应，也是研究者与读者的互动。我们都朝着这个方向努力，而每一位研究者的成果都会带给我们启发和惊喜，让我们开卷阅读吧。

目录

绪　论

第一节　学术史的回顾与反思

魏晋之际的历史演变素来不乏前贤时彦的垂注，相关论著堪称宏富，研究积累深厚。因此笔者展开学术史回溯时，以个人的耳闻目见，难免有挂一漏万之虞，且牵涉线索众多，恐难以面面俱到。由于本书主要运用政治史与家族史相结合的研究方法，致力于探讨魏晋之际的政治变化以及家族网络在其中所起的作用，因此在学术史回顾的部分，采取以问题为导向的回溯方式，主要围绕魏晋政治史研究及“政治集团”分析范式的运用、士族政治这两个与本书主旨密切相关的问题展开讨论。笔者试图在现代学术演变的脉络下，对过去的研究方法与分析范式加以梳理，并结合前人的研究，提出自己的思考。对于确实难以涵盖其中但与本书研究内容相关的学术成果，则在具体的论述分析中加以引证。

在现代学术框架下探讨魏晋之际的政治演变影响最大的莫过于陈寅恪对于魏晋两代统治阶级性质的分析。陈寅恪在 1950 年发表的《崔浩与寇谦之》一文中，对魏晋之际政治转折的意义做出如下表述："东汉儒家大族之潜势力极大，虽一时屈服于法家寒族之曹魏政权，然百足之虫，死而不僵，故必伺隙而动，以恢复其旧有地位。河内司马氏，虽即承曹叡之庸弱，渐握政权，至杀曹爽以后，父子兄弟相继秉政，不及二十年，遂成帝业。"〔1〕1956 年发表的《书世说新语文学类钟会撰四本论始毕条后》一文从分析魏末士人热衷的才性离合论题入手，见微知著，认为这一玄学问题探讨背后反映的是曹氏、司马氏两党的政治纷争，并再次指出魏为东汉内廷阉宦阶级之代表，晋为外廷士大夫之代表，则魏、晋之兴亡递嬗乃东汉晚年两统治阶级之竞争胜败问题。〔2〕 陈寅恪的观点主要涵盖了以下几个层面：首先，必须要在东汉末年士人与宦官斗争的延长线上来考虑魏晋之际的政治变化；其次，魏晋嬗代并不是一次单纯的易姓革命，背后的实质是两个不同性质统治阶级之间的更替，西晋立国之后所施行的孝治天下、封建五等等措施皆反映出西晋政权的儒家特质；其三，魏末政治的实质是曹、马两党的斗争。

陈寅恪以阶级升降、政治集团等概念工具来解释魏晋两代的政权交替，将魏晋之际政治、社会、文化诸面相的变化整合到

〔1〕 陈寅恪《崔浩与寇谦之》一文最初发表在《岭南学报》第 11 卷第 1 期，1950 年 12 月，收入《金明馆丛稿初编》，生活·读书·新知三联书店，2001 年，第 144 页。

〔2〕 陈寅恪《书世说新语文学类钟会撰四本论始毕条后》一文最初发表在《中山大学学报》1956 年第 3 期，收入《金明馆丛稿初编》，第 47—54 页。另陈寅恪 1945 年发表的《陶渊明之思想与清谈之关系》其实已初步谈到这一问题，指出当时诸人名教与自然主张之互异即是自身政治立场之不同，但限于论文主旨未作进一步的阐发，见《金明馆丛稿初编》，第 203—204 页。而几乎同时，唐长孺的多篇论文也涉及清谈、玄学、才性论争这些文化论题背后的政治分歧，参读《魏晋才性论的政治意义》、《清谈与清议》、《魏晋玄学之形成及其发展》，皆收入氏著《魏晋南北朝史论丛》，生活·读书·新知三联书店，1955 年，第 289—350 页。

一个共同的分析框架中加以阐释,指出魏晋两代的根本性变化在于:由于其统治阶级出自不同的社会阶层,受不同的文化熏习,因而也奉行不同的治国方略,而这源自汉末的两大对立政治势力的兴替构成魏晋政治的基本底色。这一假说奠定了在现代学术意义上研究魏晋嬗代的基础,对于后续研究实有发凡起例的意义,此后关于魏晋之际历史的研究大都笼罩在陈寅恪提出的分析框架之中。

其后,在此问题上加以推进的是陈寅恪的学生万绳楠,他在1964年发表的《曹魏政治派别及其升降》一文中指出曹魏政权中存在着汝颍、谯沛两个政治集团,曹魏政权主要依靠了汝颍的旧世族和谯沛的新官僚,汝颍集团标榜儒学,主要担任文职;谯沛集团则以武风见称,主要担任武职。汝颍集团通过在储位之争中支持曹丕,取得了对谯沛集团的优势,高平陵之变的实质是汝颍集团与谯沛集团的决战,最终以司马氏为代表的汝颍世族取得了胜利,控制了曹魏政权,为魏晋嬗代奠定了基础。〔1〕尽管柳春新曾经对汝颍集团这一概念的边界加以修正,〔2〕黄炽霖则通过对曹魏官员出身籍贯的统计,对万绳楠的假说提出质疑,认为汝颍士人直至魏明帝时代方在朝中占据优势,但以上二位所论仍大体沿用万绳楠所设定的分析框架。〔3〕直至当下,汝颍集团、谯沛集团依然是大陆学界在研究曹魏政治时广泛使用的概念。

万绳楠的研究主要在两个方面对陈寅恪的学说进行了拓

---

〔1〕万绳楠:《曹魏政治派别及其升降》,《历史教学》1964年第1期,第2—11页,后修订收入氏著《魏晋南北朝史论稿》,安徽教育出版社,1983年,第78—92页。

〔2〕柳春新认为曹操政权中的汝南士人很少,应将汝颍集团修正为颍川集团。参见氏著《汉末晋初之际政治研究》,岳麓书社,2006年,第15—30页。

〔3〕黄炽霖:《曹魏时期中央政务机关之研究》,文史哲出版社,2002年,第233—241页。

展，首先在研究的时间段上，万绳楠主要讨论了曹魏中前期的政治史，由于陈寅恪侧重分析曹魏后期曹、马之争的性质，未及对曹魏中前期政治问题加以考述，万绳楠则通过对汝颍、谯沛这两个政治集团的构拟弥补了陈寅恪东汉末年士人与宦官斗争一直延续到晋初这一假说在时间链条上的缺环。其次，万绳楠在检讨汝颍、谯沛这两个政治集团不同的特质时，引入了地域这一陈寅恪所惯用的分析维度，陈寅恪在前引论述中主要以社会阶层、文化熏习及用人标准来区分曹、马两党，而万绳楠则强调两个政治集团的地域特征，并且指出汝颍多任文职、谯沛多为武人这一文武分途的特征。〔1〕而田余庆也受到陈寅恪论述的启发，指出曹操与袁绍之争的性质在社会地位上是两个阶层之争，在意识形态上是儒法之争，但田余庆认为曹魏政权的世家大族化在曹操晚年便已开始，不必等到河内司马氏的兴起，并不赞成陈寅恪以儒法之争来解释魏晋之际的历史现象。〔2〕

尽管在1949年之后的很长时间内，随着大陆政治气候的变化，更多地突出对农民战争、社会经济形态等问题的研究，关于王

---

〔1〕按地域特征以及从文武合一到文武分途都是陈寅恪论述关陇集团时所反复强调的因素，而从万绳楠的论述中不难看出其研究受到关陇集团学说影响的一面。

〔2〕田余庆：《曹袁之争与世家大族》，《秦汉魏晋史探微（重订本）》，中华书局，2004年，第145—162页；《东晋门阀政治》，北京大学出版社，2005年，第280—281页，而胡宝国《读〈东晋门阀政治〉》一文对于陈寅恪、田余庆两位意见的分歧亦有讨论，收入氏著《虚实之间》，社会科学文献出版社，2011年，第6页。唐长孺虽然没有正面论述此问题，但他在《魏晋才性论的政治意义》一文中指出曹操的法家色彩，并提出袁曹之争代表了统治阶级内部新旧两政治集团的矛盾，在《东汉末期的大姓名士》（《魏晋南北朝史论拾遗》，中华书局，1983年，第25—52页。）一文中又提出三国政权的上层统治者主要也是从老一代到年轻一代的大姓名士中选拔出来的，他们是构成魏晋士族的基础，其看法似乎与田余庆更为趋近。

朝统治集团的探讨因与时势违碍而转入沉寂，[1]学者也很难公开征引陈寅恪的论著。[2] 但陈寅恪的学说依然在海外研究者中激起了相当的回响，台湾学者刘显叔在 1970 年代发表了两篇长文，综合性地讨论了东汉至晋初的政治变化，认为东汉末年士大夫阶层内部可以划分为儒家士大夫与清流士大夫两类，清流士大夫通过交游、品题、清议等手段，在汉末形成了一种超越城乡隔阂与身份差别的清流社会。尽管清流士大夫占据了汉末政治舞台的中心，却依然有一批恪守儒家道德规范的士人对清流士大夫的结党浮华之风加以批判，起初在宦官势力的压迫下，两者之间的差异尚不明显，清流阵营中也包括了许多儒学礼法之士。但进入三国之后，两者之间的分歧日益显著，清流士大夫受到儒家大族与法术主义专制政权的共同敌视。曹爽与司马懿之间的斗争便反映了清流名士与儒家大族之间的对立，最终代表儒家大族力量的司马氏胜出，西晋是一个在儒家大族支持下建立起来的政权。[3] 刘显叔的

---

〔1〕 尽管关于统治阶级的研究在 1949 年后不再成为学术热点，但对曹操的讨论是其中的一个例外，特别是郭沫若在 1959 年初提出为曹操翻案的问题，激起了历史学界的激烈讨论，作为新中国人文社会科学领域的官方领导，郭沫若这一问题的提出与毛泽东对曹操的好感有直接的关联，另一方面郭沫若提出这一问题是否在学术上受到陈寅恪看法的影响或许是一个值得考虑的问题，毕竟郭沫若对陈寅恪的研究有长期的关注，他对《再生缘》的兴趣便是一个很好的例子。而在这场讨论中，朱永嘉已着重从儒、法对立的角度强调曹操的法家特质，见《论曹操的抑制豪强及其法家思想》，收入《曹操论集》，生活 · 读书 · 新知三联书店，1960 年，第 365—373 页。另关于这一时期大陆魏晋史研究的特点可参读何启民：《〈历史研究〉一九五四~一九六六年间有关魏晋南北朝史论文之讨论》，《政大历史学报》第 13 期，1996 年，第 1—7 页。

〔2〕 田余庆自承其写于 1974 年的《曹袁之争与世家大族》一文，虽然处于当时的政治背景下无法征引陈寅恪的意见，但在学术上是受其启发的，见《秦汉魏晋史探微》，第 161 页，可见陈寅恪之论即使在特殊年代，依然对学界有着潜在的影响。

〔3〕 刘显叔：《东汉魏晋的清流士大夫与儒家大族》，《简牍学报》第 5 期，1977 年，第 213—244 页；刘显叔：《论魏末政争中的党派分际》，《史学汇刊》第 9 期，1979 年，第 17—46 页。

研究显然是在陈寅恪曹魏是法家寒族政权、西晋是儒家大族政权论述的基础上进一步展开讨论，并提出修正意见，他通过对士人文化身份的进一步细分，追踪汉末清议风气在魏晋政治中的延续与回响，特别关注士人内部儒家士大夫与清流名士之间的分野，指出代表儒家大族的西晋政权与汉末清流之间存有相当的距离。卢建荣则根据曹爽、司马懿政策取向的不同，运用“变法派”与“保守派”两个概念来分析曹爽与司马懿之间的政治斗争。[1]

关于晋初的政治纷争则以陈寅恪的学生徐高阮《山涛论》一文最为著名，[2]徐文进一步将西晋初年的党争放在魏末曹、马之争的延长线上加以考虑，强调魏末相对抗的两股势力在晋武帝一朝不断演出了新的争衡，在晋初政治中活跃着一股以山涛、羊祜为核心的亲魏政治力量，这一名士阵线与司马氏的死党贾充等人的政治冲突，背后的社会根源是士大夫中不同门户的对立，这构成了晋初政治分野的基本特征。[3]《山涛论》是魏晋政治史研究的名篇，在学界具有广泛影响，但涉及具体结论，笔者大体赞成周一良对此文的评论：徐文对史料驱使之熟练与运用之巧妙使我叹服，但并不同意他的结论。[4] 晋初的政治角逐是否仅仅是魏末曹、马之争的延续，当时是否有一股亲魏的政治势力长期存在，对于徐文立论的两个关键前提，笔者皆感到怀疑。徐文一方面认为这一亲

---

〔1〕 卢建荣：《魏晋之际的变法派及其敌对者》，《食货月刊》10 卷 7 期，1980 年，第 271—292 页。卢建荣的研究其实代表了另一种常见的研究取向，即运用一个较为现代且后出的概念，如变法、保守等，作为描摹某一政治派别面貌的依据，其长处是符合现代人的思维习惯，也便于借用一些西方的政治学理论做辅助分析，但难免有以今格古之嫌。

〔2〕 周一良以为徐高阮、汪篯、金应熙三人是陈门子弟中脑力、学力俱佳者，堪传衣钵。周一良：《纪念陈寅恪先生》，收入氏著《毕竟是书生》，北京十月文艺出版社，1998 年，第 148 页。

〔3〕 徐高阮：《山涛论》，《历史语言研究所集刊》41 本 1 分，1969 年，第 87—125 页。

〔4〕 周一良：《毕竟是书生》，第 89—90 页。

魏势力没有恢复旧朝的企图，另一方面也指出其在司马氏皇权下有着不懈竞夺政治大权的意志，这一结论不无自相矛盾之处，如果这一亲魏势力并不以恢复旧朝为目的，那么他们对于政治权力的争夺背后的驱动力究竟来自何处。徐文非常强调所谓亲魏势力对魏晋嬗代中存在的种种丑恶现象进行批评的清议色彩，确实在晋初政治中存在着一股具有清流色彩的政治力量，对魏晋嬗代之际种种丑恶酷毒的政治手腕进行了反思，〔1〕若仅仅因为他们的政治立场与司马氏稍有距离，便本着"非晋即魏"的两分预设，将其划为亲魏派，恐怕不免距离历史的实相稍远。〔2〕

进入 1980 年代以后，大陆学者重新开始关注魏晋政治史的研究，其中以曹文柱的论述较有代表性，其以时间顺序为线索，勾勒了晋初党争的基本轮廓，认为武帝一朝主要发生过三次较大规模的党争，党争的一方是以贾充为首的功臣集团，另一方则是西晋政治中的非主流派。〔3〕王晓毅则从思想文化的角度切入，将晋初的政治纷争归结为礼法之士与玄学名士之间的斗争。〔4〕亦有以博士论文为基础的专著试图系统地研究这一时期的政治变迁。如卫广来指出皇权的世俗化、士大夫的家族化、郡国的本位化是汉末分裂局面形成的关键因素，并以此为线索考述汉魏之际的政局变迁，但在具体的论述中则沿用了士族与豪族对立的两分法。〔5〕而柳

〔1〕阎步克：《西晋"清议"呼吁之简析及推论》，收入氏著《乐官与史官——传统政治文化与政治制度论集》，生活·读书·新知三联书店，2001 年，第 226—267 页。

〔2〕又如曹文柱将与贾充对立的政治势力定义为非主流派，这一命名方式无疑显示了作者难以对这一政治力量做出清晰描述的困惑，见《西晋前期的党争与武帝的对策》，《北京师范大学学报》1989 年第 5 期，第 44—51 页。

〔3〕曹文柱：《西晋前期的党争与武帝的对策》，《北京师范大学学报》1989 年第 5 期，第 44—51 页。

〔4〕王晓毅：《司马炎与西晋前期玄、儒的升降》，《史学月刊》1997 年第 3 期，第 20—28 页。

〔5〕卫广来：《汉魏晋皇权嬗代》，书海出版社，2002 年，第 6—280 页。

春新关于汉晋时代政治史的研究，侧重于对具体政治事件的考证，例如他考订对曹魏政治走向颇为重要的“魏讽谋反案”和“青龙浮华案”的相关史实，分析过去关注不多的曹魏文帝、明帝时代的政治特征，皆别具新意，但其分析框架依旧蹈袭万绳楠的汝颖、谯沛之分，并继续沿此地域—政治集团的进路，提出曹爽集团与司马懿集团的分野反映了曹魏政权中河南士人与河北士人之间的矛盾。[1]

日本学者对于中国史的研究具有独立的学术脉络，其对于魏晋之际历史的考察往往笼罩在时代分期论争的背景之下，背后的理论关怀与中国学者有所不同，[2]但据笔者粗浅的观察，在具体研究中，汉末清流与地方名族层结合所形成的司马氏派与忠于曹魏的反司马氏派之间的对立，也是常见的分析模式。这一分析模式肯定西晋政权的儒家特质，并倾向于将其视为六朝贵族制成立的关键因素之一。[3]

---

〔1〕 柳春新：《汉末晋初之际政治研究》，第15—20、79—88、127—173页。

〔2〕 相关的讨论可参读葭森健介：《中国史における貴族制研究に関する覚書》，《名古屋大学東洋史研究報告》第7号，1981年，第62—83页；都築晶子：《六朝貴族研究の現況—豪族・貴族・国家—》，《名古屋大学東洋史研究報告》第7号，第84—110页；中村圭尔著，夏日新译：《六朝贵族制论》，《日本学者研究中国史论著选译》第2卷，中华书局，1993年，第359—391页。

〔3〕 较有代表性的研究可参读葭森健介：《魏晋革命前夜の政界—曹爽政権と州大中正設置問題—》，《史學雜誌》95編1号，1986年，第38—61页；伊藤敏雄：《正始の政変をめぐって—曹爽政権の人的構成を中心に—》，收入野口鐵郎编：《中国史における乱の構図》，雄山閣，1986年，第241—269页；佐藤達郎：《曹魏文・明帝期の政界と名族層の動向—陳羣・司馬懿を中心に—》，《東洋史研究》52卷1号，1993年，第56—83页；近年活跃的渡邉義浩仍强调司马氏与名士群体的关系及西晋儒教国家的特质，参读《司馬氏の臺頭と西晉の建國》，《大東文化大学漢学会誌》第46号，2007年，第79—108页；《西晉における「儒教国家」の形成》，《大東文化大学漢学会誌》第47号，2008年，第77—96页。而津田資久最近对于这一两分法的研究取向提出了反思，《符瑞「張掖郡玄石図」の出現と司馬懿の政治的立場》，《九州大学東洋史論集》第35号，2007年，第33—68页。

应当承认以上列举的诸种研究，大体是站在陈寅恪相关论述的延长线上加以发展、修正，在政治立场、社会阶层、文化取向诸面向上对魏晋政权的转移加以研究，推动了我们对于这一时代变迁基本特质的思考。但是所造成的一个弊端便是广泛使用“清流士大夫”、“名族”、“名士”、“汝颍集团”这些既没有统一认识、也难以界定的分析概念，往往让学者有无所适从之感。[1] 运用政治集团这一理论工具分析政治纷争背后的阶级升降与文化变迁可以说是陈寅恪最擅长使用的研究范式，他对关陇集团的建构便是其中的经典范例。但是随着史学研究的进展，政治集团学说的不足之处也日益显现，学界对于关陇集团的概念界定、边界设置、下限延伸等问题皆有所质疑，而正是在这一论辩的过程中，大大推进了我们对北周隋唐之际历史变迁的认识。[2] 如果我们沿着学界探讨关陇集团概念的思路反观魏晋之际政治史研究的现状，可以发现运用政治集团学说所具有的利弊在这一时段的研究中也有充分的体现。

政治集团学说是分析古代高层政治斗争一个简便而有效的概念工具，通过区分政治群体不同的出身、地域、血缘关系以及利益结合程度，勾勒出互相对立的政治集团的轮廓，借此我们可以较为便利地从纷繁复杂的历史记载中整理出清晰的线索，收到化繁为

---

〔1〕 关于这一问题系统的反思可参读安部聡一郎：《清流・濁流と「名士」—貴族制成立過程の研究をめぐって—》，《中國史學》第 14 卷，2004 年，第 167—186 页。

〔2〕 对此问题贡献最大的当属黄永年的一系列论文如《关陇集团到唐初是否继续存在》、《说李武政权》等，主要收入他的论文集《文史探微》一书中，中华书局，2000 年；韩昇在《隋文帝传》中通过对隋文帝用人政策变化的研究，详细探讨了关陇集团在隋代开始动摇、瓦解的趋向，人民出版社，1998 年，第 256—289 页；综合性的评论参读雷艳红：《陈寅恪“关陇集团”说评析》，《厦门大学学报》2002 年第 1 期，第 72—79 页。

简的效果。[1] 尤其是陈寅恪本人的研究往往能够抉出不同政治纷争背后的社会、文化因素，将政治史的论述置于社会、文化变革的宏大背景中加以展示，发赜阐幽，引人入胜。但需要警惕的是过于明晰的历史叙事往往会遮蔽掉很多演进过程中的复杂断面，特别是对魏晋之际这一充满动荡与变革的时代而言，我们在使用一些概念工具时更需小心谨慎。[2]

陈寅恪对于魏晋政权转换的认识虽然发表于1950年代，但应当已经思考酝酿相当长的时间，[3] 相关论述就篇幅而论在陈寅恪

---

〔1〕 正缘于此，毛汉光等学者试图在陈寅恪政治集团学说的基础上加以拓展，抽绎出核心区、核心集团等概念，以此为中心构筑古代政治史研究中具有普遍应用价值的工具理论，毛汉光：《中古核心区核心集团之转移——陈寅恪先生"关陇"理论之拓展》，收入氏著《中国中古政治史论》，上海书店出版社，2002年，第1—28页；王德权：《"核心集团与核心区理论"的检讨——关于古代中国国家权力形成的一点思考》，《政大历史学报》第25期，2006年，第147—176页。另甘怀真《政治制度史研究的省思——以六朝隋唐为例》一文中有"陈寅恪集团理论及其影响"一节，对此亦有简要的反思，收入《中华民国史专题论文集第四届讨论会》第1册，台北"国史馆"，1998年，第497—499页。

〔2〕 内藤湖南关于历史时期党争性质变化的观察值得重视，其指出作为唐宋变革的一个面向，唐代的朋党以贵族为主，专事权力斗争，宋代的朋党明显地反映了当时政治上的不同主张，即宋以前的朋党是以血缘、姻亲关系为基础的，不涉及具体的政见，而以支持某种政治主张为基础凝聚成型的派系则是在宋以后才出现的，见《概括的唐宋时代观》，《日本学者研究中国史论著选译》第1卷，中华书局，1992年，第15页。那么政治集团这一从现代政治中抽离出的概念，在唐以前如何界定运用，是否有效，值得进一步思考。

〔3〕 陈寅恪1945年发表的《陶渊明之思想与清谈之关系》一文中即已谈到此问题，万绳楠整理的《陈寅恪魏晋南北朝史讲演录》已反映出陈寅恪对魏晋之际的诸种变化有系统的看法，该书主要根据万绳楠1947—1948年在清华大学历史研究所听课的笔记整理，黄山书社，1987年，第13—22页。学界通常认为1950年代以后，陈寅恪受时势刺激，研究兴趣逐步转向发掘明清之际的"心史"，余英时：《试述陈寅恪的史学三变》，收入氏著《现代危机与思想人物》，生活·读书·新知三联书店，2005年，第453—492页，那么可以认为他对于魏晋易代问题的基本看法在1949年前既已成型。

的论著中并不占有太重的分量，[1]相对于体系较为严密的关陇集团一说而言，也给后学留有更多的拓展空间。但是学者从各自研究需要出发所提出、运用的不同概念，由于缺少统一的认识与界定，应当说在一定程度上阻碍了讨论的深入。至于政治集团学说本身在概念界定、边界延伸、下限设定等问题上存在的缺陷也有相当充分的表现。[2] 比如曹操起兵固然依靠汝颍名士与谯沛武人的支持，但是这两个以地域为特征政治群体的分野是否能够延续至魏末，并足以解释曹、马之争的实质？笔者对此抱有相当的怀疑。同样，西晋初年的党争无疑与魏末的政治有着千丝万缕的联系，但是仅仅将其作为魏末政治延长加以考论，恐有目不见睫之虞，至少忽视了司马氏祖孙三代四人之间所存在的差异与司马氏集团内部的显著变化。其他的一些概念如儒家大族、名族层、清流士大夫等，适用的范围与有效性都有进一步廓清的必要，如何能在学界形成共识的基础上使用这些概念与分析模式，尚待进一步的努力。同时，笔者认为讨论魏晋之际这一复杂的变革时代，仅仅使用政治集团这一分析概念，并不足以说明所有问题，必须要从历史变化本身的脉络出发，注意分析多种政治、社会因素的共同作用。

1980 年代以来，涌现了不少从具体历史事件的考证入手，通

〔1〕 陈寅恪主要在《崔浩与寇谦之》、《书世说新语文学类钟会撰四本论始毕条后》对此问题有所论述，其中《崔浩与寇谦之》旁涉此问题，不过四五页篇幅，《书世说新语文学类钟会撰四本论始毕条后》虽是以小见大的典范之作，但文字甚短，不到十页。

〔2〕 事实上，无论在实际研究中如何来划分政治集团，都是后人按照某些抽绎出的原则作出的，其间缺少了当事人自我认识这一维度。从某种意义上而言，当时这些人是否自我认同属于某一集团，是划分最根本的依据。因此，在今后研究中或许可以尝试从“主位观察”的角度发掘更多的史料，努力还原当时人本身的政治、文化及社会阶层认同。

过细节的考订复原魏晋之际政治变局的佳作，不但使得我们对于这段历史的认识更趋于立体，对笔者的研究也颇具启示。葭森健介从州大中正设置过程中的争论来透视曹爽、司马懿之间政治立场的不同。[1] 在葭森健介研究的基础上，吴慧莲以相似的思路分析曹爽推行考课法一事背后的政治争端，借此揭示曹、马之间的不同性质。[2] 这些从具体制度变化入手的研究，较之于先前仅仅使用变法、保守之类简单而模糊的标签来区分曹、马两党，无疑使我们对曹、马之争的实质有了更为深入的认识。景蜀慧则致力于魏晋之际士人心态的个案研究，运用文史互证的方法，揭示士人个体在乱世中的心路历程。她所讨论的人物，大都在魏晋之际的政治立场晦暗不明，这种对于士人个体复杂性的揭橥，有助于我们进一步反思预设当时政治人物"非曹即马"的传统研究路向。[3]

朱晓海从西晋咸宁二年(276)配飨于庙的功臣名单入手，揭示出司马氏集团内部复杂的权力结构与人事变迁，[4]可谓慧眼独具。日本学者安田二郎对于西晋政治史研究贡献甚巨，其辨析晋武帝"好色"这一说法的形成过程，指出泰始九年(273)选妃的实质是武帝借助外戚阵营的扩大，增强自身统治基础的一项举措。作者的另一篇论文则讨论了贾充这一人物在晋初政治中的复杂性，认为贾充坚决反对伐吴的原因在于齐王攸当时尚处于服丧期，不希望出现因武帝独占伐吴功勋而造成权威上升与

[1] 葭森健介：《魏晋革命前夜の政界—曹爽政権と州大中正設置問題—》，《史學雜誌》95 編 1 号，第 38—61 页。

[2] 吴慧莲：《曹魏的考课法与魏晋革命》，《台大历史学报》第 21 期，1997 年，第 59—78 页。

[3] 景蜀慧：《嵇康阮籍论析》，收入氏著《魏晋诗人与政治》，文津出版社，1991 年，第 75—161 页；《魏晋政局与皇甫谧之废疾》，《文史》2001 年第 2 辑，第 53—74 页；《何晏罹疾及服散考释》，《文史》2008 年第 4 辑，第 47—58 页。

[4] 朱晓海：《西晋佐命功臣铭飨表微》，《台大中文学报》第 12 期，2000 年，第 149—192 页。

专制君主化的局面。[1] 安田二郎的这一结论或许有求之过深的嫌疑，但启发我们抛开贾充“恩幸”这一传统的刻板印象，探究贾充在晋初政治中的真正作用。小池直子、权家玉的一系列研究则注意到贾充出镇及与太子联姻两事背后的政治异动，指出泰始七年(271)贾充出镇的诏命背后，可能蕴有武帝借此逼迫贾充嫁女与太子的意图，这场婚姻实际上迫使贾充疏远齐王攸，并表示出对太子地位的支持。[2] 如果将这三篇论文与安田二郎的研究联系起来考虑，则有助于我们认识贾充这一人物的复杂面相。

以上所列举的这些研究往往从考证具体政治事件的背景出发，论述更为绵密有力，并且或多或少对于既往党派分野视角下的魏晋政治史研究形成了挑战与修正，为我们更好地认识这一时段的政治变化提供了新的思考维度。将对具体政治事件的考证与魏晋之际整个时代的宏观把握相结合也是本书努力的一个目标。

本书另一个研究取径是观察家族政治网络在魏晋政治中的成长、拓展与运作，因此关于中古士族政治的一系列研究，特别是关于士族形成问题的讨论对笔者的研究颇有帮助。由于士族政治一直是中古史研究中的核心问题，名家辈出，论著可谓汗牛充栋，且不乏相关的研究综述。[3] 因此笔者将回顾的重点放在士族形成

---

〔1〕 安田二郎《西晋朝初期政治史試論》《西晋武帝好色攷》两文收入氏著《六朝政治史の研究》，京都大学学術出版会，2003 年，第 5—161 页。

〔2〕 小池直子：《賈充出鎮—西晉・泰始年間の派閥抗争に関する一試論—》，《集刊東洋学》第 85 号，2001 年，第 20—40 页；《賈南風婚姻》，《名古屋大學東洋史研究報告》第 27 号，2003 年，第 28—61 页；权家玉：《晋武帝立嗣背景下的贾充》，《魏晋南北朝隋唐史资料》第 23 辑，2006 年，第 58—70 页。

〔3〕 较为全面的研究综述，大陆方面参读陈爽：《近 20 年中国大陆地区六朝士族研究概观》，《中国史学》第 11 卷，2001 年，第 15—26 页；容建新：《80 年代以来魏晋南北朝大族个案研究综述》，《中国史研究动态》1996 年第 4 期，第 6—13 页；台湾方面则可参读宋德熹：《中国中古门第社会史研究在台湾——以研究课题取向为例(1949—1995)》，《兴大历史学报》第 6 期，1996 年，第 139—147 页；日本方面参照中村圭尔：《六朝贵族制论》，《日本学者研究中国史论著选译》第 2 卷，第 359—391 页。

问题以及魏晋家族与政治等方面，并努力勾勒士族研究学术史演变的内在理路。

国内关于魏晋时代大族的研究大约起源于 1930 年代，杨筠如在 1930 年出版的《九品中正与六朝门阀》一书是国内最早系统阐述六朝门阀形成与九品中正制度关系的专著，无论是在史料收集的完备，还是在论述的条理性上皆达到了相当的高度。〔1〕同样具有开创意义的研究是杨联陞《东汉的豪族》与陈啸江《魏晋时代之"族"》这两篇论文。杨联陞在文中指出两晋南北朝门阀的前身是汉代的豪族，东汉政权是在豪族支持下建立的，故豪族势力尤为强大，并通过门生故吏、选举请托等方式干预政治，汉末党锢是清流豪族与宦官外戚等浊流豪族的斗争。〔2〕陈啸江《魏晋时代之"族"》一文专论魏晋时代家族情况，注意到势族与寒门的差异，并对家族内部的共同行动、刑罚连坐、经济互助等问题进行了论述。〔3〕进入 1940 年代之后，则有谷霁光、蒙思明、王伊同等人的研究，〔4〕特别是王伊同《五朝门第》一书，影响巨大，成为这一领域奠基性的著作。〔5〕而命运多舛、时隔六十余年方得以重见天日的蒙思明遗稿《魏晋南北朝的社会》，以现在的学术进展衡量或许已属新见无多，但是前辈学者对于史料运用之熟练，论述之周详，令人叹服，〔6〕从中可以窥见在上世纪中叶，国内对于士族政治的

〔1〕杨筠如：《九品中正与六朝门阀》，收入《民国丛书》第 3 编 13 册，上海书店 1991 年据商务印书馆 1930 年版影印。

〔2〕杨联陞：《东汉的豪族》，《清华学报》第 11 卷 4 期，1936 年，第 1007—1063 页。

〔3〕陈啸江：《魏晋时代之"族"》，《史学专刊》第 1 期，1935 年，第 153—194 页。

〔4〕谷霁光《六朝门阀》、《崔浩国史之狱与北朝门阀》等论文后皆收入氏著《史林漫拾》一书中，福建人民出版社，1982 年，第 153—192 页。

〔5〕《五朝门第》一书初版于 1943 年，后经修订，1978 年由香港中文大学出版社重印，由于王伊同一直任教于美国，因此该书 1950 年代以后对于海外学界的影响尤大。王伊同：《五朝门第》，中华书局，2006 年。

〔6〕蒙思明：《魏晋南北朝的社会》，上海人民出版社，2007 年。

研究已经达到相当高的水准。

日本学界对贵族制的研究缘起于内藤湖南1922年发表的《概括的唐宋时代观》一文,提出了六朝至唐中叶是贵族政治最盛时代的观点。[1] 由于内藤湖南提出的唐宋变革论牵涉中国史时代分期这一关键问题,在日本学界引起了巨大的反响,尤其是对中世贵族性质的认识关系到这一理论是否能够成立,争论尤多。其中矢野主税在对魏晋时代的家族与政治进行综合性研究基础上提出的"寄生官僚说"尤其引人注目,他以《后汉书·党锢列传》为中心,将清流势力的人物逐一排比,指出这些人的子孙在西晋时代几乎没有高官显贵,因此认为西晋门阀贵族渊源于汉末至三国之间,出自与三国政权关系密切的士人,其权力来源于国家,对于国家具有寄生性。[2] 川胜义雄则提出了相反的看法,认为汉末的清流势力发展成为整个士大夫集团,在东汉末年的大混乱中不但没有丧失统一性,相反作为一种极大的潜势力存在,如果把三个军阀政权比拟为互相排斥的三个圆圈的话,那么士大夫集团则在政权的根底之处,结成了彼此连结的第四个圆圈,而魏晋贵族正产生于上述士大夫的门第之中。川胜义雄非常重视乡论的作用,认为正是乡论的存在遏制了豪族领主化的趋势,构成了士大夫自立性的基础,魏晋贵族并非得到君主自上而下的特殊保护,它的形成是具有普遍性的士大夫舆论由下来保障的。[3] 与川胜同出京都学派的谷川

---

〔1〕 内藤湖南著,黄约瑟译:《概括的唐宋时代观》,《日本学者研究中国史论著选译》第1卷,第10—18页。内藤湖南关于魏晋时代社会文化变迁的看法可以参读夏应元选编并监译:《中国中古的文化》,收入《中国史通论——内藤湖南博士中国史学著作选译》,社会科学文献出版社,2004年,第227—312页。另可参读福原启郎著,胡宝华译:《内藤湖南关于中世贵族制的思考方式》,收入内藤湖南研究会编著:《内藤湖南的世界》,三秦出版社,2005年,第257—286页。

〔2〕 矢野主税:《門閥社会成立史》,国書刊行会,1976年。

〔3〕 川胜义雄著,徐谷芃、李济沧译:《六朝贵族制社会研究》,上海古籍出版社,2007年。

道雄进一步强调士族自立性的特点，提出了豪族共同体理论，对于日本六朝贵族制研究具有深远的影响。〔1〕日本的东洋史研究具有自己独立的学术传统，对其论争中提出的种种问题必须要置于特定的语境与学术脉络中加以理解，非笔者所能置喙，这种笼罩在时代分期讨论宏大叙事之下的学术论争，无疑激发了一系列精彩纷呈的典范性研究，但是否同时也遮蔽了一些复杂的历史断面呢。谷川道雄曾经感叹日本年轻一代学者已经失去了对时代分期这样宏大问题的关怀，仅仅满足于对历史细节的考证，〔2〕笔者却以为这种转变未必是一件坏事，细节的研究有助于我们认识历史变化过程中的复杂性，只有建筑在细部研究上的理论建构才具有更强的解释能力。综合言之，在日本学者的六朝贵族制论争中，无论如何认识中世贵族的性质，大都认为魏晋之间的转化，是贵族社会得以成立的关键所在。

日本学者另一项杰出的工作是开创了士族个案研究的传统，其中，守屋美都雄《六朝门阀的研究——太原王氏系谱考》一书具有奠基性的意义，〔3〕其后则以矢野主税的一系列研究最为引人注目，〔4〕并不断有学者加入这一行列，不少在魏晋时代活

〔1〕 谷川道雄著，马彪译：《中国中世社会与共同体》，中华书局，2002 年。对于谷川学说的评论可以参读侯旭东：《评谷川道雄〈中国中世社会与共同体〉》，收入氏著《北朝村民的生活世界》，商务印书馆，2005 年，第 397—408 页。

〔2〕 谷川道雄著，李凭译：《魏晋南北朝史的基本问题总论》，《魏晋南北朝隋唐史学的基本问题》，中华书局，2010 年，第 1—23 页。

〔3〕 守屋美都雄：《六朝門閥の一研究—太原王氏系譜考—》，東京日本出版協同株式會社，1951 年。

〔4〕 矢野主税：《張氏研究稿》，《社会科学論叢》第 5 号，1955 年，第 1—39 页；《鄭氏研究》，《社会科学論叢》第 8 号，1958 年，第 21—36 页；《鄭氏研究（二）》，《社会科学論叢》第 9 号，1959 年，第 1—8 页；《鄭氏研究（三）》，《社会科学論叢》第 10 号，1960 年，第 1—14 页；《韋氏研究》，《社会科学論叢》第 11 号，1961 年，第 49—64 页；《韋氏研究（二）》，《人文科学研究報告》增刊，1962 年，第 26—49 页；《裴氏研究》，《社会科学論叢》第 14 号，1965 年，第 17—48 页。

跃的政治家族如弘农杨氏、颍川荀氏、北地傅氏、颍川庾氏皆已被囊括其中。[1] 与本书研究主旨密切相关的司马氏家族，也有不少学者关注。福原启郎《西晋的武帝司马炎》一书对于司马氏家族势力的成长与武帝一朝的政治得失有简明而清晰的论述，渡边义浩则对司马氏家族婚姻网络的发展演变有细致的考察。[2]

在西方的中国研究中，[3]中古政治史并不是他们的主要兴趣所在。华裔学者瞿同祖的名著《汉代社会结构》中关于的豪族一章基本上构成了西方学者对于汉末社会力量认识的基础，[4]而另一位华裔学者陈启云《荀悦与中古儒学》虽然是一本思想史著作，[5]但也有相当的篇幅涉及颍川荀氏、陈氏两个家族在汉末士人社会中的活动。但是，与其说这两位华裔学者的英文著述代表了西方学界的思考，不如说是体现了国内原有的学术传统 1949 年

---

〔1〕 竹田竜児：《門閥としての弘農楊氏についての一考察》，《史学》31 卷第 1—4 号，1958 年，第 615—643 页；丹羽兌子：《魏晋時代の名族——荀氏の人々について》，收入中国中世史研究会编：《中国中世史研究》，東海大学出版会，1970 年，第 174—202 页；石田德行：《北地傅氏考—漢・魏・晋代を中心に—》，收入《中嶋敏先生古稀記念論集》（下），汲古書院，1981 年；第 21—44 页；多田狷介：《魏晋代の潁川庾氏についい て》、《潁川庾氏の人びと —西晋代の庾衮を中心に—》，收入氏著《漢魏晋史の研究》，汲古書院，1999 年，第 173—219 页。

〔2〕 福原啓郎：《西晉の武帝司馬炎》，白帝社，1995 年；渡邉义浩：《西晉司馬氏婚姻考》，《東洋研究》第 161 号，2006 年，第 1—26 页。

〔3〕 此处所指的西方中国研究，主要是以英文发表的研究，据笔者所知法国学者侯思孟曾发表《九品中正考》一文，中译本收入《国外中国学研究译丛》第 1 辑，青海人民出版社，1986 年，第 243—263 页。此外金应熙、邹云涛曾提到苏联学者马良文对于谷川道雄“豪族共同体”学说的评论，见金应熙、邹云涛：《国外对于六朝世族研究的述评》，《暨南学报》1987 年第 2 期，第 74 页。是否还有更多相关的非英文论著，笔者学力有限，并不了解。

〔4〕 瞿同祖此书英文版初版于 1972 年，是魏特夫（Karl A. Wittfogel）主持的汉代研究计划的一项成果，值得注意的是瞿同祖将豪族一词翻译成 Powerful Family，瞿同祖著，邱立波译：《汉代社会结构》，上海人民出版社，2007 年。

〔5〕 陈启云著，高专诚译：《荀悦与中古儒学》，辽宁大学出版社，2000 年。

后在海外的延续与发展。[1]

西方学者对于中古社会发生兴趣，大约始于艾博华(Wolfram Eberhard)的研究，尽管艾博华分析了魏晋隋唐时代"士"的政治、社会地位，将其视为统治阶级，但整体论述尚显粗糙，其使用的Feudalism(封建)、Gentry Society(绅士社会)等概念不是带有浓重的欧洲史色彩，便是容易与明清的研究相混淆。[2] 其后，姜士彬(David Johnson)与伊沛霞(Patricia Buckley Ebrey)的研究达到了更高的水准，姜士彬的观点与矢野主税较为近似，强调中古大族的官僚属性以及官位对于获取较高社会身份的作用，这从他使用Oligarchy(寡头)一词来形容中古贵族便可窥见一般，[3]而伊沛霞的立场则相对灵活，认为地方势力、家族声望与文化教养、政府官职三个因素是互相消长，其作用大小并非一成不变。[4] 大约在1980年代之后，西方学者对于这一问题的兴趣趋于减弱。1990年代之后，据笔者所知仅有Miscevic Dusanka在1992年在哥伦比亚大学完成的博士论文以*Oligarchy or Social Mobility: A Study of the Great Clans of Early Medieval China*(寡头还是社会流动：关于中古

[1] 瞿同祖在1945年去美国之前便已经是一个成熟的研究者，陈启云早年则在新亚书院师从钱穆，研究汉魏制度，后来前往哈佛跟随杨联陞攻读博士，转向汉代思想史的研究。

[2] W. Eberhard *Conquerors and Ruler: Social forces in medieval China*, Leiden, 1952.

[3] David Johnson *The Medieval Chinese Oligarchy*, Westview Press, 1977.

[4] Patricia Buckley Ebrey *The Aristocratic Families of Early Imperial China: A case Study of the Po-ling Ts'ui Family*, Cambrige University Press, 1978. 伊沛霞一书书评有Michael Dalby, Reviewed work(s): "The Aristocratic Families of Early Imperial China: A Case Study of the Po-ling Ts'ui Family", *Harvard Journal of Asiatic Studies*, Vol. 40, No. 1 (Jun., 1980), pp. 249-263.而关于瞿同祖、姜士彬、伊沛霞这三本著作的综合评论还可以参考Robert M. Somers的书评"The Society of Early Imperial China: Three Recent Studies", *The Journal of Asian Studies*, Vol.38, No.1 (Nov., 1978), pp.127-142.

早期大族的研究）为题关注魏晋南北朝时期的士族问题，[1]从作者发表同题长篇的论文来看，其研究方法与毛汉光相似，主要运用数量统计的方式分析各朝士族力量在统治阶级中的成分。[2]

在港台地区的研究者中，毛汉光无疑是引人注目的一位。从他的硕士论文《两晋南北朝士族政治之研究》开始，以囊括史传中相关人物记载为基础，采用大规模数量统计的方式，借助社会流动等分析概念，讨论中古士族社会的成分与流动性等关键问题，发表了大量相关论著，其中既有长时段的分析，也有个案研究，具有广泛的影响力，几乎笼罩了一个时代。[3] 毛汉光的研究方法与许倬云引导的台湾学术转向具有密切的关系。许倬云是 1960 年代第一批赴美留学获得博士学位后返回台湾的学者，这批学人将欧美注重社会科学的风潮引入台湾，作为辅助治史的工具，对于台湾学术路径的转变影响巨大，引导了新的学术潮流。[4] 许倬云本人的史学研究带有强烈的社会科学烙印，其将政治社会学的权力精英理论以及量化统计人物社会成分的分析方法引入历史研究。[5] 许倬云的社会科学方法与原来史语所重视史料的风气相结合，在台湾学界风靡一时，虽然他本人并非是治中古史的专家，但是这套

---

〔1〕 这一信息依据 ProQuest 博士论文数据库提供的提要获知，中国国家图书馆收藏有该论文的缩微胶卷。

〔2〕 Miscevic D. Dusanka "Oligarchy or Social Mobility: A Study of the Great Clans of Early Medieval China", *Bulletin of the Museum of Far Eastern Antiquities Stockholm* 65 (1993): 5 - 256. 这方面最新的学术史回顾可以参考陈美丽、裴士凯著，张建中译：《美国学者对中国中古时期历史和社会的研究》，收入张海惠编：《北美中国学》，中华书局，2010 年，第 70—82 页。

〔3〕 毛汉光：《两晋南北朝士族政治研究》，中国学术著作奖助委员会，1966 年；《中国中古政治史论》、《中国中古社会史论》，上海书店出版社，2002 年。

〔4〕 参读杜正胜：《新史学之路——兼论台湾五十年来的史学发展》，《新史学之路》，三民书局，2004 年，第 11—13 页。

〔5〕 充分体现许倬云研究特色的是他的博士论文，参读许倬云著，邹水杰译：《中国古代社会史论——春秋战国时期的社会流动》，广西师范大学出版社，2006 年。

方法却在受其影响的毛汉光等人手中发扬光大。[1] 毛汉光的研究,较之于以往仅仅罗列几个例子便来解释一个时代变化的举例式研究,显得详密有力,更胜一筹,因此广受赞誉,[2]在很长一段时间内成为台湾学术的主流,1980 年代以后对于大陆学界也有所影响。[3] 但是近年来,随着学术研究的进展,这种建筑于数量统计基础上研究具有的弊端也日益显现,引起学者的反思。[4] 在中古史史料总量有限的情况下,这种建立在随机抽样基础上的统计,其有效性值得进一步思考,尤其是如何反映士族无法用数量统计表现出来的文化属性一面,颇有难度。而港台研究士族的另一个路向则偏重于对于士族文化特质的探究,钱穆、余英时对于士人个人自觉与群体觉醒、门第与学风的关系等问题的揭示,[5]何启民

〔1〕 宋德熹:《中国中古门第社会史研究在台湾——以研究课题取向为例(1949—1995)》,《兴大历史学报》第 6 期,第 140—143 页。许倬云有两篇论文涉及士族形成问题,《西汉政权与社会势力的交互作用》一文指出世姓豪族不仅是东汉政权的基础,而且也构成了西汉中叶以后政治势力的社会基础,另一篇则是《三国吴地的地方势力》,两文皆收入《求古编》,新星出版社,2006 年,第 336—358、417—435 页。

〔2〕 苏绍兴:《评价毛汉光著〈两晋南北朝士族政治之研究〉》,收入氏著《两晋南朝的士族》,联经出版社,1987 年,第 243—250 页;许冠三:《三十五年(1950—1985)来台湾史界变迁》一文中对于毛汉光的研究也有很高的评价,该文作为附录收入氏著《新史学九十年》下册,香港中文大学出版社,1988 年,第 241—273 页。

〔3〕 大陆方面受毛汉光影响最大的当属汪征鲁《魏晋南北朝选官体制研究》一书,福建人民出版社,1995 年。

〔4〕 对于毛汉光研究系统的批评参见韩昇:《中古社会史研究的数理统计与士族问题——评毛汉光先生的〈中国中古社会史论〉》,《复旦学报》2003 年第 5 期,第 91—98 页。前揭宋德熹《中国中古门第社会史研究在台湾——以研究课题取向为例(1949—1995)》一文对毛汉光的研究也有公允的评价,第 140—143 页。

〔5〕 钱穆:《略论魏晋南北朝学术文化与当时门第之关系》,收入氏著《中国学术思想史论丛》卷三,安徽教育出版社,2004 年,第 125—186 页;按余英时虽然长期在美国执教,除了早期的英文著作之外,一直坚持用汉语写作,面向中文学术界发言,特别是他关于士人群体自觉的论述大都完成于新亚书院时期,因此将他归为港台研究者之列。参读氏著《士与中国文化》,上海人民出版社,2003 年。

对于士族门风、社会地位、经济状况的一系列研究皆值得关注。[1]

若论1980年代以后，中文世界研究的新趋向，则以度过了建国之后漫长学术沉寂期的大陆学界最为引人注目。唐长孺关于士族形成的多篇论文皆具有发凡起例的意义，指出东汉以来滋生的大姓、名士构成了魏晋士族的基础，但绝不是所有的汉末大姓、名士都能在魏晋成为士族，士族的形成与魏晋时代的政治变化有着密切的关系。[2] 田余庆也指出：魏晋士族是历史地形成的一个社会阶层。东汉所见的世家大族，是魏晋士族先行阶段的形态。魏晋士族，就其一个个宗族而言，可以分为两个类别，一类是由东汉的世家大族经过一个更新过程而来，基本保持了儒家传统，或多少沾染玄风，个别已由儒入玄，在魏、西晋居于高位，被视为旧族门户。魏晋士族的另一类，多属乘时而起的新出门户，不是来源于世家大族，有些魏晋士族则介于两者之间。田余庆关于东晋门阀政治的研究将士族的个案分析与东晋政治格局的整体把握相结合，发隐抉微，引人入胜，是笔者努力效法的榜样。[3]

另一方面，在周一良、张广达、金应熙等前辈学者的推动下，[4]

---

〔1〕何启民的研究结集为《中古门第论集》，学生书局，1978年。

〔2〕唐长孺的三篇论文《东汉末期的大姓名士》、《士族的形成和升降》、《士人荫族特权和士族队伍的扩大》，皆收入氏著《魏晋南北朝史论拾遗》，第25—78页。

〔3〕田余庆：《东晋门阀政治》，北京大学出版社，2005年第4版。

〔4〕周一良：《〈博陵崔氏个案研究〉评介》，收入氏著《魏晋南北朝史论集》，北京大学出版社，1997年，第517—528页；张广达：《近年西方学者对中国中世纪世家大族的研究》，《中国史研究动态》1984年第12期，第29—31页；金应熙、邹云涛：《国外对于六朝世族研究的述评》，《暨南学报》1987年第2期，第69—76页。目前可知金应熙此文是其生前在暨南大学讲授“国外关于中国古代史的研究述评”讲稿的一部分，该讲稿也涉及了汉代豪族、士的阶层形成等与本书论旨相关的问题，在当时的资料条件下，金先生对于海外汉学研究成果掌握之丰富，令人叹服，《国外关于中国古代史的研究述评》，内蒙古人民出版社，1994年，第133—141、247—253页。

一些国际学术研究的新动态得以译介,[1]为国内士族研究吹入了一股新风。[2] 特别是在最近二十余年中,士族研究一直是学者关注的焦点,各种论著不断涌现,中古时代几乎所有重要的政治家族都已有专门的论著加以研讨,[3]数量上早已呈现后来居上之势,

---

〔1〕 当时比较重要的动态介绍有傅玫:《三十年来日本史学界对中国古代地主阶级的研究概况》,《中国史研究动态》1983 年第 3 期,第 18—27 页;李约翰著,齐威译:《英美关于中国中世贵族制研究的成果和课题》,《中国史研究动态》1984 年第 7 期,第 19—28 页;黄灿:《日本学者对汉代家族制研究概述》,《中国史研究动态》1985 年第 11 期,第 13—18 页;皮尔斯:《近十五年来西方魏晋南北朝史研究》上,《中国史研究动态》1993 年第 8 期,第 25—30 页;崔向东:《日本的两汉豪族研究》,《中国史研究动态》2002 年第 5 期,第 8—28 页。

〔2〕 当时比较有影响的是叶妙娜关于陈郡谢氏的个案研究,《东晋南朝侨姓士族之婚媾: 陈郡谢氏个案研究》,《历史研究》1986 年第 3 期,第 160—167 页;《东晋南朝侨姓高门之仕宦: 陈郡谢氏个案研究》,《中山大学学报》1986 年第 3 期,第 43—51 页。关于 80 年代的研究现状可参读安群:《十年来国内门阀士族研究综述》,《中国史研究动态》1990 年第 2 期,第 1—7 页。

〔3〕 从专著而论,便有陈爽:《世家大族与北朝政治》,中国社会科学出版社,1999 年;韩树峰:《南北朝时期淮汉迤北的边境豪族》,社会科学文献出版社,2003 年,偏重于家族沉浮与政治史相结合。王永平《六朝江东世族之家风家学研究》,江苏古籍出版社,2003 年;吴正岚:《六朝江东士族的家学门风》,南京大学出版社,2003 年,则注重对于家族家学门风的考察,更多的则是关于士族的个案研究。不少重要家族都已经有专著问世,王大良:《中国古代家族与国家形态——以汉唐时期琅邪王氏为主的研究》,甘肃人民出版社,1999 年;郭锋:《唐代士族个案研究: 以吴郡、清河、范阳、敦煌张氏为中心》,厦门大学出版社,1999 年;周征松:《魏晋隋唐间的河东裴氏》,山西教育出版社,2000 年;夏炎:《中古世家大族清河崔氏研究》,天津古籍出版社,2004 年;王力平:《中古杜氏家族的变迁》,商务印书馆,2006 年。关于秦汉豪族的研究也是蔚为大观: 王彦辉:《汉代豪民研究》,东北师范大学出版社,2001 年;赵沛:《两汉宗族研究》,山东大学出版社,2002 年;马彪:《秦汉豪族社会研究》,中国书店,2002 年;崔向东:《汉代豪族研究》,崇文书局,2003 年。另外一些关于婚姻、宗族、家庭研究的专著也旁涉其中。至于散见论文更是汗牛充栋,不胜枚举,概观性的评述参读陈爽:《近 20 年中国大陆地区六朝士族研究概观》,《中国史学》第 11 卷,2001 年;容建新:《80 年代以来魏晋南北朝大族个案研究综述》,《中国史研究动态》1996 年第 4 期,第 6—13 页。

但质量上却难免有良莠不齐之虞。[1]

在港台方面，对于笔者的研究颇有启示的是刘增贵的一系列论著，刘增贵的硕士论文以汉代的婚姻为题目，已旁涉大族的婚姻网络。他的博士论文《汉代豪族研究——豪族的官僚化与士族化》虽未以专著形式出版，但其后发表了一系列论文，或运用碑刻史料研究汉末大族，或分析汉末的士人交往与人物评论网络，或讨论魏晋乡里秩序及其作用，或探究门第观念的形成，皆别具新意。[2] 黎明钊致力于汉代豪族的研究，特别是试图运用新出土的简牍资料勾画郡、县一级地方豪族的实际形态，使得在正史记载中语焉不详的地方豪族面目趋于清

---

〔1〕 对于存在的问题参见陈爽《近20年中国大陆地区六朝士族研究概观》(《中国史学》第11卷，2001年)一文中的批评：中国大陆的魏晋南北朝史研究对海外学者的研究动态掌握不够，对现有的研究成果吸收不够，这个通病也反映到士族问题的研究中。对一些名家大族，海外学者已经作出了细致的个案研究，而一些大陆学者却仍然进行着重复性劳动。在近年来的六朝士族研究中，出现了一批“跑马圈地”式的个案研究论文，满足于低水平的简单重复。个别低水平的研究论文仅仅是某一家族的材料长编。许多论文多侧重于家族的士宦升降和政治地位，而对家族的经济状况、宗族结构、家族习俗、宗教信仰等方面则较少涉及。社会学方法的引入本应丰富政治史研究的内容，但一些研究却背离了社会史对于社会的全景描述和理解，重新落入了以婚宦论士族的窠臼。

〔2〕 刘增贵：《汉代婚姻制度》，华世出版社，1980年；《从碑刻史料论汉末士族》，傅乐成教授纪念论文集编辑委员会编：《中国史新论——傅乐成教授纪念论文集》，学生书局，1985年，第321—370页；《论后汉末的人物评论风气》，《成功大学历史学报》第10期，1983年，第159—216页；《汉魏士人同乡关系考论》，收入邢义田、林丽月编：《台湾学者中国史研究论丛·社会变迁卷》，中国大百科全书出版社，2005年，第123—159页；《晋南北朝时代的乡里之情》，收入熊秉真主编：《欲盖弥彰：中国历史文化中的“私”与“情”——公义篇》，汉学研究中心，2002年，第11—37页；《东汉的门第观念》，《国史释论——陶希圣先生九秩荣庆纪念论文集》(下)，食货出版社，1988年，第407—428页。关于中古的门第观念另可参读宋德熹：《中古门第观念》，《兴大历史学报》第5期，1995年，第1—59页；宋德熹也是台湾士族研究领域活跃的学者，但他主要关注北朝隋唐士族，故在此不再赘述。

晰，[1]是一个值得注意的研究方向。而胡志佳特别关注西晋皇族司马氏的兴衰沉浮，并另有专文研究西晋的外戚羊氏家族，与本书研究的课题密切相关。[2]

由于士族研究的一个核心问题牵涉世系的考订与排列，因此在学术史回顾的最后笔者必须对研究过程中经常翻检的几本工具书致以敬意，潘光旦早在 1937—1938 年主要依据正史、《世说新语》等资料整理排列了魏晋南北朝时期数百个大族的世系，完成了《存人书屋历史人物世系表稿》一书，虽然这份手稿在半个多世纪之后才得以出版，[3]但前辈学者工作的勤勉刻苦，值得尊敬。矢野主税《魏晋百官世系表》主要致力于魏、晋两代官僚家族世系的整理，特别是对于诸家旧晋书以及类书中的史料勾辑颇为用力，更加详密精审。[4] 王伊同《五朝门第》后附有东晋南朝时期七十五个高门权门的世系婚姻表，颇便检视。[5] 杨勇在宋人汪藻的基础上完成了《世说新语人名谱校笺》，便于学者使用。[6]

---

〔1〕 黎明钊：《西汉中期之三老与豪强》，《新史学》第 8 卷第 2 期，1997 年，第 59—91 页；《汉代地方官僚机构：郡功曹之职掌与尹湾汉墓简牍之关系》，《中国文化研究所学报》新 8 卷，1999 年，第 35—71 页；《汉代东海郡的豪姓大族：以〈东海郡下辖长吏名籍〉及〈赠钱名籍〉为中心》，《中国文化研究所学报》新 9 卷，2000 年，第 47—95 页；《汉代豪族大姓类别与分布探讨》，《史学传薪——社会·学术·文化的探索》，香港中华书局，2005 年，第 41—86 页。关于汉代豪族研究的学术史回顾可参读黎明钊：《汉代豪族大姓的研究回顾》，收入周樑楷编：《结网二编》，东大图书公司，2003 年，第 93—133 页。

〔2〕 胡志佳：《门阀士族时代下的司马氏家族》，文史哲出版社，2005 年；《惠帝羊皇后与西晋政局——兼论羊氏家族的发展》，《逢甲人文社会学报》第 8 期，2004 年，第 219—240 页。

〔3〕 潘光旦：《存人书屋历史人物世系表稿》，收入《潘光旦文集》第 4 卷，北京大学出版社，1996 年。

〔4〕 矢野主税：《魏晋百官世系表》，長崎大学史学会，1971 年改訂版。

〔5〕 前揭王伊同《五朝门第》附《高门权门世系婚姻表》。

〔6〕 收入杨勇《世说新语校笺（修订本）》第 4 册，中华书局，2006 年。

第二节　基本史料价值述略

毫无疑问,历史研究建筑在史料的基础上,中国古代的历史书写素来有无征不信的优秀传统。而在近代学术史上,自从傅斯年提出了那句著名的“上穷碧落下黄泉,动手动脚找东西”口号之后,可以说对于史料的重视、特别是注重对新史料的发掘与运用贯穿了整个中国现代史学学科形成的全过程。另一方面,随着近几十年来历史学家思考的深入,已经无法简单地认同将史料等同于历史客观真实记录的旧有信条,分析历史记载的形成过程,探究历史书写背后的目的与时代背景,努力突破文本叙事可能带来的遮蔽,趋近历史的实相,已成为许多史家自觉努力的目标。其实在中国传统学术中,并不缺乏考镜源流的史源学传统,将这一注重辨析史料源流的细密方法与当下重建对于史料认识的学术思考相结合,可以促使我们更加关注史料形成过程中的复杂图景,注意对文献价值进行新的思考与判断,更好地发掘史料的内涵。因此,笔者觉得有必要对本书使用基本文献的史料价值略加阐释,并对运用这些史料的方式做简单的说明。

若单纯从数量而言,关于魏晋时代的历史记载无疑是较为单薄的,目前的研究主要还是建筑于《后汉书》、《三国志》、《晋书》、《世说新语》等传统史料的基础之上,并辅以唐宋诸种类书中所保存已佚文献的吉光片羽。应该说文献数量的不足,是束缚这一时段史学研究进展的主要瓶颈。但是仔细分析这一时代基本史料的性质,可以发现对于研究者的工作而言,尚远未到题无剩义的地步,甚至可以说这一时代的基本史料形成过程之复杂,在中国史学史上也属罕见,这为史家进一步工作的展开提供了余地。

魏晋南北朝时期的史学编纂是中国史学史上特别的一页，唐代以后严格的官方修史制度此时尚未形成，私人史学撰述极其发达，其间的盛况略检《隋书·经籍志》便可窥见一二。[1] 对于当代史学研究者而言，这种百花齐放、诸书并行的最大意义在于为许多历史事件留下了互相歧异的宝贵记录。[2] 坦率地说，如果任何一个历史事件在文献中都只存有一种记录的话，面对这唯一的声音，即使最高明的史家似乎也办法无多，歧异的记载在一定程度上是历史研究得以展开的基础。检讨这些歧异记载的源流所自，通过对史料形成过程的分析，有助于我们认识到历史记载背后蕴含的社会文化意义。魏晋时代的史学编纂，既有史官在官方档案基础上形成的个人著述，如王隐《晋书》、干宝《晋纪》；也有假借历史编纂为新朝寻求政治合法性的撰著，如王沈《魏书》；很多作者是当时政治的重要参与者，甚至本人便出自皇室，如陆机《晋惠帝起居注》、司马彪《续汉书》、《九州春秋》；[3] 也有一些著述纯粹由士人收集种种传言轶闻而成，如裴启《语林》、郭颁《世语》；更多的则是一些连作者都无法考知的杂传、郡书、地志。尽管这些史料大多数已经亡佚，哪怕仅仅观察《三国志》裴注所援引的诸种歧异记载并结合裴松之对于史料真伪与价值的个人判断，就可以发现这些来源迥异的记载，负载着作者个人不同的撰述目的与复

---

〔1〕 关于这一时期的史学变化，参读内藤湖南著，马彪译：《中国史学史》，上海古籍出版社，2008 年，第 108—131 页。

〔2〕 对当时魏晋史籍记载分歧、各有所主的现象，史家早有注意，如《周书》卷三八《柳虬传》："著汉魏者，非一氏；造晋史者，至数家。后代纷纭，莫知准的"，第 681 页。《史通》卷七《直书》："案金行在历，史氏尤多。当宣、景开基之始，曹、司构纷之际，或列营渭曲，见屈武侯；或发仗云台，取伤成济"，刘知幾撰，浦起龙释：《史通通释》，上海古籍出版社，1978 年，第 196 页。

〔3〕 如渡邉義浩提出司马彪《续汉书》的编纂有建构西晋王朝正统地位的目的，《司馬彪の修史》，《大東文化大学漢学会誌》第 45 号，2006 年，第 23—41 页。

杂的时代背景，〔1〕其展现的历史书写背后的丰富内涵，并不能用“史料”两字加以简单涵括。陈寿《三国志》素来以叙事的倾向性与记载过于简单而为人所批评，〔2〕裴注提供了出于不同政治立场的歧异记载，大约还包括了不少道听途说的政治流言之类的文字，虽然在传统史学的观念中多少有芜杂的嫌疑，〔3〕但对于现代史家而言，却提供了复原魏晋之际复杂政治图景的重要原料。

在这里，笔者必须对魏晋时代文献的基本特征加以说明。在正史方面，这一时期保存的几部正史《后汉书》、《三国志》（特别是裴注）、《晋书》的叙事较之于与后代的正史，其可靠性与严密性皆有所欠缺。唐代以后，随着官修国史制度的完善，修史越来越成为一种国家主持下的政治文化工程，正史的编纂依靠起居注、实录、国史等一系列文献的层层改写，具有严格的制度规范，这造就了两个后果，一方面史事记载的可靠性在这样层层审查的制度下大为增强，另一方面史书成了国家意识形态的反映，叙事趋向于程序化与单调化，一些生动的、个人化的因素被抹杀了。《三国志》、《晋书》则有所不同，尽管在魏晋时代已有官方修史的制度，晋令云：国史之任，委之著作，每著作郎初至，必撰名臣传一人，〔4〕但是远不如后世严格，加之私家著述盛行，两书记载上严谨可靠未必能够

---

〔1〕 魏晋人已经将历史写作作为政治攻讦的一种方式，典型案例如出自吴人之手的《曹瞒传》对于曹操形象的塑造，所谓“书出敌人之口，故于曹操奸恶备载无遗。世所传操为夏侯氏之子及破壁收后等事，皆出此书”，侯康：《补三国艺文志》，《二十五史补编》第3册，中华书局，1955年，第3180页。

〔2〕 参见赵翼著，王树民校证：《廿二史札记校证（订补本）》卷六“三国志书法”、“三国志多回护处”等条目，中华书局，1984年，第121—125页。

〔3〕 刘知幾对裴注便颇有非议，云“少期集注《国志》，以广承祚所遗，而喜聚异同，不加刊定，恣其击难，坐长烦芜。观其书成表献，自比蜜蜂兼采，但甘苦不分，难以味同萍实者矣”，《史通通释》卷五《补注》，第132页。胡宝国指出陈寿《三国志》行文简洁，盖是受当时经学简化风气的影响，《〈三国志〉裴注》，《汉唐间史学的发展》，商务印书馆，2003年，第83—94页。

〔4〕 《史通通释》卷九《核才》引《晋令》，第249页。

和后世官修国史制度下修成的诸史相媲美，正如刘知幾对于《晋书》所批评的那样：

> 晋世杂书，谅非一族，若《语林》、《世说》、《幽明录》、《搜神记》之徒，其所载或恢谐小辩，或神鬼怪物。其事非圣，扬雄所不观；其言乱神，宣尼所不语。皇朝新撰《晋史》，多采以为书。夫以干宝、邓粲之所粪除，王隐、虞预之所糠粃为逸史，用补前传，此何异魏朝之撰《皇览》，梁世之修《遍略》，务多为美，聚博为功，虽取悦于小人，终见嗤于君子矣。〔1〕

刘知幾的批评是站在纪事可靠性的立场上，认为《晋书》多语乱力怪神，记载前后不一，损害了正史的权威性，“忽正典而取小说”是历代对于《晋书》最主要的批评之一。〔2〕但是，《晋书》中所保留的那些未必可靠、甚至前后抵牾的记载，以现代史学观念来加以审视，却不乏独特的价值，是我们观察一个政治、社会、文化各个方面都处于剧烈动荡变革中的时代风貌的宝贵窗口。从某条不确切的政治谣言中可以窥见重大历史变化中的社会心态，从某件张冠李戴的名士轶闻中又折射出那个时代对于某位

---

〔1〕《史通通释》卷一〇《采撰》，第116—117页。

〔2〕李慈铭：《越缦堂读书记》，上海书店出版社，2000年，第257—258页；吕思勉：《论晋书七》，《吕思勉读史札记（增订本）》，上海古籍出版社，2005年，第1017—1019页；李培栋：《〈晋书〉研究》，收入氏著《魏晋南北朝史缘》，学林出版社，1996年，第108—139页；朱大渭：《〈晋书〉的评价与研究》，《史学史研究》2000年第4期，第44—52页。内藤湖南指出司马迁撰写《史记》是以“雅驯”为目标的，而刘知幾、郑樵等后世史家却批评《史记》“多聚旧记，时采杂言”、“雅不足也”，这反映出不同时代的学者对何者可以入史的观念发生了很大的变化，《中国史学史》，第112页。进而提示我们透过史家对史料的取舍，把握当时史学观念及历史书写方式的变化。

名士的集体想象。[1] 对于当代史家而言，充满着讹误的丰富多彩往往要胜过单调、程序化的“正确”叙事。但是要揭示这段历史的复杂与多元，我们就必须付出更多的努力，在援引《三国志》、《晋书》的相关记载时，必须要详细比勘各种歧异的文本，不但是为了复原一段相对可靠的历史，即使那些最终被排除的“错误”记载，其实同样具有重要的史料价值。探寻这些“不真实”的文本记载形成背后所反映出的时代背景与社会心态，无疑是我们观察这个变乱时代多元景象的最佳途径之一。

当然在肯定魏晋时代文献具有丰富内涵的同时，并不等同于认为这一时期的正史编纂没有受到国家意识形态的干预，相反《三国志》、《晋书》都是这方面的典型案例，这种史料形成过程的复杂性，使我们运用这些史料进行研究时更要平添一份审慎。《三国志》作为一部新朝修成的史书，陈寿的历史叙述当然不免有许多为尊者讳的地方，这一点通过裴注的补充已经得到较好的揭示与弥补。情况更为复杂的是《晋书》，晋、唐两代相隔三百余年，理论上而言，唐修《晋书》理应较少受到现实政治的干预。但唐太宗李世民是一位非常注重历史现实功用的帝王，其在《修晋书诏》中明确指出历史的使命在于致用，所谓“大矣哉，盖史籍之为用也。彰善瘅恶，激一代之清芬，褒吉惩凶，备百王之令典”。[2] 而唐初的政治形势对于李世民而言，确实也有“以史为鉴”的现实需要，太宗因玄武门之变杀兄逼父而位登九五，有悖于传统立长立嫡的伦理，而坚持立愚痴的长子司马衷为太子而导致国家覆亡的晋武帝实际上

〔1〕 吕思勉指出要之三国两汉时史所传，唯一大纲，余皆后附会之辞，遽一一信为事实则慎矣。要之当时之史尚系传述之辞，多所谓某人某人所语，未必可即作某人之辞观，然以为其时人之见解，固无不可。吕思勉：《袁曹成败》，《吕思勉读史札记》，第855—856页。

〔2〕 《唐大诏令集》卷八一《修晋书诏》，商务印书馆，1959年，第467页。

为唐太宗提供了最佳的自我辩护。然而，唐太宗下《修晋书诏》在贞观二十年（646），此时太宗帝业已成，初唐大规模修史的高潮已过，为玄武门之变辩护当然是修撰《晋书》的原因之一，但未必是唯一的“今典”。贞观末年的政治并不太平，贞观二十年亦不例外，功臣张亮便在这一年被杀，学者认为这是太宗为了保证太子的顺利接班，晚年政治布局的重要举措之一。〔1〕太宗晚年因为太子废立的问题，政局颇为动荡，此时修撰《晋书》大约也有为自己废长立幼的行动寻求辩护之意。〔2〕无论如何，太宗进行晚年政治布局之余，为何突然对于晋代历史发生浓厚兴趣，并亲自撰写《宣帝纪》、《武帝纪》、《陆机传》、《王羲之传》四篇纪传的论赞，背后当蕴有复杂的政治背景。尽管唐修《晋书》“以臧荣绪《晋书》为本，捃摭诸家及晋代文集”，〔3〕但在编修过程中到底掺杂了多少太宗的意识与唐人的观念，在目前的研究中并没有得到很好的廓清。日本学者在这方面进行了较多的探索，清水凯夫详细了分析《陶潜传》、《陆机传》、《王羲之传》三篇传记的文本，认为其中皆渗透有太宗的历史意识。〔4〕清水凯夫的一些看法，如认为《晋书·陶潜传》删略《宋书·陶潜传》所录《与子俨等书》一文，盖缘于这篇文章引及“死生有命，富贵在天”一语，典出《论语》，《论语》原文论及兄弟之情，因为唐太宗所不喜而被删落，这多少有求解过深的嫌疑，但其所进行的细致的文本解读工作，对于我们认识《晋书》的特质很有帮助。安田二郎也强调不加怀疑地使用《晋书》是十分

〔1〕韩昇：《贞观永徽之际的政局》，《中华文史论丛》2001年第1辑，第28—63页。

〔2〕关于《晋书》修撰的背景参读李培栋：《〈晋书〉研究》，《魏晋南北朝史缘》，第108—139页；张蓓蓓：《唐修〈晋书〉论衡》，《中国古典文学与文献学研究》第4辑，学苑出版社，2008年，第323—364页。

〔3〕《唐会要》卷六三，上海古籍出版社，1991年，第1288页。

〔4〕清水凯夫：《论唐修〈晋书〉的性质》，收入南京大学中文系编：《魏晋南北朝文学论集》，南京大学出版社，1997年，第50—80页。

危险的,即使对于人所共知的材料也要进行谨慎严格的推敲,其本人从分析《晋书》所谓"武帝好色"的记载入手,指出"武帝采女"之事实际上发生于泰始九年,具有扩张外戚群体,巩固权力的政治目的,与所谓的太康失政并无关联,《晋书》的渲染则带有鉴戒的目的。[1]

《世说新语》与《三国志》、《晋书》的情况又有所不同,一方面《世说新语》是《晋书》的史源之一,[2]另一方面成于刘宋的《世说新语》,其记载大体上可以视为当时人观念的反映,与掺杂有唐人历史意识的《晋书》不同。《世说新语》尽管名义上算是临川王刘义庆的著述,但是基本上可以认定出自刘义庆幕府文人的手笔,川胜义雄推断是何长瑜或与其地位相似的二三流贵族所作。[3] 不管这本书的真正作者是谁,出自士族文人的手笔这点当无疑问。在刘宋这一清谈盛世已过,流风犹存的时代中,《世说新语》对于士族社会生态的描写无疑带有理想化的色彩。其所叙未必皆是可靠的史实,[4]一事两见或与《晋书》抵牾之处亦不罕见,前辈学者在相关史实的考订疏证方面用力甚勤,为我们使用《世说新语》提

---

〔1〕 安田二郎:《西晋武帝好色攷》,《六朝政治史の研究》,第43—161页。

〔2〕 过去一般倾向于认为《晋书》较多采撷了《世说新语》的记载,但余嘉锡已指出:"凡《世说》所载事,皆自有出处,《晋书》往往与之同出一源。后人读《晋书》,见其与《世说》同,遂谓采自《世说》,实不然也",余嘉锡:《世说新语笺疏(修订本)》,上海古籍出版社,1993年,第428页,两书的关系实更为复杂,新近的研究参读胡小丽:《〈晋书〉与〈世说新语〉、刘孝标注史料关系初探》,《文史》2002年第2辑,第101—114页。

〔3〕 川胜义雄《〈世说新语〉的编纂——元嘉之治的一个侧面》一文对《世说新语》时代背景与社会风貌有很好的研究,收入《六朝贵族制社会研究》,第238—252页;另可参读王能宪:《世说新语研究》第一章《〈世说新语〉成书考辨》,江苏古籍出版社,1992年,第1—67页。

〔4〕 清人李慈铭曾评论:《世说》转据旧闻,是非多谬。见王利器纂辑:《越缦堂读书简端记》,天津人民出版社,1980年,第243页。

供了便利。[1] 但笔者想要指出的是，《世说新语》的出现与一个时代的风貌密切相关，记载的正确与真实本身并不是这部书编纂的追求所在，我们仅仅将它视作为一部史料集并不足以完全揭示其价值。作为一部出自士族文人手笔的作品，《世说新语》一书可以被视为士族生活理想形态的全景展示，所谓“理想形态”的一面指的是《世说新语》所展现的是士族自我认同的理想生活形态。《世说新语》的时代距离魏晋不远，作者本人目染这个时代的流风余韵，尽管不少记载在历史的真实性上未必可靠，却反映了这个时代对于士族或者某位名士的共同看法与想象，否则也不会将某些传闻安在某个特定的人物身上。《世说新语》的可贵之处在于比较直接地反映了当时人特别是士族本身对于士族阶层的看法与描绘，而不像《晋书》中的一些记载可能已经掺杂有唐人批评清谈误国的意识。“全景展示”的一面则是指《世说新语》生动地展示了士族社会的多个侧面，尽管《世说新语》中涉及的主要人物在正史中皆有纪传，但是正史传记受制于体例，往往存有相当的局限，主要以叙述政治人物的仕宦生涯为主。《世说新语》则保存了很多重要人物政治身份之外的侧面，展示士族社会中宴饮、清谈、交游、婚姻等面向，甚至也不乏负面的描述，具有万花筒的性质，这些往往是正史传记所不能提供给我们的知识，但对于我们把握这一时代的精神特质大有裨益。将《世说新语》与相关正史的记载互相参照，可以使我们对于这个时代的认识更加趋向立体，有助于更好地把握士人政治身份之外的社会、文化属性。

---

〔1〕 关于《世说新语》的笺疏现代学者用力甚多，其中以余嘉锡《世说新语笺疏》、徐震堮《世说新语校笺》、杨勇《世说新语校笺（修订本）》这三种今注本最为通行，三个今注本都有杰出的贡献，关于史实校正方面则以余嘉锡《世说新语笺疏》用力最深。

因此，如果我们能在研究中充分考虑历史记载形成过程中复杂的政治文化因素，强化史料批判意识，分析书写者的不同立场，无疑会大大丰富魏晋政治史研究的层次感。陈寅恪本人便非常强调区分不同史料的信度，曾经指出《牛羊日历》之类的唐人笔记中多有政敌攻讦之词，〔1〕前辈学者在检讨魏晋史时亦有这方面的自觉，金发根便指出《后汉书》、《后汉纪》的记载多源于倾向党人的《东观汉记》，因此其对党人形象的描绘未必没有增饰的成分。〔2〕而日本学者长期以来一直有注重辨析史料源流，检讨各种政治、文化因素对于史书编纂影响的学术传统。〔3〕特别是近年来集合在史料批判旗帜下的一系列研究，对于我们颇具启发意义，其中山下将司利用碑志等资料，提出所谓"八柱国家"可能是初唐编纂《贞观氏族志》时，基于政治意识形态的需要而有意构拟的，这为检讨关陇集团问题开辟了全新的方向，〔4〕其研究思路颇值得重视。而在魏晋政治史领域，安部聡一郎的一系列论文通过对《后汉书》史料来源的详细检讨，指出范晔关于党锢名士的描述受到魏晋人观念的影响，不能被视为东汉末期的实际情况。〔5〕津田资久则分析

---

〔1〕 陈寅恪：《唐代政治史述论稿》，上海古籍出版社，1982 年，第 109 页。

〔2〕 金发根：《东汉党锢人物分析》，《历史语言研究所集刊》34 本下，1963 年，第 554—555 页。

〔3〕 如斎藤実郎：《東観漢記・七家後漢書・後漢書の史料問題》，收入早稲田大学文学部東洋史研究室編：《中国正史の基礎的研究》，早稲田大学出版部，1984 年，第 57—85 页。

〔4〕 山下将司：《唐初における『貞観氏族志』の編纂と「八柱国家」の誕生》，《史學雜誌》111 編 2 号，2002 年，第 135—166 页。

〔5〕 安部聡一郎：《後漢時代關係史料の再檢討—先行研究の檢討を中心に—》，《史料批判研究》第 4 号，2000 年，第 1—43 页；《袁宏『後漢紀』・范曄『後漢書』史料の成立過程について—劉平・趙孝の記事を中心に—》，《史料批判研究》第 5 号，2000 年，第 113—140 页；《党錮の「名士」再考—貴族制成立過程の再検討のために—》，《史學雜誌》111 編 10 号，2002 年，第 1—30 页；《『後漢書』郭太列傳の構成過程—人物批評家としての郭泰像の成立—》，《金沢大学文学部論集》第 28 号，2008 年，第 13—110 页。

了《三国志·魏书》的书写方式，认为由于陈寿在政治上属于亲司马攸的张华一党，在经历晋初齐王攸归藩等一系列政治事件后，其在《三国志》的撰写中刻意强调了曹魏压抑诸王导致国家衰亡的一面，具有鉴戒论的色彩。[1] 田中靖彦注意到三国的历史形象及各国的正统地位往往随着后世史家的倾向不同而有所变化，[2]这些通过探究史料的形成过程或编纂者的政治立场来分析魏晋时代政治与社会状况的研究取向，改变了仅仅满足于将史料与历史事实之间建立简单对应联系的一般做法，为政治史研究增添了一个重要的新维度。

总而言之，魏晋时代文献的记载虽然略显单薄，却与这个丰富多彩的时代一样具有自己鲜明的特色，另一方面也必须承认，相关史料虽然蕴有丰富的内涵可供开掘，但留存下来大多只是一些零散的碎片，要系统地加以运用并不容易。对于魏晋时代文献的辑佚与整理工作，清代以来的学者付出了很多的努力，也取得相当的成绩。[3] 这些工作大体涵括以下三个部分，首先是清代学者对于

---

〔1〕 津田資久：《『魏志』の帝室衰亡叙述に見える陳寿の政治意識》，《東洋學報》84卷4号，2003年，第393—420页；《曹魏至親諸王攷—『魏志』陳思王植伝の再検討を中心として—》，《史朋》第38号，2005年，第1—29页。另满田剛也有一系列文章检讨《三国志》的史源，《『三國志』蜀書の典據について》，《創価大学大学院紀要》第23号，2001年，第253—292页；《『三國志』魏書の典據について（卷一～卷十）》，《創価大学人文論集》第14号，2002年，第237—265页。

〔2〕 田中靖彦：《『漢晉春秋』に見る三國正統觀の展開》，《東方学》第110輯，2005年，第49—64页；《唐代における三国正統論と『史通』—曹魏描写に込められた劉知幾の唐朝観—》，《中国 社会と文化》第20号，2005年，第99—115页；《初期東晉における孫呉觀—干寶『搜神記』を中心に—》，《六朝學術學會報》第7号，2006年，第51—66页。

〔3〕 除了辑佚工作本身之外，清代学者对于魏晋史部典籍的作者、撰著时代、流传经过的考证也是笔者经常加以参考的，其中尤以章宗源、姚振宗分别完成的两部《隋书经籍志考证》最为详密，收入《二十五史补编》第4册，台湾学者廖吉郎著有《两晋史部遗籍考》一书，在清人研究的基础上有所推进，嘉新水泥公司文化基金会，1970年。日本学者兴膳宏、川合康三合著《隋書經籍志詳攷》附有历代书志目录中著录情况以及辑本目录，便利学者使用，汲古書院，1995年。

已佚的魏晋别史、编年史遗文的钩沉，其中较有代表性的是汤球、黄奭等人对于诸家旧晋书的辑佚，[1]张鹏一对于《魏略》及晋令的勾辑，[2]其次则是严可均、王谟、黄奭、陈运溶、王仁俊等人对于郡书、杂传的辑佚，其三是王谟、陈运溶等对魏晋南北朝州郡地志的辑录。[3] 但客观地说，一方面清人的辑佚成果并没有得到足够的重视与利用，另一方面，从清人辑佚工作本身而言，也并非尽善尽美，存在着体例不精、未能使用善本校勘、不注出处、错辑漏辑等弊病，可以补正、重辑之处甚多，[4]而且清人的辑佚工作侧重于对

---

〔1〕 汤球辑，杨朝明校补：《九家旧晋书辑本》，中州古籍出版社，1991 年；汤球：《汉晋春秋辑本》，商务印书馆丛书集成初编，1937 年；汤球：《晋阳秋辑本》，商务印书馆丛书集成初编，1937 年，汤球、黄奭辑，乔治忠校注：《众家编年体晋史》，天津古籍出版社，1989 年。按汤氏专治魏晋史部佚籍，所辑大体较为完备，然未收《群书治要》中《晋书》，难免有目不见睫之虞。黄奭所纂各种辑本皆收入《汉学堂知足斋丛书》，书目文献出版社，1992 年；《黄氏逸书考》，《续修四库全书》第 1206—1211 册，上海古籍出版社，2002 年。另民国学者陶栋亦曾辑诸家旧晋书，然其只据《文选》一书辑录，较之清人工作更等而下之，收入《辑佚丛刊》，中华书局，1948 年。另参唐长孺《魏晋南北朝史籍举要》"诸家旧晋书"条下的讨论，收入《唐书兵志笺证（外二种）》，中华书局，2011 年，第 23—27 页。

〔2〕 张鹏一：《魏略辑本》二十五卷，陕西文献征辑处刻本，1924 年，去取拼合皆较为严密，然误将《典略》与《魏略》以为一书，参读津田資久：《『魏略』の基礎的研究》，《史朋》第 31 号，第 1—29 页；柳春新：《〈魏略〉考论》，《中国典籍与文化论丛》第 11 辑，凤凰出版社，2009 年，第 51—64 页。张鹏一辑，徐清廉校补：《晋令辑存》，三秦出版社，1989 年。

〔3〕 严可均所辑数种别传收入《全上古三代秦汉三国六朝文》中《全三国文》、《全晋文》部分，中华书局，1958 年；王谟所辑的郡书、地志收入《汉唐地理书钞》，中华书局，1966 年；陈运溶所辑则见于《麓山精舍丛书》，岳麓书社，2008 年。王仁俊辑各种书名目甚多，然失于简陋，见《玉函山房辑佚书续编三种》，上海古籍出版社，1989 年。另清人所辑魏晋佚籍的名目与出处可参考孙启治、陈建华编：《古佚书辑本目录（附考证）》中的相关条目，中华书局，1997 年。

〔4〕 比较典型地反映出清代辑佚学不足的是汤球对于《十六国春秋》辑佚工作，相关的得失可参读刘琳：《明清几种〈十六国春秋〉之研究》，收入《中古泥鸿——刘琳史学论文自选集》，巴蜀书社，1999 年，第 199—213 页。近年来日本学者関尾史郎主持的研究班亦致力于十六国时期霸史的辑佚工作，其成果见五胡の会编：《五胡十六国覇史輯佚》，燎原書店，2012 年，但该书仅按书辑录佚文，未作进一步的拼合。

诸家晋史佚文的勾辑，对于反映魏晋士人风貌的杂传一类的文献措意较少，尚有较大的开拓余地。[1] 近几十年来，亦有学者在现代学术规范下从事这方面的工作，[2]但是系统地整理魏晋史部的佚文尚有待于进一步的努力。此外，卢弼《三国志集解》、吴士鉴《晋书斠注》两部考史著作中也多援引类书中的佚文对相关史实加以考辨，对于笔者的研究颇有参考价值，[3]姚铭恭《晋书纂注》一书以《晋书》为主干，将诸种别史、杂史的相关记载附丽于后，颇便学者使用。[4]

从理想状态而言，研究这一段历史，需要在系统勾辑散见于各种类书、古注之中的诸家旧晋书、相关杂史、别史、杂传、郡书、地志佚文的基础上，详细比勘各种歧异记载及其源流，区分史料的不同层次与信度，一方面通过多种史料的辨析探究历史的真相，另一方面分析"错误"记载出现背后投射的社会生态，从而

---

〔1〕 新近整理出版的朱东润遗著《八代传叙文学述论》虽然是一部完成于六十余年前的著作，但依然是笔者所见对于魏晋杂传的源流与发展考证最为全面系统的著作，朱东润在写作此书前，曾经系统地辑佚魏晋南北朝时期的别传，可惜这一部分文稿没有能够完整地保存下来，复旦大学出版社，2006年。近年来日本学者永田拓治致力于先贤传形成与构造方面的研究，兼及辑佚工作，发表了《周斐『汝南先賢傳』輯本》，《東洋史論叢》第17号，2010年，第1—53页。

〔2〕 这些工作大都在清人辑本的基础上加以校勘补正，例如周天游：《八家后汉书辑注》，上海古籍出版社，1986年；也有学者尝试另辑新本，如刘纬毅：《汉唐方志辑佚》，北京图书馆出版社，1997年，但在辑佚的彻底性与规范性上尚有进一步改善的余地，参读陈尚君的书评，收入氏著《汉唐文学与文献论考》，上海古籍出版社，2008年，第463—469页。

〔3〕 清人研究三国志的成果甚多，参读杨耀坤：《清人的〈三国志〉研究》，《魏晋南北朝史论稿》，成都出版社，1993年，第42—57页；卢弼：《三国志集解》，中华书局，1982年；吴士鉴：《晋书斠注》，中华书局，2008年。另今人赵幼文《三国志校笺》一书乃是据其遗稿《武英殿本三国志刊误》、《三国志集解献疑》、《三国志裴注疏证》（仅存部分）整理而成，此书在一定程度上弥补了中华书局点校本《三国志》校勘记简陋的缺憾，对于《三国志集解》也有一定的订补，巴蜀书社，2001年。

〔4〕 可惜该书只完成了帝纪十卷，姚铭恭：《晋书纂注》，集成印刷厂，1955年。

充分开掘史料的价值与内涵。这是笔者心向往之的目标，由于这项工作需要进行大量先期的文献积累与梳理工作，虽然已在这方面做出了一定的努力，距离理想状态尚有不小的距离。

最后再谈一下新出墓志对于魏晋历史研究的推进作用。墓志的大量出土是近一个世纪以来推进中古史研究的重要动力，但由于曹魏提倡薄葬之风，禁止立碑，汉代盛行的立碑颂德传统于此中绝，〔1〕取而代之，在晋代以后大为盛行的墓志在这一时期尚处于萌芽状态，虽有寥落的发现，但大都行文较为简略，形制亦不成熟，〔2〕不像北朝隋唐出土的大量墓志对于研究有显著的推动作用，但吉光片羽，弥足珍贵，有进一步发掘其价值的余地。目前发现西晋墓志的总量大约在三十方左右，日本学者福原启郎最早撰文系统介绍了西晋墓志的出土情况、形制特点及研究价值。〔3〕石井仁、渡边义浩曾对杨骏残志、羊祜墓志分别加以考释。〔4〕川合安、胡志佳利用华芳墓志记载的婚姻网络，复原了王浚以及太原王氏家族的人际网络。〔5〕这些尝试，都为我们进一步开掘西晋墓志的史料价值提供了借鉴。

---

〔1〕 当然魏晋时代还是有一些零散的碑刻存世，由于这些碑刻大都有比较充分的研究，笔者对此不再赘述，对于魏晋碑刻较为完备收集整理的著作是井波陵一编：《魏晉石刻資料選注》，京都大學人文科學研究所，2005 年；毛远明：《汉魏六朝碑刻校注》，线装书局，2009 年。

〔2〕 参读赵超：《古代墓志通论》，紫禁城出版社，2003 年，第 47—52 页。

〔3〕 福原啓郎：《西晉の墓志の意义》，收入氏著《魏晉政治社会史研究》，京都大学学術出版会，2012 年，第 363—427 页。

〔4〕 石井仁、渡邉义浩：《西晋墓誌二題》，《駒沢史学》第 66 号，2006 年，第 80—100 页。

〔5〕 川合安：《西晋王浚妻華芳墓誌について》，《唐代史研究》第 4 号，2001 年，第 4—17 页；胡志佳：《西晋王浚家族的兴衰及其人际网络——由华芳墓志铭观察》，《逢甲人文社会学报》第 7 期，2003 年，第 141—157 页。

第三节　士族及其相关概念的省思

以下笔者再对与本书研究关系甚巨而又为学界所习用的士族及其相关的概念略加检讨。关于士族的称谓与释义,学界多有讨论,[1]但是对如何来界定士族这个词语的内涵及其边界,学界并没有统一的认知。海外学者似乎更倾向于在较为广阔的时间段以及更为宽泛的定义下使用士族这一概念,以士族为题的研究上及两汉,下延北宋,[2]而大陆学者的态度要更为谨慎一些,例如在如何称呼两汉大族的问题上,更多地使用豪族、宗族甚至豪民这样的字眼,[3]并有意无意地避免使用士族一词。[4] 日本学者则更多的交替使用豪族与贵族这两个词语,只是豪族一词在中国史上很容易与"豪强"这样的概念相混淆,根据川胜义雄的意见,豪族与贵族之间是存在区别的:如果要成为贵族,豪族就必须要首先成为地方名望家。而且在成长为贵族的过程中,还需要被赋予某种

---

〔1〕 唐长孺:《读史释词》,《魏晋南北朝史论拾遗》,第249—253页;陈琳国:《庶族、素族和寒门》,《中国史研究》1984年第1期,第17—20页;祝总斌:《素族、庶族解》,收入氏著《材不材斋文集》上编,三秦出版社,2006年,第212—224页;张晓连:《释"士族"》,《北朝研究》1997年第1期,第48—53页。葭森健介最近的研究证明"士"这一概念在自战国到唐的时段内,随着社会结构的变迁,指涉的意义有明显的不同,《士庶考——针对唐宋变革前史的一个考察》,《日本学者中国史研究年刊(2008年度)》,上海古籍出版社,2011年,第116—159页。

〔2〕 例如刘增贵:《汉代的益州士族》,收入黄宽重、刘增贵编:《台湾学者中国史研究论丛·家族与社会卷》,中国大百科全书出版社,2005年,第122—169页;陶晋生:《北宋士族——家族·婚姻·生活》,值得注意的是士族一词在宋代依然被广泛使用,指称仕宦家族,历史语言研究所专刊102,2003年,第2—9页。

〔3〕 例如王彦辉《汉代豪民研究》、赵沛《两汉宗族研究》、马彪《秦汉豪族社会研究》、崔向东《汉代豪族研究》,崔向东在书中曾讨论过指称豪族的各种词汇。而宗族则是一个更加偏向民族学的概念。

〔4〕 当然并不是没有学者使用士族这一词语,但并不是学界的主流用法。

高贵性的东西。[1] 若此豪族大约与地方大族地位相似,贵族则等于士族。此类用语的纷杂与多歧,背后往往反映了对于士族问题不同的学术思考。如何来认知士族这一现象,是将其视为中古史中的一种特殊存在,还是认为其存在的历史时段可以溢出魏晋隋唐之外,或者仅仅是为了使用的方便。如何来界定士族这样一个被广泛认同与使用,但很难确定其内涵和外延的概念。又如何将中古史中的士族与中国其他历史时期中普遍存在的官宦世家、文化世家以及地方大族进行合理的区分,这些都是每一个试图展现中古士族社会面貌的学人所必须面对的问题。

毛汉光曾经以"三代五品官"作为划定士族的标准,并在此基础上统计两晋南北朝正史所载的 4 022 个人物的传记资料,试图用大规模计量统计的方式,精确描绘两晋南北朝时期士族在政治、社会等诸领域所占据的地位。[2] 毛汉光的研究主要把握了士族在仕宦方面的特征,其研究规制宏大,尤其是采用了社会科学化的精确表达方式,使得过去晦暗不清的史实能够用表格的方式清晰地展示出来,但是我们不应忽视仅依靠统计来描述历史这种方法背后所蕴藏的危险性,并不是所有的历史要素都可以被量化。[3] 陈寅恪当年曾经批评当时中国哲学史研究的问题在于"其言论愈有条理统系,则去古人学术之真相愈远",[4] 过于追求精确化、条理性的描述,往往会遮蔽历史本身所具有的复杂性,我们对于士族观察也需力求与古人处于同一境界,以求得真了解,以避免将出现

〔1〕 川胜义雄:《六朝贵族制社会研究》,第 4 页。

〔2〕 毛汉光:《两晋南北朝士族政治研究》,第 3—8 页。

〔3〕 韩昇:《中古社会史研究的数理统计与士族问题——评毛汉光先生的〈中国中古社会史论〉》,《复旦学报》2003 年第 5 期,第 91—98 页。

〔4〕 陈寅恪:《冯友兰中国哲学史上册审查报告》,《金明馆丛稿二编》,生活 · 读书 · 新知三联书店,2001 年,第 280 页。

把尔朱氏这样的代北酋豪算作士族高门这样的完全背离古人对于士族认识的案例。[1] 士族并不等同于"仕族",在整个中国的帝制时代,三世五品官的官宦家族一直长期存在,那么是否可以认为士族在整个中国的帝制时代都是存在的,所具有的差别只是各个历史时期士族数量的不同呢?我们应该注意到哪怕是在士族政治最为鼎盛的时期,士族在仕宦上的优势地位也从来没有被转化为一种制度化的特权,而更多的是依靠一种社会文化的认同,这种现象提示我们关注士族在社会、文化诸方面所具有的特征。日本学者曾经对作为国家官员的士族是寄生性的官僚还是一个自立性的阶层进行了长期的争论,如果转换一下观察的角度,我们似乎都可以感到在政治领域之外,社会文化层面中,士族具有自立于皇权之外的特征,所谓"士大夫故非天子所命"的自我标举,使得士族拥有一种独立于皇权之外的文化标准与社会认同。正是这种社会文化上的自立,使得中古士族超越其他历史时期的官宦世家而具有特殊性,所以理想形态的士族研究需要同时展现士族在政治、社会、文化诸方面的特征,描述士族在仕宦、婚姻与交往、学术等各方面的活动。

以下笔者尝试通过分析历史时期对于士族这一概念的认知与使用,来观察历史情境中士族及其相关词汇的出现时间及使用频率。首先需要说明的是这种研究方式存在着明显的局限性。古人的指称往往发生在特定的历史情境中,并不是严格的概念界定,这种统计频率的方法难免有刻舟求剑之嫌,特别是在总体样本量有限的情况下,也蕴含了失真的危险。但是另一方面语词运用的变化往往以一种更为隐秘的方式展示着社会知识的变迁,毫无疑问大族这样的泛称从先秦至明清的整个历史时期都得到了普遍使

[1] 毛汉光:《两晋南北朝士族政治研究》,第29页。

用，那么士族一词的出现与流行是否在一定程度上反映了当时人对于士族这一群体的认知，对此略加统计探讨似乎也不无裨益。

毛汉光曾经胪列史书之中可以用来指称士族的二十七种说法，[1]可知当时人在指称士族时，用语颇为歧异，并无一律，这种用语的多样固然有一部分是修辞的需要，但可反映出在当时人的心中，士族并不是一个十分严格的概念，而是一个可以用多种不同词语来加以描述的社会阶层，更为重要的是士、庶，高门、寒门的定义往往在不同语境下有所变化，[2]很难用同一把尺子加以量度，所以这种方法只能提供一侧面的说明，而非定论。笔者选取了士族、大族、世族、豪族、门阀、素族六词，统计其在史书中出现的年代以及使用的频率，制成表一，之所以选择这六个词语来进行统计，主要是由于这六个词语使用较多，具有一定的典型性，而这些词汇并非修饰性的形容词，包含确定性的概念表述，并且在词义上具有一定的差异，从中或许可以窥见当时人对于士族认知的变化。

从表一我们可以出人意料地发现士族一词本身起源甚晚，[3]正史之中，最早使用士族一词的是《晋书》，共有四例，而有三条出现在载记部分，都用来描绘少数民族统治者"典定士族"的政治举措，[4]至于历来被认为士族门阀极盛时代的东晋仅有一次使用了

---

〔1〕 毛汉光：《两晋南北朝士族政治研究》，第1—3页。

〔2〕 士族门第的高下定义往往是在比较的语境中加以展现，例如崔㥄所言："天下盛门，唯我与尔，博崔赵李，何事者哉。"《北齐书》卷二三《崔㥄传》，博陵崔氏、赵郡李氏无疑是一流的门第，但在门第更高的崔㥄看来，不过是次门而已。

〔3〕 笔者使用正史作为统计材料，一方面是由于其语言比较规范，另一方面可以利用电子检索系统较为便利。另据刘增贵对于汉代石刻中关于大族指称词汇的统计，确实没有出现士族一词。刘增贵：《从碑刻史料论汉末士族》，《中国史新论——傅乐成教授纪念论文集》，第321页。

〔4〕《晋书》卷一〇五《石勒载记下》，第2737页；卷一二四《慕容宝载记》，第3093页。

士族一词。[1] 由于《晋书》成书过程的复杂性，我们无法确证《晋书》中士族这一词语的使用是出于唐人改写，还是沿袭诸家旧晋书的文字。特别是《晋书》士族一词多出现在载记部分，这让笔者颇为怀疑士族一词并非为两晋人所习用，目前可以肯定的是士族一词的广泛使用大约在是南北朝时期。另外两个明确指称士族的词语素族、门阀则出现得更晚一些，素族一词流行于南朝，而门阀一词尽管有一例出现于《后汉书》中，但是考虑到《后汉书》是刘宋时期的范晔完成的，其在语词上使用可能部分反映了南朝时的习惯，所以门阀一词也是到了宋以后才日益流行。语言的流行相对于实际事物的产生具有一定的滞后性，而士族及其相关用语的晚出，实际上反映了当时人对于士族这种阶层的认知和界定是逐步形成的，而在两晋时期人们在指称士族时更加常用的词语是世族、大族与豪族，这三个词相对于前三个词而言，出现时间更早，概念更为宽泛，并在更长的历史时期中被广泛使用。当时人最初使用一些既有的习语来描述士族，随着士族特殊性的日益显现，进而发现旧词已难以清晰地描述出士族的特征，转而开始发明一些特定的词汇来指称士族。这种语词指称的转换，从知识社会史的角度而言，展现士族这一概念在当时人的社会知识中逐步清晰化、明确化的一个过程。

在最初指称士族的三个词中，豪族一词带有武力强宗的意味，豪族一词在正史中的使用往往与动乱的社会背景有关，《晋书》、《周书》之中豪族一词的使用明显偏多，《晋书》中的豪族往往是指在八王之乱和五胡乱华中凭借武力崛起的地方势力，《周书》中豪族则多是率领部曲加入府兵系统的乡里豪右。世族一词往往强调家族在仕宦、学术等方面世代绵延，而大族一词涵义则最为宽泛。

---

〔1〕《晋书》卷八〇《许迈传》，第2106页。

因此，遵循历史发展的本身脉络，根据当时人对于相关语词的使用习惯，笔者在本书研究中基本上使用大族这一较为中性而宽泛的概念。[1]

表一　士族指代语词使用频率表

	汉书	后汉书	三国志	晋书	宋书	南齐书	梁书	陈书	魏书	北齐书	周书	隋书	旧唐书	新唐书	总计
士族	/	/	/	4	2	1	/	/	2	2	/	1	21	13	46
世族	/	/	1	9	1	4	1	/	1	/	1	/	2	3	23
大族	3	/	5	7	1	/	/	/	2	3	1	/	4	3	29
豪族	/	3	2	16	3	1	3	2	3	1	6	2	9	4	55
素族	/	/	/	/	2	5	2	2	1	/	/	/	/	/	12
门阀	/	1	/	/	1	/	/	/	/	4	1	1	4	5	17

说明：表一通过统计各正史中对于士族指称词语使用频率的变化来反映当时观念中对于士族认识。其中《后汉书》尽管是记载东汉的历史，但由于该书是范晔在刘宋时完成的，其语言一定程度上反映了东晋南朝的特征。《晋书》则是唐初史臣根据十八家晋书改写而成，其语言所反映的社会观念当略晚于两晋。《新唐书》为欧阳修在宋初编撰，因其不满于《旧唐书》，对唐代文献进行了大量的改写，语言运用或许可以反映宋初人的社会观念。[2]

第四节　研究的旨趣与目标

在前辈学者的著述中，无论如何认识六朝贵族制的性质，但大都把汉末到西晋这一时期视为中古士族社会形成的关键时段。士

〔1〕 唐长孺也曾指出魏晋时代所谓“上品无寒门，下品无势族”的“势族”指的是势家，与世族的意义有所不同，《士族的形成与升降》，《魏晋南北朝史论拾遗》，第56页。

〔2〕 关于两《唐书》用语上的不同，参读黄正建：《唐代“士大夫”的特色及其变化》，《中国史研究》2005年第3期，第119—124页。

族这一对于中古政治影响深远的社会阶层,发轫于两汉,成熟于魏晋,终结于唐宋是学界主流的共识。从汉末的皇纲瓦解、清议纵横到晋初的短暂统一、玄谈兴起,这段动荡不安的历史本身便具有摇曳生姿的独特魅力,更值得关注的是这一时代政治动荡、社会文化急剧转型的背后,作为中古社会基本底色的士族逐步浮出水面。政局的日益动荡与政治中坚阶层的日趋凝固两者之间形成了鲜明的对比。如何从历史本身的脉络出发,探究这一矛盾表象背后的实质,是笔者思考这段历史的起点。

本书采取政治史与家族史研究相结合的方式,一方面在政治史的脉络中探讨西晋权力结构从形成到崩溃的过程,另一方面考察魏晋大族之间的政治、婚姻、交往网络,探究这一网络在魏晋政治变局中发挥的作用。在政治史的研究时限上,笔者选择以曹魏正始十年(249)为起点,西晋永康元年(300)为终点,高平陵之变是司马氏家族控制曹魏政权的开端,魏晋嬗代的历史起点;永康元年,赵王司马伦发动宫廷政变诛杀贾后、张华、裴頠等人,终结了西晋政治最后一段稳定时期,标志着西晋权力结构的最终崩溃。在具体研究过程中,通过对一系列关键事件的史实考订,揭示魏晋之际政治变化的实相。另一方面探究司马氏家族的权势网络在曹魏政治中的成长与运作,分析司马氏集团的凝结过程与权力结构,揭示家族网络在魏晋政治中的作用。在具体的研究方法上,笔者在借鉴前人研究的基础上,主要遵循三个理路,首先将宏观的时代把握与微观的史实考订相结合,在研究中一方面要照应到魏晋之际政治变化的延续性,即不能因为朝代的更迭而将两段历史人为地加以割裂,另一方面在研究过程中注重对具体史实背景的考订分析,不盲目地使用未经明确界定的政治集团、党派分野之类的分析概念。其次,在研究中注意多个政治因素的共同作用,依据现有文献尽可能展现历史变迁的复杂图景,特别是要重视分裂时代外交与内政之间互相作用的微妙关系。这一时代的历史变化并不是曹魏与西晋简单的内政问题,也受到吴、蜀外部因素的影响。其三,动态地考察司马氏集团以及西晋政治格局的形成与变迁。既往研究更多地倾向于将司马懿、司马师、司马昭、司马炎四人视为一个整体,而对其祖孙兄弟之间的差异措意较少,司马氏集团内部的动态演变是本书关注的一个重点。

本书的研究建立在广泛收集相关史料并加以详密编年、比勘、考订的基础上,并注意辨析各种史料的不同层次与信度,从而试图系统地阐释魏晋之际的权力结构转换与家族网络在其中的作用。兹简要地说明各章节的内容与研究目标如次:

第一章首先在一个较长的时间维度上考察汉魏时代河内郡的社会生态,探讨司马氏作为地方大族的文化特征,对于将司马氏定义为儒家大族的传统观点提出质疑与修正。通过勾辑零散的文献,复原了汉末清议风潮之下河内郡中的乡里秩序与人物品评网络,而司马氏家族正是通过乡里网络的帮助才得以在曹魏政权中崭露头角的。其次,考察司马懿在曹魏政治中交往圈与婚姻圈扩张的历史过程,随着在曹魏政治中地位的提高,司马懿逐渐从政治网络中的托庇者转变为庇护者,通过通婚、交往、同僚、辟举等一系列人际关系的构拟,司马懿在曹魏政治中积累了广泛的人事资源,并形成了自己的权势网络。

第二章则是对于魏晋嬗代过程中一些关键事件和人物的考订,主要研究了以下四个问题,首先探究了司马懿发动高平陵之变的背景和依靠的主要力量,并对政变过程中的军事、地理因素进行了详尽的分析。其次,对司马师在魏晋嬗代中的作用和功业加以考证、阐释,并对齐王攸地位的形成提出了新的解释。其三,分析了曹魏淮南地方势力的形成过程,阐述了淮南三叛的不同背景与特质。其四,通过对于伐蜀之役背景以及人事安排的分析,探究了

“二士争功”怪异现象的形成根源，初步揭示了司马氏集团内部的结构性矛盾。

第三章致力于分析司马氏集团的形成过程与矛盾衍生，首先通过一系列不为人注意的“小事件”来探究司马氏“外宽内忌”政治策略的实质与边界。其次以陈泰、司马孚两人在魏晋之际的矛盾态度入手，分析曹魏官僚阶层对于司马氏擅权复杂的政治态度。其三从司马氏对于功臣石苞从信任到不信任的变化入手，分析了司马氏集团内部权力结构的动态演变，以及司马炎与父祖在政治策略上的不同。最后探讨了作为一个承父祖之业的受成之主，司马炎继位之初的政治困境与应对策略。

第四章首先揭示了咸宁二年在武帝时代政治中的转折意义。由于咸宁二年武帝病重时发生了拥立齐王攸的政治密谋，彻底激化了本来就互相猜忌的兄弟关系。为了抑制功臣与宗室的势力，武帝将外戚杨氏作为自己的亲信力量引入政治，改变了西晋政治的格局。最终在太康三年(282)，武帝凭借伐吴成功带来的政治威望，强令齐王攸之国，掀起了西晋政治中的一场大风波。尽管随着齐王攸的死亡，武帝表面上成为这场政治斗争的胜利者，但对西晋政治体制造成了长期的裂痕，虽然武帝在生命的最后一年中力图重建外戚与宗室互相制衡的政治体制，可惜为时已晚。由于继位的惠帝智力低下，缺乏掌控复杂政治局面的能力，失去了皇权的仲裁与平衡，原本尚能维持表面和平的西晋官僚集团迅速卷入了疯狂的内斗当中，武帝苦心维持的政治平衡轰然崩塌，元康政治中“主昏于上，政清于下”的短暂安定只是西晋王朝的回光返照而已。

第一章　汉魏时代的河内司马氏

魏晋嬗代，出自河内温县的司马氏家族代替了沛国谯县的曹氏登上了皇帝的宝座，关于这次王朝更迭的性质，陈寅恪认为是儒家贵族最终战胜了非儒家的寒族，魏晋的兴亡递嬗，不是司马、曹两姓的胜败问题，而是儒家豪族与非儒家的寒族的胜败问题。〔1〕在此，陈寅恪特地抉出曹、马两族不同的文化背景加以阐释，将王朝更替的政治事件植入社会、文化变动的宏大视野中加以考察，发隐抉微，独蕴匠心。但是，司马氏家族的社会文化性质究竟如何，是否可以简单地视其为两汉以来儒学大族的代表，则需对汉魏以降司马氏家族的成长过程进行深入的个案研究，方能得出令人信服的结论。

以儒术为业无疑是司马氏家族重要的文化特征，对于家族的儒学渊源，晋武帝司马炎曾有这样的表述："吾本诸生家，传礼来久"。〔2〕在这段自白中，颇可注意的是"诸生"这一身份。诸生在

〔1〕陈寅恪：《书世说新语文学类钟会撰四本论始毕条后》，《金明馆丛稿初编》，第48—52页；另参万绳楠整理：《陈寅恪魏晋南北朝史讲演录》，第1—23页。

〔2〕《晋书》卷二〇《礼志中》，第614页。

汉代多指郡县学官的子弟,[1]汉世多循吏,往往广设学校以传布教化,促进了儒学的传播与知识阶层的形成。[2] 每郡学生多至千人,一般人家的子弟皆有成为诸生的资格,如被陈寅恪目为寒族代表的贾充之父贾逵,虽然少孤寒,却也是诸生出身。[3] 因此,诸生之家并非是一种高贵的身份,在当时颇为普遍,例如,卫瓘自以诸生之胄,婚对微素,不敢接受尚公主的诏命。[4] 当然卫瓘与武帝的自称或许含有谦逊的意味,但是核之于司马氏祖先的传记,我们确实也没有发现其家族在经学上有所建树的记载。[5] 两汉经学大盛,学者最重家法,学问的传习多依赖于家传与师授,累世通经的家族比比皆是,[6]而司马氏家族并没有能在两汉以降经学世家的谱系中占据一个显要的地位,由此而论,简单地将司马氏贴上儒学大族的标签未免有些草率。[7] 为了更好地分析司马氏家族的社会地位与文化特质,我们有必要拉长观察历史的时间尺度,分析司马氏家族在汉魏时代的成长过程。

---

〔1〕 東晋次对于诸生的身份及受业情况有详细的讨论,见氏著《後漢時代の政治と社会》,名古屋大学出版会,1995 年,第 147—177 页。

〔2〕 参读余英时:《汉代循吏与文化传播》,《士与中国文化》,第 117—192 页;東晋次:《後漢時代の政治と社会》,第 144—192 页。

〔3〕《三国志》卷一五《贾逵传》注引《魏略》,第 481 页。另一位被陈寅恪目为出身寒族的曹操亦出身诸生,《世说新语·识鉴第七》引《续汉书》:"初,魏武帝为诸生,未知名也",余嘉锡:《世说新语笺疏》,第 383 页。事实上,检正史人物传记便可知诸生出身在汉魏官员中颇为习见。

〔4〕《晋书》卷三六《卫瓘传》,第 1057 页。

〔5〕 关于司马氏先世的记载主要保存在《晋书》卷一《宣帝纪》及《三国志》卷一五《司马朗传》裴注引司马彪《序传》。卫瓘虽以诸生之家自居,其高祖卫暠倒是以儒学为汉明帝所征,《晋书》卷三六《卫瓘传》,第 1057 页,但在司马氏家族的先世中并没有这样的记录。另外,汉代儒家大族的一个重要标志是世守一经,尽管司马炎谈及其家族"传礼来久",但史籍上并没有司马氏家族成员专精三礼的记载。

〔6〕《廿二史札记校证》卷五"累世经学"条,第 100—101 页。

〔7〕 福原啓郎认为司马氏家族是郡内的地方名望家,《西晉の武帝司馬炎》,第 15 页。朱晓海分析司马氏早期的婚对状况,认为不过是一个次姓小族,《嵇康仄窥》,《台大中文学报》第 11 期,1999 年,第 84—85 页。

另一方面,司马氏代魏进程中的一个重要特征是"三祖之寓于魏世",[1]家族的人际网络、政治权势与曹魏政权有着千丝万缕的联系,所以欲探究司马氏皇权的特质与西晋政治中的家族网络,必须溯其源流,对汉魏以来河内郡的政治文化特征、乡里秩序的建构以及司马氏家族崛起的过程做一个较长时段的考察。[2] 所以,本章试图从三个环节展开讨论,首先论及两汉时代河内郡的地理环境与文化发展,尤其关注该地的儒学传播与大族生长状况,希望通过分析这些长时段的因素,讨论地域文化与司马氏崛起之间的关系。其二,试图复原汉魏之际河内郡的乡里秩序与司马氏在乡里社会中的地位,借此讨论同乡网络在司马氏家族政治活动中的作用。最后则研究司马氏家族在曹魏政权中人际、婚姻网络建立与拓展的过程,以及这一网络对于司马氏最终控制曹魏政权所起的作用。

第一节　两汉时代的河内郡与司马氏家族的文化转向

关于士族的形成过程,毛汉光曾将其源流归纳为三种:凭借政治势力而建立的大族、凭借术业世传而建立的大族、凭借经济力量而成的大族。[3] 毛氏此论大端固然不错,但略失之于空泛,尤

---

〔1〕《晋书》卷八二《习凿齿传》,第2157页。

〔2〕司马氏家族的兴衰并不乏学者的关注,其中较为重要的有胡志佳:《门阀士族时代下的司马氏家族》;渡邉義浩:《西晉司馬氏婚姻考》,《東洋研究》第161号,第1—26页,但是学者一般更多地关注魏晋时代的司马氏家族,对于两汉时代司马氏家族的发展及其与乡里社会的关系措意较少。

〔3〕毛汉光:《两晋南北朝士族政治研究》,第48—53页。

其是没有注意到大族生长与其所处地域之间的密切关联。陈寅恪很早就提示应注意家族、地域与学术之间的关联。[1] 中古大族的一个重要特征是郡望与族姓之间所存在的对应关系，郡望标明了士族所出自的地域，郡望与族姓之间的对应实际上暗示了士族与地方社会所具有的密切关联，想要探究士族的形成过程，不可不首先对其所出自的地域有所了解。士族的形成固然与政治、文化、经济等因素息息相关，但是我们更要注意到不同地域之间在经济、文化发展上的差异对于士族获取经济、文化优势地位的影响，也要看到不同地区在王朝政治版图中的不同地位所造成的大族在获取政治资源机遇方面的不平等。例如，在两汉时代，一个处于丰沛故里或是南阳帝乡的大族与一个处于燕北或是蜀南的大族相比，其在国家政治权力结构中的地位可谓是高下悬殊。同样一个生长在文化昌明、四方商旅辐辏之地的大族，其在文化、经济上的成长速度也是僻居一隅的大族所不能望其项背的。[2] 所以在研究河内司马氏之前，有必要对两汉以降河内郡的地理环境与政治文化特征略加剖析，以观察河内司马氏崛起的社会背景。

河内郡，秦置。秦末大乱，赵将司马卬定河内，数有功，项羽封他为殷王，王河内，都朝歌。[3] 这位司马卬便是传说中河内司马氏的祖先，其子孙因此定居河内。[4] 事实上，司马卬王于河内的时间甚短，汉高祖二年（前 205），刘邦兵出关中，东向与项羽争衡天下，从临晋渡过黄河，攻下河内，俘获殷王司马卬，置河内郡。[5]

---

〔1〕 陈寅恪：《隋唐制度渊源略论稿》，上海古籍出版社，1982 年，第 17 页。

〔2〕 关于边远地区的大族势力成长与局限，参读刘增贵《汉代的益州士族》一文中的讨论，《台湾学者中国史研究论丛 · 家族与社会卷》，第 122—169 页。

〔3〕 《史记》卷七《项羽本纪》，第 316 页。

〔4〕 《晋书》卷一《宣帝纪》，第 1 页。

〔5〕 《史记》卷八《高祖本纪》，第 370 页。

河内郡的疆域规模在秦汉时期一直保持稳定，基本上没有变化。[1]

从地理位置而言，河内处于天下之中，南倚黄河，北缘太行山脉，山河所围，交通便捷，战略地位十分重要，在汉代甚至还有宗室不宜典三河的惯例，[2]以防形成尾大不掉之势。汉光武帝更是据河内为根本之地，进而争衡天下，完成了汉室中兴。[3] 在政治文化上，河内是殷人故地，自先秦以来一直是中原文化的中心之一：

> 昔唐人都河东，殷人都河内，周人都河南。夫三河在天下之中，若鼎足，王者所更居也，建国各数百千岁，土地小狭，民人众，都国诸侯所聚会，故其俗纤俭习事……人民矜懻忮，好气，任侠为奸，不事农商。[4]
>
> 河内本殷之旧都，周既灭殷，分其畿内为三国，《诗·风》邶、庸、卫国是也……康叔之风既歇，而纣之化犹存，故俗刚强，多豪桀侵夺，薄恩礼，好生分。[5]

《史记》、《汉书》所言河内民风彪悍、豪侠横行的风俗在正史传记中不难得到印证，西汉著名的游侠郭解便是河内轵人，[6]复检《汉书·酷吏传》，更可注意到西汉时，河内郡内豪族纵横，是一个往往

[1] 周振鹤：《西汉政区地理》，人民出版社，1987年，第129页；李晓杰：《东汉政区地理》，山东教育出版社，1999年，第18页。

[2] 《汉书》卷三六《刘歆传》，第1972页。

[3] 许倬云运用核心区与边陲区的概念讨论传统中国社会时指出，两汉的核心区是关中与三河，边陲区为会稽、南方诸郡国及北方沿边诸郡国，《传统中国社会经济史的若干特性》，《求古编》代序，第2页。

[4] 《史记》卷一二九《货殖列传》，第3262—3263页。

[5] 《汉书》卷二八下《地理志下》，第1647页。

[6] 《汉书》卷九二《游侠郭解传》，第3701页。

需要仰赖酷吏弹压的难治之地：

> (义纵)迁为河内都尉。至则族灭其豪穰氏之属,河内道不拾遗。〔1〕
>
> (王温舒)素居广平时,皆知河内豪奸之家,及往,九月而至。令郡具私马五十匹,为驿自河内至长安,部吏如居广平时方略,捕郡中豪猾,郡中豪猾相连坐千余家。上书请,大者至族,小者乃死,家尽没入偿臧。奏行不过二三日,得可事。论报,至流血十余里。〔2〕

可知河内虽是殷之故土,开化较早,但在西汉以前,并没有受到太多儒家文化的熏染。宗族势力虽然发达,但更多地是以武力强宗的形态表现出来。司马懿的家乡温县,春秋时代便已置县,在《左传》中凡二十见,是一个颇为引人注目的都邑。〔3〕由于交通便利,温县自先秦以来便是一个"西贾上党,北贾赵、中山"的商业发达地区,"富冠海内,为天下名都,利在势居,不在力耕",〔4〕通过贸易往来与太行山以北的赵国故地建立了密切的联系,但是与东部儒学发达齐地的交往恐怕并不多。

但自西汉中后期以降,河内郡的文化风气发生了"由武入文"的明显转变,经学传播日益繁盛,一些累世通经的家族开始出现,

〔1〕《史记》卷一二二《酷吏义纵传》,第3145页。

〔2〕《史记》卷一二二《酷吏王温舒传》,第3148页。

〔3〕增渊龙夫曾对温县早期的历史有详细考察,《先秦时代的封建与郡县》,《中国古代的社会与国家》,上海古籍出版社,2017年,第290—333页。另参周振鹤:《县制起源三阶段说》,收入《周振鹤自选集》,广西师范大学出版社,1999年,第9页。

〔4〕《史记》卷一二九《货殖列传》,第3263页。(汉)桓宽编,王利器校注:《盐铁论校注》卷三,中华书局,1992年,第41页。按司马卬自赵地居于河内,便反映了这种地域间的联系。

并在仕途上取得了成功。其中尤可注意的是河内蔡谊及其周围的经学传授网络。

> 赵子,河内人也。事燕韩生,授同郡蔡谊。谊至丞相,自有传。谊授同郡食子公与王吉……食生为博士,授泰山栗丰……由是《韩诗》有王、食、长孙之学。[1]

赵子是奠定河内儒学传统的重要人物,他的学生同郡蔡谊,则以经术显,汉昭帝时仕至丞相。[2] 而蔡谊又将《韩诗》传授给同郡的食子公,由此形成了《韩诗》食氏之学,从赵子到食子公的传授系统中,我们可以注意到同郡关系在其中发挥的作用,《韩诗》的传播也使得河内郡的地域文化开始沾染上浓厚的经学色彩。西汉哀、平时,河内蔡茂以儒学闻名,遇王莽居摄,以病自免,不仕莽朝,因此获致高名。[3]

东汉立国之后,都城从长安迁到了洛阳,河内靠近王畿所在,表里山河,政治地位进一步提升,并获得了接近政治中心的地缘优势。根据学者的研究,东汉的文化中心与政治中心相重合,文化中心转移至豫兖青徐司地区,[4] 河内郡的儒学传统得以保持和发展。《后汉书》中关于河内籍的儒士记载颇多,从中不难窥见河内儒学发达之状况:

> 李章字第公,河内怀人也。五世二千石。章习《严氏春

---

〔1〕《汉书》卷八八《儒林赵子传》,第3614页。

〔2〕蔡谊一作蔡义,参见《汉书》卷六六《蔡义传》,第2898页。

〔3〕《后汉书》卷二六《蔡茂传》,第907页。按:蔡谊、蔡茂虽然同出河内,但蔡谊为温县人,蔡茂为怀县人,难以判断两人是否出于同一宗族。

〔4〕卢云:《汉晋文化地理》,陕西人民教育出版社,1991年,第66—69页。

秋》,经明教授,历州郡吏。[1]

张玄字君夏,河内河阳人也。少习《颜氏春秋》,兼通数家法。[2]

(王)奂字子昌,河内武德人。明五经,负笈追业,常赁灌园,耻交势利。为考城令,迁汉阳太守,征拜议郎,卒。[3]

从河内司马氏家族在这一时期的发展历程来看,家族的文化特质与河内的地域文化一样,在两汉时代同样经历了"从武入文"的转变,[4]司马氏自认赵将司马卬为先祖,由于其间世系无考,未必足以凭信。[5] 司马氏先世中较为可靠的人物是司马懿的高祖司马钧,司马钧事迹散见于《后汉书》各处,综而言之,司马钧在永初元年(107)以从事中郎的身份,随车骑将军邓骘出击西羌,[6]其后司马钧的仕途似乎颇为顺利,至元初二年(115)他再次出现在史籍中时,已经是以左冯翊行征西将军的身份,都督诸军攻打先零羌。但在此次战役中,司马钧坐不救援右扶风仲光、安定太守杜恢、北地太守盛包等,至其败亡,下狱自杀。[7] 东汉安帝初年,邓骘兄弟权倾一时,司马钧在这段时间的快速升迁或许与他曾担任邓骘僚佐的经历有关。西北羌乱是东汉一代的大患,从目前所见司马钧事迹而言,他主要的活动都与平定羌乱有关,带有强烈的军

---

〔1〕《后汉书》卷七七《酷吏李章传》,第 2492 页。

〔2〕《后汉书》卷七九下《儒林张玄传》,第 2581 页。

〔3〕《后汉书》卷八一《独行范冉传》注引谢承《后汉书》,第 2689 页。

〔4〕司马氏家族门风的转变,参见万绳楠整理《陈寅恪魏晋南北朝史讲演录》中的相关论述,第 2—3 页。

〔5〕(唐)林宝撰,岑仲勉校记《元和姓纂(附四校记)》卷二载司马卬孙楷,楷孙钧,与《晋书》世系不合,《元和姓纂》记载当然也未必得实,但是这种先世记载的抵牾,也从侧面证明了司马氏先世不足凭信,中华书局,1994 年,第 113 页。

〔6〕《后汉书》卷一六《邓骘传》,第 614 页;卷八七《西羌传》,第 2886 页。

〔7〕《后汉书》卷五《安帝纪》,第 224 页;卷八七《西羌传》,第 2889 页。

事色彩,并未发现有研习儒学的情况。加之其传说中的先祖为赵将司马卬,或许可以推定司马氏家族前期更多的是一个军功家族,儒业非其所长。[1] 晋初武帝与胡贵嫔的一段对话,也可以为此推论提供一旁证:

> 帝尝与之摴蒱,争矢,遂伤上指。帝怒曰:"此固将种也!"(胡)芳对曰:"北伐公孙,西距诸葛,非将种而何?"帝甚有惭色。[2]

胡芳之父胡奋家世将门,在《晋书》中有明确记载,[3]此处胡芳讥讽司马氏亦是将门出身,并引司马懿东征西讨之功为据,但司马懿的功业本是司马氏家族之荣光,载入晋代庙堂之乐,[4]武帝却甚有惭色,不知为何。或许胡芳暗中指斥乃是司马氏先世世代为将的经历,不敢自信,姑略言之。但胡芳的驳语至少可以说明,直至晋初人们都未将司马氏家族视为一个典型的儒家大族。

但至迟到了司马钧之孙司马儁时,其家族已开始受到儒学传统的熏习:

> (司马)朗祖父儁,字符异,博学好古,倜傥有大度。长八尺三寸,腰带十围,仪状魁岸,与众有异,乡党宗族咸景附焉。

〔1〕《史记》卷一三〇《太史公自序》云司马氏在赵者一支"以传剑论显",第3286页,从中也看出其家族的豪侠特质。

〔2〕《晋书》卷三一《武悼杨皇后传附胡贵嫔传》,第962页。按"将门"、"将种"、"老兵"在南朝时已成为骂人之语,汉世本不讳为将,三国的名宗大族,不少拥有部曲,寄命戎旅,至晋初虽已玄风兴起,但这些词汇含有的贬意未必有后世之甚。另参郑敬高:《南朝的将门》,《华中师范大学学报》1987年第6期,第137—143页。

〔3〕《晋书》卷五七《胡奋传》,第1557页。

〔4〕《晋书》卷二三《乐志下》,第711页。

> 位至颍川太守。父防,字建公,性质直公方,虽闲居宴处,威仪不忒。雅好《汉书》名臣列传,所讽诵者数十万言。少仕州郡,历官洛阳令、京兆尹,以年老转拜骑都尉。养志闾巷,阖门自守。诸子虽冠成人,不命曰进不敢进,不命曰坐不敢坐,不指有所问不敢言,父子之间肃如也。年七十一,建安二十四年终。有子八人,朗最长,次即晋宣皇帝也。[1]

司马儁深得乡里宗族的拥戴,可知家族在乡里社会中已颇孚威望,其喜读书,博学好古,已沾染儒风,而至其子司马防时,“诸子虽冠成人,不命曰进不敢进,不命曰坐不敢坐,不指有所问不敢言,父子之间肃如也”,在私亦不敢越礼而动,更是一派恂恂儒者的气象。

但值得注意的是,司马氏家族虽然“由武入文”,家族风貌与两汉传统的经学世家尚有不少区别,所尚之学亦非狭义的经学,汉儒治经强调师法,重视章句之学,专守一经,累世相传,形成了许多世守一经的经学家族,而司马儁、司马防父子的兴趣却主要在史学,注重博通,“博学好古、雅好《汉书》名臣列传”。《汉书》在汉晋时代被视为具有实际政治功用的刑政之书,颇受注重事功的三国君臣重视,刘备、孙权皆要求其子阅读《汉书》,从中学习治国要术。[2] 因而司马氏家族对于《汉书》的兴趣与研读,实际上反映了其注重事功的倾向,学问气象与两汉经师的传统面目迥然有异。[3] 虽以儒

〔1〕《三国志》卷一五《司马朗传》注引司马彪《序传》,第466页。

〔2〕关于《汉书》在汉晋时的阅读与接受,参读吉川忠夫著,王启发译:《六朝精神史研究》,江苏人民出版社,2010年,第242—246页。

〔3〕若我们将司马氏与一般被学者视为地方豪族的嘉祥武氏家族相比,洪适《隶释》卷六《从事武梁碑》云“治《韩诗经》,阙帻传讲,兼通《河》《洛》,诸子传记,广学甄彻,穷综典□,靡不□览”,卷十二《执金吾武荣碑》云“治《鲁诗经》韦君章句,阙帻传讲,《孝经》、《论语》、《汉书》、《史记》、《左氏》、《国语》,广学甄彻,靡不贯综”,中华书局,1986年,第74、139页。可知司马氏大抵与之文化气类相近。

术自持，但司马氏家族依然存有地方豪族的色彩，清素儒者可自守而不足以聚众，司马氏却为乡党宗族所景附，能为众心所服者往往需要将略与财力，这正是地方豪族的基本特征，甚至从史书对司马儁身长八尺三寸，腰带十围，仪状魁岸，倜傥有大度的描绘中，我们亦不难嗅出其中的豪侠气息。司马氏家族在汉魏时并非以经学显名于世，其家族成员亦非专治章句之学的饾饤俗儒，更多地注意经世致用之学，司马炎自称出于“诸生之家”，其实也暗示了家族的经学造诣有限。

司马氏家族沾染的学风，更多地受到东汉中后期学术风气新变化的影响。东汉时期，儒家思想出现了向地方、向官僚层渗透的倾向，〔1〕但在传播的过程中，学风已有所变异，牟润孙指出东汉经学的发展，已经逐渐摆脱琐碎的章句之学，转向博学兼通、遍习群经，通儒硕学日益受到尊敬，〔2〕胡宝国也指出汉魏之际，人们对于历史的兴趣越来越浓厚，史学从经学中获得独立，治史的学者大量出现，经史开始并称。〔3〕 司马氏家族在“由武入文”的过程中，沾染了这一新风尚，使其家族在文化上具有了不同于传统意义上经学世家的特征。以儒术自持是司马氏家族文化转向的结果，但是我们不能将其所沾染的儒风仅仅等同于经学，需要注意到其家族博学好古的风气与专守一经的经学世家之间存在着学风新旧的区别，司马氏家族与汝南袁氏、弘农杨氏这些四世三公的典型汉代经学世家有所不同，笔者认为将司

〔1〕 相关研究的综合性检讨可参读渡边义浩（松金佑子译）：《日本有关“儒家国家化”的研究回顾》的第四部分“东汉国家的支配与儒教”，《新史学》第 14 卷第 2 期，第 199—205 页。另参夏增民：《儒学传播与汉晋南朝文化变迁》，华中科技大学出版社，2009 年，第 53—93 页。

〔2〕 牟润孙：《论魏晋以来之崇尚谈辩及其影响》，《注史斋丛稿》，中华书局，1987 年，第 304—311 页。

〔3〕 胡宝国：《经史之学》，《汉唐间史学的发展》，第 30—34 页。

马氏家族视为东汉中后期兴起的新兴文化家族比笼统地将其称为儒学大族更为合适。而在完成文化转向的同时，司马氏家族依旧保持了拥有乡里势力，倜傥大度、注重事功的地方豪族特征。[1]

第二节　乡里秩序中的河内司马氏

乡里社会是大族生活的场合，家族势力的最初生长无不与乡里社会具有密切的关系。早在 1940 年代，周一良在研究乞活问题时就曾指出："观夫乞活之迁徙去来，而始终保存并州地望，自成集团，历久不渝，亦足以窥当时地域乡里观念之深且固矣"。综合分析流民集团集聚的方式，周一良进一步指出："明乎乡里门户两种观念，然后知东晋之侨立州郡县与门阀政治皆各有其背景，应时势之需要。而东晋南朝的政治社会等方面，亦莫不可以从乡里门户两种关系观察剖析之矣"。[2] 此间，周一良抉出"乡里"、"门户"这两个要素乃是我们理解魏晋南北朝政治社会的关键所在，对于后学实有发凡起例之义。但是，相对于士族门第的研究，讨论士族与乡里社会关系的专论并不多见，这或许是由于相关史料较少，难以深入展开研究的缘故。唯有刘增贵的两篇论文讨论汉魏六朝同乡认同的形成

---

〔1〕 汉代官僚注重"允文允武"，文武分途并不明确，参读邢义田：《允文允武：汉代官吏的一种典型》，《天下一家：皇帝、官僚与社会》，中华书局，2011 年，第 224—284 页。从司马氏家族及司马懿本人的功业而论，亦承续了这一"允文允武"的特质，而非经师儒者的面目。

〔2〕 周一良：《乞活考——西晋东晋间流民史之一页》，《魏晋南北朝史论集》，第 25—26 页。

与同乡网络在政治社会中的作用，[1]颇有启发。因此，笔者试图从河内地域入手，分析河内郡的乡里社会在汉末大乱中的运作机制与司马氏家族的崛起背景。只是相关的史料较为零散且不多见，借此复原河内乡里秩序的图景难度颇大，但期能收管中窥豹之效。

随着东汉末年清议的兴起，出现了匹夫抗愤、处士横议的局面，士人之间的互相品题、共相标榜成为一时风气，[2]普通士人一旦为名士所赞赏、品题，便如登龙门，身价倍增，千里求名之举亦不鲜见。而这种远距离求学、交游风气的兴起，一方面打破了原先地域社会的阻隔，奠定了一个全国性士大夫网络成立的基础，另一方面，由于党锢之祸中对于清议的严酷镇压，反而强化士人群体的身份认同，构成了汉晋时代"士的觉醒"的重要面向。[3] 在这种士大夫互相品题的人际网络中，基于同乡关系的结合是其中的一个

---

〔1〕刘增贵：《汉魏士人同乡关系考论》，《台湾学者中国史研究论丛 · 社会变迁卷》，第123—159页；《晋南北朝时代的乡里之情》，《欲盖弥彰：中国历史文化中的"私"与"情"——公义篇》，第11—37页。另外中村圭爾对于这一问题也有较多的关注，其在讨论六朝贵族制的构造时专门用一章的篇幅讨论了乡里观念及士人同乡关系的结合，参读氏著《六朝貴族制研究》，風間書房，1987年，第139—170页；而在另一篇通论性的文章中进一步关注血缘关系与地缘关系的结合，指出乡党社会是一种血缘关系与地缘关系同时发生作用而建立起来的复合社会，参读氏著《贵族制社会中的血缘与地缘关系的历史特性》，收入《人文论丛》2002年卷，武汉大学出版社2004年，第35—43页。

〔2〕顾炎武著，黄汝成集释：《日知录集释》卷一三《两汉风俗》，上海古籍出版社，2007年，第752—754页。

〔3〕余英时：《汉晋之际士之新自觉与新思潮》，《士与中国文化》，第251—353页。在这一过程中，太学作为全国的学术中心，在传播儒学、凝聚士人等方面起到了重要的作用，参读赵翼：《两汉受学者皆赴京师》，《陔余丛考》，河北人民出版社，1990年，第243—244页；金发根：《东汉党锢人物的分析》，《历史语言研究所集刊》34本下，第505—558页。

重要因素,〔1〕刘增贵通过排比研究汉末评论风气中品评人与被品评人之间的关系,指出汉末评论风气具有乡邑基础,如郭泰评论人物仍以本籍太原为多,而荀彧引荐颍川集团,更是众所周知。〔2〕河内郡的情况亦不例外,汉末河内最具有影响力的评论家是杨俊,他对于品评、提携同郡士人不遗余力,司马朗、司马懿兄弟最初知名皆受其援引。

> 司马宣王年十六七,与(杨)俊相遇,俊曰:"此非常之人也。"又司马朗早有声名,其族兄芝,众未之知,惟俊言曰:"芝虽夙望不及朗,实理但有优耳。"〔3〕

从中已可窥见同郡关系对于司马氏家族在政治上崛起的作用。司马朗成名较司马懿更早,他在进入名士圈之后,品评同乡名士同样是其交游活动的重要侧面。

---

〔1〕川胜义雄非常重视乡论的作用,认为乡论具有重层结构,可以分为县、郡、全国三个等级,《六朝贵族制社会研究》,第43—52页;守屋美都雄则提出父老若能与比里更大的地域社会保持关系,就能同时通过与其他里内父老的交流形成乡级舆论,进而通过与外乡父老的交流形成县级舆论,氏著《中国古代的家族与国家》,上海古籍出版社,2010年,第152页,则县级舆论背后可能还有乡级舆论的支撑,但是郡以下层级的乡论运作由于史料的缺失,很难在实证研究中加以证明,因此本文还是以郡级的人物评论网络作为关注的对象。关于汉代的地方势力,东晋次认为东汉豪族势力可以区分为郡、县两个层次,《后汉的选举与地方社会》,《日本中青年学者论中国史(上古秦汉卷)》,上海古籍出版社,1995年,第572—601页;黎明钊则利用出土汉简对于"县中士大夫"与"郡中士大夫"的层级加以实证化的研究,是一个值得重视的方向。《汉代东海郡的豪姓大族:以〈东海郡下辖长吏名籍〉及〈赠钱名籍〉为中心》,《中国文化研究所学报》新9卷,2000年,第47—95页。

〔2〕刘增贵:《论汉末的人物评论风气》,《成功大学历史学报》第10期,1983年,第159—216页;关于汉末士人的评论网络也可参读冈村繁:《后汉末期的评论风气》,《汉魏六朝的思想与文学》,上海古籍出版社,2002年,第80—169页。

〔3〕《三国志》卷二三《杨俊传》,第663页。

（司马朗）雅好人伦典籍，乡人李觌等盛得名誉，朗常显贬下之；后觌等败，时人服焉。[1]

乡里评论是汉末清议的基础，是否有知人之明，能否恰当地臧否同乡士人，进退得人，是汉末士人在名士圈中获取威望的重要途径。

当然，汉末的人物品题并不局限于乡里社会的范围，当时的评论本有"天下"与"州郡"两圈，欲要从"乡邑之士"成为"天下士"，必须要得到天下知名的士人领袖的赏识，例如，汉末众口交赞的黄宪本来只是乡邑有声，天下未重，后来得到了郭泰的品题之后才名重海内。[2] 而司马懿能够声名鹊起，进而在声誉上超越成名更早的其兄司马朗，主要得益于崔琰的赏识。

始（崔）琰与司马朗善，晋宣王方壮，琰谓朗曰："子之弟，聪哲明允，刚断英跱，殆非子之所及也。"朗以为不然，而琰每秉此论。[3]

崔琰是东汉大儒郑玄的弟子，出身望族，为曹操所信重，长期典选举，号称其所举用，皆清正之士，素有识人之誉。司马懿得其揄扬，则声名更盛，为他在曹魏政治中的崛起奠定了良好的基础。

据《晋书·安平王孚传》记载，司马朗兄弟八人当时俱知名，号为"八达"，这一记载或许存有司马氏称帝之后的夸饰成分，因为在兄弟八人中，司马馗、司马恂、司马进、司马通、司马敏五人皆

---

〔1〕《三国志》卷一五《司马朗传》，第 468 页。

〔2〕刘增贵：《论汉末的人物评论风气》，《成功大学历史学报》第 10 期，第 159—216 页；关于郭泰可参读冈村繁：《郭泰与许劭的人物评论》、《郭泰之生涯及其为人》，《汉魏六朝的思想与文学》，第 170—213 页。

〔3〕《三国志》卷一二《崔琰传》，第 370 页。

默默无闻,[1]但从中也看出司马氏兄弟能够熟练地利用汉末河内的乡里评论网络(参见图一),为其赢得声誉,进而提高整个家族的社会地位与政治影响力。

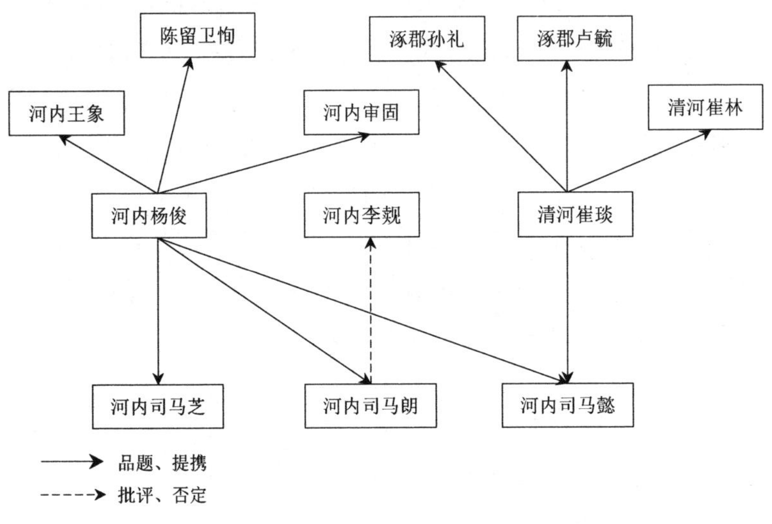

图一　司马氏家族与汉末的人物评论网络

司马氏家族早期在曹魏政权中的活动也受惠于乡里的人际网络,杨俊在汉魏之际河内士人的网络中居于核心地位,他素以人伦自任,对于拔擢乡里贤才更是不遗余力,又先后援引同郡王象、审固进入仕途。这些河内同乡在政治上形成了一个互相援助的人际网络(参见图二),当杨俊仕途受挫时,曾受其知遇的王象极力向魏文帝举荐,[2]可惜由于杨俊在曹丕、曹植储位之争时,站在曹植

〔1〕《晋书》卷三七《安平王孚传》,第1081页。兄弟并有声名,是汉末人物评论中的常见格套,但其间多有夸饰成分,即以最为知名的荀氏八龙而论,除荀爽、荀靖外,余六龙皆碌碌无所短长。《世说新语·德行第一》,余嘉锡:《世说新语笺疏》,第8页。

〔2〕《三国志》卷二三《杨俊传》,第663—664页。

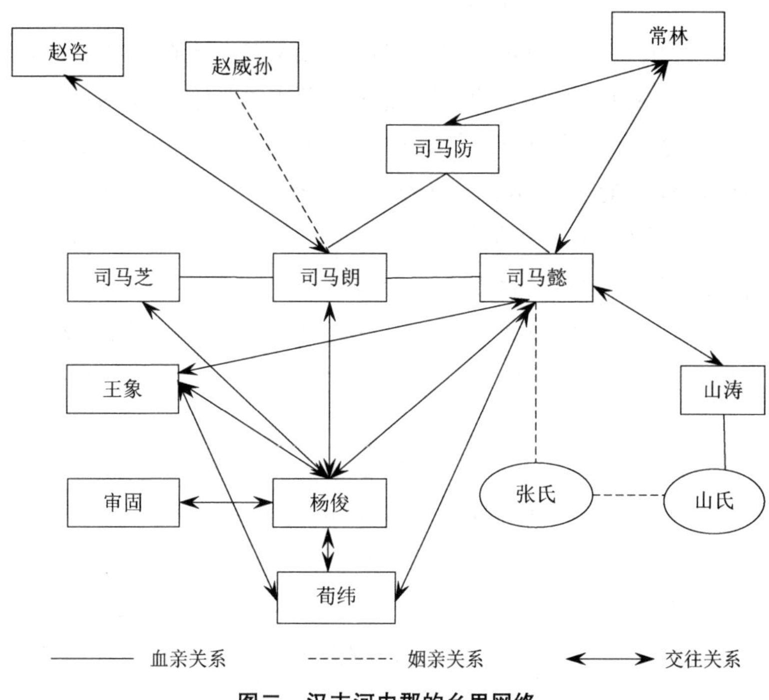

图二 汉末河内郡的乡里网络

一方,魏文帝对此怀恨在心,欲置之于死地:

> 黄初三年,车驾至宛,以市不丰乐,发怒收(杨)俊。尚书仆射司马宣王、常侍王象、荀纬请俊,叩头流血,帝不许。俊曰:"吾知罪矣。"遂自杀。众冤痛之。[1]

极力营救杨俊的司马懿、王象、荀纬三人皆为河内人,这自然不是一种巧合,体现出同乡官僚在政治上互相支持与提携。乡里社会中守望相助的特性,透过同乡网络的作用被搬到中央的政治

〔1〕《三国志》卷二三《杨俊传》,第664页。

舞台，并发挥着相似的作用。[1]

以上论述了乡里网络对于河内士人参与汉末政治活动的作用，接下来我们将关注的视野投射于乡里社会本身，观察河内乡里社会的构造。构成乡里社会秩序的基础是年齿的先后，[2]这是儒家政治理想的重要侧面，孔子曰："吾观于乡，而知王道之易易也"。[3]《礼记·乡饮酒礼义》、《仪礼·乡射礼》两篇文献对此进行了阐释，参与行礼的乡人、士、君子实际上是乡里社会的主导者与控制者，而乡饮酒礼的表演与实践是对地方秩序的重新体认，并肩负着教化庶民的责任。

> 乡饮酒之礼：六十者坐，五十者立侍，以听政役，所以明尊长也。六十者三豆，七十者四豆，八十者五豆，九十者六豆，所以明养老也。民知尊长养老，而后乃能入孝弟。民入孝弟，出尊长养老，而后成教。成教而后国可安也。君子之所谓孝者，非家至而日见之也；合诸乡射，教之乡饮酒之礼，而孝弟之行立矣。[4]

乡大夫饮宾于庠序之礼，其目的在于明尊贤养老之义。以乡饮酒礼实践建构的乡里秩序的核心在于明尊长、明养老，进而教化庶民入孝悌之道，对于"齿序"先后的尊重是构筑这种秩序的基

---

〔1〕《世说新语·贤媛第十九》云许允为吏部郎，多用其乡里，为魏明帝所诘，允以"臣之乡人，臣所知也"为己辩护，可知同乡官僚的互为奥援，绝非孤例。余嘉锡：《世说新语笺疏》，第673页。

〔2〕杜正胜：《编户齐民——传统政治社会结构之形成》，联经出版社，1990年，第216—218页。

〔3〕《礼记正义》卷六一《乡饮酒礼义》，郑玄注曰："易易谓教化之本，尊贤尚齿而已。"《十三经注疏》，中华书局，2009年，第3654页。

〔4〕《礼记正义》卷六一《乡饮酒礼义》，第3654页。

础，所谓“国索鬼神而祭祀，则以礼属民，而饮酒于序，以正齿位”。[1] 定期聚集于学官庠序行礼的地方士大夫借此完成了对乡里秩序的确认与地方精英身份的自我建构，构筑起儒家理想中基层社会的基石。[2]

如果说《仪礼》、《礼记》中所描绘的大约是春秋战国时代齐鲁地区的社会风貌，间或有汉儒在整理文献过程中加以理想化的成分，[3]那么两汉政府实际上是将推行乡饮酒礼、乡射礼作为控制地方社会的一种重要政治手段。[4] 西嶋定生指出：两汉通过普遍赐爵的方式使得皇权对于农民个人的人身支配得以实现。与赐爵相伴进行的赐酺，与乡党之礼有着密切的关系。朝廷有爵，乡里以齿，朝廷的秩序为爵，乡里的秩序为齿，但这两种秩序并非矛盾，而是可以互相调节的，因为年齿越高，获得赐爵的机会也就越多，但国家通过赐爵介入了乡里社会，达到了对于乡里秩序进行调节、

〔1〕《周礼注疏》卷一二《党正》，《十三经注疏》，第1547页。

〔2〕关于乡饮酒礼的源起与流变，参读杨宽：《“乡饮酒礼”与“飨礼”新探》，《古史新探》，中华书局，1965年，第280—309页。

〔3〕新出土的文物或许在某种程度上可以弥补我们关于古礼施用知识的不足，例如洛阳新获战国铜匜上的刻纹图案，学者认为其内容或与射礼及乡饮酒礼有关，参读徐婵菲、姚智远：《浅释洛阳新获战国铜匜上的刻纹图案》，《中原文物》2007年第1期，第64—68页；王戎：《洛阳战国刻纹铜匜图像浅议》，《中原文物》2008年第4期，第78—79页。刻有类似图案的铜器在其他地区亦有发现，包括一般被认为接受中原文化较迟的吴越之地，见镇江博物馆：《江苏镇江谏壁王家山东周墓》，《文物》1987年第12期，第24—37页。

〔4〕参读吕思勉：《乡饮射礼》，《吕思勉读史札记》，第1398—1399页；游自勇《汉唐时期“乡饮酒”礼制化考论》一文已指出自东汉初年之后，国家有意识地在全国范围内推行乡饮酒礼，以收教化之效，试图将其纳入国家的“礼乐政化”中去，《汉学研究》22卷2期，2004年，第249—252页。事实上，所谓“周礼汉用”是汉代政治文化中的重要一面，这些带有“周制”面目的礼仪、制度，经过汉儒的再诠释与国家权力的改造，在实际推行与运作过程中，已发生变质，失去了原初建筑在宗法血缘社会中的意义，反而成为国家权力渗入地方的管道。

确认的目的。[1] 两汉国家将组织乡饮酒礼、乡射礼作为地方官员的一项政治任务：

> 明帝永平二年三月，上始帅群臣躬养三老、五更于辟雍。行大射之礼。郡、县、道行乡饮酒于学校，皆祀圣师周公、孔子，牲以犬。于是七郊礼乐三雍之义备矣。[2]
>
> 今郡国十月行此饮酒礼。[3]
>
> 如今郡国下令长于乡射饮酒，从太守相临之礼也。[4]

地方官员成为乡饮酒礼、乡射礼的组织者与主导者，得以有机会对于乡里社会施加影响，从而成为国家权力向下延伸的重要渠道。这种在地方庠序之中举行的礼仪，同时具有凝聚同乡士大夫的作用，而学官中常列乡里先贤的画像，也有助于地方认同的形成。[5]

而以“郡”为单位同乡意识的增强是两汉以降社会心态上的一个重要变化，胡宝国敏锐地注意到了《史记》与《汉书》对于人物籍贯的书法不同，进而指出在现实生活中，郡级组织的重要性，使得人们的观念也随之发生变化。司马迁以后，以郡为籍贯渐渐成为惯例。到两汉之际，“郡”在人们心目中的地位变得更加重要了。[6] 刘增贵亦指出，汉代的同乡关系主要有“乡里”与“州里”

---

〔1〕参见西嶋定生著，武尚清译：《中国古代帝国的形成与结构——二十等爵制》，特别是第四章的第四、五节，中华书局，2004年，第396—425页。

〔2〕《续汉书·礼仪志上》，第3108页。游自勇《汉唐时期“乡饮酒”礼制化考论》一文中将此视为乡饮酒礼进入国家礼制的起点，《汉学研究》22卷2期，第250—251页。

〔3〕《仪礼注疏》卷八《乡饮酒礼》郑玄注，《十三经注疏》，第2115页。

〔4〕《礼记正义》卷六一《乡饮酒礼义》郑玄注，《十三经注疏》，第3654页。

〔5〕刘增贵：《汉魏士人同乡关系考论》，《台湾学者中国史研究论丛·社会变迁卷》，第136页。

〔6〕胡宝国：《〈史记〉与战国文化传统》，《汉唐间史学的发展》，第7—8页。

两个层次,“乡里”是指同郡人,“州里”指同州人,汉代的同乡结合主要是“乡里”,东汉末年“州里”的认同开始出现,但是重要性不及“乡里”,这种情况魏及晋初犹然。[1] 同乡关系作为一种人际关系,在居乡之时还不十分明显。因为同乡关系的实质内容非常复杂,可以包括族党、婚亲、师友、僚属、知识,这些关系在居乡时各起作用,不易感觉到超出其上的“同乡”观念,只有在离乡之后,以地域总括这些关系的“同乡”观念才会被强化。[2] 而汉末恰是一个天下大乱的时代,流民屯聚、大族迁徙的现象所在多有。在这样一个乱世,司马氏家族充分利用了自己在乡里社会中的号召力和同乡网络得以崛起,进而超越乡里社会,站在全国的政治舞台中心。

汉末,司马氏家族面临的第一个政治选择出现在董卓胁迫汉献帝西迁,与关东诸侯矛盾日趋激化之时。陈勇认为董卓与关东诸侯的对立在一定程度上反映了关东大姓名士长久以来对于凉州“寡于学术”武人阶层的歧视,[3] 所以选择支持董卓还是站在关东诸侯一边,不但是一种政治上的考虑,也有文化认同的意味。司马氏家族此时虽然已经服膺儒教,但是与一般的经学世家尚有所不同。其家族先世为将,与凉州地域曾有密切的关系,何去何从,时任治书御史的司马防在选择时颇费了一番思量,最终安排长子司马朗率家属返回本县,而自己则孤身随董卓西去长安。

　　(司马)朗知卓必亡,恐见留,即散财物以赂遗卓用事者,

---

〔1〕 刘增贵:《晋南北朝时代的乡里之情》,《欲盖弥彰:中国历史文化中的“私”与“情”——公义篇》,第13—14页;《汉魏士人同乡关系考论》,《台湾学者中国史研究论丛·社会变迁卷》,第129—131页。

〔2〕 刘增贵:《晋南北朝时代的乡里之情》,《欲盖弥彰:中国历史文化中的“私”与“情”——公义篇》,第13页。

〔3〕 陈勇:《董卓进京述论》,《中国史研究》1995年第4期,第109—121页。

求归乡里。到谓父老曰："董卓悖逆，为天下所仇，此忠臣义士奋发之时也。郡与京都境壤相接，洛东有成皋，北界大河，天下兴义兵者若未得进，其势必停于此。此乃四分五裂战争之地，难以自安，不如及道路尚通，举宗东到黎阳。黎阳有营兵，赵威孙乡里旧婚，为监营谒者，统兵马，足以为主。若后有变，徐复观望未晚也。"父老恋旧，莫有从者，惟同县赵咨，将家属俱与朗往焉。[1]

司马朗在摆脱董卓控制之后，返回乡里。从政治中心洛阳归来的司马朗，对于关东诸侯与董卓之间的冲突一触即发的形势，已有预见。由于河内的战略位置十分重要，一旦战争爆发，必然沦为关东诸侯与董卓反复争夺厮杀的战场，所以司马朗归乡里后的首要之事是说服乡里宗族避祸黎阳。但是在乡里社会齿序优先的原则下，年少的司马朗尽管带来了最新的政治讯息，却依然缺乏足够的威望来说服年老念旧的家乡父老，从这件事中我们也可以注意到乡里社会自有的运作程序。[2] 最终，只有同县赵咨自愿率领家

---

〔1〕《三国志》卷一五《司马朗传》，第 467 页。

〔2〕关于秦汉基层社会的构造一直是学界关注的问题，特别是近年来简牍等考古资料的大量刊布，大大丰富了我们对于这一问题的认识，邢义田结合文献与考古材料，综合检讨了这一问题，指出尽管经历了战国时代的世局大变，秦汉基层社会依然是一个安土重迁、定居农业社会的延续，父老仍是地方权力结构中的重要一环，参读《从战国至西汉的族居、族葬、世业论中国古代宗族社会的延续》，《天下一家：皇帝、官僚与社会》，第 396—435 页；《从出土资料看秦汉聚落形态和乡里行政》，《治国安邦：法制、行政与军事》，中华书局，2011 年，第 324—340 页。特别是当天下大乱，国家权力衰退，无力干涉乡里社会运作时，父老自然而然地成了地方的主导者，关于父老在乡里社会中的地位，参读守屋美都雄：《父老》，《中国古代的家族与国家》，第 142—159 页；黎明钊：《西汉中期之三老与豪强》，《新史学》第 8 卷第 2 期，第 59—91 页；牟发松：《汉代三老："非吏而得与吏比"的地方社会领袖》，《文史哲》2006 年第 6 期，第 83—93 页。

属与司马氏家族一起离开。[1] 而司马朗选择避难的黎阳属冀州魏郡，其乡里旧婚赵威孙在此任监营谒者，[2]便于照应，从中可以注意到同乡之间存在着的婚姻网络，这种同乡加姻亲的密切联系在司马朗选择避难地的过程中起了关键作用，司马朗尽管率领亲族离开了河内乡里，但在行动过程中充分利用了乡里网络，表现出乡里网络对于地方大族在乱世中生存所具有的意义。[3]

另一方面，同乡之间的互相通婚也是凝结地方社会的重要纽带之一，已经有不少学者注意到汉代地方大族的通婚网络大体以郡内或邻郡为范围。[4]

> （郭皇）后早丧兄弟，以从兄表继永后，拜奉车都尉。后外亲刘斐与他国为婚，后闻之，敕曰："诸亲戚嫁娶，自当与乡里门户匹敌者，不得因势，强与他方人婚也。"[5]

郭皇后安平广宗人，祖世长吏，其家族是典型的郡中大姓，当她的

---

〔1〕 与此相似的事例在汉末并不稀见，如荀彧、高柔等都曾有劝乡党离乡避乱而遭拒的经历，见《后汉书》卷七〇《荀彧传》，第2281页；《三国志》卷二四《高柔传》，第682页。

〔2〕 按《续汉书・百官志一》注引应劭《汉官仪》云："监察黎阳谒者，世祖以幽、并州兵骑定天下，故于黎阳立营，以谒者监之，兵骑千人，复除甚重。谒者任轻，多放情态，顺帝改用公解府掾有清名威重者，迁超牧守焉"，第3559页。则黎阳为东汉一重要的军事屯驻基地，足以确保司马氏家族在乱世中的安全。

〔3〕 在动乱中将家族成员安置于几处避难，而在分头避难的过程中又与乡里携行的例子在汉末并不少见，除了司马氏，如诸葛亮、诸葛瑾兄弟分别避难荆州、扬州，诸葛氏在避难时亦借助乡里网络。《三国志》卷五二《诸葛瑾传》："瑾与殷模等遭本州倾覆，生类殄尽。弃坟墓，携老弱，披草莱，归圣化"，第1232页。

〔4〕 参读矢野主税：《門閥社会成立史》，第97—132页；刘增贵：《汉代婚姻制度》第四章《豪门婚姻》，第163—200页；彭卫：《汉代婚姻形态》，三秦出版社，1988年，第60—84页。

〔5〕 《三国志》卷五《文德郭皇后传》，第165页。

外亲刘斐欲借助权势将婚姻网络拓展到外郡时，郭皇后表达了明确的反对意见，从中可见“乡里门户匹敌者”是当时士人婚对选择时考虑的一个重要因素。郡内联姻的普遍存在有主客观两方面的原因。客观上受制于当时交通条件，若非居官中央，普通地方大族的交往、婚姻网络很难拓展到郡级政区以外的地域，反倒是汉末清议的兴起以及随后天下大乱、士民流徙的局面在客观上促进了大族士人之间跨郡、跨州交往、联姻的增加；而在主观方面，地方大族主要通过把持郡、县两级的僚佐之职，获得在地方社会中的影响力，同郡之内的婚姻网络对于强化大族在乡里社会中地位的帮助要大于跨郡通婚，地缘上过于遥远的联姻关系，反倒不能适应守望相助、缓急相应这一乡里社会的基本要求。司马氏家族在崛起之初的婚姻网络亦存在着以郡内为主的特征，除了上述司马朗与赵威孙为乡里姻亲之外，司马懿的发妻为同郡平皋张氏，而张氏之母出自同郡怀县山氏，其婚姻网络体现出明显的地域界限。所不同的是，随着在政治上日益显贵，社会网络的生长，司马氏家族婚姻圈有了明显的拓展，曹魏亲贵、两汉名族成了联姻的主要对象，而同郡的家族由于与司马氏在政治、社会地位上落差日益明显，不再被视为理想的通婚对象，河内旧姻有时甚至受到鄙视与揶揄，这一变化从司马懿晚年对于张氏“老物不足惜”的倨傲态度，〔1〕以及对于山涛“卿小族”的评价中便可窥见端倪。〔2〕

尽管司马氏在羽翼丰满之后，私下有时会表现出对于乡里亲旧的轻视，但作为一个以儒术自持的家族，司马氏在公开的场合中，一直保持着对于乡里齿序的维护与尊重：

〔1〕《晋书》卷三一《后妃上宣穆张皇后传》，第 949 页。按河内有两张氏家族，张皇后出自河内平皋，为小族。另有河内修武张氏，世代仕宦，为两汉名族，《三国志》卷一一《张范传》，第 336—337 页。

〔2〕《世说新语·政事第三》注引虞预《晋书》，余嘉锡《世说新语笺疏》，第 167 页。

晋宣王以(常)林乡邑耆德,每为之拜。或谓林曰:“司马公贵重,君宜止之。”林曰:“司马公自欲敦长幼之叙,为后生之法。贵非吾之所畏,拜非吾之所制也。”[1]

常林少与司马懿之父司马防相善,[2]故从乡里齿序的角度而言是司马懿的长辈,但司马懿在曹魏政权中的地位要高于常林,所以在两人的应答礼仪之中就存在尚“年齿”还是尚“官爵”的问题,此时的司马懿虽是“邑万户、子弟十一人为列侯,勋德日盛”,却依旧做出谦恭愈甚的态度,[3]坚持对常林执晚辈礼,在士人交往的公开场合表现出对乡里齿序的尊重,超越了官爵的高低。司马懿这一举动固然有沽名钓誉的成分,但依然体现出敦长幼之序儒家理想在其中发挥的作用。

咸熙初……时帝以(山)涛乡闾宿望,命太子拜之。[4]

此时司马昭霸业已成,完全控制了曹魏政权,但他依然要对乡里社会的秩序表示尊敬,命令太子拜山涛。这种在公开场合对于乡里齿序的再三致意,显示了司马氏家族的政治活动重心尽管已经从地方转向中央,但依然保持着对乡里社会的足够重视,并没有切断其家族与乡里社会的联系。乡里网络曾经帮助司马氏在政治上崛起,待其霸业初成之后,同乡关系依然是其人际网络中的重要组成部分。

司马氏家族对于河内乡里的重视与经营,从景初二年(238)

---

〔1〕《三国志》卷二三《常林传》,第660页。
〔2〕《三国志》卷二三《常林传》注引《魏略》,第660页。
〔3〕《晋书》卷一《宣帝纪》,第14页。
〔4〕《晋书》卷四三《山涛传》,第1224页。

司马懿出征辽东时，路经温县，举行乡饮酒礼一事中体现得最为明显：

> 景初二年，帅牛金、胡遵等步骑四万，发自京都。车驾送出西明门。诏弟孚、子师送过温，赐以谷帛牛酒，敕郡守典农以下皆往会焉。见父老故旧，宴饮累日。帝叹息，怅然有感，为歌曰："天地开辟，日月重光。遭遇际会，毕力遐方。将扫群秽，还过故乡。肃清万里，总齐八荒。告成归老，待罪舞阳。"〔1〕

此时的司马懿正值政治生涯的巅峰，深受魏明帝的重用，受专征之任，以一年为期，讨平割据辽东的公孙渊，其权力之大，出征时间之长，在曹魏的历史上皆属罕见。不但如此，魏明帝为了表示对司马懿的信任，甚至拒绝了何曾提出设置副将，以防意外之变的建议。〔2〕所以司马懿温县之行带有强烈的衣锦还乡色彩，而这次乡饮酒礼的举行，规格之高，有不少意味深长之处。首先，这不是一次地方社会自发举行的乡饮酒礼，从一开始便笼罩于皇帝的威权之下，魏明帝特命司马孚、司马师同往，并亲赐牛酒，显示出对这一活动非同寻常的重视与恩宠。其次，魏明帝特别敕令河内地方的郡守、典农参加。地方郡守作为亲民之官，体现了国家对于地方社会的主导与控制，按照两汉故事，本应是乡饮酒礼的主持者，但在这里已经被降格为参与者与见证者，而司马懿作为河内乡里社会中的一员，却借助自己显贵的政治地位，压过地方郡守，成为乡饮酒礼的主导者，显示出朝廷权威对于乡里齿序的干涉，体现了这次

---

〔1〕《晋书》卷一《宣帝纪》，第10页。
〔2〕《晋书》卷三三《何曾传》，第995页。

乡饮酒礼的特殊之处。[1]

上文已经指出，乡饮酒礼作为一种象征性的仪式，主要起着建立地方认同、构筑乡里秩序的作用，这次由魏明帝首肯，司马懿主持的盛大乡饮酒礼目的亦是如此。尽管司马懿长期活跃于曹魏政治舞台的中心，与河内乡里的关系不免日趋淡漠，但他并未忽视乡里社会对其家族的政治意义。选择在出征之前的特殊时刻，荣归故里，与父老故旧宴饮累日，一方面显示了司马懿对于乡里秩序的关注与尊重，不敢以富贵骄人。另一方面，这次特殊乡饮酒礼的举行也带有重新构建河内乡里秩序的意图。司马懿离开河内时，只是河内数个地方大族中的普通一员，待到衣锦还乡之日，已经是整个曹魏最具有威望的政治家族的领袖。司马懿需要获得与其显贵政治身份相匹配的乡里地位。[2] 这次超规格的乡饮酒礼的举行，是借助皇帝的权威将自己在政治舞台上的权势投射于乡里社会，从而达到抬升其家族在乡里社会中的地位，在河内构筑起以司马氏家族为核心的新的乡里秩序的目的。

司马氏从一个普通的地方大族，经过汉末三国的乱世，代魏建晋，一跃而成为皇族，其间固然有个人才智、政治际遇种种因素掺杂其中，但是河内乡里社会对其家族崛起的作用亦不可忽视。如图二所示，河内同乡之间以血亲、婚姻、交往等要素为纽带编织起了绵密而有效的社会网络，这一网络所提供的政治、社会资源无疑

---

〔1〕 这样的恩遇在汉代亦有先例，如班固的伯祖班伯，“伯上书愿过故郡上父祖冢。有诏，太守都尉以下会。因召宗族，各以亲疏加恩施，散数百金。北州以为荣，长老纪焉”，《后汉书》卷一〇〇上《叙传上》，第4199页；东汉初的功臣冯异，“诏异归家上冢，使太中大夫赍牛酒，令二百里内太守、都尉已下及宗族会焉”，《后汉书》卷一七《冯异传》，第645页。将衣锦还乡作为对臣下的特殊宠遇，正体现了士大夫个体及家族与乡里社会的密切联结。

〔2〕 与之相似的例子是吴质少以单家不为乡里所重，发迹后欲借权势求乡里之誉，但遭到同乡耆老司徒董昭拒绝，《三国志》卷二一《吴质传》注引《魏略》，第609页。

是司马氏家族势力成长过程中的重要因素。而同乡情谊也一直是司马氏家族极为重视的人伦关系：

> 孙铄字巨邺，河内怀人也。少乐为县吏，太守吴奋转以为主簿。铄自微贱登纲纪，时僚大姓犹不与铄同坐。奋大怒，遂荐铄为司隶都官从事。司隶校尉刘讷甚知赏之。时奋又荐铄于大司马石苞，苞辟为掾。铄将应命，行达许昌，会台已密遣轻军袭苞。于时汝阴王镇许，铄过谒之。王先识铄，以乡里之情私告铄曰："无与祸。"铄即出，即驰诣寿春，为苞画计，苞赖而获免。[1]

此事发生在西晋建国之后，孙铄出身微贱，仕宦不达，为乡里大姓所鄙，汝阴王司马骏则是宗室贵戚，两人的身份可谓悬殊，但司马骏仅因乡里之情便主动向孙铄透露朝中机密，从中不难窥见司马氏家族对于乡里情谊的一贯重视与维护。

1931年出土的晋辟雍碑则提供了另外的视角，此碑记载了晋初武帝、太子多次亲临辟雍举行乡饮酒礼、乡射礼的史事。武帝此举开创了帝王在中央亲自举行乡饮酒礼的先例，实为秦汉以来礼制上的一大变化，[2]余嘉锡考释此碑时认为乡饮酒礼古惟乡大夫行之于乡，至于汉则太守诸侯相与令长行之于郡国，未闻天子飨群臣而谓之乡饮酒礼者。晋室以天子之尊躬行乡大夫之事，失礼之甚。[3] 若将此事与上文司马懿出征辽东前特地回乡举行乡饮酒

---

〔1〕《晋书》卷三三《石苞传附孙铄传》，第1009页。

〔2〕游自勇：《汉唐时期"乡饮酒"礼制化考论》，《汉学研究》22卷2期，第252—254页。

〔3〕余嘉锡：《晋辟雍碑考证》，《余嘉锡文史论集》，岳麓书社，1997年，第125—126页。

礼一事联系起来加以观察，则司马氏家族对于乡饮酒礼的特别重视，恐怕并不能以不明礼制一语简单的解释，背后透露出司马氏家族长久以来对乡里网络持续的关注，以及对于乡饮酒礼构筑尊卑有别的等级秩序这一社会功能的重视。

第三节　司马懿在曹魏政权中的权势网络

建安十三年(208)司马懿以曹操丞相文学掾的身份初登政治舞台，在曹魏政权中，历仕三朝，两受顾命，后于正始十年发动高平陵之变，诛杀曹爽，独揽朝政，为魏晋易代奠定了基础。司马懿出身于河内地方大族，他在汉末人物评论风气中所获得的盛名，及在曹魏政权初期的活动，无不受惠于河内的乡里网络。随着司马懿在曹魏政权中地位的日益提高，他的交往圈与婚姻圈也随之发生变化。长期在中央的仕宦生涯，大大拓展了他的人际网络，与曹魏亲贵密切的交往、共事及联姻关系，使得司马懿的权势网络深深地植根于曹魏政权的内部，形成了“三祖之寓于魏世”的特殊政治局面。出将入相的崇高地位，使得司马懿的人际网络不但远远超越了乡里社会的范围，而且也从政治网络中的“托庇者”变成了“庇护者”，通过辟举、保荐、拔擢等手段，司马懿将自己的故友亲朋及其子弟安插在朝廷各处，广纳贤才，收拢人心，建立了以自己为核心的权势网络。本节将集中讨论司马懿在曹魏政权中的活动及其权势网络的形成过程，并对相关史实加以考订。

欲讨论司马氏家族与曹魏政权的关系，首先需对司马懿入仕的经过及所谓“不欲屈节曹氏”的记载略加辨析：

汉建安六年，郡举上计掾。魏武帝为司空，闻而辟之。帝

> 知汉运方微，不欲屈节曹氏，辞以风痹，不能起居。魏武使人夜往密刺之，帝坚卧不动。及魏武为丞相，又辟为文学掾，敕行者曰："若复盘桓，便收之。"帝惧而就职。[1]

根据史料的描述，司马懿本不欲与曹操合作，迫于无奈方才出仕。但是对于这一记载的可信性，学者很早就有质疑，宋人叶适以为："懿是时齿少名微，岂为异日雄豪之地，而曹操遽惮之至此？且言'不欲屈节曹氏'，尤非其实，史臣及当时佞谀者，意在夸其素美而无辞以述，亦可笑也。"[2]指出这条材料乃是出于史臣的夸饰，本非事实。由于《三国志》、《晋书》记载魏晋之际史事颇有讳饰避忌之处，[3]给后人考索带来了很大的困难，叶适的推断虽然于情理颇合，可惜缺乏直接的证据。笔者试图综合各种记载对于这一史料的可靠性做进一步的考察，其中值得注意是《北堂书钞》中引用的《魏略》佚文对于此事有不同的记载：

> 晋宣帝好学，曹洪自以麄疏，欲屈自辅帝，帝耻之，往访，乃托病拄杖。洪恨之，以语太祖，太祖辟帝，乃投杖而应命也。[4]

《魏略》所记勾勒出了一个与《晋书》描述颇为不同的司马懿形象，司马懿之所以不愿意应曹洪的辟命，实蕴有待价而沽之意，

---

〔1〕《晋书》卷一《宣帝纪》，第2页。

〔2〕叶适：《习学记言序目》卷二九《晋书一》，中华书局，1977年，第407页，周一良亦赞成叶适的看法，《曹氏司马氏之斗争》，《魏晋南北朝史札记》，中华书局，1985年，第26页。

〔3〕李慈铭：《越缦堂读书记》，第265页。

〔4〕《北堂书钞》卷一三三引《魏略》，中国书店，1989年，第536页。

一旦曹操辟之，立刻投杖应命，热衷功名利禄之徒的形象跃然纸上。鱼豢《魏略》虽至晋初方告最终完成，但主要本自曹魏国史，〔1〕较之于晋人修史，叙事讳饰的成分较少。而笔者从现存诸家旧晋书的佚文中核查史源，可知《晋书·宣帝纪》所云又见于王隐《晋书》〔2〕及孙盛《晋阳秋》，〔3〕可知"不欲屈节曹氏"之说最初当出自晋代史臣的手笔，〔4〕其后流布颇广，影响甚大，成为后世司马懿形象的重要一面，唐修《晋书》不过是照录晋史旧闻而已。

从当时的政治形势及司马氏家族与曹操的关系而论，司马懿并不存在"不欲屈节曹氏"的可能，其父司马防本与曹操熟识，其任尚书右丞时曾推荐曹操担任北部尉，〔5〕后来也一直仕于曹操控制下的汉廷。司马懿之兄司马朗在建安初便被曹魏辟为司

---

〔1〕 津田資久推测《魏略》主要依据韦诞《大魏书》，刘知幾《史通》云："魚豢私撰《魏略》，事止明帝"，然《魏略》颇记明帝以后事，张鹏一以为"迄于陈留王奂，《史通》谓事止明帝，殊非事实"（《魏略辑本》序），津田資久则认为所谓"事止明帝"可能与当时《晋书》自正始起元的断限争论有关，参读《『魏略』の基礎的研究》，《史朋》第31号，第8—10页。

〔2〕《太平御览》卷三一引《晋书》记有此事，事迹略有增出今本《晋书》者，文字亦有不同，中华书局，1960年，第149页。《事类赋》卷五注引同一段文字，题作王隐《晋书》，可知《太平御览》引文上脱王隐两字，（宋）吴淑撰注：《事类赋注》，中华书局，1989年，第90页。清人汤球所辑《九家旧晋书》王隐《晋书》部分对此问题已作考证，但他又将此段文字辑于臧荣绪《晋书》中，造成前后抵牾。参见汤球辑，杨朝明校补：《九家旧晋书辑本》，第2、162页。

〔3〕《太平御览》卷七四三引《晋阳秋》，文字与《晋书》略有小异，第3300页。

〔4〕 值得注意的是建安七子之一的阮瑀身上也附会有类似的故事，《三国志》卷二一《阮瑀传》："瑀少受学于蔡邕。建安中都护曹洪欲使掌书记，瑀终不为屈"，后为曹操所辟。又裴注引《文士传》："太祖雅闻瑀名，辟之，不应，连见偪促，乃逃入山中。太祖使人焚山，得瑀，送至，召入"，第600页。阮瑀与司马懿的故事情节上多有雷同，甚至有"模式化"的嫌疑。后一类"逃避辟召"故事的流行当与汉末推重隐逸的士林风尚有关。

〔5〕《三国志》卷一《武帝纪》注引《曹瞒传》，第49页。

空掾属,[1]可知司马氏家族与曹操素有往来,关系密切。事实上,上文所引“汉建安六年,郡举上计掾。魏武帝为司空,闻而辟之”中的“六年”很可能是“元年”之讹,[2]若此,则司马朗、司马懿兄弟大约是曹操建安元年(196)十一月出任司空后同时受到征辟的,[3]这是曹操自当年七月迎汉献帝,取得挟天子以令诸侯的政治优势后辟命的第一批僚属,这批人后来大都成了曹魏政权的中坚力量,[4]而司马氏兄弟同列其中,反倒进一步印证了其家族与曹操通家之好的事实。

综上所述,司马懿“不欲屈节曹氏”的记载恐非事实,而这一传说的流行则可能出自西晋官方意识形态的有意渲染,目的在于制造司马懿本不欲仕魏的假象,而笔者更为关心的是《晋书》对此事大加渲染的背后反映了晋代史臣怎样的叙事立场,其实类似的

---

〔1〕《三国志》卷一五《司马朗传》言其年二十二,被曹操辟为司空掾属,司马朗死于建安二十二年,年四十七,由此上溯25年,其出任曹操司空掾属当在初平三年,此时曹操尚未为司空,记载恐有误,但司马朗出仕曹操较早,此点当无问题。另参《三国志集解》卷一五《司马朗传》引潘眉曰,第420页。于涛《〈三国志〉所记司马朗入仕年龄志疑》一文中提出司马朗大约是在建安四年为曹操所辟的,其立论的主要依据三点,一是晋臣陈寿绝不会记错司马朗的年寿,二是以为曹操初任司空无暇辟举僚属,三是认为河内自建安四年方为曹操所控制,在此之前司马朗不可能为曹操所辟,见《中国典籍与文化》2009年第4期,第100页。但从当时司马氏家族成员的行踪来看,司马防当随汉献帝一起至洛阳,依于曹操,则司马朗选择此时自河内归附家族旧友曹操,与其父团聚的可能颇大,至于曹操未能控制河内,并不代表两地之间没有人员的往来。而曹操任司空后,辟举人物甚多,于史可考便有三十余人,见陶贤都:《魏晋南北朝的霸府与霸府政治研究》,湖南人民出版社,2007年,第32—33页,于说恐未能定谳。

〔2〕(清)张熷:《读史举正》卷三,丛书集成初编,商务印书馆,1937年,第46页。

〔3〕《后汉书》卷九《献帝纪》,第380页,按《三国志》卷一《武帝纪》系其事于十月,第14页,当以《后汉书》为正。

〔4〕卫广来将曹操集团的形成分为四个阶段,兖州元从多是军事将领,而迎汉献帝都许后,所征辟的人物构成了后来曹魏政权中文臣群体的主干,《汉魏晋皇权嬗代》,第347—348页。另参陶贤都对于曹操司空府僚佐人员的统计分析,《魏晋南北朝的霸府与霸府政治研究》,第32—35页。

文字在《晋书·宣帝纪》中并不稀见：

> 魏武察帝有雄豪志，闻有狼顾相。欲验之。乃召使前行，令反顾，面正向后而身不动。又尝梦三马同食一槽，甚恶焉。因谓太子丕曰："司马懿非人臣也，必预汝家事。"太子素与帝善，每相全佑，故免。帝于是勤于吏职，夜以忘寝，至于刍牧之间，悉皆临履，由是魏武意遂安。[1]

与上一条记载一样，此则记事也极力渲染曹操与司马懿之间的对立关系，可惜笔者未能在现存诸家旧晋书佚文中找到其史源。但无疑以上两条经过刻意编排的史料都在试图建构曹、马长期对立的历史叙事，即司马懿与曹魏政权早有嫌隙，司马懿仕魏本出于被迫，而曹操对他也常怀疑忌，多次欲除之而后快，试图通过对历史文本的重构与诠释，从侧面为司马氏代魏之举开脱责任。作为曹魏的元老重臣，受托孤之命的司马懿"自作家门"的举动，很难逃脱儒家道德标准中"不忠"的指责，诚如许多前辈学者所论述的那样，为此，西晋大力提倡孝治天下，以回避关于"忠"的话题。[2]但从《晋书》的编排来看，晋代史臣也有意识地从儒家话语系统中寻找其他资源来为司马懿的行为辩护，而孟子"君之视臣如土芥，则臣视君如寇仇"一说，恰好成为其可用的思想资源，所以《晋书·宣帝纪》极力塑造了一个视司马懿如"土芥"的曹操形象，巧妙地为司马懿之后的种种行为开脱了责任。其实，如果我们细绎

---

〔1〕《晋书》卷一《宣帝纪》，第 20 页。

〔2〕鲁迅：《魏晋风度及文章与药及酒之关系》，《而已集》，人民文学出版社，1980 年，第 97—125 页；唐长孺：《魏晋南朝的君父先后论》，《魏晋南北朝史论拾遗》，第 238—239 页；林丽真：《论魏晋的孝道观念及其与政治、哲学、宗教的关系》，收入陈弱水、王汎森编：《台湾学者中国史研究论丛·思想与学术》，中国大百科全书出版社，2005 年，第 37—48 页。

《晋书·宣帝纪》,不难发现其叙事的要点大体不出两端,其一是铺陈司马懿功业盛大,其二便是构筑上文所讨论的曹、马长期对立的历史叙事,而晋代史臣所欲传递给后世曹魏政权中的司马懿形象,无疑是经过精心编排的,这种二元对立的历史叙事模式成为构筑魏晋革命合法性论述的重要一环,同时也不自觉地影响了后世史家对于魏晋之际历史的理解。

如果我们尽可能撇开晋代史臣所欲提供给我们的历史虚像,考虑司马懿进入曹魏政权之初的种种细节,则可注意到在征辟司马懿一事中,起了关键作用的是曹操的重要谋士荀彧,正是在他的举荐下,司马懿才得以被曹操辟举为丞相文学掾。[1] 而司马懿对荀彧的知遇之恩亦十分感激,对于荀彧的事功才能有很高的评价:"书传远事,吾自耳目所从闻见,逮百数十年间,贤才未有及荀令君者也"。[2] 但是,荀彧不久之后便因反对曹操进爵魏公,抑郁而终,[3]并未对司马懿在曹魏政治中的发展提供多少帮助。但重要的是,通过荀彧对司马懿的举荐,河内司马氏与颍川荀氏之间建立了密切的关系,这成为司马懿的人际网络跨出河内区域之限的关键一步,司马懿在掌握权力之后,也投桃报李,提携荀氏子弟:

> 司马宣王见(荀)顗,奇之,曰:"荀令君之子也。近见袁偘,亦曜卿之子也。"擢拜散骑侍郎。[4]

---

〔1〕《后汉书》卷七〇《荀彧传》,第 2285 页;《三国志》卷一〇《荀彧传》注引《荀彧别传》,第 318 页。

〔2〕《三国志》卷一〇《荀彧传》注引《荀彧别传》,第 318 页。

〔3〕关于荀彧死因及其背景的讨论,参读美川修一:《『三国志』—荀彧の死—》,《中国正史の基礎的研究》,第 87—115 页。

〔4〕《三国志》卷一〇《荀彧传》注引《晋阳秋》,第 319 页。

司马懿对于荀顗的厚遇显然与其荀彧之子的身份有关，而作为曹魏佐命元勋的颍川荀氏家族后来倒向司马氏，荀顗、荀勖皆成为西晋的开国功臣。司马氏与荀氏在政治上结合，对于魏晋时代政治局势的演变具有重要意义，而与荀氏家族的交游，是司马懿初登政治舞台后最重要的收获之一。

在司马懿入仕之初，所能运用的人际网络颇为有限，主要是司马朗、杨俊、崔琰三人。其兄司马朗历任成皋令、堂邑长、元城令，后入为丞相主簿，司马朗已在曹操手下任职十余年，根基已稳，与司马懿同在丞相府中共事，对于司马懿熟悉曹魏政权的运作当颇有帮助。

杨俊此时亦为丞相掾属，崔琰则任丞相东曹掾，掌选举，两人皆对司马懿十分赏识，帮助司马懿在汉末人物评论网络中获致高名。但崔琰后因得罪曹操而被迫自杀，杨俊则因在曹丕、曹植储位之争时，站在曹植一方，而遭曹丕记恨，被借故诛杀，所以此二人虽最初曾与司马懿同在相府共事，但都在随后的政治变故中遭遇不测，并没有能在政治上给予司马懿更多的奥援，其家族与司马氏家族也没有建立起进一步的联系。

总而言之，在曹操时代，司马懿在政治上并不引人注目，也未能获得重用，这主要是由于他加入曹操集团的时机偏晚，当时曹操即将完成统一北方的大业，政权吸纳人才的工作已经基本完成，〔1〕并没有给司马懿留下多少施展才华的空间。但是，司马懿的政治境遇在曹丕即位之后发生了转折，司马懿曾奉曹操之命与太子游处，魏国建立之后，又迁太子中庶子，每与大谋，辄有奇策，为曹丕所信重，与陈群、吴质、朱铄号曰四友。〔2〕 而与陈群、吴质、

---

〔1〕 关于曹操吸纳人才与建安政局的关系，参读卫广来：《求才令与汉魏嬗代》，《汉魏晋皇权嬗代》，第338—365页。

〔2〕 《晋书》卷一《宣帝纪》，第2页。

朱铄之间的交往，成为司马懿在曹魏政权中拓展政治网络的重要一步。

其中，最值得关注的是他与陈群的交往。陈群，出身颍川陈氏家族，祖父陈寔是汉末最具有声望的士人之一，陈寔去世时，司空荀爽、太仆令韩融并制缌麻，执子孙礼。四方至者车数千乘，自太原郭泰等无不造门，会葬者三万人，制缞麻者以百数，共刊石立碑，谥为文范先生。〔1〕陈寔出生卑微，生前仅仕至太丘长这样的卑官，却以德行赢得了天下士人的景仰，〔2〕弟子亲朋对于陈寔的私谥，〔3〕葬礼期间举行的大规模集会，都体现了当时士大夫对于陈寔的追慕以及士人群体的自觉。〔4〕陈群之父陈纪、叔父陈谌也负有盛名，颍川陈氏与颍川荀氏是汉魏之际享有盛名的两个家族：〔5〕

> 陈太丘诣荀朗陵，贫俭无仆役。乃使元方将车，季方持杖

〔1〕《后汉书》卷六二《陈寔传》，第2067页；《三国志》卷二二《陈群传》注引《魏书》、《傅子》，第633—634页。

〔2〕关于颍川陈氏新近的研究，参读陈恬仪：《汉晋之际的颍川陈氏家族》，《辅仁国文学报》第28期，2009年，第388—408页，陈恬仪特别强调陈寔出身低微，与同郡荀氏、钟氏出身地方大族的身份不同，行事亦不如一般党锢名士那样激烈，在汉末士人中颇为特殊。

〔3〕《白虎通》卷二："夫人无谥者何？无爵，故无谥"，《白虎通疏证》，中华书局，1994年，第74页。则士人谥号之有无，与爵位有关，系朝廷赐予。从当时的传统而言，"然汉魏相承，爵非列侯，则皆没而高行，不加之谥"，《晋书》卷四五《刘毅传》，第1279页。因此，私谥出现的意义是在朝廷官爵之外，建立起另一套人物评价的标准。

〔4〕余英时：《汉晋之际士之新自觉与新思潮》，《士与中国文化》，第259—260页。

〔5〕关于汉末荀氏、陈氏两族的交往，参阅陈启云：《荀悦与中古儒学》，第28—32页。另参刘啸：《论汉末名士到魏晋士族的复杂历程——以汉末颍川荀、陈、钟三家为中心》，《许昌学院学报》2005年第6期，第23—28页。事实上，能够跻身汝颍名士的交往圈，并与汉末声望最高的荀、陈、钟三家建立密切的关系，不仅意味着司马氏家族人际网络的扩张、社会地位的提高，也是其从地方大族向天下名族转变的重要一步。

后从。长文尚小,载箸车中。既至,荀使叔慈应门,慈明行酒,余六龙下食。文若亦小,坐箸膝前。于时太史奏:"真人东行。"

檀道鸾《续晋阳秋》曰:"陈仲弓从诸子侄造荀父子,于时德星聚,太史奏:'五百里贤人聚'"。[1]

传说颍川陈氏与颍川荀氏的这次会面甚至引起了天象的异动,这无疑是极有意味的一则纪事。在谶纬盛行的两汉时代,天象异动往往被认为是地上政治得失的直接反映,因而两汉素有因灾异策免三公的传统,[2]天象变化受到朝野上下的广泛关注,甚至成为政治斗争的一种手段。[3] 虽然史书中确有严子陵与光武共卧,客星犯御座甚急这样具有高洁品行的士人引起天象变化的先例,[4]但绝大多数天变的对应者皆是天子或者权臣。当时陈寔不过是个官职卑微的太丘长,这次会面所牵涉的只是两个普通的士人家族,与严子陵、光武帝的故事相比也有很大的不同。无论是否确有这样的天文现象发生,这条出自士大夫之手的记载,无疑是体现后汉时代士人自觉的绝好证据,两位在国家权力体系中处于卑下地位的士大夫仅仅凭借着自己的高洁德行便能引起天象的变化,从中不难发现当时士人对德行的推重以及通过士人清议网络体现出来的社会

---

〔1〕《世说新语·德行第一》,余嘉锡:《世说新语笺疏》,第7页。

〔2〕《廿二史札记校证》卷二"灾异策免三公"条,第47—48页。

〔3〕参读埃伯哈德(Wolfram Eberhard,即上文提到的艾博华,译名不同):《中国汉代的天文学及天文学家的政治职能》,收入费正清编:《中国的思想与制度》,世界知识出版社,2008年,第3—48页;个案研究见张嘉凤、黄一农:《中国古代天文对政治的影响——以汉相翟方进自杀为例》,收入王健文编:《台湾学者中国史研究论丛·政治与权力卷》,中国大百科全书出版社,2005年,第177—190页。

〔4〕《后汉书》卷八三《逸民严光传》,第2764页。但我们必须注意到严子陵引起的这次天象变化中尚有光武帝这样一个主角,这个故事与其说在表彰严子陵的不慕荣利,不如说要展现光武帝的宽宏大量。

权力俨然已有跃居以国家为代表的政治权力之上的趋势。士大夫群体在国家权力之外建立了一套属于自己的价值评判体系，“清”、“名德”这样一些概念构成了其中的核心。[1]

同样我们也不难注意到在汉晋士人心目中陈、荀两族所居的崇高地位。汉魏之际，陈、荀两族人才辈出，有“五荀方五陈”之说，被认为与陈群齐名的恰是荀彧，[2]而在陈寔与荀淑的会面中，这两人正好是年纪最小的参与者。身为天下名士的后裔，陈群少年时便有令名，就连以高才倨傲闻名的孔融对他也赏识不已。[3]将陈群引入曹操集团的正是少年时代的故交荀彧，颍川陈氏与荀氏由至交进而成为姻亲，陈群后娶荀彧之女，两族之间的联系日趋紧密。[4]陈群与司马懿曾同在丞相府中任事，后皆受曹丕重用，同受顾命辅佐魏明帝。两人共事二十余年，借此两族之间也有了密切的往来。

吴质以文才为曹丕所善，君臣之间以文字相交，甚见亲任，后又向魏明帝曹叡大力推荐司马懿：“骠骑将军司马懿，忠智至公，社稷之臣也。陈群从容之士，非国相之才，处重任而不亲事”。[5]吴

---

〔1〕例如“清”这一概念本身源自汉末的人物评论，后来却成为魏晋选官制度中的重要因素，这某种程度上可以视为士人的社会权力渗入、影响政治结构的一个事例，参读上田早苗：《贵族官僚制度的形成——清官的由来及其特征》，收入《日本中青年学者论中国史（六朝隋唐卷）》，上海古籍出版社，1995 年，第 1—26 页。而鱼豢《魏略》中有“纯固”、“清介”等类传名目，不见于前后各史，大约亦与汉末清议士风有关。

〔2〕《世说新语·品藻第九》，余嘉锡：《世说新语笺疏》，第 504—505 页。

〔3〕《三国志》卷二二《陈群传》，第 633 页。

〔4〕《三国志》卷一〇《荀彧传》注引《晋阳秋》，第 319 页。

〔5〕《三国志》卷二一《王粲传附吴质传》注引《吴质别传》，第 610 页。曹丕本人文士气质颇重，所用的吴质、朱铄皆是三国史上昙花一现的人物，且不为时人所重，但从曹丕给吴质的书笺、曹丕去世后吴质的悼诗可以看出两人间的私谊极深，又有相近的文学趣味，因而吴质的权势源于与皇帝私人的关系，带有恩幸色彩，并不稳定，对于曹魏政治整体的影响恐较为有限。

质这一评论为曹叡所接受,对于司马懿政治地位的迅速上升颇有帮助。[1] 吴质卒后,司马懿之子司马师一度娶吴质之女为妻,但不久便告离异,其子吴应仕于晋,任尚书。吴质出身单家,虽以出官,本国犹不与之士名,以文学见长,在政治上并无多少才能,怙威肆行,树敌颇多,身为先帝宠臣,死后竟被谥曰丑侯,[2]可知吴质在魏明帝时便已失势,其家族在政治上也日渐式微,[3]其子吴应求改谥不成,直至司马师掌握朝政的正元年间,方才得以改谥为威侯,吴质的改谥成功大概得益于他与司马氏的旧谊。朱铄事迹不详,只知其在魏文帝时曾任中领军的要职,当是深得曹丕的信任。[4]

在曹操去世,曹丕继位的政治敏感时期,[5]司马懿作为曹丕的亲信,发挥了重要作用,"纲纪丧事,内外肃然",[6]帮助曹丕稳定了政治局面。曹丕也擢升他为丞相长史。丞相长史是曹氏霸府中的核心幕僚,权位极重,[7]曹丕将司马懿安插于此,当是为了迅速调整丞相府的人事布局,为全面掌握权力铺平道路。

曹丕继承魏王之位后,骤然加快了代汉的步伐,居丧半年,便在边境无警的情况下,执意南征,度支中郎将霍性上书反对,曹丕怒而杀之。叶适论其不过是耀兵起隙以逼汉位。[8] 何焯认为曹

〔1〕 吴质是曹丕时代颇为重要的政治人物,但相关记载较少。清人牛运震指出,吴质处丕、植兄弟之间,颇有机权,至论陈群不如司马懿,亦魏氏有关系人。见氏著《读史纠谬》,齐鲁书社,1989 年,第 177 页。

〔2〕 《三国志》卷二一《王粲传附吴质传》,第 607—610 页。

〔3〕 《晋书》卷六〇《良吏吴隐之传》云其为"魏侍中质六世孙",第 2340 页,但其与吴质世系已远。

〔4〕 《三国志》卷二一《王粲传附吴质传》注引《世语》,第 609—610 页。

〔5〕 关于曹操死后洛阳政局的异动,参见田余庆:《汉魏之际的青徐豪霸》,《秦汉魏晋史探微》,第 101—104 页。

〔6〕 《晋书》卷一《宣帝纪》,第 3 页。

〔7〕 陶贤都:《魏晋南北朝的霸府与霸府政治研究》,第 38 页。

〔8〕 叶适:《习学记言序目》卷二七《魏志》,第 373 页。

丕将行禅代之事，而治兵以备非常，又欲饰其迹，托之南征。[1] 两人的意见虽不尽相同，但都将南征视为一次为内政目标服务的对外军事行动，可谓知言。曹丕在迫使孙权遣使贡献后，率军经过家乡谯县，大飨六军与家乡父老，进一步收拢人心。[2] 十月返回洛阳，立刻迫使献帝禅位。[3] 司马懿也积极参与其中，其以督军御史中丞的身份率领属下侍御史郑浑、羊秘、鲍勋、武周上表劝进，[4]这也从另一侧面证明了所谓“不欲屈节曹氏”的记载并不可信。

在魏文帝时代，司马懿的仕途可谓一帆风顺，历任尚书右仆射、抚军大将军，常奉命留镇许昌处置后事。黄初七年(226)与陈群、曹真同受托孤之命，辅佐魏明帝。司马懿密切与曹氏政权关系的另一个手段是通过联姻，为其子司马师娶夏侯尚之女夏侯徽。夏侯尚是夏侯渊之侄，虽非曹氏宗亲，但夏侯氏与曹氏关系切近，夏侯尚少与文帝为布衣之交，后又娶魏德阳乡主为妻，“虽云异姓，其犹骨肉，是以入为腹心，出当爪牙”，[5]与曹丕关系十分密切。司马懿通过婚姻，与曹氏—夏侯氏一系建立了更为亲密的关系，有利于巩固他在曹魏政权中的地位。

关于司马师与夏侯徽的联姻，也涉及一些需要辨析的记载：

> 后雅有识度，帝每有所为，必豫筹划。魏明帝世，宣帝居上将之重，诸子并有雄才大略。后知帝非魏之纯臣，而后既魏

---

〔1〕 何焯：《义门读书记》卷二六《三国志·魏志》，中华书局，1987年，第430页。

〔2〕 曹丕大飨父老后，树碑纪念，此碑唐大中年间亳守李暨再刻，宋人洪适《隶释》卷一九录其碑文，碑文大肆矜伐曹丕此次南征之功，是受禅前一篇重要的政治宣传文字，第185页。

〔3〕 《三国志》卷二《文帝纪》，第58—62页。

〔4〕 《三国志》卷二《文帝纪》注引《献帝传》，第66—67页。

〔5〕 《三国志》卷九《夏侯尚传》及注引《魏书》，第294—295页。

氏之甥，帝深忌之。青龙二年，遂以鸩崩，时年二十四，葬峻平陵。武帝登阼，初未追崇，弘训太后每以为言，泰始二年始加号谥。[1]

这一段记载涉及两个关键性的问题，其一，夏侯徽是因为发觉司马懿父子的谋反计划，而遭到毒杀；其二，司马懿至迟在青龙二年(234)以前已经开始谋划代魏。为了辨析这两个问题，我们首先需要确定这桩婚姻缔结的时间，夏侯徽死于青龙二年，年仅二十四岁，若以及笄之年出嫁，[2]这桩婚姻当发生于黄初六年(225)，但其父夏侯尚恰好死于是年，黄初七年又遭逢文帝去世的国丧，如果这桩政治联姻不能赶在夏侯尚去世之前完成的话，那么很有可能被拖延到太和元年(227)以后方才举行，这段婚姻大约维持了七至九年的时间，出嫁时夏侯徽可能仅是十五六岁的少女，是否如本传所言有参与政治筹划的才能颇可怀疑。由于现存诸家旧晋书的佚文中无法找到这条史料的来源，所以我们很难具体估量记载的可信度。

如果这条史料能够成立，其惊人之处在于提示我们司马懿早在高平陵之变前十几年就开始谋划代魏之事，这是一个值得进一步推敲的问题。司马光对此记载表示了强烈的怀疑，认为当时"司马懿方信任于明帝，未有不臣之迹，况其诸子，都非事实，盖甚之之辞"，司马师或以他故鸩之，[3]所以他在《资治通鉴》中未取此则材料。司马光的取舍虽未能有其他史料佐证，确颇有识见。从其

〔1〕《晋书》卷三一《景怀夏侯皇后传》，第949页。

〔2〕虽然《礼记》中有女子十有五年而笄，二十而嫁的说法，但是魏晋人普遍早婚，女子多在十五六岁时出嫁，参见薛瑞泽：《嬗变中的婚姻——魏晋南北朝婚姻形态研究》，三秦出版社，2000年，第109—115页。

〔3〕《资治通鉴》卷七二青龙二年《考异》，第2291页。

他的旁证而言，我们可知夏侯徽与司马师成婚之后，两族之间保持了颇为密切的关系。当时司马师、司马昭兄弟尚未出仕，而夏侯尚之子夏侯玄少有盛名，是魏明帝时代的名士领袖。〔1〕通过联姻，夏侯玄与司马氏兄弟成了姻亲，交游甚多，《晋书·景帝纪》言其"少流美誉，与夏侯玄、何晏齐名"，〔2〕《三国志》裴注引《魏氏春秋》亦提及"夏侯玄、何晏等名盛于时，司马景王亦预焉"。〔3〕夏侯玄曾言司马懿素以通家年少待他，夏侯玄被杀时，司马昭尚为他求情。〔4〕可知两族在太和、青龙年间情好甚笃，关系密切。司马师并无鸩杀夏侯徽的理由，况且谋叛鸩妻，所牵涉的人物又是与曹氏有特殊关系的夏侯徽，如此惊人之举，要欺瞒朝野十余年，几无可能。至于夏侯徽为何在晋初迟迟未获追崇，恐怕更多是因为礼制上的争议而非政治原因，《江都集礼》叙其事本末甚详：

> 晋景帝即位，夏侯夫人应合追尊。散骑常侍任茂、傅玄等议云："夏侯夫人初归景帝，未有王基之道，不及景帝统百揆而亡，后妃之化未著远迩，追尊无经义可据。"〔5〕

任茂、傅玄所议虽未被采纳，〔6〕但结合当时的政治形势，不难发现夏侯徽未获追崇的主要障碍在于景帝羊太后尚在，若追崇夏侯徽，并祔于宗庙，如何安置羊太后身后的位置，将成为一个礼制上的难

---

〔1〕夏侯玄及其周围的名士网络是一个非常值得注意的问题，笔者所见较为深入的研究是张蓓蓓《夏侯玄综考》，收入《王叔岷先生八十寿庆论文集》，大安出版社，1993年，第572—598页；另可参读王永平：《夏侯玄论——兼论魏晋之际谯郡夏侯氏门风之变化及其门第上升》，《史学月刊》2007年第4期，第12—21页。

〔2〕《晋书》卷二《景帝纪》，第25页。

〔3〕《三国志》卷九《何晏传》注引《魏氏春秋》，第292页。

〔4〕《三国志》卷九《夏侯尚附夏侯玄传》注引《魏氏春秋》，第302页。

〔5〕《宋史》卷一〇九《礼志十二》引《江都集礼》，第2614页。

〔6〕《晋书》卷一九《礼志上》："任茂议以为夏侯初嫔之时，未有王业。帝不从"，第603页。

题。最终只能由羊太后自示大度，亲自上请追崇夏侯徽，方才平息了朝廷中的争论。[1] 至于夏侯徽是否因去世过早，而无"后妃之化"只是一个相对次要的问题。

夏侯玄与司马氏兄弟这段青年时代的情谊，随着日后双方成为政敌而为人讳言，加之《三国志》关于夏侯玄、何晏的纪事讳饰之处甚多，[2]更使这段历史变得晦暗不明。时与夏侯玄游处的尚有诸葛诞、邓飏等人，共相题表，时有"四聪八达"之说，[3]司马师亦预其列，乃是当时名士圈内一活跃分子，[4]颇疑其亦牵涉浮华案中，惜无直接证据。[5] 但是以夏侯玄为首的名士圈有大量曹氏贵戚子弟参与其中，是曹魏功臣后裔交游援引的重要网络，这点当无疑义。与汉末清议风潮相似，他们也共相题表，形成了一个评论网络。但诚如阎步克所指出的那样：这批新的浮华之徒，

---

〔1〕 此类因一帝二后而造成的礼制、道德甚至情感上的困局，与唐人墓志所反映的在一夫多妻的情况下，丈夫去世后，后妻在主持葬事时如何安置前妻的位置，是否要将其与先夫合葬所展现的两难处境颇有相似之处，参读陈弱水：《唐代的一夫多妻合葬与夫妻关系——从景云二年〈杨府君夫人韦氏墓志铭〉谈起》，《隐蔽的光景——唐代的妇女文化与家庭生活》，广西师范大学出版社，2009 年，第 230—258 页。

〔2〕 参见方诗铭：《何晏在曹魏高平陵政变前后》，《史林》，1998 年第 3 期，第 10—17 页。

〔3〕 关于魏明帝时代浮华案的研究，参读王晓毅：《论曹魏太和"浮华案"》，《史学月刊》1996 年第 2 期，第 17—25 页；柳春新：《"青龙浮华案"析论》，《汉末晋初之际政治研究》，第 135—150 页；王惟贞：《魏明帝曹叡之朝政研究》，花木兰文化出版社，2009 年，第 11—33 页。

〔4〕 《三国志》卷九《何晏传》注引《魏氏春秋》："初，夏侯玄、何晏等名盛于时，司马景王亦预焉"，第 292 页。

〔5〕 可资旁证的是司马师景初中方才出仕为散骑常侍，当时已年过三十，较之夏侯玄弱冠为黄门散骑侍郎，同为贵戚子弟的司马师出仕时间明显偏晚，更遑及钟毓年十四便为散骑侍郎。其弟司马昭正始初方为洛阳典农中郎将，当时亦年过三十，若据《晋书·宣帝纪》，司马师为散骑常侍尚在齐王继位之后（按齐王继位后袭用景初年号，至次年方改元），则兄弟两人都在魏明帝去世后方得以出仕，颇疑司马氏兄弟晚仕的原因与牵连浮华有关，但无直接证据，姑志之存疑。王惟贞《魏明帝曹叡之朝政研究》一书中对此亦有怀疑，第 17—18 页。

与汉末名士已颇不同，他们既是“当朝俊士”，以才华智慧为当世所瞩目，同时又是当朝高官权门的贵公子，以父祖势少居清要，煊赫于时。他们在政治上已属于权势者一方，已无“以天下名教是非为己任”之信念，不再以清议的方式对抗专制皇权，而是利用优越的家族势位分割权势，奢侈享受，清谈玄理，虚无放诞，成为一种新式的文化贵族兼政治贵族。[1] 以夏侯玄为首的评论网络，聚合了曹魏公卿子弟，其运用人物品评的方式影响舆论，实际上成了曹魏贵公子们对政治施加影响的渠道，利用这一渠道，他们将父祖的权势延及自身，以保持家族势力不坠。同时贵游子弟之间的游处、结交、通婚，形成了一个潜在的政治权势网络。正是由于这些人与曹魏政权有着千丝万缕的联系，所以朝廷虽然屡禁浮华而不能止。只是后来，随着司马氏掌握朝政，这些青年时代共同游处的贵公子，逐渐分裂成了政治上互相对立的群体，这一潜在的政治权势网络，未能真正成长为一个互相支持的利益共同体，反而走向分裂对抗，当年洛下共游的旧日情谊已少人提及，我们现在只能从裴注的引文中窥见一鳞半爪了。

虽然司马氏鸩杀夏侯徽一事当是子虚乌有，但在晋人的记事中，往往喜欢将司马氏取代曹氏的征兆追溯到明帝时代，有多条史料指向了这一时间节点。青龙中，魏明帝始建陵霄阙，有鹊巢其

〔1〕 阎步克：《察举制度变迁史稿》，辽宁大学出版社，1997 年第 2 版，第 109 页。景蜀慧对于当时活跃的官僚家族及弟子文化取向的认识稍有不同，指出“历经曹操、文帝、明帝三朝的扶植，朝堂内麕集了大批通经术文法，又‘精达事机’的‘流称誉有名实者’，他们兼有官僚、名族和学者三重身份，在朝中声气相通，利用父子师友姻戚等关系结成盘根错节的政治势力，并形成官僚大族特有的学术家风，由魏至晋，未或改之”，同时指出无论曹氏还是司马氏都有“综核名实”的倾向，而非纯粹的儒者，《魏晋官僚大族的重实之风及当时政治中的实用主义》，《魏晋文史寻微》，中华书局，2018 年，第 49—58 页。

上，高堂隆对曰：

> 《诗》云“维鹊有巢，维鸠居之”。今兴宫室，起陵霄阙，而鹊巢之，此宫室未成身不得居之象也。天意若曰，宫室未成，将有他姓制御之，斯乃上天之戒也。〔1〕

高堂隆临死之前再次上书，指出：

> 臣观黄初之际，天兆其戒，异类之鸟，育长燕巢，口爪胸赤，此魏室之大异也，宜防鹰扬之臣于萧墙之内。可选诸王，使君国典兵，往往棊跱，镇抚皇畿，翼亮帝室。〔2〕

晋人郭颁《世语》云：

> （明）帝忧社稷，问（陈）矫：“司马公忠正，可谓社稷之臣乎？”矫曰：“朝廷之望；社稷，未知也。”〔3〕

《晋书·五行志》更将魏明帝时代出现的多次异象视为司马氏代魏的先兆：

> 明帝太和三年，曹休部曲丘奚农女死复生．时又有开周世冢，得殉葬女子，数日而有气，数月而能言，郭太后爱养之。

〔1〕《三国志》卷二五《高堂隆传》，第710页。

〔2〕《三国志》卷二五《高堂隆传》，第716页。按《晋书》卷二八《五行志中》云：景初元年，又有燕生巨鷇于卫国李盖家，形若鹰，吻似燕，此羽虫之孽，又赤眚也。高堂隆曰：“此魏室之大异，宜防鹰扬之臣于萧墙之内”，第861—862页。按两者实为一事，唯一作“黄初”，一作“景初”，疑“景初”为是。

〔3〕《三国志》卷二二《陈矫传》注引《世语》，第644页。

又，太原人发冢破棺，棺中有一生妇人，问其本事，不知也，视其墓木，可三十岁。案京房《易传》曰："至阴为阳，下人为上。"宣帝起之象也。汉平帝、献帝并有此异，占以为王莽、曹操之征。[1]

魏明帝青龙三年正月乙亥，陨石于寿光。案《左氏传》"陨石，星也"，刘歆说曰："庶众惟星陨于宋者，象宋襄公将得诸侯而不终也。"秦始皇时有陨石，班固以为："石，阴类也。又白祥，臣将危君。"是后宣帝得政云。[2]

首先需要讨论的是高堂隆的两次上奏，高堂隆第一次上奏是为了劝谏建造陵霄阙，《通鉴》系其事于青龙三年(235)，而《晋书·五行志》系于景初元年(237)，[3]关于此事的背景胡三省曾有解说："诸葛亮死，帝乃大兴宫室。晋士燮所谓'释楚为外惧'者，此也"[4]。魏明帝好兴宫室是当时朝中颇具争议的政治话题，对此发表议论的朝臣亦有不少，[5]而高堂隆运用灾异之说，将此问题上升到国家兴亡的高度，以激起明帝的警觉，从奏文的内容来看，高堂隆此次上奏更像是预警，而非有实指，因而，即使在《晋书·五行志》中，也未对这一异象做进一步的诠释发挥，将其直接比拟为司马氏代魏之兆。

而高堂隆临终前的第二次上奏，指涉的对象要明确地多，尤其是所谓"宜防鹰扬之臣于萧墙之内"一语因与后来司马氏代魏的进程暗合，颇受学者注目，自晋世以来，历代皆认为所谓鹰扬之臣

---

〔1〕《晋书》卷二九《五行志下》，第906页。
〔2〕《晋书》卷二八《五行志中》，第853页。
〔3〕《晋书》卷二八《五行志中》，第862页。
〔4〕《资治通鉴》卷七三青龙三年四月条胡注，第2304页。
〔5〕如蒋济、高柔、辛毗等，分见《三国志》卷一四《蒋济传》，第453—454页，卷二四《高柔传》，第686页，卷二五《辛毗传》，第698页。

便是指司马懿,[1]而津田资久则对“鹰扬之臣”的指代提出了不同的解说,认为育长燕巢、口爪胸赤者当是出身燕地(涿郡)、汉(赤德)广阳顺王之后刘放,而萧墙之内,指的是刘放任职的中书省办公地点位于禁中,[2]考虑到刘放在魏明帝决定辅政大臣名单时具有的影响力,这一解释无疑更切近于史实。

至于其他几条史料,可靠性多少都存在一些问题。郭颁《世语》多采奇闻轶事,裴松之认为其错误繁多、最为鄙劣,[3]陈矫与魏明帝君臣之间的私人对话,外人如何得以预闻,后世据传闻采入史书,恐怕可信度不高,何况陈矫之子陈骞本是西晋开国功臣,与司马氏关系颇密。[4] 至于《五行志》中异象与本事之间的对应关系,往往是后世史臣依据后见之明加以诠释,穿凿附会、前后抵牾之处颇多。刘知幾就曾批评《五行志》:“每有叙一灾,推一怪,董、京之说,前后相反;向、歆之解,父子不同。遂乃双载其文,两存厥

〔1〕《晋书》卷二八《五行志中》,第861—862页;《宋书》卷三二《五行志》云:其后晋宣王起,遂有魏室,第941—942页;《资治通鉴》卷七三魏明帝景初元年末胡注:“司马氏之事,隆固逆知矣”,第2326页;李慈铭著,王利器纂辑:《越缦堂读书简端记续编》,天津古籍出版社,1993年,第245页;柳春新:《汉末晋初之际政治研究》,第157页。

〔2〕津田資久:《曹魏至親諸王攷—『魏志』陳思王植伝の再検討を中心として—》,《史朋》第38号,第25页。

〔3〕《三国志》卷四《三少帝纪》注引《世语》裴松之曰:“案张璠、虞溥、郭颁皆晋之令史,璠、颁出为官长,溥,鄱阳内史。璠撰《后汉纪》,虽似未成,辞藻可观。溥著《江表传》,亦粗有条贯。惟颁撰《魏晋世语》,蹇乏全无宫商,最为鄙劣,以时有异事,故颇行于世。干宝、孙盛等多采其言以为晋书,其中虚错如此者,往往而有之”,第133页。

〔4〕津田資久对这条史料提出了新的解释,其指出陈矫的评论将“朝廷之望”与“社稷之臣”这两者对立,颇为奇怪,因而提出此处朝廷指代的是明帝,即陈矫批评司马懿只是明帝个人的亲信,而非朝廷所能仰赖的社稷之臣,可备一说,《符瑞「張掖郡玄石図」の出現と司馬懿の政治的立場》,《九州大学東洋史論集》第35号,第53—54页。

理,言无准的,事益烦费”。[1] 在没有其他旁证的情况下,我们不宜轻易采信《五行志》中的记载。

但从上述诸条记载中,我们亦可获知一些信息,即在晋人眼中,明帝时期是司马懿权势扩张的关键时期,曹氏、司马氏势力的升降兆源于此,故将司马氏代魏的种种预兆置于此时。[2] 曹丕临终时安排的四位顾命大臣中,陈群与司马懿一样是曹丕的亲信,而曹休、[3] 曹真则代表宗室武人势力,达成了政治上的平衡。但曹休、曹真、陈群分别在太和二年(228)、太和五年(231)、青龙四年(236)去世,司马懿成为硕果仅存的顾命大臣。其中犹以曹真去世与司马懿地位之升降关系最密,曹真班位本在司马懿之前,早在魏文帝黄初三年(222),就出任上军大将军,假节钺,都督中外诸军事,是曹魏宗室中的干才,也是文帝、明帝时代控制军权的核心人物。明帝时,曹真又以大将军的身份,都督关右,对抗蜀汉。随着曹真病重无法任事,关中留下了一个关键的人事空缺,魏明帝需要寻找一位足以稳定关中局势、对抗诸葛亮军事威胁的人物。为此他不惜打破常规,将分陕之任授予司马懿。

---

[1] 《史通通释》卷三《书志》,第 66 页。上文所述《晋书·五行志》将高堂隆奏议指涉的对象由刘放误作为司马懿,便是一个典型的案例。

[2] 事实上《三国志》对于魏明帝时代的叙事大约以青龙二年诸葛亮去世为界可以分为两期,前半期侧重于记载其如何应对诸葛亮伐魏带来的挑战,其后则大兴宫室、朝政日紊,曹魏因而由盛转衰,这一叙事架构颇有鉴戒论的色彩。目前已有学者对于魏明帝奢靡的形象提出了异议,认为这一形象的成立与魏晋革命之后晋代史臣的历史书写有关,进而指出其大兴宫室之举背后有着都城营建、国家财政、礼制等方面的考虑,参读安田二郎:《曹魏明帝の「宮室修治」をめぐって》,《東方学》第 111 輯,2006 年,第 1—21 页;佐川英治:《「奢靡」と「狂直」—洛陽建設をめぐる魏の明帝と高堂隆—》,《中国文史論叢》第 6 号,2010 年,第 1—34 页。但总体而言,目前关于曹魏政治的研究依然有“重两端,轻中间”的倾向,使得我们对于明帝时代的面貌了解得较为有限,而最近发表的王惟贞《魏明帝曹叡之朝政研究》、大原信正《曹魏明帝政権史研究序説》等论著,在一定程度上弥补了这一缺憾,《アジア史研究》第 34 号,2010 年,第 43—70 页。

[3] 《三国志》卷三《明帝纪》载曹休受顾命,但曹休本传未言其事,此处从本纪。

（诸葛）亮围祁山，招鲜卑轲比能，比能等至故北地石城以应亮。于是魏大司马曹真有疾，司马宣王自荆州入朝，魏明帝曰："西方事重，非君莫可付者。"乃使西屯长安，督张郃、费曜、戴陵、郭淮等。[1]

司马懿的介入，打破了自曹操时代以来，军权一直掌握在曹氏—夏侯氏一系手中的传统，[2]是为曹魏政治的一大变局，[3]也是司马懿个人权势扩张的一个重要机遇。但司马懿能获此权力实有外部机缘促成之，诸葛亮的频频北伐是明帝时代曹魏最大的外部威胁，为了应对蜀汉的军事进攻，不得不打破惯例，将专制一方的权力授予司马懿。[4] 司马懿总陕西之任多年，关中诸将多是其旧部或受其提携，他在关中的人际网络是日后支持司马氏代魏的重要政治筹码，在淮南屡生变故之时，关中形势却一直保持稳定，这使得司马氏从未面临过腹背受敌的局面。另一方面，明帝时由于关中形势吃紧，司马懿需要长期坐镇长安，参与洛阳朝廷政治的机会并不多，若要说在此期间，司马懿已开始有代魏的谋划，恐非事实。以上述青龙二年鸩杀夏侯徽之事而言，检《晋书・宣帝纪》即可明了，青龙二年，司马懿正在五丈原与诸葛亮苦苦相持，前线军情如火，司马懿自顾不暇，根本不存在策划谋反的时间与可

〔1〕《三国志》卷三五《诸葛亮传》注引《汉晋春秋》，第925页。

〔2〕关于这一问题，可参见五井直弘：《曹操政権の性格についぃて》，收入氏著《漢代の豪族社会と国家》，名著刊行会，2001年，特别是第303页表二。

〔3〕关于曹魏中后期军权转移的过程，参读森本淳：《曹氏政権の崩壊過程に関する一試論—軍事権との関係を中心に—》，《アジア史研究》第25号，2001年，第1—26页。

〔4〕明帝继位后以司马懿出镇荆州，这是司马懿接触军权的起点，但当时吴国对于曹魏的军事压力远小于蜀汉，因此出镇关中对抗诸葛亮才是司马懿在曹魏军事系统中获得权力的关节点。

能。[1] 而魏明帝本人虽然好兴宫室、生活奢靡，但他沉毅好断，政由己出，当时人目之为“秦始皇、汉孝武之俦”，[2] 不失为一个精明强干的君主，[3] 并不缺乏驾驭司马懿的政治能力。[4]

其实，魏明帝本人已经注意到重建宗室与功臣之间势力平衡的重要性，他曾对自己的亲信孙资透露过这一想法：“图万年后计，莫过使亲人广据职势，兵任又重”，[5] 即要恢复由曹氏—夏侯氏一系控制军权的传统。因此明帝最初拟定顾命大臣名单时，曾有意将司马懿排除在外。若将此事与景初二年，明帝执意命司马懿出征辽东之事联系起来，可以读出许多意味。首先值得注意的是青龙四年献白鹿之事。

> 四年，（司马懿）获白鹿，献之。天子曰：“昔周公旦辅成

〔1〕《晋书》卷一《宣帝纪》，第 8—9 页。
〔2〕《三国志》卷三《明帝纪》注引《世语》，第 91 页。
〔3〕《三国志》卷三《明帝纪》注引《魏书》曰：“帝容止可观，望之俨然。自在东宫，不交朝臣，不问政事，唯潜思书籍而已。即位之后，褒礼大臣，料简功能，真伪不得相贸，务绝浮华谮毁之端，行师动众，论决大事，谋臣将相，咸服帝之大略。性特强识，虽左右小臣官簿性行，名迹所履，及其父兄子弟，一经耳目，终不遗忘。含垢藏疾，容受直言，听受吏民士庶上书，一月之中至数十百封，虽文辞鄙陋，犹览省究竟，意无厌倦。”孙盛曰：“闻之长老，魏明帝天姿秀出，立发垂地，口吃少言，而沉毅好断。初，诸公受遗辅导，帝皆以方任处之，政自己出。而优礼大臣，开容善直，虽犯颜极谏，无所摧戮，其君人之量如此之伟也。然不思建德垂风，不固维城之基，至使大权偏据，社稷无卫，悲夫！”第 115 页。在当时人眼中魏明帝以善于持法而著称，无论是他对于夏侯玄等人浮华交会的强硬镇压，还是关于“选举莫取有名，名如画地作饼，不可啖也”看法，不但逆于汉末以来崇尚人物的潮流，更显示出其主威独运的强势君主色彩。亦可参读杨耀坤：《关于司马懿政变的几个问题》，《魏晋南北朝史论稿》，第 89—94 页；柳春新：《论魏明帝的“权法之治”》，《汉末晋初之际政治研究》，第 127—134 页；福原啓郎：《曹魏の明帝－奢靡の皇帝の実像－》，《魏晉政治社会史研究》，第 55—72 页。
〔4〕津田資久通过对于张掖玄石图的研究，指出当时身处地方的司马懿制作一系列符瑞，配合明帝加强皇权的计划，君臣之间的结合非常紧密，《符瑞「張掖郡玄石図」の出現と司馬懿の政治的立場》，《九州大学東洋史論集》第 35 号，第 33—68 页。
〔5〕《三国志》卷一四《孙资传》注引《孙资别传》，第 460 页。

王，有素雉之贡。今君受陕西之任，有白鹿之献，岂非忠诚协符，千载同契，俾乂邦家，以永厥休邪！"[1]

青龙四年的白鹿之瑞延续了此前司马懿献玄石图的政治目的，对于提升皇权、稳固出身不明的皇子齐王芳的地位都颇具意义。[2]而魏明帝给予司马懿特别的表彰，将他与周公相比拟，无疑有特加笼络之意。接着便有命司马懿出征辽东之事，两事相连，明帝笼络司马懿的目的或是与辽东之役有关。辽东之役表面上源于景初元年七月公孙渊自立燕王，但公孙渊的自立乃是受迫于明帝的玺书征召。当时，公孙氏据有辽东已近半个世纪，曹魏对其一直采取羁縻安抚的态度，公孙渊也依违于曹魏、孙吴之间，以求自保。明帝的玺书征召确实出人意料，公孙渊自立之后，明帝力排众议，克服后勤难以维续、军事行动周期漫长等困难，授予司马懿专征之任，率军征讨辽东，[3]为了表示对司马懿的信任，明帝甚至拒绝了何曾在军中设立副将的建议，[4]足见明帝对于此次平定公孙渊抱有坚定的决心，笔者倾向于认为利用玺书征召一事逼迫公孙渊谋叛自立，进而攻灭之，这一事件的全过程乃是出自明帝本人的精心规划。

如果说，在出征辽东一事上，体现了魏明帝对于司马懿极大信任的话，那么同样在景初二年，魏明帝将司马懿排除出顾命大臣的名单，则体现出他对司马懿的怀疑与不安，为何在一年前后，明帝的

---

[1]《晋书》卷一《宣帝纪》，第9页。

[2] 津田資久：《符瑞「張掖郡玄石図」の出現と司馬懿の政治的立場》，《九州大学東洋史論集》第35号，第33—68页。

[3]《三国志》卷三《明帝纪》，第109—113页。

[4]《晋书》卷三三《何曾传》，第995页。按曹操本人建安十七年上表中曾提到："臣闻古之遣将，上设监督之重，下建副贰之任，所以尊严国命，谋而鲜过者也"，《后汉书》卷七〇《荀彧传》，第2290页。由此可知，设置监军及副贰是曹魏军中的成例，更显出此次千里远征、不设副贰是颇为特异之事。

态度前后会有如此之大的变化。司马懿作为当时唯一在世的文帝托孤大臣,又在明帝时代,征战南北,立下殊勋,再受顾命看似顺理成章。但明帝最初坚决地将他排除出顾命大臣的名单,指定了一个以燕王曹宇为首,主要由宗室贵戚成员组成的辅政班子。自青龙二年,诸葛亮病故五丈原后,蜀汉对于曹魏的军事压力大大缓解,司马懿获得专制一方权力的外部条件已经消失,魏明帝也已确立了"使亲人广据职势,兵任又重"的政治方略,可以说削弱司马懿的权势早在魏明帝的计划之中,最初的那张辅政名单便是这一方针最好的体现,那么魏明帝坚持命司马懿征讨辽东一事又该如何解释。

公孙渊虽非曹魏的心腹之患,但他常常摇摆于魏、吴之间,首鼠两端,对曹魏后方形成了牵制,[1]在蜀汉军事威胁减小的情况下,魏明帝已具备了平定公孙渊的外部条件,以政治、军事才华而论,司马懿确实是担当这一重任的最佳人选,这也是明帝选择司马懿出征辽东的直接原因。从当时的政治形势而论,魏明帝本人无子,养齐王曹芳为嗣,年龄尚幼,在此情形下,如何为子孙留下一个较为安稳的政治局面,当是明帝晚年经常考虑的一个问题,所以在蜀汉军事压力缓解的情况下,明帝不顾朝臣反对,执意要平定辽东,当存有不遗患于子孙的政治考虑。

从目前掌握的史料来看,明帝对于其身后事,有着周详的规划,特别是由于他本人并无子嗣,需从外过继,齐王年幼且出生不明,在当时便为人非议,[2]无论是从正统性还是掌控政局的能力而言,都将面临严峻的挑战。明帝在继位不久的太和三年(229)便曾下诏:"后嗣万一有由诸侯入奉大统,则当明为人后之义;敢为佞邪导谀时君,妄建非正之号以干正统,谓考为皇,称妣为后,则股肱大臣,诛之

〔1〕《三国志》卷八《公孙渊传》,第253—260页。
〔2〕参见卢弼《三国志集解》卷三《明帝纪》中的讨论,第122页。

无赦。其书之金策，藏之宗庙，著于令典"，[1]可见他对于如何应对因自身无嗣而造成的皇位继承危机早有所考虑，[2]青龙三年分立齐王、秦王之后，便出现了玄石之瑞，以提高两位皇子的政治合法性。[3] 晚年又执意平定辽东，对于辅政大臣的名单斟酌再三，皆反映出了其对于身后政治安排长期的关注与忧虑。

明帝执政十二年，正是整个曹魏国家逐渐从开国君臣的生气勃勃走向守成之业的安定有序的转型时期，一方面随着追随曹操创业的元老功臣日渐凋零，国家机器的运作更加依赖于普通的行政官僚，另一方面三分天下之局已定，整个帝国的重心从外部转向内在，由军事转向文治。因而，作为嗣成之主，明帝所考虑的中心问题当是如何完成国家体制的转型，建立一个稳定的政治秩序，消除政权建立前后所遗留的各种内政与外交上的隐忧，这是我们理解明帝时代一系列政治变动的关节所在。[4] 从平定辽东一事而

---

〔1〕《三国志》卷三《明帝纪》，第 96 页。

〔2〕明帝太和二年曾亲至长安以应对诸葛亮的北伐，洛阳城中便传出"云帝已崩，从驾群臣迎立雍丘王植"的讹言，当时曹植已无政治势力，这一谣言未必与曹植本人有关，但一时间"天下皆言"，群情汹汹，足以反映出曹魏皇室继承问题上的隐忧，而较之于明帝，齐王的合法性薄弱得多，《三国志》卷三《明帝纪》注引《魏略》，第 95 页。

〔3〕津田資久：《符瑞「張掖郡玄石図」の出現と司馬懿の政治的立場》，《九州大学東洋史論集》第 35 号，第 33—68 页。

〔4〕这种国家体制的转型自文帝时代便已开始，但文帝在位仅六年，且故老犹在，整个政治运作很大程度上保留了曹操时代的惯性。而明帝时代曹魏政治内外的两大隐忧，在内是嗣位之争所造成的皇权与宗室、功臣关系的问题，因而如上文所论明帝对身后事安排的核心是如何保持皇位继承的稳定有序。此外，过去学者对于明帝信任孙资、刘放往往表示不满，其实从加强皇权的角度而言，明帝对于中书这样侧近政治机构的重视，不但符合魏晋以来宰相制度演变的一般规律，更有助于提高皇权运作的效率。祝总斌便曾指出这一时期，促成中书监、令权力膨胀最基本的因素，是魏武、文、明三帝全都大权独揽，《两汉魏晋南北朝宰相制度研究》，中国社会科学出版社，1998 年，第 318—320 页。至于在外，则是吴、蜀在政治、军事上的威胁，当然明帝无力解决统一的问题。事实上，自文帝后期开始，曹魏从开国转向守成，已不再将平定吴、蜀作为政治上的主要目标，在军事上以防御为主，但明帝晚年对于平定辽东的执着，依然反映出其消除外患、巩固边境的政治考虑。

言,明帝敢于授司马懿专征之权,正是源于他具有驾驭司马懿的自信,能够利用司马懿的军事才能,为子孙创造一个稳定的政治环境。而将司马懿排除出顾命大臣的名单,则是缘于明帝并不认为年幼的曹芳同样具有驾驭司马懿的政治能力,所以他宁可任用同样缺乏政治经验,但少年与其共行止,关系密切的燕王曹宇。[1]明帝的这一政治安排,由于受到刘放、孙资的阻挠而未能实现,最后形成了司马懿与曹爽共同辅政的政治格局,[2]尽管这一人事安排秉承了曹丕安排顾命大臣时注重功臣与宗室势力平衡的方针,但是,魏明帝并没有达成“使亲人广据职势,兵任又重”的既定政治目标,司马懿控制的部分军权及其丰富的政治经验为他最终战胜曹爽,奠定魏晋嬗代的基础埋下了伏笔。

除了政治上的成功,在魏明帝时代,司马懿的社会网络也得到了进一步的扩张。在婚姻方面,司马懿分别安排二子司马师、司马昭与泰山羊氏、东海王肃联姻。在夏侯徽死后,司马师先娶司马懿的故交吴质之女,但是,这段婚姻似乎并未维持很久即告破裂,司马师又娶上党太守羊衜之女,[3]羊衜本人官位不高,但泰山羊氏是两汉名族,羊衜之父羊续,“字兴祖,太山平阳人也。其先七世二千石卿校。祖父侵,安帝时司隶校尉。父儒,桓帝时为太常”。[4]羊氏祖先,在两汉时代,世为二千石,门第显赫,羊续本人为大将军窦武辟召,后遇党锢之祸而遭禁锢,系当时名士。羊氏与司马懿相交当始于羊续之子羊秘,羊秘任侍御史时,曾与司马懿联名劝进曹

〔1〕《三国志》卷二〇《燕王宇传》,第 582 页。

〔2〕明帝最初辅政名单仅包括燕王宇、夏侯献、曹爽、曹肇、秦朗等宗室,完全排斥功臣,违背了曹魏的政治传统,因而刘放、孙资的劝阻并无可厚非,另从《三国志》卷一四《孙资传》裴注引《资别传》来看,明帝曾猜忌满宠、徐邈等老臣,作为一个主威独运的皇帝,明帝与功臣群体的关系未必融洽,第 458—459 页。

〔3〕《晋书》卷三一《景献羊皇后传》,第 949 页。

〔4〕《后汉书》卷三一《羊续传》,第 1109 页。

丕代汉称帝,〔1〕与司马氏家族亦有渊源。羊衜为羊续次子,先后娶二妻,前妻为孔融之女,继妻为蔡邕之女,〔2〕联姻的对象都是汉魏之际最有声望的名士,可见羊氏门第之高贵。〔3〕 司马懿与羊氏的联姻使其家族跻身于汉末一流名士的通婚网络中,反映了司马氏家族社会地位的提高。而司马昭娶王肃之女,〔4〕王肃之父王朗,汉末名士,魏司徒,王肃受业于荆州学派的宋忠,采会同异,广注群经,〔5〕是三国时代的大儒,晋初礼制多用王肃之议。〔6〕 司马氏与泰山羊氏、东海王氏的婚姻,都表明随着司马氏政治权势的增长,其家族的婚姻网络已经超越前期的同郡范围,有助于提升司马氏家族声望的两汉名族、经学世家成为这一时期联姻的主要对象。

魏明帝时代,随着司马懿权位的上升,获得了开府辟举之权。明代学者于慎行曾敏锐地指出:"东京三公,本自无权。徒以辟召之柄,能收士心"。〔7〕 东汉以降,三公逐渐沦为坐而论道之职,〔8〕但在两汉极重门生故吏之谊的社会风气下,辟举之权也是政治人物构筑自己人际网络的重要方式。同样对于司马懿而言,通过举荐、辟召才智之士,也是他在这一时期构筑自己权势网络的重要手段。尤其值得注意的是,齐王芳继位之后,司马懿受到曹爽的排挤,在政治上被架空,但他依然利用太傅的名义,征辟士人,可知太

〔1〕《三国志》卷二《文帝纪》注引《献帝传》,第66—67页。

〔2〕《晋书》卷三四《羊祜传》,第1013、1024页。

〔3〕羊氏家族是典型的汉魏名族,家世二千石,晋惠帝羊皇后与刘曜曰:"妾生于高门",《晋书》卷三一《惠羊皇后传》,第967页。另参读胡志佳:《惠帝羊皇后与西晋政局——兼论羊氏家族的发展》对于羊氏家族的讨论,《逢甲人文社会学报》第8期,第223—226页。

〔4〕《晋书》卷三一《文明王皇后传》,第950页。

〔5〕《三国志》卷一三《王朗传附王肃传》,第414—419页。

〔6〕《晋书》卷一九《礼志上》,第580页。

〔7〕(明)于慎行著,(清)黄恩彤参订:《读史漫录》,齐鲁书社,1996年,第128页。

〔8〕自东汉以降,尚书台逐步侵夺三公之权,但三公失去宰相的地位是一个渐变的过程,相关考述参读祝总斌:《两汉魏晋南北朝宰相制度研究》,第96—151页。

傅的辟召之权成为司马懿积聚力量，对抗曹爽的有力武器。〔1〕

表二　司马懿拔擢人物一览表

姓　名	与司马懿关系	史　料　出　处
鲍　勋	黄初四年，陈群、司马懿举为宫正	《三国志》卷一二《鲍勋传》
州　泰	司马懿镇宛，为其所知，遂辟泰	《三国志》卷二八《州泰传》注引《世语》
郑　袤	补为广平太守	《晋书》卷四〇《郑袤传》
鲁　芝	司马懿代曹真为大将军，引参骠骑军事	《晋书》卷九〇《良吏鲁芝传》
杜　袭	司马懿代曹真为大将军，复为军师	《三国志》卷二三《杜袭传》
王　基	大将军司马懿辟基，未至，擢为中书中郎	《三国志》卷二七《王基传》
王　观	太尉司马懿请为从事中郎	《三国志》卷二四《王观传》
王　昶	青龙四年，命卿校各举一人，太尉司马懿以昶应选	《三国志》卷二七《王昶传》
邓　艾	太尉司马懿奇之，辟为掾	《三国志》卷二八《邓艾传》
胡　奋	白衣从伐辽东，甚见接待，还为校尉	《晋书》卷五七《胡奋传》
虞　松	从征辽东，松从还，辟为掾	《三国志》卷二八《钟会传》注引《世语》
荀　顗	司马懿擢拜散骑侍郎	《三国志》卷一〇《荀彧传》注引《晋阳秋》
傅　嘏	司马懿为太傅，辟为从事中郎	《三国志》卷二一《傅嘏传》

〔1〕甘怀真指出通过辟召制，府主与僚属之间形成了一种互相依赖的利益结合，《中国中古时期的君臣关系》，《皇权、礼仪与经典诠释：中国古代政治史研究》，喜马拉雅研究发展基金会，2003年，第271—274页。

续　表

姓　名	与司马懿关系	史　料　出　处
阮　籍	司马懿为太傅,辟为从事中郎	《晋书》卷四九《阮籍传》
李　憙	司马懿辟太傅属,不就	《晋书》卷四一《李憙传》
卢　钦	为尚书郎,曹爽诛,免官。司马懿为太傅,辟为从事中郎	《晋书》卷四四《卢钦传》

上表的统计基本以司马懿举荐的时间为序。首先可以注意到,其中的不少人物后来成为曹魏重臣,特别是王昶、王基、邓艾等人后来都成为独当一面的名将,体现了司马懿在曹魏军事体系中的影响力。而王观追随司马懿发动高平陵之变,傅嘏则成为司马师执政时期最重要的谋士,荀顗、郑袤、卢钦、胡奋皆成为晋初功臣,总之,这一权势网络的存在为司马氏家族其后在曹魏政治中的一系列活动提供了广泛的人事资源。分析这张名单可以注意到,司马懿非常注意网罗各方面的人才,其中既有阮籍、李憙这些名士,也有邓艾这样出身低微的人物。当然,司马懿拓展权势网络的基点,是从自己原有的人际关系出发,注意网罗曹魏功臣的后裔,这些人的父辈多是司马懿的至交、同僚或部属,司马懿利用自己的权位成功地从一个人际网络的"托庇者"变成"庇护者"。在他拔擢的名单中,荀顗之父荀彧曾经向曹操推荐过司马懿,而胡奋之父胡遵是司马懿的部将。其中尤以司马懿辟卢钦一事最为典型,卢钦之父卢毓与司马懿关系密切,高平陵之变后,司马懿即命卢毓担任司隶校尉,[1]稳定洛阳局势。但卢钦本人与曹爽颇有牵连,因而免官,当时坐曹爽事免官者甚多,但卢钦不久之后便由司马懿亲自辟为从事中郎,司马懿对于卢钦的善待,当有其父与司马懿的特殊关系

---

〔1〕《三国志》卷二二《卢毓传》,第652页。

作用其中。

笔者在图三中简单勾画了司马懿在曹魏政治中的权势网络，从中我们直观地了解经过了数十年的宦海沉浮，司马懿在曹魏政权中通过血亲、姻亲、交游、同僚、部属等多种关系编织形成了庞大而错综复杂的权势网络。当然需要加以说明的是，这一图示并不是司马懿权势网络的完整复原，只能收到管中窥豹的效果。首先，目前留存下来的史料，只能涵括司马懿在曹魏政权中进行各项政治活动、人际交往的一部分，其完整的权势网络并不可能通过现存史料得到全面的反映。其次，图三所标示的只是在史书中明确言及与他关系密切、或有血亲、姻亲关系的人物，对其在仕宦过程中通过同僚、部属等关系所形成的社会网络，由于规模过于宏大，非本图所能涵盖，据学者研究，仅司马懿担任曹操丞相府文学掾时，可考的相府僚佐就达五十余人之多，[1]司马懿当然会与这些同僚有所往来，但无法一一考证他们间的关系。其三，曾受司马懿提携的朝廷官员，已见表二，除了个别与这一权势网络中的其他重要人物有特殊关系者外，不再收入。

需要特别指出的是，司马懿的权势网络的确对于司马氏家族在曹魏政治中的活动具有重要意义，但绝不意味着这一网络会自行帮助司马氏夺取曹魏政权。无论是司马懿的同僚、部属还是受他提携的士人，司马懿与他们之间虽然存在着基于私人恩义的结合，但是这种私人关系最初是建立在忠于曹魏政权的基础上，私人恩义并不能自动地跃居国家权力与君臣名节之上。所以当司马懿是曹魏忠臣时，他们之间的私谊与对曹魏政权"忠"的义务毫无矛盾，而一旦司马懿试图代魏自立时，"公义"与"私情"之间就会产生矛盾、冲突。无论是婚姻关系还是私人情谊，都只是政治人物进

〔1〕 陶贤都：《魏晋南北朝的霸府与霸府政治研究》，第31—53页。

行选择时考虑的诸多因素之一,若以为司马懿拥有了这一权势网络,便能轻松地完成代魏立晋之业,则未免失之于简单。其次,由于图三标示的是司马懿的权势网络,所以特地将司马懿置于这一网络的中心,但是我们可以注意到,司马懿的人际网络与曹魏其他功臣的人际网络往往不无重合之处,例如,王昶、王基两人皆受过司马懿的提携,后来两人先后坐镇荆州,手握重兵,其向背在魏晋之际极为关键。同时,王凌也与这两人关系密切,王昶素兄事王凌,〔1〕而王基是王凌的故吏。〔2〕王凌与司马懿之兄司马朗交好,又是司马懿在曹操相府的旧日同僚,两人关系也颇为密切。〔3〕司马懿、王凌、王昶、王基平日自然可以共处于一个权势网络之中,相安无事,互相援引,一旦当司马懿与王凌发生冲突,这一网络的平衡即被打破,王昶、王基两人必须在王凌、司马懿两人之间进行选择,同样这种选择也是基于多种政治因素的考虑,旧谊只是其中的因素之一。所以我们在讨论司马懿的权势网络时,既要看到这一网络对于司马氏家族政治活动的帮助,但也不能过高地估计这一网络的作用,毕竟,任何政治选择都不是仅仅基于私人情谊而做出的。

本章主要揭示了两个问题,首先在长时段的视野下观察司马氏家族在汉魏时代的成长过程,指出其家族在两汉时代有一个"由武入文"的变化过程,在文化特质上属于东汉新兴的文化家族,崇尚博学兼通,经史并重,体现出东汉学术的新风气,在社会地位上则是汉魏时期河内的地方大族,其婚姻、交往网络皆根植于地方社会,与河内乡里有着密切的联系。司马氏家族能在汉末的乱世中崛起,正是借助了乡里评论网络的奥援,获得名士的称誉,最终跻

〔1〕《三国志》卷二七《王昶传》,第743页。

〔2〕《三国志》卷二七《王基传》,第750页。

〔3〕《三国志》卷二八《王凌传》,第757—760页。

身曹魏的政治网络之中,登上中央的政治舞台。另一方面,通过司马懿数十年仕宦生涯的经营,在曹魏政权中积累了广泛的人事资源,并与颍川荀氏、颍川陈氏这样具有全国性声望的政治家族建立了关系,婚姻网络也突破了乡里地域的界限,先后与泰山羊氏、东海王氏这样的两汉名族、经学世家联姻。这一权势网络的编织形成,标志着司马氏家族从一个地方性的大族逐步成长为在曹魏政治中具有举足轻重地位的政治家族,司马懿在曹魏政权中所积聚的力量对于魏晋之际的政治演变具有深远的影响。

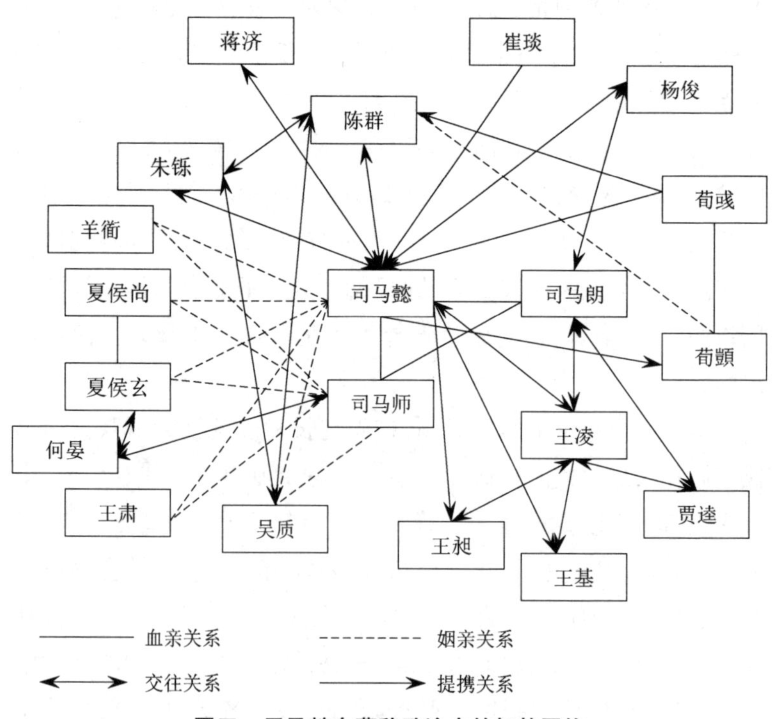

图三　司马懿在曹魏政治中的权势网络

第二章　魏晋嬗代史事考辨

魏晋两代的政权性质以及魏晋嬗代的历史意义，一直是学界关注的问题，前贤时彦对此多有论述，讨论颇多。[1] 诚如笔者在绪论中所指出的那样，目前学界的相关研究主要还是在陈寅恪建立的分析框架下展开讨论，[2]但是仔细考察一下魏晋嬗代十六年的历史进程，可以发现其中很多重要的历史细节尚处于混沌不明的状态。目前的研究主要立足于因地域、出身或政见不同所形成

[1] 其中较为重要的研究有刘显叔：《论魏末政争中的党派分际》，《史学汇刊》第9期，第17—46页；卢建荣：《魏晋之际的变法派及其敌对者》，《食货月刊》10卷7期，第271—292页；周一良：《曹氏司马氏之斗争》，《魏晋南北朝史札记》，第26—36页；葭森健介：《魏晋革命前夜の政界：曹爽政権と州大中正設置問題》，《史學雜誌》95編1号，第38—61页；伊藤敏雄：《正始の政変をめぐって一曹爽政権の人的構成を中心に一》，《中国史における乱の構図》，第241—269页；张伟国：《司马氏篡魏军政凭借考》，《新亚学报》第22期，2003年，第231—259页；胡志佳：《西晋建国前司马氏的发展》，收入氏著《门阀士族时代下的司马氏家族》，第1—36页；柳春新：《“正始党争”探赜》、《司马氏“作家门”的历史考察》，《汉末晋初之际政治研究》，第151—207页。

[2] 陈寅恪：《崔浩与寇谦之》，《金明馆丛稿初编》，第144页。陈寅恪对此问题的系统论述可参见万绳楠整理：《陈寅恪魏晋南北朝史讲演录》，第13—22页。今人卫广来也大体上秉持这一观点，以为曹魏是豪族政权，西晋是士族政权，参读《汉魏晋皇权嬗代》，第338—370页。

的党派分野视角,来分析魏晋之际的政治角逐,其优点在于能够清晰地勾勒出时代转化的大趋势,但对魏晋之际许多关键政治事件的实证研究则略显不足,或许是受到陈寅恪“东汉儒家大族之潜势力极大”这一论断的影响,〔1〕往往低估了这一历史进程中所蕴含的种种复杂变数。

关于魏晋之际的政治史,以下几个因素是我们在研究过程中需要加以重视的,首先,司马氏代魏经历了一个相当长的历史时段,自魏正始十年,司马懿发动高平陵之变,控制曹魏政局,至魏咸熙二年(265),司马炎受魏禅,共计历时十六年。在这十六年中,司马氏集团内部的人员构成、政治举措前后都有着很大的变化,这种变化不是仅仅通过分析地域、出身或政见的不同所能涵盖的。其次,司马氏代魏经过祖孙三代四人才得以完成,既往的研究更多地将司马懿、司马师、司马昭、司马炎四人视为一个整体,而对祖孙兄弟之间的差异措意较少。其三,当时处于三国鼎立的政治局面之下,司马氏代魏并不是一个单纯的内政问题,往往受到蜀、吴两国在外部的牵制。因此,本章从对魏晋嬗代过程中一些关键人物和事件的考订入手,来进一步探究司马氏代魏所依靠的主要力量和晋初功臣集团形成过程中孕育的矛盾。

第一节　高平陵之变发微

正始十年的高平陵之变,是司马氏掌握曹魏政权的起点。当时已经被剥夺实权的太傅司马懿,乘执掌朝政的大将军曹爽奉魏

〔1〕 清人赵翼已经注意到司马氏代魏的困难要大于曹氏代汉,《廿二史札记校证》卷七“魏晋禅让不同”,第147—148页。

帝曹芳到洛阳城南的高平陵谒陵之机，[1]突然发动政变，控制中枢政权，进而开启了亡魏成晋的历史进程。

魏景初二年末，明帝弥留之际，司马懿与宗室曹爽同受顾命，辅佐幼主，但不久之后，曹爽就奏请转司马懿为太傅，外示尊崇，而夺其实权，独专朝政。从正始八年（247）五月开始，司马懿更是“称疾不与政事”。从景初二年到正始十年，司马懿被排挤出权力中枢已有十年，哪怕是从正始八年彻底淡出政治开始算起，也有近两年的时间，此时突然发动政变，不能不说是出人意外。对此宋人叶适曾有评论：

> 嘉平之役，极是异事。曹氏造基立业，虽无两汉根本之固，然自操至此已五六十年，民志久定；司马懿再世受遗，信非忠贞，何遽盗夺！而况虚位无权，势同单庶，一旦因人主在外，闭门截桥，劫取事柄，与反何殊？此至愚者所不敢为，懿号有智，而披猖妄作，自取族灭，然竟以胜，一异也。[2]

诚如叶适所论，司马懿以垂暮之年，冒倾家覆族之险，突然发动政变的原因颇有值得探究之处。当时司马懿虽与曹爽有隙，[3]但曹爽对他还是外示尊崇，优礼有加，并无步步紧逼之意，若司马懿借此退出政治舞台，颐养天年，保全富贵，并不失为一个合

---

〔1〕 2015 年洛阳市文物考古研究院在汉魏洛阳故城遗址以南 18.3 公里万安山北麓西朱村发现了三座曹魏高等级墓葬，墓葬西侧 2.5 公里有一直径 600 米的近圆形山丘，学者考证是曹魏圜丘遗址，目前已对 M1 进行了发掘，出土了一批重要遗物。根据勘探三座墓中 M2 规格最高，推测是高平陵，M1 为高平陵的祔葬墓。洛阳市文物考古研究院：《河南洛阳市西朱村曹魏墓葬》，《考古》2017 年第 7 期，第 71—81 页。

〔2〕 叶适：《习学记言序目》卷二七《魏志》，第 377 页。

〔3〕 《晋书》卷一《宣帝纪》，第 16 页。

理的政治选择。司马懿尽管历仕三朝，在曹魏政权中拥有深厚的政治、社会基础，但是任何一个政治人物离开权力中枢十余年后，所能动员的政治资源恐怕都是相当有限的。此时发动政变，所冒的风险不言而喻，是什么力量推动司马懿决定侥幸一击，发动政变的呢？以下便对司马懿在高平陵之变中所依靠的主要力量作一辨析。[1]

> 嘉平元年春正月甲午，天子谒高平陵，（曹）爽兄弟皆从。是日，太白袭月。帝于是奏永宁太后，废爽兄弟。时景帝为中护军，将兵屯司马门……于是假司徒高柔节，行大将军事，领爽营，谓柔曰："君为周勃矣。"命太仆王观行中领军，摄（曹）羲营。帝亲帅太尉蒋济等勒兵出迎天子，屯于洛水浮桥。[2]
>
> 及宣帝诛爽，（司马）孚与景帝屯司马门，以功进爵长社县侯，加侍中。[3]

可知直接参与这次政变行动的，除了司马懿之弟司马孚及其子司马师、司马昭外，尚有蒋济、高柔、王观三人，其中以蒋济的作用最为重要。对此晋人就有所认识：

> 楚王玮将害汝南王亮等也，公孙宏说玮曰："昔宣帝废曹爽，引太尉蒋济参乘，以增威重。大王今举非常事，宜得宿望，镇厌众心。司徒王浑宿有威名，为三军所信服，可请同乘，使

---

〔1〕 对于司马氏发动高平陵之变的主要力量，学界已有所讨论，参读卢建荣：《魏晋之际的变法派及其敌对者》，《食货月刊》10卷7期，第276—279页；王晓毅：《正始改制与高平陵政变》，《中国史研究》1990年第4期，第77—81页。

〔2〕《晋书》卷一《宣帝纪》，第17页。

〔3〕《晋书》卷三七《安平献王孚传》，第1083页。

物情有凭也。"玮从之。[1]

在晋人眼中,司马懿能够取得蒋济的支持,利用其威望争取人心,是高平陵之变得以成功的重要因素之一。[2] 蒋济,楚国平阿人,少仕郡县,后被曹操辟为丞相府主簿西曹属,曹丕继王位后,转为相府长史,[3]在此期间,蒋济与司马懿同为丞相府僚佐,两人之间的交往当始于此。在文帝、明帝时代,蒋济多次辅佐大司马曹休出征,晓畅军事,素有才兼文武之誉,仕至护军将军、散骑常侍,曾多次劝谏魏明帝大兴土木的奢侈之风,齐王芳继位后,一度为领军将军,正始三年(242)七月迁为太尉。[4] 与司马懿一样,蒋济也是曹魏的三朝元老,威望崇高,但在当时已无实权。蒋济素与司马懿交好,[5]这或许是推动他参与高平陵之变的因素之一。但若以出身而论,蒋济既非谯沛、亦非汝颍,同样也不能被简单的划为儒家世族或法家寒族。蒋济父祖无闻,当非出自望族,少与乡人胡质、朱绩知名江淮间,[6]与刘晔、胡质同以扬州名士为曹操所征,[7]蒋济为人通脱,好饮酒,有"酒徒蒋济"之称,[8]为护军时好收贿赂,时谚云:"欲求牙门,当得千匹;百人督,五百匹",司马懿问之,蒋济亦不讳言,更以"洛中市买,一钱不足则不行"一语戏之,[9]其放达的言行与稍后的正始名士颇有相似之处,而与儒家传统不

[1] 《晋书》卷四二《王浑传》,第1204页。

[2] 司马懿罢黜曹爽的上书称:"太尉臣济、尚书令臣孚等,皆以爽为有无君之心",将蒋济列在第二,亦可见其地位。《三国志》卷九《曹爽传》,第286页。

[3] 《三国志》卷一四《蒋济传》,第450—451页。

[4] 《三国志》卷一四《蒋济传》,第451—454页。

[5] 《三国志》卷九《夏侯尚附夏侯玄传》注引《魏略》,第299—300页。

[6] 《三国志》卷二七《胡质传》,第741页。

[7] 《三国志》卷一四《刘晔传》注引《傅子》,第444页。

[8] 《三国志》卷二三《常林传》注引《魏略》,第662页。

[9] 《三国志》卷九《夏侯尚附夏侯玄传》注引《魏略》,第299—300页。

合。更为巧合的是，正始名士的领袖阮籍恰为蒋济所辟，[1]其间或有气味相投之处。综上所述，从蒋济的出身、行事、事功等方面而论，他是处于两汉儒家士大夫与魏晋风度之间的过渡人物，同时兼具文武才能，很难用党派、地域的标签加以简单归类。[2]

与蒋济不同，陈留高柔则出身名门望族，其父高靖曾任蜀郡都尉，高靖的高祖高固、曾祖高慎皆以德行闻名，汉末，陈留高氏更与四世三公的汝南袁氏关系密切，[3]可知其家族为当时所重。陈留高氏在两汉的显赫地位，从金石材料中亦可得到印证，据洪适《隶释》记载，雍丘县县南五十里善乡墓下有两块汉碑，分别题为《汉执金吾高褒碑》、《汉太尉高峻碑》。[4] 雍丘县在汉代属陈留郡辖下，直至宋代，县南墓前依然存有两块汉碑，可以推断此处当是陈留高氏的家族墓地，而这两块碑上的结衔表明陈留高氏是汉代一个显赫的官宦世家，与汝南袁氏家族结为姻亲，高柔的从父高幹为袁绍外甥，[5]深得袁绍信任，与袁绍诸子分领各州，为并州刺史。因为这一层关系，高柔本欲举宗投奔袁绍，后因父丧而未行。由此可知，在汉末袁、曹之争中，高柔本人及其家族本倾向于袁绍，与曹

---

〔1〕《晋书》卷四九《阮籍传》，第1359页。

〔2〕清代学者王懋竑则指出："蒋济素有重望，不在陈群之下。其谏明帝信任近臣也，则不合于刘放、孙资；其谏何晏等变乱制度也，则不合于曹爽；而于曹爽之诛夷，为言曹真不可无后，则不合于司马懿。此为能自立者"，强调他具有独立的政治立场，而非某党人物，《白田杂著》卷五，影印文渊阁四库全书本。

〔3〕除了为人所熟知的高幹为袁绍之甥外，陈留高氏与汝南袁氏的关系或许可以追溯到袁绍的祖父袁汤，袁汤"初为陈留太守，褒善叙旧，以劝风俗……乃使户曹吏追录旧文，以为《耆旧传》"，事见袁宏撰，周天游校注《后汉纪校注》卷二一，天津古籍出版社，1987年，第574页。而《陈留耆旧传》记载高氏家族谱系事迹甚详，这或是两家交往的起点。

〔4〕（宋）洪适：《隶释》卷二七《天下碑录》，第284页；亦见（宋）陈思：《宝刻丛编》卷一，丛书集成初编，中华书局，1985年，第12页。

〔5〕《三国志》卷二四《高柔传》云高幹为高柔从兄，然据裴注引《陈留耆旧传》、谢承《后汉书》叙陈留高氏世系，当以从父为是，第682—683页。

魏政权并无渊源，归于曹操之后，最初也未得到曹操的信任，高柔一度因高幹叛乱而受到牵连，险些被杀。高柔明于典刑，曾为廷尉二十三年，素有名誉，后因年事已高而转为太常、司空等闲职。尽管高柔亦是曹魏老臣，但从未进入过政治决策的核心，出身亦在汝颍、谯沛之外，其家族以法律为世业，〔1〕长于吏干，于儒术沾染不深。

东郡王观出身孤贫，曾与司马懿同为曹操的丞相文学掾，司马懿为太尉时，又辟王观为从事中郎，〔2〕当与司马懿有较为深厚的个人情谊。王观在曹魏政权中的仕途并不畅达，比之于蒋济、高柔，无论在地位还是人望上皆有所不及。

这三人的籍贯、出身各异，若单纯以世族、寒族或汝颍、谯沛这样的阶层、地域因素加以简单划分，则失之牵强。〔3〕但这三人都是当时曹魏政权中的耆老和元勋，追随曹操创业，功名已著，年辈与司马懿相若，从中可以窥见司马懿政变背后似乎得到曹魏政权中的元老功臣群体的大力支持。但是，这些曹魏元老尽管在朝中地位颇高，具有一定的政治号召力，但无多少实权，并不能为司马懿提供发动政变所必需的军事力量。诚如不少研究者已经注意到的那样，在高平陵之变中，时任中护军的司马师在军事上起到了关键作用。〔4〕

---

〔1〕《三国志》卷二四《高柔传》注引《晋诸公赞》云其子高光"少习家业，明练法理"，可见其家学渊源，第690页。

〔2〕《三国志》卷二四《王观传》，第693—694页。

〔3〕柳春新《"正始党争"探赜》一文中认为，曹爽与司马懿集团的地域分野是以黄河为界，投向司马懿一方的主要是河北士人，曹爽一方的是南方士人，此说依然强调地域出身对于政治立场的影响，似乎没有注意到支持高平陵之变的曹魏老臣与司马懿之间不同的政治目标，《汉末晋初之际政治研究》，第158—173页。

〔4〕祝总斌：《都督中外诸军事及其性质、作用》，《材不材斋文集》下编，第301页；张金龙：《魏晋南北朝禁卫武官制度研究》上册，中华书局，2004年，第116—117页。

> 宣帝之将诛曹爽，深谋秘策，独与（景）帝潜画，文帝弗之知也，将发夕乃告之。既而使人觇之，帝寝如常，而文帝不能安席。晨会兵司马门，镇静内外，置阵甚整。宣帝曰："此子竟可也。"初，帝阴养死士三千，散在人间，至是一朝而集，众莫知所出也。事平，以功封长平乡侯，食邑千户，寻加卫将军。〔1〕

司马懿策划高平陵之变时，司马师是他最为信任和倚重之人，甚至连司马昭也未得与闻机密。时任中护军的司马师，掌握了一部分禁卫军权和禁军武官的选举权，〔2〕这一权力又为他蓄养死士、谋划政变提供了便利，其手中的军事力量对于司马懿成功发动高平陵之变十分关键。〔3〕问题是曹爽为何会将一个如此重要的禁军将领职位授予司马师，以致最终招来灭门之祸，背后究竟有着怎样的政治交易？从司马懿的仕宦经历来看，他虽然在魏明帝时曾都督关中，掌握了一部分军权，但是一直没有机会介入曹魏的禁卫军系统，从曹魏政权历任中护军、中领军、护军将军、领军将军的名单来看，曹魏的禁卫军权依然牢牢地控制在曹氏—夏侯氏一系手中。直至齐王芳继位伊始，司马懿与曹爽曾各统兵三千人，更直殿中，〔4〕司马懿才借此染指了部分禁卫军权。但为时甚短，曹爽很快就借故排挤司马懿，将禁卫军权牢牢地掌控在自己手中。以其弟曹羲、曹训分任中领军、武卫将军，〔5〕掌握禁卫军权。

在曹魏禁军系统中，领军将军（中领军）统五校、中垒、武卫三

---

〔1〕《晋书》卷二《景帝纪》，第25页。

〔2〕《晋书》卷二四《职官志》："魏初，因置护军将军，主选武官选，隶领军，晋世则不隶也"，第740页。

〔3〕参见张金龙：《魏晋南北朝禁卫武官制度研究》上册，第115—117页。

〔4〕《晋书》卷一《宣帝纪》，第13页。

〔5〕《三国志》卷九《曹爽传》，第282页。

营,[1]其中尤以武卫营最为重要。中垒、五校之设皆因袭两汉故事,唯有武卫营是曹魏创置,[2]前身系担任曹操宿卫的虎豹骑、虎士、亲兵,[3]是禁卫部队中的精锐。曹爽虽为纨绔子弟,辅政之前并无事绩可称,也缺乏必要的政治历练,但在明帝时代,曹爽便曾担任武卫将军一职,是禁军系统中的重要将领,在禁军中当有所根基。因此在辅政之后,曹爽对于禁军的重要性有着深刻的认识,正始三年将原领军将军蒋济迁为太尉,任命其弟曹羲为中领军,而曹爽的亲信毕轨、夏侯玄先后出任中护军之职,借此曹爽牢牢控制了中央的禁军,为其把持朝政创造了条件。[4]

但是,这一严密的人事布局在正始四年(243)出现了一道缝隙,夏侯玄接替老臣赵俨出任征西将军,出镇关中,空缺的中护军一职则由司马师继任。赵俨出自颍川,追随曹操创业,与曹氏宗族关系密切,曾先后随曹仁、曹休征战四方,后任大司马军师,随曹爽之父曹真征蜀,齐王芳继位后,以赵俨为征西将军,都督雍、凉二州。[5] 魏明帝时代,司马懿曾专制关中多年,关陇诸将多是其旧部,而曹爽以赵俨这位曹魏老臣为征西将军,出督雍、凉,实际上是试图利用其父曹真旧有的人际网络,削弱司马懿在关中的影响。可惜赵俨年事已高,精力衰减,上任时竟"忘持其常所服药",[6]正始四年即以老疾乞归。以此观之,他在关中数年恐亦无所作为。

---

〔1〕《宋书》卷四〇《百官志下》,第1247页。

〔2〕张金龙:《魏晋南北朝禁卫武官制度研究》上册,第91—93页。

〔3〕何兹全:《魏晋的中军》,《读史集》,上海人民出版社,1982年,第245—246页。

〔4〕高平陵之变后,司马懿上书言曹爽罪状,较可凿实者为"破坏诸营,尽据禁兵,群官要职,皆置所亲;殿中宿卫,历世旧人皆复斥出,欲置新人以树私计",同传裴注引《汉晋春秋》:"且爽兄弟典重兵,又权尚书事,谁敢谋之",《三国志》卷九《曹爽传》,第286、291页。则控制尚书台和禁军是曹爽专权的基础。

〔5〕《三国志》卷二三《赵俨传》,第671页。

〔6〕《三国志》卷二三《赵俨传》注引《魏略》,第671页。

因此在赵俨乞归之后,曹爽必须安排另一得力人选出镇关中,而夏侯玄作为当时的后进领袖,早有令名,颇孚人望,无疑是出镇关中的合适人选。因此曹爽以夏侯玄为征西将军、假节都督雍、凉诸军事,并挑选其亲信李胜为长史,[1]居中谋划,同时又任命右将军夏侯霸为讨蜀护军,辅佐夏侯玄。夏侯霸乃曹魏元勋夏侯渊之子,系夏侯玄从父,因其父夏侯渊死于汉中之役,故矢志复仇,长期效命于关中前线,[2]他是当时曹氏—夏侯氏子弟中少数具有丰富军旅经历的人物,[3]曹爽拔擢他辅佐夏侯玄,当是利用其熟悉军事的特点,进而达到削弱司马懿在关中影响的目的。通过对夏侯玄、夏侯霸的人事安排,曹爽成功地在司马懿旧有的势力范围内打入了楔子。

此时同为辅政大臣的司马懿虽然已被曹爽排挤出了决策中枢,依然具有相当的影响,尤其是在军事领域,[4]曹爽尚需要倚仗

---

〔1〕《三国志》卷九《夏侯尚传附夏侯玄传》,第 298 页,《曹爽传》注引《魏略》,第 290 页。

〔2〕《三国志》卷九《夏侯渊传》注引《魏略》,第 272—273 页。

〔3〕根据森本淳的看法,曹氏、夏侯氏弟子在曹魏中后期更多地出任黄门侍郎、散骑常侍这样亲近皇帝的侍从官是军权转移的一个重要原因,《曹氏政権の崩壊過程に関する一試論—軍事権との関係を中心に—》,《アジア史研究》第 25 号,第 8 页,但是夏侯霸是其中少数的例外。

〔4〕在任命司马懿为太傅的诏书上特别指出,其"持节统兵都督诸军事如故",可知司马懿仍保有在军事上的影响力,《三国志》卷四《三少帝纪》,第 118 页,卢弼认为此点为曹爽的覆亡埋下了隐患,《三国志集解》卷四《三少帝纪》,第 136 页;杨耀坤亦指出司马懿在政治中依然有相当的影响力,《关于司马懿政变的几个问题》,《魏晋南北朝史论稿》,第 94—99 页。但司马懿在转为太傅后当不再录尚书事,被排挤出了决策中枢,按司马懿受托孤之命后录尚书事的记载见《晋书》卷一《宣帝纪》,第 13 页,祝总斌因《三国志》卷九《曹爽传》未记此事,对此记载持怀疑态度,《两汉魏晋南北朝宰相制度研究》,第 152 页,按《曹爽传》本以记曹爽事迹为主,没有必要并载司马懿事,司马懿在魏文帝黄初五年已有录尚书事的经历,而自齐王芳继位后,录尚书事一职成为辅政大臣身份的标志,李丰、许允谋倾司马师,便计划"以诈作尺一诏书,以玄为大将军,允为太尉,共录尚书事",《三国志》卷九《许允传》,第 302—303 页,则司马懿、曹爽夹辅齐王,两人当共录尚书事,《资治通鉴》卷七四景初三年正月叙其事,亦认为两人同录尚书事,但曹爽尊司马懿为太傅后,司马懿便失去了录尚书事之权,尚书台为曹爽一党所把持。

他的人望与才能，司马懿分别于正始二年、正始四年率军对抗孙吴，便是一证。[1] 因此曹爽调整关中军事将领人选时，当须征询对关中军务具有重要影响力的司马懿的意见。笔者颇疑在这一系列人事变动的背后存在着政治利益的交换，曹爽或是以司马师接替夏侯玄出任中护军一职作为换取司马懿认可他对关中人事安排的筹码，这样司马懿和曹爽分别得以在对方的势力范围内打入新的楔子。或许此时，曹爽认为他对中枢政权的控制已经十分稳固，需要解决的是司马懿在关中的旧有势力问题，所以不惜让出部分禁卫军权作为交换，从而埋下了高平陵之变的隐患。

当然在司马师出任中护军后，曹爽并非无所戒备，正始六年（245），曹爽毁中垒中坚营，以兵属其弟中领军曹羲，司马懿以先帝旧制禁之，曹爽不从。[2] 据《宋书·百官志》记载，中垒营本属领军，若是如此，曹爽此举岂非多余，故当时中垒营恐非隶于领军之下。[3] 而从曹魏后期司马炎曾以中垒将军身份行中护军一事观之，[4]颇疑当时中垒营乃是隶于中护军辖下，曹爽此举的目的便是为了架空司马师的兵权，将禁卫军权集中于其弟曹羲之手。

在关中方面，夏侯玄到任之后，立即策划了骆谷之役。正始五年（244），曹爽与夏侯玄兴兵伐蜀，司马懿力阻而未果。骆谷之役

〔1〕《晋书》卷一《宣帝纪》，第13—14页。司马懿虽在正始初既被曹爽尊为太傅而遭架空，只是无法参与中枢决策而已，并不意味着其完全失去政治影响力。王懋竑云："懿至正始八年始谢病不与朝政，则前此固未尝不与也"，见《白田杂著》卷五。而正始八年五月司马懿开始称病不朝，则是两人矛盾进一步激化的重要标志。另根据《晋书》的叙事，逼迁郭太后于永宁宫，蒋济借日食上书指斥曹爽皆在是年，《晋书》卷一二《天文志中》，第338页。按逼迁永宁宫一事虽系晋代史臣的诬词（详下），但晋人将这一系列事件皆系于是年，亦可知此年是曹、马决裂的重要时间节点。

〔2〕《晋书》卷一《宣帝纪》，第15页。

〔3〕张金龙：《魏晋南北朝禁卫武官制度研究》上册，第123页。

〔4〕《三国志》卷四《三少帝纪》，第146页。曹爽败后，中垒、中坚二营当恢复，有中坚将军甄德、中垒将军荀廙，《三国志集解》卷四《三少帝纪》，第148页。

是一次受内政目标驱动的对外军事行动,《晋书·宣帝纪》将其归因为邓飏、李胜欲令曹爽建立功名,劝使伐蜀,[1]功业不足固是曹爽比之司马懿最大的弱点,但欲建功立业,本有伐吴、伐蜀两种选择,蜀汉自诸葛亮去世后,费祎主政,采取保国治民之策,裁制姜维,不许其大举攻魏,[2]因此蜀汉对于曹魏的军事威胁较之前已大大减小。正始年间,反倒是吴国频频用兵,司马懿也多次出镇荆、扬迎敌,东南有警成了曹魏最大的外部威胁。所以从当时三国的政治形势而论,伐吴才是以攻为守的更好选择。[3]

正始四年,夏侯玄出镇关中,五年二月,即兴兵伐蜀,两者之间间隔甚短,可以推断骆谷之役在夏侯玄出镇关中之初已开始谋划,夏侯玄出镇与骆谷之役是两项具有密切关联的政治举措。上文已经指出,安排夏侯玄出镇关中的目的在于削弱司马懿的影响,而曹爽借此次伐蜀机会,得以有机会与关中诸将共事,并直接指挥、调动关中的军事力量,可以借机收抚人心,削弱司马懿的影响。因此曹爽伐蜀之举,带有控制关中与建立功名的双重目标。司马懿方面自然也并非无所动作,其安排次子司马昭为征蜀将军,副夏侯玄出骆谷无疑是一个意味深长的举措,[4]骆谷之役的失利,或许有司马懿从中掣制的因素,[5]但是曹爽在未遭重挫的情况下,仅过了三个月就放弃了建立功名的初衷,收兵回师,可见他本身对于伐

---

〔1〕《晋书》卷一《宣帝纪》,第 15 页。

〔2〕《三国志》卷四四《姜维传》及注引《汉晋春秋》,第 1064 页。

〔3〕清人何焯以为曹爽、夏侯玄兴骆谷之役背后乃是受家族仇怨之驱动,“(曹)真尝建议伐蜀而无功,(夏侯)渊被杀于阳平,二子所以共兴是役也”,这或许是值得考虑的原因之一,但恐怕并非曹爽伐蜀的主要因素。见《义门读书记》卷二六《三国志·魏志》,第 440 页。

〔4〕《晋书》卷二《文帝纪》,第 32 页。

〔5〕王永平:《曹爽伐蜀之目的及其失败原因考析》,《许昌师专学报》1999 年第 3 期,第 70—72 页。

蜀之役并未抱有太高的期许,[1]在控制关中与建立功名这两个目标中,前者或许才是其想要实现的主要目标。

而司马懿开始谋划以“非常之举”除去曹爽的时间,只能在司马师出任中护军之后,因为只有在司马师介入禁军系统之后,司马懿才拥有了发动政变的基本力量及可能。由于曹爽毁中垒中坚营的釜底抽薪之举,司马师所能控制的兵力相当有限,才需要阴养死士三千,作为参与政变的重要力量。尽管受到曹爽的防备与掣制,身为中护军的司马师依然拥有选举武官的重要权力,《晋书·景帝纪》言其“为选用之法,举不越功,吏无私焉”,[2]可知司马师对于武官选举颇为重视,极力加以整顿,改变了蒋济、夏侯玄掌选举时,以货贿谋取武官职位的陋习,[3]至于“举不越功,吏无私焉”一语本自王隐《晋书》,恐怕含有晋代史官对于司马师的过誉之词,[4]司马师重视武官选举的目的无疑是为了培植自己的亲信力量,根据现有史料确定当时为司马师举用的只有石苞一人,[5]出任司马师中护军司马,石苞出身低微,好色薄行,司马师拔擢石苞之举曾为司马懿所不满,但司马师以“贞廉之士,未必能经济世务”为由

---

〔1〕傥骆道虽是长安与汉中几条通道中较为近捷的一条,可是道路险峻,只适合奇袭,亦从侧面证明曹爽并无全力攻蜀的计划,参读史念海:《秦岭巴山间在历史上的军事活动及其战地》,《河山集》四集,陕西师范大学出版社,1991 年,第 281 页。

〔2〕《晋书》卷二《景帝纪》,第 25 页。

〔3〕《三国志》卷九《夏侯尚附夏侯玄传》注引《魏略》,第 299—300 页。按《魏略》所云无疑有贬低蒋济、夏侯玄,美化司马师的嫌疑,同传引《世语》:“玄世名知人,为中护军,拔用武官,参戟牙门,无非俊杰,多牧州典郡。立法垂教,于今皆为后式”,则对夏侯玄掌戎选时的用人极力称美,第 295 页。

〔4〕《北堂书钞》卷六四引王隐《晋书》,第 229 页;亦见《通典》卷三四自注引王隐《晋书》,中华书局,1988 年,第 944 页。

〔5〕张金龙认为李胤为中护军司马很可能为司马师所举,《魏晋南北朝禁卫武官制度研究》上册,第 143 页。但《晋书》卷四四《李胤传》并未明确记载其任中护军司马的时间,此时期中护军的人选变化颇为频繁,恐未必一定是在司马师任上,故不取。

说服了司马懿,[1]可见司马师对于石苞的期许乃是为贞廉之士所不能为或不愿为之事,石苞亦不负重望,在魏晋之际为司马氏家族立下了汗马功劳。

此外,参与高平陵之变的蒋济,曾经在禁军中任职十余年,历任中护军、护军将军、领军将军等要职,直至正始三年方被曹爽之弟曹羲替代,迁为太尉这一闲职。[2] 蒋济在禁军系统中所拥有的广泛人事基础与号召力,是司马懿取得禁军支持的重要保证,这正是晋人论及高平陵之变时,所谓“引太尉蒋济参乘,以增威重”一语背后的真正涵义。[3]

以下再来探讨司马懿在高平陵之变中所采取的具体策略,以及地理因素对于政变成败的影响。[4] 尽管在高平陵之变前,司马懿已经获取了一部分曹魏老臣的支持,其子司马师也培植了一支可供政变使用的军事力量,相对而言,司马懿所能动员的力量依然相当有限。在政变爆发之后,司马懿甚至抽不出足够的兵力来占领曹爽的府邸,以至于经过曹爽府门时,差点为曹爽的帐下督严世所射杀,也没有足够的力量控制洛阳城内的曹爽亲信党羽,使其智囊桓范能够轻易地出奔城外。[5] 从这点而言,叶适认为司马懿发动高平陵之变乃是披猖妄作亦不无所见,但是,老谋深算的司马懿充分利用了自己有限的军事力量,进行了周密部署,迅速占领了洛

---

〔1〕《晋书》卷三三《石苞传》,第1001页。

〔2〕《三国志》卷一四《蒋济传》第452—453页;卷四《三少帝纪》,第120页。

〔3〕《晋书》卷四二《王浑传》,第1204页。

〔4〕陈寅恪通过玄武门之变的研究首先揭示了地理因素对于宫廷政变成败的影响,对于后学具有发凡起例的意义,参见陈寅恪:《唐代政治史述论稿》,第51—62页;孙英刚:《唐代前期宫廷革命研究》一文对于地理因素在宫廷革命中的作用也有很精彩的阐发,《唐研究》第7卷,北京大学出版社,2001年,第263—288页。

〔5〕《晋书》卷一《宣帝纪》,第17页。

阳城中最关键的几处军事要地,险中求胜,进而一举击溃曹爽。

司马懿在政变中的行动安排如下:当参与政变的死士集于阙下后,[1]自己首先部勒兵马,占据武库,[2]命长子司马师、弟司马孚将兵屯司马门,[3]次子司马昭帅兵监视二宫,[4]司徒高柔行大将军事,领曹爽营,太仆王观行中领军,摄曹羲营,在以上战略要点都被控制的情况下,最后才与太尉蒋济勒兵屯于洛水浮桥,[5]准备迎击曹爽可能的反扑。司马懿不首先攻取曹爽府邸,亦不急于搜捕曹爽党羽,可知在他眼中这几处战略要地的价值尚在曹爽府邸之上,能否成功地加以控制决定了整个政变的成败,从人事安排的轻重中,亦不难对这几处战略要地的价值做一从大到小的排列,即武库>司马门>二宫>曹爽营>曹羲营(参见图四)。

武库系"古帝王威御之器所宝藏也,屋宇邃密",[6]是国家储存兵器的重地,具有重要的战略价值。秦汉两代皆在长安及各郡国设立武库,设置专门的管理机构,拥有一整套严格的管理制度。[7] 洛阳居天下之中,汉代于此置武库、敖仓,用以镇抚关东,规模仅次于长安,素来被认为是天下之至要,[8]关于曹魏武库的设置与管理,文献上没有专门的记载,大约可以推断是延续汉代的规模与管理方式。

---

〔1〕《三国志》卷九《曹爽传》裴注引《世语》:"初,宣王勒兵从阙下趋武库,当爽门",第17页;《晋书》卷一《宣帝纪》:"帝列阵阙下",第17页。据此或可推断参与政变的兵士先在宫城南门外集中,然后再分头攻取各战略要地。

〔2〕《三国志》卷九《曹爽传》,第286页。

〔3〕《晋书》卷一《宣帝纪》,第17页,卷三七《安平献王孚传》,第1083页。

〔4〕《晋书》卷二《文帝纪》,第32页。

〔5〕《晋书》卷一《宣帝纪》,第17页。

〔6〕《晋书》卷二九《五行志下》,第903页。

〔7〕关于武库的设置与管理,参读陈鸿琦:《前汉典理兵器的职官考述》,《简牍学报》第11期,1995年,第201—233页;庄春波:《秦汉武库制度》,《史学月刊》1991年第6期,第6—11页。

〔8〕《史记》卷六〇《三王世家》,第2115页;卷一〇六《吴王濞传》,第2832页。

汉武帝时，戾太子起兵诛江充，矫诏发武库兵；又汉哀帝因宠信董贤，使中黄门发武库兵送董贤。[1] 由以上二例可知，发武库兵需天子诏命，人臣不得擅发。司马懿自然未奉天子旨意，他控制武库的方式只能是强行攻取或矫太后诏。

武库的得失对高平陵之变的成败有着生死攸关的意义，司马师虽然为准备政变已经阴养死士三千，但是私藏兵仗、甲胄历来被认为是试图谋逆的大罪，处分极严，司马懿虽是朝廷重臣，恐怕也不可能密藏有足以武装三千人马的武器，[2] 所以只有在占据武库之后，参与政变的人马才能获得大量的武器，攻取各战略要地的行动方得以依次展开。另一方面，占据武库也切断了忠于曹爽军队的武器来源。从相关史料可以推知，除了正在担负巡逻、宿卫任务的兵士之外，其他禁军部队的武器一般集中保管于武库之中，平日身边并无兵仗。例如毌丘俭《讨司马师表》言司马懿"始欲归政，按行武库，诏问禁兵不得妄出"，[3] 表中所言司马懿欲归政一事，恐非事实，但从中可以窥见武库管理制度的运作，即控制武库之后，就可迫使禁军听命，可知禁军平日当无兵仗。又如梁代侯景乱起，叛军猝至城下，京师纷乱，军人争入武库，自取器甲，所司不能禁，[4] 这一事例虽然年代较迟，但京师驻军平日不配有兵仗恐是历代惯例，即使在面临外敌威胁时亦是如此，可为此提供一旁证。

---

〔1〕 分见《汉书》卷三六《刘屈氂传》，第 2881 页，卷七七《毋将隆传》，第 3264 页。

〔2〕 《礼记正义》卷二一："冕弁、兵革藏于私家，非礼也，是谓胁君"，《十三经注疏》，第 3070 页。臣下私藏武器会对君王的统治构成威胁，因此被视为非礼之举，《汉书》也明确记载："春秋之谊，家不臧甲，所以抑臣威，损私力也"，卷七七《毋将隆传》，第 3264 页，而后世对此防范更严，如《唐律》规定："诸私有禁兵器者徒一年半，弩一张加二等，甲一领及弩三张流二千里，甲三领及弩五张绞。私造者各加一等"，疏议曰："私有禁兵器"，谓甲、弩、矛、矟、具装等，依令私家不合有。刘俊文笺解：《唐律疏议笺解》，中华书局，1996 年，第 1217 页。

〔3〕 《三国志》卷二八《毌丘俭传》注引《讨司马师表》，第 764 页。

〔4〕 《梁书》卷三九《羊侃传》，第 559 页。

正因如此，攻占武库乃是一石二鸟之举，其得失关系到整个政变的成败，必须由司马懿亲自前往夺取。

根据相关史料的记载与考古发现，[1]我们可以知道，武库位于汉魏洛阳城的东北角，而曹爽的府第恰好位于武库之南，曹爽选择此地为府，当有就近便于控制武库之意，[2]当时司马懿的住宅位于永安里，[3]据清人徐松的考订当在洛阳东门附近，[4]曹爽宅南。因此，司马懿欲要攻取武库，必须经过曹爽府第。

> 初，宣王勒兵从阙下趋武库，当爽门，人逼车住。（曹）爽妻刘怖，出至厅事，谓帐下守督曰："公在外。今兵起，如何？"督曰："夫人勿忧。"乃上门楼，引弩注箭欲发。将孙谦在后牵止之曰："天下事未可知！"如此者三，宣王遂得过去。[5]

司马懿前往武库的路上，曾于曹爽府门前有所停顿，引起了其家人的恐慌，险些酿成与曹爽府中卫士的冲突。司马懿利用府中将士犹豫不决的机会，未与纠缠，迅速通过曹爽府，直接占领武库。司

---

〔1〕中国科学院考古研究所洛阳工作队：《汉魏洛阳城初步勘查》，《考古》1973 年第 4 期，第 198—208 页。

〔2〕《晋书》卷四〇《杨骏传》，第 1179 页。晋武帝去世后专权的杨骏居于武库南的曹爽故宅，亦是为了便于控制武库。

〔3〕徐松辑《河南志》永安里条下记有宣帝宅，中华书局，1994 年，第 76 页；《晋书》卷三六《刘弘传》载刘弘少家洛阳，与武帝（司马炎）同居永安里，亦是一证，第 1763 页。

〔4〕徐松辑：《河南志》附庄璟摹本《晋都城图》，第 194 页，该图源自《永乐大典》卷九五六一引《元河南志》古代洛阳图十四幅，图中宫阙、城门、街坊的名称为徐松所加，参见作铭（夏鼐）的考证，原刊《考古学报》1959 年第 2 期，附录于中华书局点校本《河南志》，第 205—209 页。史广超则认为各幅图上名称非徐松所加，而是辑自《永乐大典》其他卷次，见氏著《〈永乐大典〉辑佚述稿》，中州古籍出版社，2009 年，第 226—229 页。

〔5〕《三国志》卷九《曹爽传》注引《世语》，第 287 页。

马懿清楚地认识到在群龙无首的局面下，忠于曹爽的军队并不能进行有效的抵抗，而他首先攻取武库的釜底抽薪之举，已经切断了城内曹爽军队的武器来源，进一步涣散了他们抵抗的意志。因此在兵力有限的情况下，司马懿对于曹爽府弃而不顾，主动避免与府中军队发生冲突，从而为达成占领武库的首要目标创造了条件。同样，尽管曹爽营、曹羲营中聚集了两人辖下的禁军，本应是洛阳城中主要的反抗力量，[1]但在司马懿眼中并非是最重要的战略目标，仅派高柔、王观分别加以占领。

除了武库之外，司马懿真正关切的是司马门的得失。首先，从政变的人员安排上来看，唯有攻击司马门一役安排了司马师、司马孚两人共同执行，而占领其他各处的军事行动皆只有一人负责，加之司马昭控制二宫的行动与司马门的得失也有密切关联，可知除了占领武库之外，司马懿将司马氏家族的其他成员全部安排在争夺司马门一役中，从中可以推知司马门的得失亦是整个政变的关节点。如果我们将视野稍稍扩展，就可以发现，在魏晋诸次宫廷政变中，司马门的得失都是其中最关键的因素之一。晋惠帝初年，贾后诛杀杨骏之役，奉命发动政变的楚王玮即将兵屯司马门，[2]八王乱中，成都王司马颖在攻占洛阳之后，亦命游击将军王瑚、司隶校尉满奋、河南尹周馥等俱屯司马门，以卫宫掖，[3]担负起控制宫城的责任，可见司马门与魏晋政治的演变颇有关联。

司马门，汉置。据清代学者黄以周的考订，史书中所泛称的司马门其实有三门，宫外门称司马门，以守宫司马得名，由司马管理，

---

〔1〕这些营兵后来反为司马懿所用，《初学记》卷九引王隐《晋书》："悉起营兵及城中余众，承制发武库仗，开四门，出迎魏帝于洛滨，奏爽罪也"，中华书局，1962 年，第 212 页。

〔2〕《晋书》卷二九《楚王玮传》，第 1596 页。

〔3〕《晋书》卷八二《王隐传附王瑚传》，第 2143 页。

西朱村一号墓全景

由东向西拍摄，洛阳市文物考古研究院提供

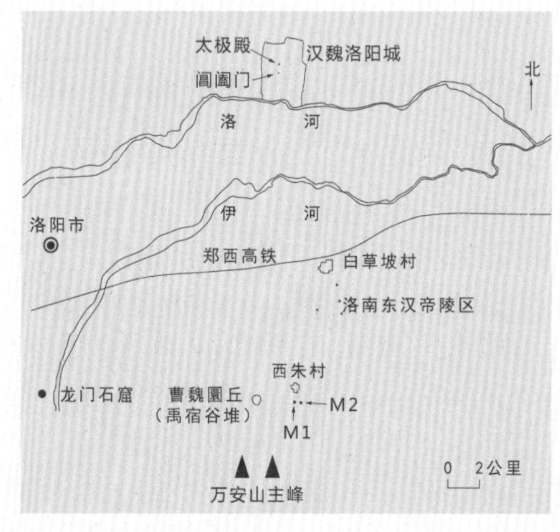

西朱村大墓、曹魏圜丘、汉魏洛阳故城位置关系图

洛阳市文物考古研究院提供

汉魏洛阳故城遗址航拍

中国社会科学院考古研究所汉魏洛阳城队提供

汉魏洛阳故城东北角城墙（仇鹿鸣摄）

汉魏洛阳故城阊阖门

由南向北拍摄，中国社会科学院考古研究所汉魏洛阳城队提供

汉魏洛阳故城太极殿夯土北侧踏道、散水（钱国祥摄）

属执金吾;宫内门称司马殿门,殿外门称殿司马门;司马殿门、殿司马门皆以公车司马得名,由公车司马管理,属卫尉;汉人一般所指的司马门是宫外门。[1] 尽管存在着司马门、司马殿门、殿司马门的区别,但史书中所记的司马门往往并没有如此严格的区分,例如,西汉文帝时,太子与梁王共车入朝,不下司马门,张释之追止太子、梁王不得入殿门,弹劾以不敬之罪,[2]又如,曹植尝乘车行驰道中,开司马门出,引起曹操大怒,处决了负责司马门的公车令以示惩戒,曹植也由此宠爱日衰。[3] 前引两例中的司马门其实是指由公车司马管理的公车司马门,[4]而非宫外门,但在史书中一并称为司马门。

无论是司马门还是司马殿门、殿司马门皆属宫廷门禁所在,地位重要,特别是宫外司马门规模宏大,可以屯兵,是禁军保卫宫廷的核心,显得格外重要。而公车司马门则是殿前的一道屏障,无论宗王贵戚、还是朝廷重臣皆必须在此门外下车,不得乘车入门,否则即构成不敬之罪。据现存的史料考之,汉代负责公车司马门警卫的官员是卫尉属下的公车司马,秩六百石,主要负责宫城晚上的巡逻、戒备,[5]公车令下尚辖有丞、尉之职,尤其是公车尉直接负责公车司马门的兵禁,戒备非常。但恐怕只是负责宫内的一般治安、巡逻事务,并不具备抵抗外敌进攻的军事力量。因此,司马懿此处计划夺取的司马门主要指的应当是宫外门。

---

〔1〕 黄以周:《汉司马门、司马殿门、殿司马门考》,收入《儆季杂著·史说略》卷二,光绪二十年江阴南菁讲舍刻本。

〔2〕《史记》卷一〇二《张释之传》,第 2753 页。

〔3〕《三国志》卷一九《陈思王植传》,第 558 页。

〔4〕《史记集解》如淳曰:"宫卫令'诸出入殿门公车司马门者,乘轺传者皆下,不如令,罚金四两'",《史记》卷一〇二《张释之传》,第 2753 页。

〔5〕《史记》卷一二六《滑稽列传》,《正义》引《汉仪注》,第 3206 页。

司马门是宫城的外门,司马门内的全部地区称为宫中,即禁中所在。〔1〕司马门为宫城的正南门,构成拱卫帝王,保护宫城安全的主要屏障。由于魏晋洛阳宫城是在东汉宫城的基础上增置修缮而成,〔2〕宫阙、城门之名亦多沿袭旧称,司马门的位置当与两汉保持一致。〔3〕司马门是宫城内的禁卫中心所在,《史记·项羽本纪》"至咸阳,留司马门三日",《集解》曰:"司马门者,宫垣之内,兵卫所在,四面皆有司马,主武事。总言之,外门为司马门也"。又《索隐》曰:天子门有兵阑,曰司马门也。〔4〕可知司马门是宫垣之内军事力量的集中地,是拱卫天子安全最重要的关卡,故设有司马,屯有重兵。另一方面,"司马(门)殿省门闼,至五六重,周卫击

---

〔1〕祝总斌:《两汉魏晋南北朝宰相制度研究》,第 242 页。

〔2〕《晋书》卷一四《地理志上》:"魏氏受禅,即都汉宫"。曹魏对于东汉宫城的增葺见《三国志》卷二《文帝纪》,黄初元年十二月,初营洛阳宫,裴注曰:"诸书记是时帝居北宫,以建始殿朝群臣,门曰承明,陈思王植诗曰'谒帝承明庐'是也。至明帝时,始于汉南宫崇德殿处起太极、昭阳诸殿",卷三《明帝纪》:"大治洛阳宫,起昭阳、太极殿,筑总章观",裴注引《魏略》:"是年起太极诸殿,筑总章观,高十余丈,建翔凤于其上……筑阊阖诸门阙外罘罳",第 76、104—105 页。《水经注》卷一六"谷水":"魏明帝上法太极于洛阳南宫,起太极殿于汉崇德殿之故处,改雉门为阊阖门",《水经注疏》卷一六,江苏古籍出版社,1989 年,1049 页。知阊阖门至太极殿轴线系魏明帝时所建。由于之前史料误记太极殿位于汉南宫,所以学者对曹魏宫城是仍维系东汉的南北宫制,还是单一宫制,聚讼不已。近年来,通过中国社科院考古所洛阳汉魏故城队对阊阖门至太极殿轴线的发掘,可以确定太极殿位于汉北宫,阊阖门、太极殿始建于曹魏,并被北魏沿用,从多宫制到单一宫制的转变发生在曹魏时。中国社会科学院考古研究所洛阳汉魏故城队:《河南洛阳汉魏故城北魏宫城阊阖门遗址》,《考古》2003 年第 7 期,第 21—41 页;中国社会科学院考古研究所洛阳汉魏故城队:《河南洛阳市汉魏故城太极殿遗址的发掘》,《考古》2016 年第 7 期,第 63—78 页。

〔3〕根据考古勘探,在汉魏洛阳城宫城西侧由阊阖门和太极殿组成的南北轴线上院落与东侧院落之间,有一条贯穿宫城南半部的南北向道路,其南端接近宫城南墙而中断,这条道路位于宫城的南北轴线上,学者推断道路南端的城门即司马门,位于汉北宫正门朱雀门的旧址。钱国祥:《由阊阖门谈汉魏洛阳城宫城形制》,《考古》2003 年第 7 期,第 58—60 页。由于明帝修葺宫城时在司马门的西侧新建了阊阖门至太极殿轴线,使得曹魏宫城的重心向西偏移,参见图四。

〔4〕《史记》卷七《项羽本纪》,第 309 页。

刁斗，近臣侍侧尚不得着钩带入房”。[1] 其五六重门的宏大的规模不但起到了隔绝中外的作用，也为禁军兵力的屯聚提供了空间，加之皇帝近臣也不能携带武器入内，进一步保证了宫廷的安全，成为守备宫城最重要的门户。[2]

曹魏实行的由两支军队分别负责警戒宫城内外的制度，也在一定程度上提升了司马门在宫廷政变中的重要性。与两汉的南北军相似，曹魏有中外军之制，并设有都督中外诸军事之衔，据祝总斌的研究，此处的“中外”指的是宫城内外，[3] 都督中外诸军事即能统一指挥宫城内外的军队，曹爽与司马懿在接受顾命之后，皆领有此职，只是后来司马懿被剥夺了实际权力，仅拥有这一虚衔而已。既然有中外之分，那么洛阳城内的禁军当有中军、外军之别，中军负责宫城的保卫，外军则负责宫城之外。一旦控制了司马门，就起到了隔绝中外的效果，使中外军之间无法互相呼应，及时援救。纵观魏晋历次宫廷政变，在宫城内部发生争夺之后，外军由于缺乏消息，不明情理，往往不能有所动作，只能坐观成败。例如贾后诛杀杨骏一役，即命楚王玮屯司马门，造成了内外隔塞的局面，居于宫城之外的杨骏由于不明宫内情势，不敢召集东宫及外营兵攻入宫城，在宫内的杨太后亦无法与之联络，只能冒险题帛为书，射之城外，[4] 最终被贾后各个击破。而曹魏时期一项重要的制度变化是执金吾、卫尉已属闲职，护卫禁中的责任被大大削弱，[5] 此时负责宫禁保卫的当是中领军下辖的禁军部队，以曹魏的军事传

---

〔1〕《太平御览》卷三五四引《汉名臣奏》，第 1629 页。

〔2〕关于汉魏时期宫内的警卫制度，参读杨鸿年：《汉魏制度丛考》，武汉大学出版社，1985 年，第 7—10 页。

〔3〕祝总斌：《都督中外诸军事及其性质、作用》，《材不材斋文集》下编，第 287—296 页。

〔4〕《晋书》卷四〇《杨骏传》，第 1179 页；卷三一《武悼杨皇后传》，第 955 页。

〔5〕张金龙：《魏晋南北朝禁卫武官制度研究》上册，第 135—136 页。

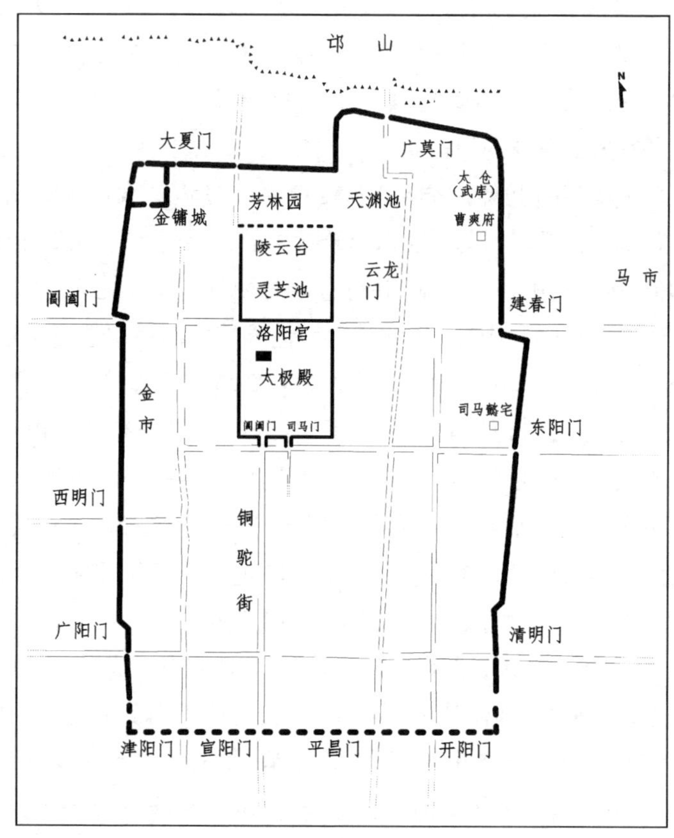

图四　高平陵之变的形势

统而言，当以武卫营的可能性最大。正因为司马门是宫城锁钥所在，又处于曹爽军队的直接控制之下，此地必然成为司马懿与曹爽争夺的焦点所在，而能否攻占宫城，控制太后，关系到这次政变的合法性所在，亦是司马懿措意再三，必须全力争夺的。只要能控制司马门，隔绝中外，驻扎在宫外的曹爽、曹羲两营中的军队与宫中失去联系，自然无法掀起大的波澜，整个政变便可算是大功告成。因此在高平陵之变中，司马懿的战略部署是兵分两路，一路由司马懿亲自率领，绕开曹爽府，攻取武库，另一路则由其子司马师统领，以攻取司马门、控制郭太后为目标。当时司马师在禁军中已有根基，阴养死士三千，无疑是率军攻取由禁军守卫司马门的上上人选，而司马懿辅之以拥有丰富政治经验的司马孚，为攻占司马门行动的成功更添了几分把握。

司马昭受命监视二宫，[1]主要是为了控制郭太后。司马懿需要挟太后之命来为这次政变染上合法的色彩，这一任务的实现有赖于成功地控制司马门，打开进入宫中的道路。郭太后本与曹爽不睦，正始八年，曹爽迁太后于永宁宫，[2]此谋出自丁谧，司马懿因此深恨丁谧，[3]可见司马懿与郭太后在政治上或有共同之处。有学者推论正始年间郭太后与司马懿之间的关系已颇为密切，[4]可惜并无直接证据。从曹魏的政治体制而言，严禁后宫干政，若有背违，天下共诛之。[5] 郭太后的皇后地位在明帝弥留之际方才确立，[6]齐王芳亦非其亲子，她对现实政治的影响力恐较为有限，但郭太后与司马懿同在政治上被曹爽排挤，其立场当处于同情政变的一方，故只要能控制司马门，进入宫中，求得其合作恐非难事。

高平陵之变是司马懿一生中所经历最为艰险的战斗，面对掌握禁军主体的曹爽，司马懿所能控制的军事力量明显处于劣势。

---

〔1〕 周一良曾指出因“二”、“贰”相通，晋代“二宫”一词常代称东宫太子，《魏晋南北朝史札记》“二宫”条，第45页。按齐王芳时未立太子，高平陵之变后，司马懿上书罗列曹爽罪状，云其“离间二宫，伤害骨肉”，《三国志》卷九《曹爽传》，第286页，则此处的二宫当是指郭太后与齐王芳。

〔2〕 《晋书》卷一《宣帝纪》，第16页，按《晋书》卷二九《五行志下》，此事发生于正始六年，未知孰是，第894页。据胡三省的考证，太后本居永宁宫，所谓逼迁一说，乃是晋代史臣的诬词，《资治通鉴》卷七五正始八年三月条胡注，第2369—2370页。卢弼亦持此说，参《三国志集解》卷四《三少帝纪》，第139页。

〔3〕 《三国志》卷九《曹爽传》注引《魏略》，第289页。

〔4〕 王晓毅：《司马懿与曹魏政治》，《文史哲》1998年第6期，第87—95页。

〔5〕 《三国志》卷二《文帝纪》，第80页。

〔6〕 《三国志》卷五《明元郭皇后传》，第168页。

由于曹爽兄弟轻率地拥魏帝出城谒陵，[1]致使政变发生后，城内禁军陷入了群龙无首的局面。司马懿运用自己丰富的政治经验，把握了这一转瞬即逝的良机，在兵力不足的情况下，放弃攻击曹爽府这样显而易见的目标，转而把有限的力量集中于武库、司马门这两处最富价值的要冲之地，铤而走险，奋力一击，从而改变了整个魏晋历史的走向。

但我们也必须认识到尽管司马懿凭借着曹魏老臣的支持，以其子司马师出任中护军时蓄养的死士为基本力量，经过精心策划，运用突然袭击的方式击溃了曹爽，控制了曹魏政权，但这绝不意味着通向魏晋嬗代的道路就此一帆风顺。首先需要讨论的是参与高平陵之变的蒋济等人对于司马氏代魏的态度。曹爽当政之后，任用何晏、邓飏、丁谧等人，主持选举，推行正始改制，[2]对于这些曹魏功臣元勋的地位、利益多有触动，激起了他们的强烈不满，[3]他们与曹爽之间曾有过多次冲突。

> (曹)爽徙吏部尚书卢毓为仆射，而以何晏代之，以邓飏、

---

〔1〕由于曹魏提倡薄葬，文帝黄初三年下诏"古不墓祭，皆设于庙。高陵上殿皆毁坏，车马还厩，衣服藏府，以从先帝俭德之志"，近年对曹操高陵的发掘也印证了这一记载，河南省文物考古研究院：《曹操高陵》，中国社会科学出版社，2016 年，第 255—256 页。因此曹魏并无谒陵墓祭的传统，然而"齐王在位九年，始一谒高平陵而曹爽诛"，而司马懿去世前遗令"子弟群官皆不得谒陵"，于是景、文遵旨，《晋书》卷二〇《礼志中》，第 634 页，可见其深刻吸取了曹爽覆亡的教训，亦不得不让人感慨历史的捉弄。

〔2〕关于曹爽集团的人员构成与政治举措，参读刘显叔：《论魏末政争中的党派分际》，《史学汇刊》第 9 期，第 17—46 页；伊藤敏雄：《正始の政変をめぐって一曹爽政権の人的構成を中心に一》，《中国史における乱の構図》，第 246—259 页；吴慧莲：《曹魏的考课法与魏晋革命》，《台大历史学报》第 21 期，第 59—78 页；方诗铭：《何晏在曹魏高平陵政变前后》，《史林》1998 年第 3 期，第 10—17 页。

〔3〕叶适对此有一评论，颇有意味："盖夏侯玄、何晏以器韵玄远为一时表则，士之神儁朗迈者争宗之，其老成重朴有局干者，皆所不悦；此司马懿所以能乘机取魏柄，俗人甘心为之役使而不悟。"《习学记言序目》卷二七《魏志》，第 389 页。

丁谧为尚书，毕轨为司隶校尉。晏等依势用事，附会者升进，违忤者罢退，内外望风，莫敢忤旨。黄门侍郎傅嘏谓爽弟羲曰："何平叔外静而内躁，铦巧好利，不念务本，吾恐必先惑子兄弟，仁人将远而朝政废矣！"晏等遂与嘏不平，因微事免嘏官。又出卢毓为廷尉，毕轨又枉奏毓免官，众论多讼之，乃复以为光禄勋。孙礼亮直不挠，爽心不便，出为扬州刺史。[1]

在此情形下，司马懿获得了曹魏老臣的广泛同情与支持，除了参与高平陵之变的蒋济等人之外，朝中亦不乏政变的同情者。本来安排司马懿与曹爽同受顾命，夹辅幼主，就有平衡朝中宗室、功臣两股势力的目的，[2]曹爽在架空司马懿之后，已经打破了这种权力平衡，又大规模进用新人，斥退老臣，自然引起了朝中元老的强烈不满。曹爽专权的行为，违背了明帝遗命，在政治上缺乏足够的合法性，而司马懿作为先帝临终时的托孤重臣，功勋、威望当时无人能出其右，只有他具有干预朝政、改变这种局面的政治权威和号召力，也成了这些曹魏元老支持、依靠的对象。同为曹魏元老孙礼的一番话颇具有代表性：

时匈奴王刘靖部众强盛，而鲜卑数寇边，乃以（孙）礼为并州刺史，加振武将军，使持节，护匈奴中郎将。往见太傅司马宣王，有忿色而无言。宣王曰："卿得并州，少邪？恚理分界失分乎？今当远别，何不欢也！"礼曰："何明公言之乖细也！

〔1〕《资治通鉴》卷七四景初三年二月条，第2347页。按以上诸事分见《三国志》卷九《曹爽传》，卷二一《傅嘏传》，卷二二《卢毓传》，卷二四《孙礼传》，《通鉴》加以总括排比，故引之。

〔2〕关于曹氏政权内部各政治势力之间相互的制衡关系，参见郭熹微：《论魏晋禅代》，《新史学》第8卷第4期，1997年，第38—51页。

> 礼虽不德，岂以官位往事为意邪？本谓明公齐踪伊、吕，匡辅魏室，上报明帝之讬，下建万世之勋。今社稷将危，天下凶凶，此礼之所以不悦也。”因涕泣横流。宣王曰：“且止，忍不可忍。”爽诛后，入为司隶校尉，凡临七郡五州，皆有威信。[1]

孙礼虽然没有直接参与高平陵之变，但无疑他是政变的同情者之一。此时，他将司马懿比附为伊尹、吕尚，意在暗示受托孤之命的司马懿具有发动政变、夺取权力的合法性。[2] 高平陵之变时，司马懿亦亲口告诉高柔“君为周勃矣”，[3]可见功臣群体内部是将这次政变视为与周勃安刘类似的举动，并以此相号召。所以这些曹魏老臣参与、同情高平陵之变的目的是为了结束曹爽专权的局面，恢复原有的政治秩序，维护自身的利益。但是他们并没有支持司马氏改朝换代的意图和打算，[4]因为即使支持司马氏代魏，所能获得的政治地位亦不过如此，又何必冒覆族之祸、行非常之事呢？这一态度从蒋济等人在处置曹爽问题上的立场就可看得非常清楚。

> （曹）爽不能用，而夜遣侍中许允、尚书陈泰诣帝，观望风旨。帝数其过失，事止免官。泰还以报爽，劝之通奏。帝又遣爽所信殿中校尉尹大目谕爽，指洛水为誓，爽意信之。[5]

---

〔1〕《三国志》卷二四《孙礼传》，第692—693页。

〔2〕叶适论曰：“孙礼以伊吕望司马懿，而责其‘社稷将危，天下凶凶’，当时议论趋舍盖多如此，然则助成懿之叛逆，殆天意耶！”《习学记言序目》卷二七《魏志》，第386页。

〔3〕《晋书》卷一《宣帝纪》，第17页。

〔4〕《资治通鉴》卷七四魏明帝景初三年正月条胡注：“傅嘏、卢毓、孙礼所以不合于曹爽者，其心未背曹氏也；及其合于司马懿，则事不可言矣。三子者，岂本心所欲哉？势有必至，事有固然”，第2347页。

〔5〕《晋书》卷一《宣帝纪》，第18页。

既而有司劾黄门张当，并发（曹）爽与何晏等反事，乃收爽兄弟及其党与何晏、丁谧、邓飏、毕轨、李胜、桓范等诛之。蒋济曰："曹真之勋，不可以不祀。"帝不听。[1]

初，（蒋）济随司马宣王屯洛水浮桥，济书与曹爽，言宣王旨"惟免官而已"，爽遂诛灭。济病其言之失信，发病卒。[2]

蒋济曾致书曹爽劝其放弃抵抗，以换取"不失为富家翁"的地位，同时，他也力劝司马懿不要诛杀曹爽。蒋济所言的"曹真之勋，不可以不祀"，其实就是主张不应该给予宗室势力以毁灭性的打击，希望保持功臣与宗室两股势力在朝廷中的平衡，但司马懿丝毫没有考虑他的意见，可见司马懿控制中枢政权之后，曹魏元老已丧失了对他的制约能力。蒋济则因失信于曹爽，在高平陵之变三个月后，感愧发病而死，他在死前固辞封侯之赏，也透露出其与司马懿之间立场的不同。[3] 更可注意的是，当时同情高平陵之变，曾帮助司马懿说服曹爽放弃抵抗的两位朝臣许允、尹大目，后来都站在反对司马氏的立场上。许允参与了李丰废司马师、拥立夏侯玄辅政的计划，[4]而尹大目则在司马师讨伐文钦、毌丘俭之役中临阵泄密，暗助毌丘俭等人。[5] 另一方面，司马懿对于这些曹魏老臣似乎也颇怀疑忌，并未给予实权，仅以三公这样坐而论道之职加以笼络，例如高柔在政变后仅仅进封万岁乡侯，继续担任司空的闲职，后迁转为太尉；孙礼在政变后短暂担任过司隶校尉，负责洛阳的治安，不久就转为司空；卢毓与王观的境遇稍好，卢毓先是

---

〔1〕《晋书》卷一《宣帝纪》，第18页。

〔2〕《三国志》卷一四《蒋济传》注引《世语》，第456页。

〔3〕《三国志》卷一四《蒋济传》注引孙盛曰："蒋济之辞邑，可谓不负心矣。语曰'不为利回，不为义疚'，蒋济其有焉"，第456页。

〔4〕《三国志》卷九《夏侯尚传附夏侯玄传》，第302—303页。

〔5〕《三国志》卷二八《毌丘俭传》注引《魏氏春秋》，第766页。

行司隶校尉，负责治曹爽之狱，后转为吏部尚书、尚书仆射，仕至司空，王观赐爵关内侯，为尚书，后又转为光禄大夫、尚书右仆射，同样仕至司空，这或许是与王观本为司马懿故吏、卢毓父子皆与司马氏关系密切等因素有关。但总体而言，这些曹魏老臣在高平陵之变后并未获得重用，境遇与曹爽专权时并未有实质性的改善，而在魏晋嬗代的过程中，他们也未积极参与其中，大多时候只是依违其间而已。由此可知，支持司马懿发动政变的大多数人其实并不支持魏晋嬗代，但司马懿却通过自己高超的政治手腕，充分利用了朝中元老对于曹爽的不满情绪，把反对曹爽的元老功臣转化为政变的支持者和同情者，从而达成了自己的政治目的。在"披猖妄作"的表象背后，高平陵之变是司马懿在曹魏元老功臣群体的支持下，精心谋划的一次政治赌局。但这些曹魏元老大多"心存曹氏"，不可能转化为支持魏晋嬗代的政治力量，有些甚至会走到司马氏的对立面，所以要完成魏晋嬗代，司马氏不得不另辟蹊径。

司马懿在掌握中枢政权后，所面临的政治形势依然相当严峻。张伟国指出要控制曹魏的政权，必须掌握四项要素：控制中央禁军，即据中领军、中护军职位；控制重要地方军镇；控制洛阳附近的屯田地区，尤其是许昌、邺城，掌握朝廷及军队之粮食供应命脉；控制曹魏官僚机构的决策中枢——中书监、令职位。[1] 政变成功后，司马懿控制了中央的权力机构与禁军，而洛阳的屯田本是在司马懿首肯下由邓艾主持进行的，对于屯田区的控制亦不困难，司马懿下一步的目标便是完成对地方军镇势力的整顿和控制。另一个必须考虑的因素是，在三足鼎立的格局之下，任何内政上的重大变动，都会引起三国之间关系的连锁反应。因此从三国关系互动的

〔1〕 张伟国：《司马氏篡魏军政凭借考》，《新亚学报》第 22 期，第 241 页。

高度上来考虑司马懿主政之后，曹魏内政的走向显得颇为必要。

曹魏在面对吴、蜀联盟时，将其主要的军事力量集中于关中、襄阳、寿春三个战略中心，以分别应对蜀和吴的军事挑战：

> （满）宠欲拔新城守，致贼寿春，帝不听，曰："昔汉光武遣兵县据略阳，终以破隗嚣，先帝东置合肥，南守襄阳，西固祁山，贼来辄破于三城之下者，地有所必争也。"〔1〕

这三处是曹魏前线不可移易的战略支点，重兵屯聚，其战略价值胡三省早已有所阐发：

> 魏置征东将军屯淮南，征南将军屯襄、沔以备吴，征西将军屯关、陇以备蜀；征北将军屯幽、并以备鲜卑；皆授以重兵。〔2〕

因而"四征将军"构成了曹魏军事防御体系的核心，《宋书·百官志》引鱼豢曰："四征，魏武帝置，秩二千石。黄初中，位次三公。汉旧诸征与偏裨杂号同"。〔3〕鱼豢观察到"四征将军"自汉末以来地位逐渐提升，直至文帝时成为位次三公、节制一方的方面之任这一制度演变，主要便是为了应对三国以来战争频繁的特殊形势，但专制一方的大权也为地方诸侯势力的滋生创造了条件，司马懿在曹魏政治中权势的成长便与其长期专制关中的经历有密切关系。

司马懿在关陇根基深厚，关西诸将多为其旧部。曹爽此前任

---

〔1〕《三国志》卷三《明帝纪》，第103页。

〔2〕《资治通鉴》卷七七魏高贵乡公甘露二年四月条胡注，第2436页。

〔3〕《宋书》卷三九《百官志上》，第1225页。

命夏侯玄为征西将军、假节都督雍、凉诸军事，夏侯霸为讨蜀护军、右将军，[1]这一系列举措的指向便是为了控制关中，削弱司马懿的政治势力。尽管曹爽为削弱司马懿在关中的影响做了很多努力，但似乎成效不大。曹爽诛后，司马懿立刻着手调整关中的人事布局。

> 时征西将军夏侯玄，于霸为从子，而玄于曹爽为外弟。及司马宣王诛曹爽，遂召玄，玄来东。霸闻曹爽被诛而玄又征，以为祸必转相及，心既内恐；又霸先与雍州刺史郭淮不和，而淮代玄为征西，霸尤不安，故遂奔蜀。[2]

郭淮是司马懿的旧部，久在关陇，而司马懿在提升郭淮的同时，也从中央派遣官员出镇关中，进一步加强对关陇的控制。陈泰不但是高平陵之变的同情者，又是司马懿故交陈群之子，因而得以受命出任雍州刺史，[3]接替郭淮留下的空缺。司马懿又命其一手提拔的邓艾出任征西参军，辅佐郭淮，通过这一系列的人事调动，重新掌控了关中的局面。

在高平陵之变后，司马懿仅凭借一纸诏命就能召回夏侯玄，逼走夏侯霸，可见其在关中的旧有势力依然十分的强大，关陇的武力是支持他控制中枢政权，进而完成魏晋嬗代的重要支撑。魏国内部的纷争，也迅速引起了外敌的觊觎。同年秋，姜维率军伐魏，幸而司马懿嗅觉敏锐，已抢先一步完成对关中人事的调整与部署，姜

---

〔1〕《三国志》卷九《夏侯尚附夏侯玄传》，第 298 页；《夏侯渊传》注引《魏略》，第 272—273 页。

〔2〕《三国志》卷九《夏侯渊传》注引《魏略》，第 273 页。

〔3〕《三国志》卷二二《陈群传附陈泰传》，第 638 页。

维未能借机获取渔人之利。[1] 其后，虽然随着费祎去世，主张对魏积极进取的姜维改变了原来保境安民的政策，蜀魏之间进入了一个新的战争频发期，由于曹魏关中诸将应对得当，姜维的进攻一直未能获得实质性的进展，西方边境的稳定为司马氏进一步巩固自己的权力创造了条件。

但在淮南，司马懿的影响力较为有限，想要控制淮南，难度远在关中之上。当时的征东将军、都督扬州诸军事王凌也是曹魏元老，事功卓著，与外甥兖州刺史令狐愚并典重兵，专制淮南，非司马懿所能轻易撼动，因此司马懿诛杀曹爽之后，立刻进王凌为太尉，假节钺，以期用高官厚禄加以笼络。同时，令狐愚与王凌也在密谋反对司马懿，计划在许昌拥立楚王彪。尚未及举事，令狐愚即在年末病死，[2]兖州刺史之位空缺，司马懿借机任命黄华为兖州刺史，[3]在淮南打入了一枚重要的楔子。

令狐愚之死不但延迟了淮南叛乱的爆发，为司马懿赢得了稳定政局的宝贵时间，同时也使王凌陷入了首鼠两端的境地。一直拖延至嘉平三年(251)夏，王凌试图借备吴之名起兵，并派将军杨弘联络兖州刺史黄华共同举事，黄华则迅速将情况禀报司马懿。当时司马懿的健康已每况愈下，他从上一年开始便因为久疾在身，不任朝请，采取每有大事，天子临其第加以咨访的方式遥控朝

[1] 《三国志》卷四四《姜维传》，第 1064 页。司马懿虽然已完成了对关中的人事调整，但对姜维的入侵依然极为重视，以司马昭为“安西将军、持节，屯关中，为诸军节度”，以防不测，《晋书》卷二《文帝纪》，第 32 页。

[2] 《三国志》卷二八《王凌传》，第 758 页。

[3] 参见万斯同编：《魏方镇年表》，《后汉书三国志补表三十种》中册，中华书局，1984 年，第 998 页。黄华其人，《三国志》、《晋书》无传，仅此一见，生平无考。东汉末，有酒泉黄华据郡自守，后归降曹操，见《三国志》卷一八《阎温传》，似乎并非同一人。

政。[1] 王凌选择此时发难或许正是考虑到司马懿的健康状况已经使其不能亲征淮南，自己则有机可乘。[2] 但在得到黄华密报之后，司马懿不顾年老多病，立即亲率大军掩袭淮南，这一举动大出王凌的意料，在兵临城下的情况下，王凌被迫未战而降。[3] 淮南之乱在萌芽之中即告平定，司马懿得以在去世之前扫除了最具威胁的政治对手。

淮南之叛之所以能被迅速平定，司马懿新任命的兖州刺史黄华发挥了关键作用。尽管黄华之后的事迹未见诸史传，但在《晋书·乐志》所载庙乐中有"黄华应福始，王凌为祸先"的歌辞。[4] 功业被载入庙堂之歌是一种极高的政治荣誉，从中不难想见黄华告变在魏晋嬗代中的作用，更可印证迅速平定王凌之乱对于司马懿进一步稳固权力所具有的意义。王凌在文帝、明帝时代，一直身处对吴作战的前线，久在淮南，战功卓著，资历不在司马懿之下。[5] 并且当时的征南大将军、都督荆豫诸军事王昶素兄事王凌，荆州刺史王基是其故吏，[6] 尽管司马懿本人与王昶、王基亦颇有渊源，一旦王凌之叛旷日持久，僵持不下，难免会有四方响应、人心动摇之虞。司马懿力疾平定王凌后不久即于同年八月去世，王凌之乱的迅速平定，也为司马懿、司马师父子权力的承续提供了一

---

〔1〕《晋书》卷一《宣帝纪》，第 19 页。

〔2〕嘉平二年荧惑守南斗的天象异动也是驱动王凌起兵的一大原因，"荧惑守南斗"这一天象魏晋南北朝时颇为人所重，相关记载颇多，如梁陈伯之起兵便与之有关，《梁书》卷二〇《陈伯之传》，第 312 页，而南斗恰为扬州之分。尽管晋人欲将此天象解释为孙权去世之应，以否定王凌起兵的正当性，事实上孙权去世于两年之后，与此天象变化无涉，《晋书》卷一三《天文志下》，第 364—365 页。

〔3〕参见《三国志》卷二八《王凌传》，第 758 页。

〔4〕《晋书》卷二三《乐志下》鼙舞《天命篇》，第 711 页。

〔5〕《三国志》卷二八《王凌传》，第 757—758 页。关于王凌的政治网络及潜力，详见下文的讨论。

〔6〕《三国志》卷二七《王昶传》，第 743 页；《三国志》卷二七《王基传》，第 750 页。

个相对稳定的政治局面。

王凌之叛选择拥立楚王彪，而不以清君侧为名，后世论者多以为其包藏祸心，欲为另一司马懿而不得。[1] 但无论如何，这一事件恰恰给了司马懿进一步禁锢诸王，削弱宗室权力和地位的借口。司马懿遂“并杀彪。悉录魏诸王公置于邺，命有司监察，不得交关”。[2]

第二节 司马师功业考

司马懿死于嘉平三年八月戊寅。《晋书》载其死于“梦贾逵、王凌为祟”，[3]此说固为不经，但他抱老病之躯，亲征淮南，无疑对健康有所损害，这一急切的姿态亦可体现稳定淮南局势对于司马氏所具有的重大意义。

司马懿死后，其子司马师以抚军大将军辅政，继续执掌朝政。司马师从嘉平三年执政至正元二年(255)去世，其间不足五年，为时不长，对于司马氏代魏的进程而言，却是意义非凡。在以往的研究中，学者对于司马师在魏晋嬗代中的作用注意不多，主要原因可能是由于西晋皇权最后转入司马昭一系，后人对于司马师的作用不免有所忽视。司马师实际上奠定了魏晋嬗代的政治基础，正是因为他有大功于晋室，其养子齐王司马攸在魏晋之际具有很高的声望和地位，许多人主张立其为太子，承续大统，对于西晋初年的

---

〔1〕 叶适以为：“王凌方欲废见主，立藩侯，其去叛逆几何？”《习学记言序目》卷二七《魏志》，第389页。而王夫之更是以为：“王凌可以为魏之忠臣乎？盖欲为司马懿而不得者也。”《读通鉴论》上册，中华书局，1975年，第288页。

〔2〕 《晋书》卷一《宣帝纪》，第19页。

〔3〕 《晋书》卷一《宣帝纪》，第20页。

政治局势产生了深远的影响，以下便对司马师的功业略做考辨。首先，司马师在高平陵之变中起了关键作用，这一点在上文中已有详考，兹不赘述。

司马懿死后，尽管司马师平稳地完成了权力的交接，但是他所面对的政治形势相当严峻。司马懿对曹魏政权的控制更多地依靠个人的政治声望和长期积累下来的人事资源，生前并没有来得及对中央和地方的潜在反对者加以清洗，司马师继任时曹魏的权力结构大体如下：

> 诸葛诞、毌丘俭、王昶、陈泰、胡遵都督四方，王基、州泰、邓艾、石苞典州郡，卢毓、李丰掌选举，傅嘏、虞松参计谋，钟会、夏侯玄、王肃、陈本、孟康、赵酆、张缉预朝议，四海倾注，朝野肃然。[1]

而在这些人中"心存曹氏"，反对司马氏专权者尚为数不少。

司马师首先面对的困境是权力来源的合法性不足，司马懿专权尚可以魏明帝的遗命为托词，他本人亦是曹魏的元老重臣，威望、功绩一时无出其右者。[2] 而司马师的执政是权力在权臣家族内部传递的结果。尽管司马师援引"伊尹既卒，伊陟嗣事"的典故

---

〔1〕《晋书》卷二《景帝纪》，第 26 页。

〔2〕因此，时人起初对司马懿的政治目的并不清楚，如蜀汉费祎曾设甲乙论平其是非，"甲以为曹爽兄弟凡品庸人，苟以宗子枝属，得蒙顾命之任，而骄奢僭逸，交非其人，私树朋党，谋以乱国。懿奋诛讨，一朝殄尽，此所以称其任，副士民之望也"，可知不乏认为司马懿诛曹爽与周勃安刘相似者，《三国志》卷四四《费祎传》裴注引殷基《通语》，第 1062 页。而在曹魏内部，毌丘俭、文钦起兵之初的表文中亦强调："故相国懿，匡辅魏室，历事忠贞，故烈祖明皇帝授以寄托之任"，特别将司马懿、司马师父子区别对待，以争取更多的支持，可知司马懿作为托孤重臣，其专权在某种程度上具有合法性，但司马师很难继续维系这种合法性，《三国志》卷二八《毌丘俭传》裴注引毌丘俭、文钦上表，第 763 页。

来为自己辩护，希望借此将司马懿的威望与掌握政权的合法性转移到自己身上。[1] 但是，在专制皇权的体系下，只有君主的权力可以世代传递，大臣的权力来源于君主的授予，权臣家族内部的权力交接是对君主权威的一种公开挑战，也往往意味着对于皇权的觊觎。司马懿、司马师父子之间的权力交替，明确昭示了司马氏的野心，必将激起"心存曹氏"大臣的强烈反抗。

威望、功绩皆显得不足的司马师决心通过建立事功来巩固自己的权力，于是在嘉平四年(252)十一月令司马昭都督王昶等三道伐吴，不想却被吴将诸葛恪大败于东关。[2] 东关之役源起于诸葛恪在濡须以北的东兴修筑大堤及两座关城。[3] 当时诸葛恪与司马师皆处于刚刚执政的微妙时刻，都有意将立功疆埸作为巩固自身政治地位的一种手段。诸葛恪筑城之举固然蕴有挑衅的意味，但是司马师轻率的过激反应恰好堕入他的圈套。虽然《三国志·傅嘏传》将东关之役的起因归结为"时论者议欲自伐吴，三征献策各不同"，回避了是谁首先提议大规模攻吴的问题，而司马彪《战略》更是直接将战争归咎于征南大将军王昶、征东将军胡遵、镇南将军毌丘俭等各献征吴之计，[4]同样回避了司马师在其中所

---

〔1〕《晋书》卷二《景帝纪》，第25页。事实上，权臣间地位承袭时激起的政治动荡往往给人主以可乘之机，通过政变重新夺回权力，稍后东吴专权孙峻家族的命运便是典型的例子，《三国志》卷六四《孙綝传》，第1450—1451页。因此，早日完成禅让，确立君臣名分，是权臣篡国的常见形式，如齐梁之际，沈约劝萧衍早行禅让之事曾云："且人非金石，时事难保。岂可以建安之封，遗之子孙？若天子还都，公卿在位，则君臣分定，无复异心。君明于上，臣忠于下，岂复有人方更同公作贼"，《梁书》卷一三《沈约传》，第234页。曹操去世后，曹丕匆忙受禅，无疑是时人熟悉的本朝故事，而司马氏家族经祖孙三代方才完成禅让，恰恰证明起初对曹魏政权控制力有限，无法立刻完成政权转移。

〔2〕《三国志》卷四《三少帝纪》，第125页。

〔3〕关于东关的战略意义及此次战役的经过，参读宋杰：《濡须与孙吴的抗魏战争》，《文史》2003年第4辑，第89—91页。

〔4〕《三国志》卷二一《傅嘏传》及注引《战略》，第625—627页。

起的作用。但在司马师执政不久,根基尚不稳固的情况下,若非是受到司马师的暗示,主持淮南、荆州前线的军事将领不约而同地提出攻吴主张,这在时间上未免过于巧合,而且这三人的军事计划各自不同,可以推想他们之前并未互通声气,除此三人之外,镇东将军诸葛诞也向司马师提出了自己的行动方案,他主张分两处用兵,"使文舒(王昶)逼江陵,仲恭(毌丘俭)向武昌,以羁吴之上流;然后简精卒攻其两城,比救至,可大获也"。[1] 以此观之,攻吴之役当是由朝中决议之后,再分别征询淮南、荆州前线军事将领的意见,并责成他们提出行动方案,因此负责对吴前线的四位高级将领,才分别上表提出各自的军事计划,恐怕这样才稍趋近于事情的真相,而提议攻吴只能是把持朝政的司马师。《三国志》成于西晋、《战略》的作者司马彪为西晋宗室,出于主观或客观的原因,他们在记载中都有意为司马师掩饰。由于前线将领对于作战计划意见分歧,司马师专门征询尚书傅嘏的意见,傅嘏并不赞成大规模伐吴的计划,司马师却执意进行,这也从侧面证实了伐吴乃是出自司马师本人的意见。[2]

司马师最终的军事部署是以诸葛诞、胡遵等率步骑七万围东关,作为主力,王昶攻南郡,毌丘俭向武昌,牵制上流吴军,[3] 基本上是采纳了诸葛诞提出的作战方略,而诸葛诞以镇东将军之衔都督地位在其之上的征东将军胡遵,[4] 这一人事安排也体现了他在这场战役中所起的主导作用。但战败之后,司马师却自责:"我不

[1] 《三国志》卷四《三少帝纪》注引《汉晋春秋》,第 125 页。

[2] 《三国志》卷二一《傅嘏传》及注引《战略》,第 625—627 页。傅嘏特别提到"然自治兵以来,出入三载,非掩袭之军也",暗示伐吴之举早有预谋,或始于司马师上台之初。

[3] 《三国志》卷四八《孙亮传》,第 1151 页。

[4] 《三国志》卷二八《诸葛诞传》,第 769 页。

听公休(诸葛诞),以至于此,此我过也! 诸将何罪”,[1]并没有处罚兵败诸将,[2]只削除了其弟司马昭的爵位,以示惩戒,似乎是因为没有坚决实行诸葛诞提出的围城打援计划,才导致了战争的溃败。无论如何,东关之败对于刚刚执政的司马师的威望是一个沉重打击。尽管司马师应对得当,采取怀柔政策,委过于弟,安抚诸将,幸而未激起内部更大的政治动荡,但是朝廷之中并非没有追究战败责任的呼声:

> 司马文王为安东,(王)仪为司马。东关之败,文王曰:“近日之事,谁任其咎?”仪曰:“责在军帅。”文王怒曰:“司马欲委罪于孤邪?”遂杀之。[3]

当王仪提出主帅应该为战败承担责任时,立即激怒了司马昭,并为自己招来杀身之祸,可见东关之败是当时司马氏极其忌讳的一个话题。司马昭当时的身份是持节、都督、安东将军,可擅杀无官位之人,若在战争状态下,权力与使持节相同,可擅杀二千石以下,[4]但是司马昭诛杀王仪时,东关之役当已结束,诛杀王仪之举多少超越了他的权限,加之司马乃军府上佐,王仪之父王修更是曹魏元老,若非得到司马师的授意或许可,司马昭绝不可能贸然行事。从王仪之死中可以窥见在司马师表面上宽容诸将,引躬自责的背后,更警惕地防备着任何以战败为借口,动摇司马师执政地位的尝试,当时朝中安定的表象背后弥漫着紧张的政治气氛。其后,

---

〔1〕《三国志》卷四《三少帝纪》注引《汉晋春秋》,第125页。

〔2〕仅将毌丘俭与诸葛诞的职务对换,命主持此役的诸葛诞转督豫州,《三国志》卷二八《毌丘俭传》,第763页。

〔3〕《三国志》卷一一《王修传》注引王隐《晋书》,第348—349页。

〔4〕《晋书》卷二四《职官志》,第729页。

司马师并没有放弃通过建立事功来增加自己威望的努力，又于同年令陈泰讨胡，亦无功而返。[1] 这两次战争的失利，沉重打击了司马师的权威，凸显了曹魏内外交困的政治形势。在其后毌丘俭讨伐司马师的檄文中，我们可以更清楚地了解东关之败对曹魏政权的打击：

> 贼退过东关，坐自起众，三征同进，丧众败绩，历年军实，一旦而尽，致使贼来，天下骚动，死伤流离，其罪三也。[2]

东关的惨败是曹魏立国之后，在淮南经历的最为惨痛的失败。更危险的是这次失败强烈刺激了外敌的野心，执掌东吴朝政的诸葛恪认为当时"正是贼衰少未盛之时。加司马懿先诛王凌，续自陨毙，其子幼弱，而专彼大任，虽有智计之士，未得施用。当今伐之，是其厄会"。[3] 此时，志得意满的诸葛恪竟然给已年过四十的司马师贴上了"幼弱"的标签，认为这是难得的攻魏良机。嘉平五年，吴、蜀两国相约共同伐魏，"东西有事，二方皆急，诸将意沮"，[4]司马师面临执政以来最严峻的政治危机。幸好司马师接受了傅嘏、虞松的正确意见，处置得当，首先集中力量迎击乘胜大举攻魏的诸葛恪，任命拥有丰富政治经验的叔父司马孚都督前线，率军二十万迎敌。[5] 诸葛恪却由于轻敌冒进，受困于新城，大败而归，班师回朝之后内部又措置失当，被孙峻发动政变所杀。[6] 尽管根据毌丘俭、文钦之后的檄文，这一胜利并不能归功于司马师本人，真正指挥这次战争的是

---

〔1〕《三国志》卷四《三少帝纪》注引《汉晋春秋》，第 125 页。

〔2〕《三国志》卷二八《毌丘俭传》注引毌丘俭、文钦上表，第 763—764 页。

〔3〕《三国志》卷六四《诸葛恪传》，第 1436 页。

〔4〕《三国志》卷四《三少帝纪》注引《汉晋春秋》，第 125—126 页。

〔5〕《晋书》卷三七《安平献王孚》，第 1083 页。

〔6〕《三国志》卷六四《诸葛恪传》，第 1435—1439 页。

司马孚、毌丘俭等人，正是由于他们采取了杜塞要险、不与争锋、还固新城的正确策略，才夺取了战争的胜利。而且在这场战役中淮南将士，“冲锋履刃，昼夜相守，勤瘁百日，死者涂地，自魏有军已来，为难苦甚，莫过于此”，[1]或许檄文为了夸大司马师的罪恶有渲染成分，但也不难注意到这场战役的艰苦与惨烈。三国之中，国力最强的曹魏完全处于据险死守、被动挨打的境地，可见当时曹魏政权所处的危急形势。无论如何，在客观上，此次的转危为安为司马师赢得了一个相对稳定的外部环境，诸葛恪死后，吴国一直内乱不已，再也无力对曹魏政权构成如此巨大的威胁。

既然不能像其父司马懿那样通过赢得对外战争的胜利，获取足够的政治威望，司马师只能通过加强对内的控制的方式来维系自己的权力。首先，司马师吸取了曹爽覆亡的教训，不轻易改革旧制，维护曹魏官僚阶层的既得利益，为稳固权力赢得了宝贵的时间。

> 或有请改易制度者，帝曰：“‘不识不知，顺帝之则’，诗人之美也。三祖典制，所宜遵奉；自非军事，不得妄有改革。”[2]

其次，司马师极力加强自己与郭太后之间的关系，希望借助太后的权威来巩固自己的权力，为了结好郭氏，司马师将女儿嫁给太后从弟、才具平庸的郭悳，试图通过婚姻的纽带来巩固双方的同盟。[3]

---

〔1〕《三国志》卷二八《毌丘俭传》注引毌丘俭、文钦上表，第764页。

〔2〕《晋书》卷二《景帝纪》，第26页。

〔3〕《三国志》卷五《文昭甄皇后传》注引《晋诸公赞》，第164页。郭太后与司马氏的关系颇为微妙，其本不得志于曹爽，当乐见于曹爽获诛，因而在司马氏执政之初，两方当有过一段蜜月期，除了两族之间的联姻外，郭悳在齐王末年曾任中坚将军，介入禁军事务，亦是一证，《三国志集解》卷四《三少帝纪》，第148页，但作为曹魏的皇后，郭太后也无意支持司马氏改朝换代，因此后来又坚持立高贵乡公为帝，《晋书》卷二《景帝纪》，第28页。

其三，在处置内政时，与其父不同，司马师更注重立政以威。与外宽内忌的司马懿不同，在魏晋人眼中，司马师是以“严毅”的形象出现的。[1] 从上述的王仪之死中，我们已经可以窥见司马师铁腕的政治风格，所谓“初总万机，正身平法，朝政肃然”，[2]描绘的就是司马师执政之后造成的紧张肃杀的气氛。司马懿在控制中枢之后，多采取镇静处之的方式，对于与曹爽关系密切的夏侯玄等人，只是处以闲职，未作触动。青年时便与司马师同游处的夏侯玄曾经预言司马懿尚能以通家年少待他，而司马师必定不会容他，[3]从中亦可窥见其父子之间的不同。而李憙的一番话则表述得更为明确。

> 景帝辅政，命(李)憙为大将军从事中郎，憙到，引见，谓憙曰:“昔先公辟君而君不应，今孤命君而君至，何也?”对曰:“先君以礼见待，憙得以礼进退。明公以法见绳，憙畏法而至。”[4]

司马师以法绳下，正是为了弥补自己在威望和功业上的不足，通过对内的严密控制来保持自己的权力。

司马师所面临的另一问题是培养一支支持自己完成魏晋嬗代的政治力量。上文已指出参与高平陵之变的曹魏元老并不能成为支持魏晋嬗代的主要力量。司马懿在掌控中央权力之后，所依靠的是两类人物，一是其旧部故吏，如郭淮、邓艾等人，这些人久历疆埸，司马懿主要让他们坐镇关中，稳定边疆形势。二是曹魏功臣的

[1] 《三国志》卷九《夏侯尚附夏侯玄传》，第299页。
[2] 《北堂书钞》卷五九引王隐《晋书》，第196页。
[3] 《三国志》卷九《夏侯尚附夏侯玄传》注引《魏略》，第302页。
[4] 《晋书》卷四一《李憙传》，第1188—1189页。

后裔，如陈泰、何曾等人，这些人皆是司马懿的晚辈，与司马氏多为世交，司马懿对他们的才能也颇为熟悉了解，而这些人在政治上没有父辈的道义责任，对于司马氏专权的局面也表示认可。但是，司马懿并没有来得及建立起一支足以代魏的政治力量，他对于曹魏政权的控制更多的是依靠个人的政治威望与人际网络。司马师作为贵戚子弟，青年时代就与许多曹魏重臣的子弟为通家之好，往来密切，所以他在一定程度上继承了司马懿的权势网络，吸收了许多曹魏功臣弟子作为其集团的核心力量，他所引用的贾充、钟会等人，在魏晋嬗代之际发挥了关键作用。对于其父的旧部故吏，司马师也尽量不做触动，委之以重任。另一方面，由于司马师资望有限，并无多少旧部故吏可以援引，因而对于选举人才颇为注意，仿曹氏代汉之故智，依托霸府，进用人才，[1]他征辟的人物主要有两类，一类是名士，可以弥补自己政治声望的不足，如山涛、李熹等人；另一类是出身不高，但确有才能可为其所用者，如石苞等。司马师采取的进用人才的方针，一方面使原本曹魏政权所依靠的基本力量（功臣弟子）不断地转投于司马氏门下，从而削弱曹魏政权的基础，另一方面又使新进才俊归于司马氏的私门，并逐步用霸府政治取代朝廷的日常运作，使鼎革之势在不知不觉中得以形成。

司马师高压的政治统治与独断朝政的行径必然会激起忠于曹氏大臣的反弹，嘉平六年（254）二月中书令李丰、后父光禄大夫张

---

〔1〕张军、陶贤都皆指出司马氏霸府体制完善成型于司马师时期，《汉魏晋军府制度研究》，中共中央党校出版社，2006 年，第 116—117 页，《魏晋南北朝的霸府与霸府政治研究》，第 94—96 页。按汉魏、魏晋革命皆以霸府体制作为权力转移的重要方式，通过权臣霸府机构的复杂化与正规化，逐渐侵蚀、取代朝廷的正常行政机构，最终完成权力转移及官僚群体的更替，这后来成为魏晋南北朝禅让的标准模式，关于这一问题除了前引张军、陶贤都二氏的著作外，另参读于涛：《论汉魏禅代的"军府"模式及影响》，《山东大学学报》2001 年第 2 期，第 28—32 页。

缉试图拥立太常夏侯玄辅政，这次宫廷政变尚未发动，司马师便预先获知风声，将其扑灭，卷入其中者皆遭族诛。[1] 此次政变是朝中尚存的忠于曹氏力量的一次尝试，政变的失败也使司马师有机会彻底清除异己，所以他对夏侯玄、李丰等人的处置极为果断严酷。[2]

司马师此后采取了一系列行动：三月废皇后张氏；九月废齐王芳，立高贵乡公髦。[3] 废后、废帝以立威，往往是权臣进行易代革命的前奏，司马师在这一系列的行动中，秉承他立政以威的一贯方针，彰显了在朝中独断专行的地位，同时也是对可能存在的异己势力的一种震慑。经过此次清洗，司马氏对曹魏中枢的控制已相当的稳固。

相对于朝中，淮南的问题要棘手得多，虽然王凌已除，但司马氏的势力还是无法渗入淮南，坐镇淮南的都是久历行间的曹魏宿将，这是唯一能对司马氏专权构成挑战的力量。司马师废帝的行为，立即激起了淮南将领的反对。正元二年(255)正月，镇南将军、都督扬州诸军事毌丘俭、扬州刺史文钦矫太后诏，起兵讨司马师。[4] 当时司马师目有瘤疾，时论以为不宜自行，可遣太尉司马孚往，但在傅嘏及王肃的力劝之下，司马师还是舆疾东征。[5] 司

---

〔1〕《三国志》卷九《夏侯尚传附夏侯玄传》，第 299 页。李丰等选择此时发难，或许是想利用与吴国连年大战后的内外摇动，但司马师刚在去年击败了诸葛恪的入侵，已安然渡过了最危险的关头。

〔2〕卢建荣认为夏侯玄本未参与其中，司马师只是借故除去政治对手罢了。无论如何，这一事件确实给了司马师在朝中整肃异己、树立权威的机会。参见卢建荣：《魏晋之际的变法派及其敌对者》，《食货月刊》10 卷 7 期，第 285—286 页。

〔3〕参见《三国志》卷四《三少帝纪》，第 128 页。

〔4〕《三国志》卷二八《毌丘俭传》，第 763—766 页。

〔5〕《三国志》卷二一《傅嘏传》引《汉晋春秋》："嘏固劝景王行，景王未从。嘏重言曰：'淮、楚兵劲，而俭等负力远斗，其锋未易当也。若诸将战有利钝，大势一失，则公事败矣。'是时景王新割目瘤，创甚，闻嘏言，蹶然而起曰：'我请舆疾而东。'"第 628 页。

马师虽全力以赴讨平了毌丘俭、文钦，稳定了淮南局势，自己也在战斗中目疾转甚，闰月辛亥，死于许昌。[1]

在司马师执政的时代，成功地克服了东关惨败所造成的政治危机，逐步扫除了中央与地方的反对势力，开始建立起一支支持魏晋嬗代的政治力量，通过司马师的努力，奠定了魏晋嬗代的基本格局。由于司马师意外身故，西晋开国的皇权转入司马昭一系的手中。司马师与司马昭之间的权力传递是在非常仓促、混乱的局势下完成的，[2]如果不是司马师的意外去世，司马氏的权力恐怕不会传递到司马昭手中。这从以下几方面可窥见端倪：首先，最初在朝中讨论代替司马师出征淮南的人选，提议的是太尉司马孚，[3]而未考虑司马昭，可见司马昭在司马氏家族内部并没有明确的仅次于司马师的地位，在关键时刻，人们更愿意信任年高望重的司马孚。其次在司马师死后，围绕着司马昭的接班问题产生了种种流言，透露出司马昭在掌握权力过程中所遭遇到的重重阻力，《三国志·傅嘏传》注引《世语》中有一条记载颇具意味：

> 《世语》曰：景王疾甚，以朝政授傅嘏，嘏不敢受。及薨，嘏秘不发丧，以景王命召文王于许昌，领公军焉。孙盛评曰：晋宣、景、文王之相魏也，权重相承，王业基矣。岂蕞尔傅嘏所

---

〔1〕按关于司马师去世的日期，《三国志》卷四《三少帝纪》虽未明确系时，但系于壬子赦淮南后，而《晋书》卷二《景帝纪》系于辛亥，辛亥为壬子前一日，两书不同。其间的一二日之差，或许只是普通的史书叙事错乱，但亦可能是为了掩饰司马昭继位前后的异动，特别是司马昭何日从洛阳赶到许昌，其与司马师权力交接的实际过程究竟如何，受制于史料，我们现已无法获知。

〔2〕除了下文所述魏国内部的异动之外，同时，孙峻于当年二月率军十万侵入淮南，《三国志》卷四《三少帝纪》，第133页，司马昭继位前后可谓面临内外交困的局面。

〔3〕《三国志》卷二一《傅嘏传》，第627页。

宜间厕?《世语》所云,斯不然矣。[1]

这条记载虽然被孙盛否定,但当有所凭依,并非出于杜撰,笔者认为这一记载很可能源出于当时的政治流言,反映了在司马师意外身故之后,司马氏集团内部复杂混乱的局面。由谁来继承司马师的地位,在司马师生前并无定论,其嗣子司马攸尚在冲年,而司马昭则远在许昌,鞭长莫及,在政治局势如此晦暗不明的情形下,产生种种传言本不足为奇。这种传言的出现,或是出自政敌的造谣,意在分化司马氏集团,或是反映了司马氏集团内部关于继承人问题存在的种种争论和斗争。但无论如何,此条记载足以证明司马昭是在司马师意外身故的情况下,为了应对危局,匆忙继承了权力,在此之前他并没有继承人的地位。这种继承人不定的局面甚至让已经沦为傀儡的曹魏皇室都觉得有了夺回权力的机会:

> 景帝崩,天子命帝镇许昌,尚书傅嘏帅六军还京师。帝用嘏及钟会策,自帅军而还。[2]

这纸诏命实质上是试图取消司马昭承继权力的地位,从而改变权力在司马氏家族内部传递的局面。当时已毫无实权的皇帝敢进行这样的尝试,便是利用了司马昭地位不定的弱点。而命"傅嘏帅六军还京师",与上一条流言中的"以朝政授傅嘏"一样,或许都存在着分化司马氏集团的意图。

---

〔1〕《三国志》卷二一《傅嘏传》注引《世语》,第628页。可以注意的是傅嘏去世的时间亦颇蹊跷,司马昭执政不久之后,傅嘏即于同年去世,年仅四十七岁,《三国志》卷二一《傅嘏传》,第627页。

〔2〕《晋书》卷二《文帝纪》,第33页。

当权力成功地转入司马昭一系的时候，另一个与魏末晋初政治局势关系密切的问题浮现了出来，即如何安置齐王司马攸的地位。对于齐王攸与魏末晋初的党派分野及政治斗争之间的关联，学界已有不少研究，笔者在下文中还将详细讨论，兹不赘述，仅就齐王攸地位的获得与司马师功业之间的关系，略作补充。

> 齐献王攸，字大猷，少而岐嶷。及长，清和平允，亲贤好施，爱经籍，能属文，善尺牍，为世所楷。才望出武帝之右，宣帝每器之。景帝无子，命攸为嗣。[1]

齐王司马攸是司马昭的次子，颇得司马懿的喜爱，由于司马师无子，司马懿命其过继给司马师。魏晋嬗代的基础是司马懿、司马师父子所奠定的，齐王攸又是司马懿生前指定给司马师的嗣子，若非司马师的意外身故，皇位本应传递到齐王攸的手中。而齐王攸又颇负盛名，“才望出武帝之右”，在西晋皇室内部具有极强的承续帝位的正统性，司马攸袭自父、祖的舞阳侯爵位便无声地标示着他特殊的政治地位。因此司马昭选立世子时，曾一度在司马炎和司马攸之间左右摇摆，举棋不定。

> 初，文帝以景帝既宣帝之嫡，早世无后，以帝弟攸为嗣，特加爱异，自谓摄居相位，百年之后，大业宜归攸。每曰：“此景王之天下也，吾何与焉。”将议立世子，属意于攸。何曾等固争曰：“中抚军聪明神武，有超世之才。发委地，手过膝，此非人臣之相也。”由是遂定。[2]

---

〔1〕《晋书》卷三八《齐王攸传》，第1130页。

〔2〕《晋书》卷三《武帝纪》，第49页。

且不论司马昭此举是出于政治上的试探还是真有此意，但有一点司马昭表达得很明确“此景王之天下也，吾何与焉”，自己只是“摄居相位”。司马师有大功于晋室，只是由于意外早死，皇位才传到了司马昭一系，齐王攸继承天下的合法性便是来源于司马师的功业。

第三节　谁是司马氏的敌人：淮南三叛再研究

司马昭在接替司马师控制朝政之后，并没有停顿魏晋嬗代的步伐。甘露元年（256）春，在其执政不久之后，便有了晋爵为公、加九锡、受殊礼等一系列动议，[1]这些都是皇位禅让的前奏，司马昭虽然固辞，只不过是虚应故事罢了，魏晋嬗代已进入实质性阶段。

但是，司马昭尚有一个障碍，便是淮南的诸葛诞。淮南地处抗吴前线，一有风吹草动便会牵动魏、吴边境敏感的神经，司马氏也需要一位久在淮南的宿将，巩固扬州军民之心，对抗吴国，所以司马氏对于专制淮南的诸葛诞一直采取隐忍的态度，而诸葛诞尽管与夏侯玄、邓飏等相善，但在前两次淮南之乱中，却坚定地站在了司马氏一边，成为平叛的重要力量。[2] 诸葛诞真正的政治态度颇为模糊，但在司马氏根基已深的情况下，保全自己一方诸侯的地位可能才是现实的选择。[3] 但司马昭在完成嬗代之前，并不希望留有这样一个不稳定的因素，曾派亲信贾充诣诸葛诞，进行试探，劝

〔1〕《晋书》卷二《文帝纪》，第 33 页。

〔2〕《三国志》卷二八《诸葛诞传》，第 769—770 页。

〔3〕《三国志集解》卷二八《诸葛诞传》引姜宸英曰：“诸葛诞以见疑谋叛，其死宜矣。若果忠于魏室，则不首发俭、钦之谋，坐成司马之势，”第 635 页。

他支持魏晋嬗代，[1]遭到拒绝后，司马昭决定迫反诸葛诞，以消除后患。甘露二年（257）五月，司马昭征诸葛诞为司空，诸葛诞遂反。但诸葛诞的反叛与王凌、毌丘俭不同，他已无力对司马氏的权力构成实质性威胁，司马昭迫反他，只是为了在禅让之前除去一个隐患而已。这从反叛之后的态势即可看得很清楚，王凌、令狐愚的计划是在许昌拥立楚王彪，而毌丘俭、文钦则是自将五六万众渡淮，西至项，[2]至少还采取了进攻的态势。诸葛诞却是"敛淮南及淮北郡县屯田口十余万官兵，扬州新附胜兵者四五万人，聚谷足一年食，闭城自守"，并"遣长史吴纲将小子靓至吴请救"，[3]完全采取守势，以自保为目的。可见诸葛诞本无叛心，只是迫于司马昭铲除异己的行动，不得已而起兵。

淮南三叛是魏晋嬗代之际最为引人注目的政治事件之一，对此学界已有不少研究。[4] 但在以往的研究中，学者往往将淮南三叛视为一体，并没有注意到这三次行动背后微妙的差别。其实，王凌、毌丘俭、诸葛诞三人之间无论是在出身还是政治履历上皆有明显的不同，其高举反对司马氏大旗的背后也有着各自不同的政治盘算与目标。

首先需要提出讨论的是淮南的战略地位及地方势力的形成过程，上文已经指出淮南与关中一样，是曹魏的军事前线，重兵所集，战略位置十分重要。司马懿专制关中时布下的人事资源是他最后能够掌控曹魏政权的重要凭依，拥有与关中相似战略地位的淮南同样也有生成地方势力的可能，但与魏、蜀边界多为山陵地带，仅

---

〔1〕《晋书》卷四〇《贾充传》，1165—1166 页。

〔2〕《三国志》卷二八《毌丘俭传》，第 763 页。

〔3〕《三国志》卷二八《诸葛诞传》，第 770 页。

〔4〕其中最重要的是周一良：《曹氏司马氏之斗争》，《魏晋南北朝史札记》，第 28—29 页。

依靠几条重要的交通孔道相连接的险峻地势不同,吴、魏之间虽有大江相隔,依然需要防守一条更为漫长的边境线,所以曹魏在荆州、淮南分置征南、征东将军以备吴。与关中相对封闭的地理环境迥异,淮南是四通八达之地,背倚兖、豫两州,西与荆州成掎角之势,所以魏吴边境基本的战略形势是:以荆、扬为前线,豫、兖、青诸州为后方,相互呼应,因此以上诸州的民政、军事长官常常互相迁转,负责淮南前线的军事长官亦多从上述诸州的官员中选拔,以收取熟悉魏、吴边境形势之效,这在曹魏中后期逐渐形成了制度上的惯例。

以曹魏立国后负责淮南的军事将领人选而论,魏国初建时,负责淮南军政的是宗室曹休,据洪饴孙《三国职官表》考证,曹休于黄初三年由镇南将军迁征东将军、使持节领扬州刺史、行都督督军,〔1〕即从荆州前线的镇南将军转任扬州,直至太和二年去世,曹休一直是负责淮南前线的最高民政、军事长官,曹休去世之后,接替他的是曹魏元老满宠,曹休生前,满宠为前将军、豫州刺史,曾随曹休攻吴,对于淮南形势颇为熟悉,曹休去世之后,满宠先以前将军的身份代行都督扬州诸军事,太和四年(230)拜征东将军,直至景初三年(239),〔2〕因年老被征还朝。〔3〕除曹休、满宠之外,在这一时期出镇淮南的可能尚有曹仁之子镇东将军曹泰。〔4〕可知在文、明两帝时期,淮南的军政大权遵循曹魏的军事传统,牢牢地掌握在了曹氏—夏侯氏一系手中。

随着景初三年满宠的征还,淮南的军政形势发生了微妙的变

〔1〕洪饴孙:《三国职官表》,收入《后汉书三国志补表三十种》下册,第1504页。

〔2〕满宠征还的时间,《三国志》卷二六《满宠传》记为景初二年,第725页,卷四《三少帝纪》言在景初三年,明帝去世之后不久,第118页,此处从帝纪。

〔3〕《三国志》卷二六《满宠传》,第723—725页。

〔4〕《三国志》卷九《曹仁传》言其子曹泰官至镇东将军、假节,未言何时,以在此期间可能性较大,第276页。

化。满宠征还之后，正始初，由豫州刺史王凌为征东将军、假节都督扬州诸军事，王凌出身太原王氏，其叔父王允是汉末士大夫的领袖，设计诛杀董卓，为天下所重，其家族在汉末士人中的威望与影响力远在河内司马氏之上。王允被杀之后，仅有王凌与其兄王晨侥幸得脱，避乱乡里，〔1〕袁绍败亡之后，方为并州刺史梁习所荐，为发干长，迁中山太守，被曹操辟为丞相掾属，他属于官渡战后加入曹操集团的河北士人中的一员，当时曹操霸业初成，较晚加入的河北士人大都在曹魏政权中作为有限，同样，王凌在曹魏的开国人物中并不引人注目。

王凌在曹魏政权中的经历与司马懿有不少相似之处，〔2〕初与司马懿之兄司马朗相善，又与司马懿同为曹操丞相掾属。〔3〕但王凌曾与杨修、贾逵并为曹植主簿，〔4〕与曹丕本人并无多少政治上的渊源。曹丕称帝之后，为散骑常侍，外放为兖州刺史，先后迁转青州、扬州、豫州刺史，所在甚有声名，〔5〕由于他并非曹丕的藩邸旧臣，升迁速度较之司马懿有所不及，从其仕宦经历来看，很少有在中央任职的经历，但历任亲民之官，皆有治绩，可知王凌本人颇有吏干之才。更重要的是王凌本人自黄初以来，二十余年间历任兖、青、扬、豫等东南诸州之长官，论曹魏上下对于东南军政形势的熟悉，恐无出其右者。另《隋书·经籍志》载有魏武、王凌集解《孙

---

〔1〕《后汉书》卷六六《王允传》，第 2177 页。

〔2〕除了相似的政治经历，王凌也和司马氏一样，随着在曹魏政权中政治地位的上升有一个交往、婚姻网络逐步扩张的过程，王凌最初与同郡王昶交好，其通婚范围也是局限于郡内，如太原郭氏、令狐氏，后逐步与琅琊诸葛氏等家族通婚，参读范兆飞：《西晋士族的婚姻网络与交游活动——以太原士族为中心的考察》，《南都学坛》2009 年第 5 期，第 24—29 页。

〔3〕《三国志》卷二八《王凌传》，第 757—758 页。

〔4〕《三国志》卷一九《陈思王植传》注引《典略》，第 561 页。

〔5〕《三国志》卷二八《王凌传》，第 757—758 页。

子兵法》一卷，[1]可知王凌亦颇具军事才能。尽管王凌与曹魏政权渊源不深，但在元勋老将日益凋零的情况下，将东南大权交与王凌，恐怕也是曹魏必然的政治选择。

王凌本人也在积极寻找专制淮南的政治机遇，他在扬州刺史任上，曾与都督扬州的征东将军满宠不和，太和五年（231），上表弹劾满宠年过耽酒，不可居方任，[2]试图将满宠排挤出扬州，这恐怕是他试图控制淮南军政大权的一次尝试。但这次离间并未获得成功，魏明帝依然信任、倚仗满宠这样的创业老臣来坐镇要害之地，反而将王凌调任豫州刺史。直至明帝去世之后的景初三年三月，满宠才被召回京师。正始初，方命王凌接替满宠，其间征东将军一职空缺了约有一年之久，可知朝廷对于这一要职的人选也颇费斟酌。当时，司马懿与曹爽夹辅幼主，这一人事调动当出于二人之意，在明帝去世之后，立即将满宠这位元老重臣召回中枢，出任太尉一职固然可以收取稳定人心、增强朝廷威重之效，但是让满宠留任淮南，稳定魏、吴前线的局势，也不失为一个稳妥的办法，而满宠直至正始三年方才去世，恐怕当时并没有老迈到无法任事，只能在朝廷中担当一个荣誉性职位的地步。更为蹊跷的是，满宠离任之后，征东将军这一要职空缺达一年之久，可知朝廷征还满宠之举意起仓促，并未考虑好合适的继任人选。

依据现有的史料，我们无法了解这一人事调动背后的政治运作以及司马懿与曹爽分别在其中的作用，但从后来的形势发展而论，曹爽专权之后，对于王凌专制淮南的局面并不满意，多次试图加以改变。曹爽施政的一个重要目标是要恢复军权集中于曹氏—夏侯氏一系手中的传统，因此他不能容忍任何地方势力的形成，与

〔1〕《隋书》卷三四《经籍志三》，第1012页。
〔2〕《三国志》卷二六《满宠传》注引《世语》，第724页。

试图削弱司马懿在关中的影响一样，曹爽也试图将自己的力量渗入淮南。首先，曹爽重用乡里故旧文钦为庐江太守。文钦为谯郡人，其父文稷追随曹操起兵，家族与曹氏关系密切，文钦以名将子，少有声名，太和中为五营校督，与曹爽同在禁军任职，两人之间有同乡兼同僚的密切关系。文钦后任淮南牙门将、庐江太守，与王凌不睦，王凌奏其贪残，要求将其免官治罪，曹爽不但未加理会，反而厚遇之，遣还庐江，加冠军将军。[1] 曹爽不惜开罪重臣王凌，也要将文钦留在扬州，自然是出于对乡里故旧的信任，想要在淮南重地植入自己的人马，以防王凌坐大。其次，曹爽以诸葛诞为扬州刺史，加昭武将军。在魏晋之际，诸葛诞无疑是一个政治立场颇为模糊的人物，尽管他最终走上了反抗司马氏的道路，最初却与矛盾的各方都保持着密切的关系。诸葛诞少与曹爽所信用的夏侯玄、邓飏相善，后因牵连浮华，而遭免官，[2]因而在曹爽当政之后便重新获得启用。另一方面，诸葛诞与王凌、司马懿皆有姻亲关系。[3]曹爽任命诸葛诞出任扬州，当有遏制王凌在扬州势力的意图，因诸葛诞与王凌之间有姻亲关系，由他来主掌扬州民政也是王凌方面易于接受的一种人事安排。综上所述，在曹爽主政期间，为了争夺淮南军政的主导权，曹爽与王凌之间一直存在着激烈的明争暗斗。

正始中，曹爽将智囊桓范从兖州刺史任上征为大司农后，命王凌之甥令狐愚接任兖州刺史，使得王凌的权势得到进一步的扩张，淮南地方势力的发展达到了顶峰。令狐愚本为曹爽长史，或缘于此，故曹爽命其为兖州，兖州为曹操发迹之地，位置重要，许下的屯

〔1〕《三国志》卷二八《毌丘俭传》注引《魏书》，第768页。
〔2〕《三国志》卷二八《诸葛诞传》，第769页。
〔3〕《世说新语·贤媛第十九》，余嘉锡：《世说新语笺疏》，第677页；《晋书》卷七七《诸葛恢传》，第2041—2042页。

田更是朝廷、军队的命脉所在,[1]令狐愚的任命使得舅甥并典重兵的局面得以最终形成。[2] 除此之外,王凌凭借家族的声望与长期仕宦的经历,在曹魏政权中也积累了广泛的人事资源(参见图五),其中尤以与郭淮、王昶、王基三人的关系最为重要。征西将军郭淮与王凌同出太原,有乡里之旧,其祖郭全为大司农,父郭缊为雁门太守。王凌之妹嫁于郭淮,借助通婚,两人之间的关系日趋紧密。[3] 王昶亦出自太原,少与王凌俱知名,王凌年长,王昶兄事之,正始中,王昶迁征南将军、假节都督荆豫诸军事,与王凌同为东南重臣。[4] 王基少孤苦,王凌为青州刺史时特表请为别驾,对他有提携之恩,史称王凌之所以能流称青土,仰赖王基协和之辅,可知两人合作紧密。王基后受曹爽事牵连,一度免官,但同年就被起用为荆州刺史,加扬烈将军。[5] 通过与郭淮、王昶、王基三人的密切交往,王凌拥有了一个极具政治潜力的人际网络,尤其是征东、征南、征西三将,地处吴、蜀前线,皆手握重兵,其向背直接决定了曹魏政权的命运。因此,在司马懿借高平陵之变掌握曹魏中枢权力之后,王凌是唯一拥有与司马懿相抗衡的政治实力的人物,是故司马懿主政之后,立即进王凌为太尉,安抚其心。

另一方面,王凌在淮南的政治根基远非无懈可击。首先,尽管王凌拥有广泛的人事资源,这只是一种基于个人恩义的人际结合,要将这一社会网络的政治潜能完全发挥出来,并非易事。郭淮、王昶、王基等人虽是王凌故旧,但如上文所述,这些人与司

〔1〕 张伟国:《司马氏篡魏军政凭借考》,《新亚学报》第 22 期,第 241 页。
〔2〕《三国志》卷二八《王凌传附令狐愚传》,第 758—759 页。
〔3〕《三国志》卷二六《郭淮传》,第 733—736 页。
〔4〕《三国志》卷二七《王昶传》,第 743—749 页。
〔5〕《三国志》卷二七《王基传》,第 750—752 页。

马懿亦颇有渊源,〔1〕当司马懿在名分上占据了挟天子以令诸侯的道德制高点时,在“公义”与“私情”之间,王凌并无可能仅凭着个人情谊来说服他们背弃对曹魏忠诚的义务。唯有当王凌与司马懿相持不下,战争向着旷日持久的局面发展时,他才有机会凭借旧谊,动摇关中、荆州前线将领的人心。所以,王凌起兵最初所能依靠的力量只有淮南与兖州,而令狐愚的突然去世,导致兖州刺史易人,已经大大削弱了他的力量。其次,王凌在淮南根本之地面临着曹爽势力的有力牵制,扬州尽管战略位置重要,但疆土狭促,仅辖淮南、庐江两郡,庐江太守文钦本是曹爽私人,扬州之地已去其半,而在寿春,王凌尚受到扬州刺史诸葛诞的掣制。〔2〕 当时,尽管曹爽已经覆灭,司马懿却通过巧妙的政治运作,不动声色地将曹爽遏制王凌的政治部署全盘继承下来,为其所用,与立刻将夏侯玄从关中召回的举动恰好相反,司马懿在处置淮南局势时,不但未触动曹爽遣入淮南的文钦、诸葛诞,反而加官进爵安抚其心。利用王凌与他们之间的矛盾加以牵制,而文钦、诸葛诞本非王凌的同路人,曹爽覆亡后,两人在淮南的处境非常微妙,在进退两难之际,他们收到司马懿主动伸来的橄榄枝,自然容易生出将功赎罪、取信司马懿之心,于是迅速倒向司马懿,成为帮助司马懿平定淮南的急先锋。司马懿执政之后,对于淮南、关中不同的处置方式,看似相悖,但都达到了巩固自身权力的目的,体现了其丰富的政治经验与高明的手腕。其三,尽

〔1〕 三人中郭淮的政治立场较为复杂,他虽是司马懿旧部,但由于其妻为王凌之妹,而王凌败后,株连其妻,郭淮抗命,生出一场政治风波,郭淮本人的政治立场当依违于曹、马之间,参读范兆飞:《魏晋之际的党派分野和士族升降——以淮南三叛中的太原士族群为中心》,《复旦学报》2009 年第 5 期,第 119—121 页。

〔2〕 胡三省指出,征东将军与扬州刺史同治寿春。魏四征之任,率以其州刺史为储帅,《资治通鉴》卷七七魏高贵乡公甘露二年四月条胡注,第 2437 页。

管曹芳仅是魏明帝养子,身世可疑,未知其所由来,在当时便遭受非议,〔1〕这多少动摇了曹芳的政治合法性。但是王凌计划拥立的楚王曹彪,也并非是一个合适的人选。楚王彪是曹操之子,〔2〕从辈分而言,是曹芳叔祖,以祖代孙,甚为不伦,其承继大统资格颇为可疑。王凌欲立新帝,却没有在曹丕子孙中加以选择,是为失策。因为曹魏立国之后,受到重用的政治人物大都与曹丕关系密切,王凌欲要争取他们的同情与支持,只有在曹丕子孙中选择一人,方才具有政治上的号召力。作为当时曹魏重臣中少数与曹丕没有渊源的人物,王凌偏偏选择拥立楚王彪,无疑是政治上的失策,诚如叶适、王夫之所论,使人难免怀疑他本身包藏祸心,起兵的号召力被大大削弱。〔3〕

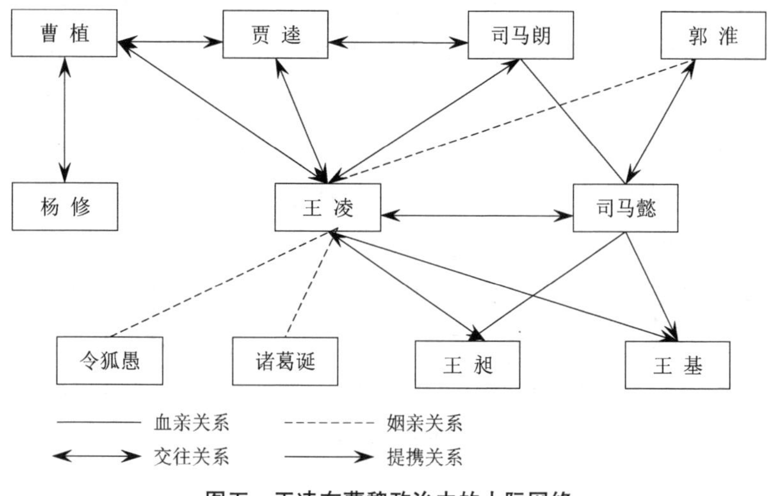

图五　王凌在曹魏政治中的人际网络

---

〔1〕《三国志》卷四《三少帝纪》,第117页。

〔2〕《三国志》卷二〇《楚王彪传》,第586—587页。

〔3〕叶适:《习学记言序目》卷二七《魏志》,第389页;王夫之:《读通鉴论》上册,第288页。

在平定王凌之后，司马懿并没有对淮南的人事进行根本性的调整，任命诸葛诞为镇东将军、都督扬州诸军事，文钦为扬州刺史。这一方面是论功行赏，报偿他们在王凌之叛时的支持，另一方面也是利用这些久历行间的宿将，保持淮南前线局势的稳定。[1] 其后，由于东关之役的失败，司马师将诸葛诞调离淮南，由毌丘俭接任。毌丘俭，河东闻喜人，其父毌丘兴黄初中为武威太守，毌丘俭袭父爵，为平原侯文学，是魏明帝的东宫旧臣，因此仕途顺利，他与司马氏亦有渊源，曾随司马懿平定辽东。毌丘俭出镇扬州之后，在新城之役中，苦战击败了诸葛恪，为稳定淮南局势立下大功。但在李丰、夏侯玄被司马师诛杀后，引起了与两人相善的毌丘俭的不安，遂与文钦共同起兵反对司马师。[2] 毌丘俭曾试图说服镇南将军、都督豫州刺史诸葛诞共同起兵，诸葛诞本与夏侯玄相善，这本可以成为他加入叛乱的一个理由，但是诸葛诞素与文钦不和，[3] 或缘于此，诸葛诞坚拒其议，斩其使，露布天下。为了表白自己的忠诚，诸葛诞反而成为攻打淮南的先锋，率先攻入寿春，因而得到了再次出镇淮南的机会。[4]

在三次淮南之乱中，由于反对司马氏的淮南诸将本身就矛盾重重，目的不一，始终未能形成合力，甚至出现了后一次叛乱的发动者是前一次叛乱的镇压者这样诡异的现象，因此虽然声势浩大，最终无法对司马氏的权力构成真正的威胁。而司马氏始终能够因势利导，利用他们之间的矛盾，各个击破，在没有给吴国留下可乘

---

〔1〕《资治通鉴》卷七五嘉平三年五月条胡注云："王凌死而用诸葛诞，诞亦终为魏。以司马懿之明达，岂不知诞之乃心魏氏哉！大敌在境，帅难其才也"，第 2390 页。按如本节所论淮南三叛各有不同，原因复杂，不可皆以曹魏纯臣目之，但胡三省注意到淮南地接吴国的特殊形势对于司马氏用人的限制，颇为有识。

〔2〕《三国志》卷二八《毌丘俭传》，第 761—765 页。

〔3〕《三国志》卷二八《毌丘俭传》注引《魏书》，第 768 页。

〔4〕《三国志》卷二八《诸葛诞传》，第 769—770 页。

之机的同时,成功地完成了对淮南局势的控制。

第四节　伐蜀之役与司马氏集团内部的矛盾

景元四年(263)的伐蜀之役,功成之后因邓艾、钟会两人的自相残杀,演变成一出“二士争功”的悲剧。这段为人熟知的史事,后经《三国演义》的妙笔演绎,成为中国家喻户晓的故事。或许正是由于这一故事太过脍炙人口,后世史家很少对伐蜀之役的进程以及“二士争功”的前后因果有专门的考论。只要我们对于这段历史做一番“去熟悉化”的工作,就不难发现这场战役本身可谓疑点重重,颇有值得进一步探讨之处。

作为三国后期最重要的军事行动之一,伐蜀之役的胜败不但对魏、蜀两国的国运兴衰关系甚巨,更牵连到司马氏在曹魏政权中权力的巩固与魏晋嬗代进程的展开,对于当时三国互相制衡的政治形势而言,可谓牵一发而动全身。且兵者,国之大事,司马昭命将择人,本当务求谨慎,期于必胜,为何最终演变成了主将内讧、自相倾覆这样国史上罕见的事件?更可注意的是十余年后西晋伐吴之役,同样出现了王浑、王濬两人争功,几致重蹈覆辙。笔者以为此类“二士争功”局面的出现并非用偶然二字所能涵括,乃与当时的政治形势与司马氏集团内部的结构性矛盾有着密切的关联。

从伐蜀之役展开的背景来看,甘露三年(258)二月平定诸葛诞后,司马昭扫除了内部的最后一个对手,仅仅三个月之后,便有“封晋公,加九锡,进位相国,晋国置官司”的动议,[1]司马昭代魏自立之心,可谓已路人皆知,魏晋革命箭在弦上。但是,性格刚烈

〔1〕《晋书》卷二《文帝纪》,第35页。

的高贵乡公曹髦并不甘心做一个束手待毙的傀儡皇帝，竟亲率左右攻打司马昭，虽兵败被杀，却对司马昭构成了强大的道德舆论压力。[1] 公然弑君的行为触及了士人的伦理底线，这一事件甚至在司马氏集团内部都激起了强烈的非议。[2] 司马昭本人也明白，顶着一个弑君的罪名，难孚天下之望，魏晋嬗代的进程也不得不有所延缓。在其后的几年中，虽然屡有九锡之议，但司马昭一直未敢接受，王朝革命的进程一时之间陷入了僵局。

在此情形下，司马昭只有建立不世之功，才能稍稍摆脱弑君所带来的政治危机，使魏晋嬗代重新具有道义上的合法性，景元四年的伐蜀之役便是在这样一个背景下展开的。因而在灭蜀之役取得节节胜利之际，司马昭停顿数年的代魏步伐也骤然加快，其年十月，在伐蜀之役初战告捷之时，司马昭就立刻接受了先前屡次辞让的相国、晋公、九锡之命，在平定蜀国之后，马上在咸熙元年（264）三月受封晋王，五月追封司马懿为晋宣王、司马师为晋景王，七月又命"司空荀顗定礼仪，中护军贾充正法律，尚书仆射裴秀议官制，

---

〔1〕《三国志》卷四《三少帝纪》注引《汉晋春秋》："葬高贵乡公于洛阳西北三十里瀍涧之滨。下车数乘，不设旌旐，百姓相聚而观之，曰：'是前日所杀天子也。'或掩面而泣，悲不自胜"，可见当时舆论一斑。

〔2〕《三国志》卷二二《陈群传附陈泰传》注引干宝《晋纪》，第 642 页。除了创业君主，中国古代的皇帝一般是以嗣君的身份承继国家的，帝轻而社稷重，因而皇帝本人亦需服从国家的规范，所谓"天下，某某先帝之天下"的话语结构在某种程度上为臣下冒犯乃至弑杀皇帝的行为提供了一定的解释空间，司马昭本人亦运用这一逻辑为自己的行为辩护："然惟本谋乃欲上危皇太后，倾覆宗庙。臣忝当大任，义在安国，惧虽身死，罪责弥重。欲遵伊、周之权，以安社稷之难"，相关的检讨可参见甘怀真：《中国中古时期"国家"的形态》，《皇权、礼仪与经典诠释：中国古代政治史研究》，第 241—246 页。另渡邉義浩推断晋初杜预撰写《春秋左传集解》时对弑无道之君给予支持，蕴有为司马氏弑高贵乡公辩护之意，《杜預の左傳癖と西晉の正統性》，《六朝學術學會報》第 6 号，2005 年，第 6—10 页。清人焦循已有类似的意见，见《春秋左传补疏》卷二桓公二年条，《雕菰楼经学九种》，凤凰出版社，2015 年，第 528—536 页。但总体而言，这些勉强的辩护词并不能真正化解司马氏所面临的政治危机，关于司马孚、陈泰在高贵乡公之死上的政治态度及其意义，参见本书第三章的讨论。

太保郑冲总而裁焉”,并建五等爵制,[1]各种嬗代的准备工作紧锣密鼓地依次展开。由此可见,伐蜀之役实际上是一场服务国内政治目标的对外战争,司马昭之所以力主伐蜀,并非是有澄清天下、混一宇内之志,实际上只是想借伐蜀之功,为其嬗代铺平道路而已,这也可以从另一个侧面解释为何在魏晋鼎革完成之后,西晋君臣对于伐吴完成统一大业始终兴趣不大。虽然司马昭还没来得及完成嬗代,即于其年八月死去,但魏晋鼎革之势已不可动摇,其子司马炎于咸熙二年(265)十二月,受魏禅称帝,最终建立西晋。[2]

正因如此,伐蜀之役在最初策划的过程中,政治上的考虑压倒了军事上的需要。魏、蜀两国之间,就国力而论,自然是魏强而蜀弱,但蜀汉自承汉室正统,自诸葛亮主政以来,一直高举北伐旗帜,在军事上反倒形成了蜀攻魏守的局面。曹魏在曹真、曹爽主持下,虽曾有两次主动采取攻势,但皆遭受挫败。在司马懿坐镇关中期间,亦采取稳固防守,谨慎用兵,待到蜀军粮尽自然退兵的消极策略,甚至不乏“死诸葛走生仲达”这样畏敌如虎的笑柄。[3] 因此,曹魏上下对于蜀汉颇怀畏惧之心,并不愿意主动进攻。司马昭伐蜀的决策乃是出于摆脱国内政治危机的需要,并非魏、蜀两国的军事形势有了明显的变化——实际上直至司马昭决心伐蜀的前一年,姜维依然在不断地骚扰曹魏边境。[4] 因此曹魏舆论对于这场战争的前景,特别是钟会、邓艾之间的合作颇多争议,朝野上下充斥着质疑之声,在史书上留下大量带有预言性质的记载,由于所论与本节关系颇密,故不避繁琐,条列如下,以便进一步的讨论。

---

[1] 《晋书》卷二《文帝纪》,第38—44页。

[2] 《晋书》卷三《武帝纪》,第50页。

[3] 《三国志》卷三五《诸葛亮传》注引《汉晋春秋》,第927页。唐太宗御撰《晋书》卷一《宣帝纪》论司马懿“与诸葛相持,抑其甲兵,本无斗志”,第21页。

[4] 《三国志》卷二八《邓艾传》,第778页。

（一）初，（邓）艾当伐蜀，梦坐山上而有流水，以问殄虏护军爰邵。邵曰："按《易》卦，山上有水曰《蹇》。《蹇》繇曰：'《蹇》利西南，不利东北。'孔子曰：'《蹇》利西南，往有功也；不利东北，其道穷也。'往必克蜀，殆不还乎！"艾怃然不乐。〔1〕

（二）初，文王欲遣会伐蜀，西曹属邵悌求见曰："今遣钟会率十余万众伐蜀，愚谓会单身无重任，不若使余人行。"文王笑曰："我宁当复不知此耶？蜀为天下作患，使民不得安息，我今伐之如指掌耳，而众人皆言蜀不可伐。夫人心豫怯则智勇并竭，智勇并竭而强使之，适为敌禽耳。惟钟会与人意同，今遣会伐蜀，必可灭蜀。灭蜀之后，就如卿所虑，当何所能一办耶？凡败军之将不可以语勇，亡国之大夫不可与图存，心胆以破故也。若蜀以破，遗民震恐，不足与图事；中国将士各自思归，不肯与同也。若作恶，只自灭族耳。卿不须忧此，慎莫使人闻也。"〔2〕

（三）或曰，（钟）毓曾密启司马文王，言会挟术难保，不可专任，故宥峻等云。

《汉晋春秋》曰：文王嘉其忠亮，笑答毓曰："若如卿言，必不以及宗矣。"〔3〕

（四）逮钟会为镇西将军，（辛）宪英谓从子羊祜曰："钟士季何故西出？"祜曰："将为灭蜀也。"宪英曰："会在事纵恣，非特久处下之道，吾畏其有他志也。"祜曰："季母勿多言。"其后会请子琇为参军，宪英忧曰："他日见钟会之出，吾为国忧之矣。今日难至吾家，此国之大事，必不得止也。"琇固请司马文

〔1〕《三国志》卷二八《邓艾传》，第781页。
〔2〕《三国志》卷二八《钟会传》，第793—794页。
〔3〕《三国志》卷二八《钟会传》，第793页。

王，文王不听。宪英语琇曰："行矣，戒之！古之君子，入则致孝于亲，出则致节于国，在职思其所司，在义思其所立，不遗父母忧患而已。军旅之间，可以济者，其惟仁恕乎！汝其慎之！"琇竟以全身。[1]

（五）时钟会以才能见任，（王皇）后每言于帝曰："会见利忘义，好为事端，宠过必乱，不可大任。"会后果反。[2]

（六）钟会、邓艾之伐蜀也，有客问（刘）寔曰："二将其平蜀乎？"寔曰："破蜀必矣，而皆不还。"客问其故，笑而不答，竟如其言。寔之先见，皆此类也。[3]

（七）钟会伐蜀，过与（王）戎别，问计将安出。戎曰："道家有言，'为而不恃'，非成功难，保之难也。"及会败，议者以为知言。[4]

以上所引的七条记载似乎都在指证这样一个事实，在伐蜀之役前，许多人已经预见到了钟会的野心，因而对司马昭的人事安排提出质疑，甚至如刘寔之辈已经做出了"破蜀必矣，而皆不还"的预言。不但如此，如果略加分析的话，不难发现对于司马昭重用钟会表示怀疑的人，大都与两人关系密切，是当时能够与闻机密的人物，这似乎又增加了这些言论的可信性。其中王皇后是司马昭之妻，辛宪英之子羊琇是司马师之妻从弟，两人皆是司马昭的戚属，邵悌、刘寔当时皆任司马昭丞相掾属，有参与政治机密的机会。钟毓是钟会之兄，王戎与钟会交往密切，钟会曾向司马昭推荐王戎，称之

〔1〕《三国志》卷二五《辛毗传》注引《世语》，第700页。
〔2〕《晋书》卷三一《文明王皇后传》，第950页。
〔3〕《晋书》卷四一《刘寔传》，第1191页。
〔4〕《晋书》卷四三《王戎传》，第1232页。

曰:"裴楷清通,王戎简要",〔1〕两人是很亲密的朋友。而从司马昭与邵悌的对话中,不难注意到司马昭本人对钟会亦不信任,只是缘于朝臣之中只有钟会坚决支持伐蜀,不得以才委以重任。

若以上诸条所言不虚,那么司马昭不顾众人反对,重用钟会伐蜀,授以重兵,岂非玩火自焚之举,这恐怕也并非是一个具有理性的政治人物所应做出的选择。那么事实究竟如何,以上诸条的记载是否可信,尚需进一步加以讨论。我们必须注意到目前所见的这些议论都是在钟会谋反后才被记录下来的,史家利用其后见之明的地位,在抉择材料时,不免会有所倾向,对这些预言的传奇色彩有所渲染。《晋书·荀勖传》则提供了一条反证:

> 及钟会谋反,审问未至,而外人先告之。帝待会素厚,未之信也。〔2〕

可知司马昭本人并没有预见到钟会的叛乱,正是由于对钟会的信任,司马昭一开始甚至无法相信钟会叛乱的传言。

接下来,我们逐条审视前引七条史料的可靠性,邵悌劝司马昭不要派遣钟会出征是基于一个细节的考虑,即钟会"单身无重任"。胡三省注曰:魏制,凡遣将帅,皆留其家以为质任,会单身无子弟,故曰单身无任。〔3〕 据钟会本传可知,钟会乃是养兄子钟毅为后,确无子弟,胡注当得其实。由于钟会无家室之累,一旦统重兵于外,朝廷缺少制约他的方式,邵悌的反对乃基于此,而非能逆料钟会之反。钟毓密启司马昭之事,陈寿以"或曰"标之,可见本

---

〔1〕《三国志》卷二三《裴楷传》注引《文章叙录》,第 674 页。
〔2〕《晋书》卷三九《荀勖传》,第 1153 页。
〔3〕《资治通鉴》卷七八魏元帝咸熙元年正月条胡注,第 2479 页。

自于传言,陈寿的时代距伐蜀事不远,当时已无确切凭据,恐不足凭信。辛宪英一则出自《世语》,《世语》多记当时传言,有时确实能够提供有价值的信息,但这类两人之间的私密谈话,恐本自于传言。辛宪英因钟会行事骄横,疑其不终,故忧心其子羊琇的命运,特命谨慎从事,其事或有之,若因此以为其已预见钟会有他志,恐是后人附会。王皇后与司马昭的对话本自王隐《晋书》,[1]其事无特定的时空背景,更多的是表达出王皇后对钟会骄横跋扈的不满,并非专指伐蜀之事。而爰邵、刘寔所言暗示了钟会、邓艾间的矛盾,认为两人不可能通力合作、相安无事,这一问题将在下文中详细讨论。王戎与钟会本是好友,故钟会出征之前,特地前往拜访老友,因此王戎之言目的在于劝诫钟会谦光自抑,保全功名,而非其他。[2] 综合上述分析,可知在伐蜀之役前,钟会确实已有居功自傲、骄横跋扈的迹象,但若言当时已有人预见钟会的野心,恐非事实。

同时,从上述的史料中我们也可以注意到伐蜀之役作为曹魏立国以来规模最大的军事行动,在朝野上下引起了广泛争议,大多数人对于伐蜀之役的前景与司马昭的人事安排皆抱有疑问,[3]但在司马昭决心已定的情况下,朝中舆论自然不便直接对于伐蜀之役的前景表示悲观,而更多地将质疑集中于坚定支持司马昭伐蜀、受命为主帅的钟会身上。

欲讨论司马昭伐蜀之役人事布局的由来以及为何选择钟会为主帅,首先需对钟会、邓艾两人与司马氏的关系作一论述。钟会出

---

〔1〕《太平御览》卷一三八引王隐《晋书》,第671页。

〔2〕按"为而不恃"一语出自《老子》,而钟会曾注《道德经》,《隋书》卷三四《经籍志三》,第1000页,善于清谈的他自不难领会王戎的弦外之音。

〔3〕前引"众人皆言蜀不可伐……惟钟会与人意同",可谓当时舆论之实录,也是司马昭命钟会出任主帅的原因。

自颍川钟氏,[1]其高祖钟皓是汉末名士,《海内先贤传》曰:"颍川先辈,为海内所师者:定陵陈穉叔、颍阴荀淑、长社钟皓。少府李膺宗此三君,常言:'荀君清识难尚,陈、钟至德可师'",[2]钟皓为士人领袖李膺所推重,与陈寔、荀淑齐名,是当时的海内名士,广受倾仰。而颍川钟氏与颍川陈氏、颍川荀氏一样,也是汉魏之际影响极大的家族,钟会之父钟繇是曹魏的开国功臣,位至太尉。本书第一章已经指出司马懿仕魏之后,通过交往与通婚的关系,与颍川陈氏、颍川荀氏建立了密切的关系,尽管史书中并未明确记载司马懿与颍川钟氏家族之间的交往,但是钟氏与颍川陈氏、荀氏之间,同样有密切的通婚、交往联系。钟会是荀勖之舅,[3]两族有通婚关系,钟皓与陈寔之间的互相敬慕,[4]亦是汉末士人交谊的佳话,而钟会本人敏惠夙成,少年时就受到司马懿好友蒋济的赞赏,[5]可知钟氏与司马氏在曹魏政权中同处于一个联系密切的社会网络中。因此到了钟毓兄弟、司马师兄弟时,两族之间已是通家之好,情谊甚笃,《世说新语·排调》中保留了两则他们互相戏笑的故事:

钟毓为黄门郎,有机警,在景王坐燕饮。时陈群子玄伯、武周子元夏同在坐,共嘲毓。景王曰:"皋繇何如人?"对曰:"古之懿士。"顾谓玄伯、元夏曰:"君子周而不比,群而不党。"

晋文帝与二陈共车,过唤钟会同载,即驶车委去。比出,

〔1〕关于颍川钟氏的研究,参读谢文学:《颍川长社钟氏家族研究》,《许昌师专学报》1991年第2期,第100—106页。

〔2〕《世说新语·德行第一》注引《海内先贤传》,余嘉锡:《世说新语笺疏》,第6页。

〔3〕《晋书》卷三九《荀勖传》,第1153页。

〔4〕《三国志》卷一三《钟繇传》注引《先贤行状》,第391—392页。

〔5〕《三国志》卷二八《钟会传》,第784页。

已远。既至，因嘲之曰："与人期行，何以迟迟？望卿遥遥不至。"会答曰："矫然懿实，何必同群？"帝复问会："皋繇何如人？"答曰："上不及尧、舜，下不逮周、孔，亦一时之懿士。"〔1〕

这两则故事表现了司马师兄弟、钟毓兄弟、陈泰、武陔等人之间的交游、宴饮。故事的内容颇有重复之处，余嘉锡考证两者当为同一事，而传闻有异，可从。从这些轶事流传之广，以至产生了不同的版本来看，他们之间这样互相戏笑、交游宴饮的事情一定是经常发生的。其实，当时把持朝政的司马昭已是"功德盛大，坐席严敬，拟于王者"，〔2〕对于旁人而言，已有君臣之隔，但这些从小一起长大的贵公子之间依然可以毫无顾忌地拿对方父祖的名讳开玩笑，以为戏乐，几无尊卑等级之别，可以想见他们之间的私人关系是非常亲近的，而司马昭对于钟会的信任与重用乃是建立在这种深厚友情的基础之上。

从政治立场来说，钟会之兄钟毓可以算作是高平陵之变的同情者，他与曹爽不合，反对骆谷之役，因而被外放为魏郡太守，高平陵之变后调回中央，任御史中丞、廷尉，〔3〕曾负责治夏侯玄之狱。〔4〕而钟会的政治立场更为明确，与司马氏的关系更为亲密。钟会为钟繇少子，黄初六年生，与许多曹魏的贵公子一样，他弱冠便已出仕，正始中为秘书郎。他真正在政治舞台上发挥影响，则要到司马师执政时期。前引《晋书·景帝纪》载嘉平四年司马师执政后，"钟会、夏侯玄、王肃、陈本、孟康、赵酆、张缉预朝议"，此时钟会已经开始在朝廷中崭露头角，值得注意的是这份名单的排列

〔1〕《世说新语·排调第二十五》，余嘉锡：《世说新语笺疏》，第780—781页。
〔2〕《世说新语·简傲第二十四》，余嘉锡：《世说新语笺疏》，第765页。
〔3〕《三国志》卷一三《钟繇传附钟毓传》，第400页。
〔4〕《三国志》卷九《夏侯尚附夏侯玄传》注引《世语》，第302页。

顺序颇为奇怪，在这七人中，当时钟会是年纪最小、出仕最晚、官职最低的，将他列在首位恐怕更多缘于其与司马氏家族的特殊关系以及日后在魏晋之际的重要作用。钟会是司马氏安插在高贵乡公曹髦身边重要的监视者：

> （高贵乡）公神明爽俊，德音宣朗。罢朝，景王私曰："上何如主也？"钟会对曰："才同陈思，武类太祖。"景王曰："若如卿言，社稷之福也。"〔1〕

曹髦继位之初，司马师便向钟会了解其才度，以便加以防备。而高贵乡公喜好与司马望、王沈、裴秀、钟会等人讲宴于东堂，并属文论，〔2〕也为钟会了解高贵乡公的动向提供了便利。钟会的才华进一步引起的司马师的注意，当得益于虞松的推荐：

> 《世语》曰：司马景王命中书令虞松作表，再呈辄不可意，命松更定。以经时，松思竭不能改，心苦之，形于颜色。（钟）会察其有忧，问松，松以实答。会取视，为定五字。松悦服，以呈景王，王曰："不当尔邪，谁所定也？"松曰："钟会。向亦欲启之，会公见问，不敢饕其能。"王曰："如此，可大用，可令来。"会问松王所能，松曰："博学明识，无所不贯。"会乃绝宾客，精思十日，平旦入见，至鼓二乃出。出后，王独拊手叹息曰："此真王佐材也！"臣松之以为钟会名公之子，声誉夙著，弱冠登朝，已历显位，景王为相，何容不悉，而方于定虞松表然后乃蒙接引乎？设使先不相识，但见五字而便知可大用，虽圣

〔1〕《三国志》卷四《三少帝纪》注引《魏氏春秋》，第132页。
〔2〕《三国志》卷四《三少帝纪》注引《晋诸公赞》，第138页。

人其犹病诸，而况景王哉？[1]

《世语》的记载颇具传奇色彩，诚如裴松之所论，钟会与司马师本是通家之好，早已熟识，根本无需虞松引见，此事或虚，但虞松向司马师推荐钟会则不无可能。虞松时任中书令，而任中书侍郎的钟会恰是其下属，傅嘏、虞松是当时司马师在政治、军事上最重要的谋士，[2]东关、新城等战役之前，司马师皆向他们征求意见，日后逐渐取代他们成为司马氏智囊的便是钟会，或许正是虞松的推荐使钟会进入了司马氏集团的决策核心。待到正元二年（255），毌丘俭起兵时，钟会已是随同司马师出征、典机密事的重要谋士。同年，随着另一位重要谋臣傅嘏的早逝，[3]钟会成为司马昭最得力的心腹谋臣。其后，在司马昭平定诸葛诞一役中，多由钟会居间谋划，时人谓之子房，以从事中郎在大将军府管记室事，为腹心之任。此时，凭借着司马昭的信任与重用，钟会的权势达到了顶峰，“虽在外司，时政损益，当世与夺，无不综典。嵇康等见诛，皆出自钟会之意”。[4]

因此，当司马昭希望借伐蜀之功来摆脱弑君所带来的道德危机时，钟会是参与谋划其事的核心人物，“豫共筹度地形，考论事势”。但司马昭伐蜀的决定并没有得到朝野上下的广泛支持，尤其身处蜀魏前线、战功卓著的名将邓艾坚决地反对伐蜀的军事冒险：

征西将军邓艾以为未有衅，屡陈异议。帝患之，使主簿师

---

〔1〕《三国志》卷二八《钟会传》注引《世语》，第784—785页。

〔2〕傅嘏、虞松参计谋，见《晋书》卷二《景帝纪》，第26页。王懋竑《白田杂著》卷四论及傅嘏云：“遂附从懿父子以倾魏，爽之死，齐王之废，嘏皆与有力焉。”

〔3〕《三国志》卷二一《傅嘏传》，第627页。

〔4〕《三国志》卷二八《钟会传》，第785—787页。

纂为艾司马以喻之,艾乃奉命。[1]

为此,司马昭不得不派遣主簿师纂出任邓艾的司马,来说服邓艾并加强对邓艾军队的控制。事实上,直至誓师出征的当天,军中依然存在着反对伐蜀的声音,将军邓敦公开表示蜀未可伐,司马昭不得不采取强硬措施,将其诛杀,[2]才保证了伐蜀之役的顺利展开。

在此情形下,为了确保伐蜀之役按计划进行,司马昭对于相关的人事安排可谓煞费苦心。邓艾作为当时曹魏最为杰出的军事将领,又久在关陇前线,熟悉蜀汉形势,本是伐蜀主帅的最佳人选,但邓艾本人最初却坚决反对伐蜀。另一方面,司马昭本人与邓艾之间的关系也存在着一些微妙之处。与大多数曹魏大臣不同,邓艾出身低微,本是襄城典农属下的部民,是司马懿发现了他的才能,辟其为掾,邓艾才得以步入仕途,[3]其后无论是开辟淮南的屯田,还是在关陇抗衡姜维,邓艾都表现出了卓越的政治军事才干。尽管如此,邓艾却从来不是参与司马氏集团决策的核心人物,这主要是缘于构成司马氏集团决策核心的人物,大都是曹魏功臣的后裔,司马氏兄弟与他们有着相似的家世、文化背景与深厚的个人情谊,邓艾尽管功勋卓著,但在文化上却与这一群体格格不入:

邓艾口吃,语称"艾艾"。晋文王戏之曰:"卿云艾艾,定是几艾?"对曰:"凤兮凤兮,故是一凤。"[4]

---

〔1〕《晋书》卷二《文帝纪》,第 38 页。
〔2〕《晋书》卷二《文帝纪》,第 38 页。
〔3〕《晋书》卷四八《段灼传》:"艾本屯田掌犊人,宣皇帝拔之于农吏之中,显之于宰府之职",第 1337 页。
〔4〕《世说新语・言语第二》,余嘉锡:《世说新语笺疏》,第 77—78 页。

在这玄风兴起、士人以清谈为尚的时代，邓艾的口吃无疑与当时崇尚谈辩的文化主流格格不入，也成了司马昭取笑他的理由。这种善意的玩笑一方面固然体现了君臣之间的亲密关系，但同时也暗示了邓艾与司马氏集团中的大多数人在文化上的差异。另一方面，邓艾是司马懿所提拔的人物，他在年辈上要长于司马氏兄弟，他与司马氏兄弟的关系自然无法像与之年龄相仿的钟会、贾充那样亲近。在邓艾功业已著的情况下，如何来驾驭这些司马懿时代的老臣，也是司马氏兄弟所要考虑的问题。

为了防止出现诸侯坐大的局面，司马氏兄弟在执政时期采取了削弱地方势力的举措，将一些原来控制地域较大的都督区分割为几个较小的都督区，原来的雍凉都督，即被分割为关中都督与陇右都督。〔1〕甘露元年(256)，邓艾以镇西将军、都督陇右诸军事，而战略地位更为重要的关中都督，则授予司马昭的从兄司马望。所以邓艾与司马氏兄弟的关系具有两面性，一方面司马氏兄弟倚赖邓艾为军事上的柱石，另一方面，邓艾却不是他们能够与之商议机密的亲信，甚至由于他的威望与功勋，尚是司马氏兄弟需要防备的对象。邓艾最初反对伐蜀的举动，也在一定程度上恶化了他与司马昭之间的关系，〔2〕司马昭派遣师纂为其参军，留在邓艾军中任职，除了说服邓艾之外，恐怕也负有监视其动向的使命。

因此，司马昭在景元三年冬任命坚决支持伐蜀的钟会为镇西将军、假节都督关中诸军事，准备伐蜀之役，而久经沙场的邓艾所

---

〔1〕严耕望：《中国地方行政制度史・魏晋南北朝地方行政制度》，上海古籍出版社，2007年，第26页；张鹤泉：《魏晋南北朝都督制度研究》，吉林文史出版社，2007年，第8页。

〔2〕王鸣盛以为邓艾不终之隙已兆于此，《十七史商榷》卷四四，上海书店出版社，2005年，第323页。

统帅的只是一支担负牵制任务的偏师。[1] 作为司马昭的心腹,只有钟会才能够真正理解伐蜀所具有的重大政治意义,因此钟会得以越过地位、年资皆在其之上的邓艾,主导整个伐蜀之役的谋划与进行。但是,为了制衡日渐骄横的钟会,司马昭在人事安排上也有所预留,任命廷尉卫瓘以本官持节监邓艾、钟会军事,行镇西军司,并给兵千人。[2] 当时钟会是镇西将军,卫瓘行镇西军司,本隶于钟会之下,但卫瓘负有持节监邓艾、钟会军事的使命,司马昭又单独给兵千人,使卫瓘能独立于钟会、邓艾之外,成为监视他们的第三股力量,三人之间形成了互相掣肘的关系。[3] 司马昭在派遣师纂为邓艾参军之后,又将卫瓘安置在钟会的身边,用意不言而喻。

根据钟会的谋划,魏军最初的战略意图是发动一个钳形攻势:钟会统帅伐蜀部队的主力十余万,分由斜谷、骆谷、子午谷三路进取汉中;邓艾与诸葛绪各统诸军三万余人从陇西进攻,进行战略牵制,邓艾由狄道趋甘松、沓中,阻挠姜维的行动,诸葛绪进占武街、

---

〔1〕 段灼的上奏中曾提及邓艾所部的构成:"募取凉州兵马、羌胡健儿","州郡将督,不与中外军同",则邓艾所率者是其本督陇右地区的州郡兵及新招募的凉州羌胡,而钟会所率者是发自洛阳的中军主力,亦可看出谁在这场战役中起了主导作用,《晋书》卷四八《段灼传》,第 1340 页。

〔2〕 《晋书》卷三六《卫瓘传》,第 1055 页。

〔3〕 廖伯源指出监军制度在汉代日趋完善,东汉皇帝常遣使者代表皇帝监督军事行动,并认为东汉监军权力的膨胀是魏晋都督制的源头之一,参读《汉代监军制度试释》,收入氏著《历史与制度——汉代政治制度试释》,台湾商务印书馆,1998 年,第 36—85 页;曹魏亦承袭汉制并更趋严密,曹操建安十七年上表提及:"臣闻古之遣将,上设监督之重,下建副二之任,所以尊严国命,谋而鲜过者也",《后汉书》卷七〇《荀彧传》,第 2290 页。按军司即军师,晋世避司马师讳改,军司一职本为公府掾属,承担监军的职任仅有魏晋之际的少数个案。钟会曾语卫瓘:"卿监司,且先行,吾当后出",可知卫瓘并不隶于钟会属下,《晋书》卷三六《卫瓘传》,第 1056 页,相关的讨论见张军《汉魏晋军府制度研究》,第 164—166 页。

桥头，切断姜维的归路，[1]前后夹击，阻止姜维退往汉中，使得钟

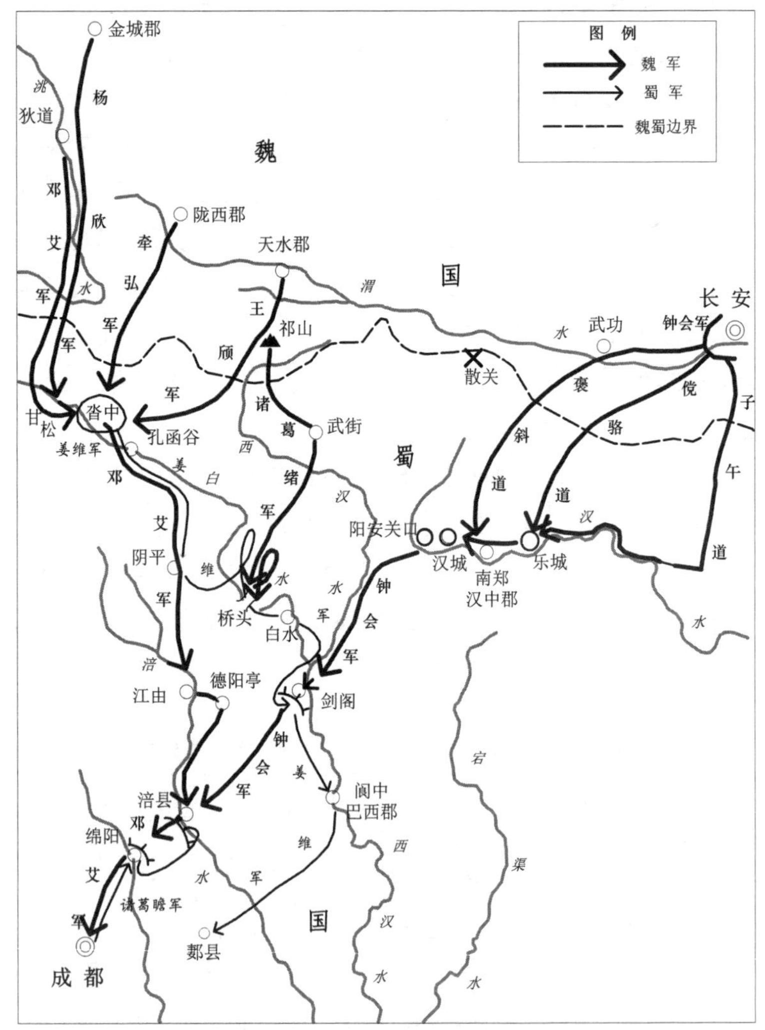

图六　钟会邓艾灭蜀形势图

〔1〕史念海：《秦岭巴山间在历史上的军事活动及其战地》，《河山集》四集，第 279—280 页。

会率领的魏军主力能够迅速占领汉中，打开进攻成都的通道。由于诸葛绪行动上的犹豫，差了一日的行程未能阻截到姜维，姜维得以成功地从桥头突破，引军退往剑阁，依仗天险，与钟会率领的魏军主力相持，按照原计划的安排，邓艾本来应该与诸葛绪一样，引军东向，与钟会率领的主力会师。因此在伐蜀战役中，虽然名义上"诏诸军伐蜀，皆指授节度"，实际上钟会才是这场战役的真正领导者。[1] 由于姜维已抢先一步退往剑阁，据险防守，魏军原来的战略意图已无实现的可能，向东与钟会会师，并无实际意义。因此，邓艾决定改走阴平小径，[2]穿越七百里的无人山地，从而绕开剑阁天险，直取成都。邓艾这次军事冒险取得极大的成功，进而一举灭亡蜀汉，立下了不世之功。

邓艾此举的确违背了事先的计划，尽管他在行动之前曾上言司马昭，却没有知会钟会而单独行动，[3]钟会、卫瓘后来奏言邓艾专擅即源于此。邓艾果敢的军事行动使他统帅的这支偏师最终立下了灭蜀的首功，但同时也种下了与钟会失和的种子。钟会作为这次伐蜀之役的策划者与领导者，最终却无功而返，这对于一向骄横自满的钟会而言无疑是个不小的挫折。钟会是一个权力欲和报复心极强的人，而邓艾在灭蜀之后，又独断专行，"辄依邓禹故事，承制拜刘禅行骠骑将军，太子奉车、诸王驸马都尉。蜀群司各随高下拜为王官，或领艾官属。以师纂领益州刺史，陇西太守牵弘等领

---

〔1〕《三国志》卷二八《邓艾传》，第778—779页，《钟会传》，第787—789页。

〔2〕严耕望《汉唐阴平道》考阴平入蜀本有正道可通，邓艾所取者为偏道，故需"凿山通道，造作桥阁"，惟德阳亭地望无法确定，路线亦难定，《唐代交通图考》第4卷，上海古籍出版社，2007年，第917—922页。夏侯霸奔蜀曾尝试走阴平小径，《三国志》卷九《夏侯渊传附夏侯霸传》裴注引《魏略》："南趋阴平而失道，入穷谷中，粮尽，杀马步行，足破，卧岩石下，使人求道，未知何之"，可知行路之难，第273页。

〔3〕由于无法突破姜维的防线，在邓艾成功前夕，钟会已经在考虑退军事宜，可知其对于邓艾从阴平进军成都的行动不甚了了，《三国志》卷四四《姜维传》，第1066页。

蜀中诸郡”,[1]处置善后事宜时,丝毫没有征询钟会等人的意见,使得邓艾、钟会两人的关系在灭蜀之后急剧恶化。

如上文所述,司马昭与邓艾之间的关系本身就相当微妙,所以邓艾专擅的举动很快牵动了司马昭敏感的神经,他通过卫瓘劝诫邓艾,“事当须报,不宜辄行”,邓艾似乎没有觉察司马昭对他的不信任,表现得颇不以为然,以为“承制拜假,以安初附,谓合权宜”,使得司马昭对其猜忌进一步加深。钟会利用了这一机会,与卫瓘、胡烈、师纂一起上奏言邓艾所作悖逆,变衅以结,于是司马昭下令将其槛车征还。[2] 师纂也参与了上奏,伐蜀之役中,胡烈、卫瓘随钟会所部行动,实际上他们对于邓艾“专擅”并没有亲身的观察,唯有师纂受司马昭之命,为邓艾司马,负有监视使命,可以认为师纂的证言对于司马昭决定征还邓艾起了关键作用。其实,依据现有的史料,邓艾灭蜀之后的所作所为,除了略有居功自傲的迹象外,并不能发现任何“悖逆”之处,而这一军事上的巨大胜利,为何会最终演变为二士争功的悲剧,恐怕还需要从司马氏集团内部的矛盾中加以探询。

上文已经指出,构成司马氏集团的核心,大都是与司马氏兄弟有通家之好的曹魏功臣后裔,他们在社会阶层、文化取向等方面与出生低微的邓艾有明显的区隔,因此,钟会厚遇同一气类的姜维,认为“以伯约比中土名士,公休、太初不能胜也”。[3] 此处将姜维比作夏侯玄、诸葛诞颇有意味,夏侯玄、诸葛诞都是被司马氏诛杀的政治对手,当时尚担有叛臣的名义,钟会本人更是平定诸葛诞的首要功臣,却毫不避忌地对他们大加赞赏,可见他所认同的是一种

---

〔1〕《三国志》卷二八《邓艾传》,第 779 页。
〔2〕《三国志》卷二八《邓艾传》,第 780 页;《晋书》卷三六《卫瓘传》,第 1055 页。
〔3〕《三国志》卷四四《姜维传》,第 1067 页。

共同的文化属性，而非政治立场。夏侯玄尽管是司马氏的政治对手，但“朗朗如日月之入怀”的夏侯玄在魏晋士人的心中完全是以正面形象出现的，〔1〕是当时士人效法的榜样，裴楷目夏侯玄：“肃肃如入庙廊中，不修敬而人自敬”，晋初名臣和峤一直仰慕其舅夏侯玄的为人，王戎闻乐广少年时为夏侯玄所赏，便举其为秀才，东晋时更以庾亮比拟于夏侯玄。〔2〕钟会本人就是这一名士群体中的活跃一员，沾染玄风，弱冠与王弼齐名，尝论《易》无互体，才性同异，〔3〕在这一文化标准下，木讷口吃的邓艾不会被钟会以及司马氏集团中的大多数人引为同类。所以邓艾尽管功勋卓著，却在司马氏集团中处于边缘地位。事实上钟会乱起时，邓艾本有机会逃生，卫瓘因曾与钟会共同诬陷邓艾，不愿让他生还，下令杀之。而卫瓘恰恰又是一个大名士，可见邓艾这样功勋卓著的名将，在这些名士心中处于何等地位。杜预曾公开指责卫瓘擅杀邓艾有悖于名士风度：

> 杜预闻(卫)瓘杀邓艾，言于众曰：“伯玉其不免乎！身为名士，位居总帅，既无德音，又不御下以正，是小人而乘君子之器，当何以堪其责乎?”瓘闻之，不俟驾而谢。〔4〕

可知邓艾冤死是朝中公开的秘密，司马昭本人恐怕对此亦有听闻。尽管卫瓘对于邓艾之死负有不可推卸的责任，但朝野上下皆无意追究此事，反欲重赏卫瓘平蜀之功。另一方面，司马昭在处置邓艾

〔1〕《世说新语·容止第十四》，余嘉锡：《世说新语笺疏》，第607页。

〔2〕《世说新语·赏誉第八》，余嘉锡：《世说新语笺疏》，第421页。《晋书》卷四五《和峤传》，第1283页；卷四三《乐广传》，第1243页；卷七三《庾亮传》，第1915页。

〔3〕《三国志》卷二八《钟会传》，第795页。

〔4〕《晋书》卷三六《卫瓘传》，第1059—1060页。

家属时,却比对钟会的家属更加严酷,邓艾子邓忠与其俱死,“余子在洛阳者悉诛,徙艾妻子及孙于西域”,对于钟会则只处死了其养子钟毅以及参与谋叛的钟邕子息,而因钟繇、钟毓之功,司马昭赦免了钟氏其他子孙,官爵如故。[1] 其实,司马昭很清楚邓艾乃是冤死,否则,他也不会在邓艾死后,立刻派遣唐彬督察陇右形势:

> 初,邓艾之诛也,文帝以艾久在陇右,素得士心,一旦夷灭,恐边情搔动,使(唐)彬密察之。[2]

如果邓艾果真反逆而死,司马昭又何必担心边情骚动呢,邓艾久在关陇,所积累的人望正是司马昭一直对他心怀猜忌的原因。不但如此,司马昭还有意压制邓艾所部应得的封赏:

> 昔伐蜀,募取凉州兵马、羌胡健儿,许以重报,五千余人,随(邓)艾讨贼,功皆第一。而乙亥诏书,州郡将督,不与中外军同,虽在上功,无应封者。唯金城太守杨欣所领兵,以逼江由之势,得封者三十人。自金城以西,非在欣部,无一人封者。苟在中军之例,虽下功必侯;如在州郡,虽功高不封,非所谓近不重施,远不遗恩之谓也。[3]

邓艾所部将士无疑建立了伐蜀之役的首功,却被司马昭以“州郡将督,不与中外军同”为借口剥夺了应得的封赏,从以上两件事中不难看出司马昭对邓艾及其部属的抑制与戒备。钟会与邓艾冲突的实质是司马氏集团内部功臣子弟与出身低微的事功型官员之间的矛

---

[1] 《三国志》卷二八《邓艾传》,第781页,《钟会传》,第793页。
[2] 《晋书》卷四二《唐彬传》,第1218页。
[3] 《晋书》卷四八《段灼传》,第1340页。

盾。因为这些功臣子弟与司马氏家族长期以来有着密切的通婚、交往关系，相近的文化取向与利益结合，使他们凝聚在一起，构成了司马氏集团的主干，是支持司马氏完成魏晋嬗代的核心力量，所以在这场冲突中，司马昭只能选择袒护地位更为重要的功臣子弟。

与邓艾、钟会之间冲突相类似的情况，也出现在伐吴之役中。从益州顺流而下的王濬没有按照原来的计划，在秣陵停军不进，接受王浑的节度，而是直取建业，逼迫孙皓投降，夺取了伐吴之役的首功。同样，这件事情引发了王浑与王濬之间的激烈冲突，险些重演了邓艾、钟会的悲剧。王濬尽管家世二千石，但家族在曹魏时代并无仕宦记录，因此与司马氏家族缺少渊源，在司马氏集团中处于边缘地位。而王浑出自太原王氏，其父王昶为魏司空，家族与司马氏关系密切。〔1〕王浑、王濬冲突的过程几乎是邓艾、钟会故事的翻版：王浑同样上表奏王濬违诏不受节度，诬罪状之，有司依旧建议槛车征还王濬，幸好这次司马炎的处置较为稳妥，否决了这一提议，没有激起更大的祸端，只是下诏切责。〔2〕王濬不服，上书为自己辩护，王浑又联合周浚上表指责王濬私占吴国宝物，王濬再次上表为自己辩护。双方的争论一直持续到了王濬凯旋回师之后，有司两次上奏，欲陷王濬于罪："濬表既不列前后所被七诏月日，又赦后违诏不受浑节度，大不敬，付廷尉科罪"，后又奏："濬赦后烧贼船百三十五艘，辄敕付廷尉禁推。"〔3〕从中我们可以注意到在邓艾、王濬两件事中，代表西晋官僚机构的"有司"完全站在偏袒钟会、王浑的立场上，成为激化矛盾的重要因素。这恐怕正是因为构成西晋官僚集团的主体是曹魏功臣的后裔，他们之间存在着共同的权势网络

〔1〕《晋书》卷四二《王濬传》，第1207—1210页，《王浑传》，第1201—1202页。

〔2〕甚至与邓艾一样，王濬也是一位年过七旬的老臣，《晋书》卷四二《王濬传》记上疏请平吴时自云："又臣年已七十，死亡无日"，第1208页。

〔3〕《晋书》卷四二《王濬传》，第1207—1215页。

与利益诉求，而作为异质力量的邓艾、王濬与钟会、王浑争功，触忤了这一群体的利益，因此他们千方百计地要将其陷之于罪，防止其借助军功上升至权力核心。“二士争功”这样戏剧性的事件第一次发生或可归于偶然，但短期内的重演无疑反映出司马氏集团中结构性的矛盾，至少是一种“结构化的偶然”。借用马克思的那句名言，“一切重大的世界历史事变和人物，都出现两次：第一次是作为悲剧出现，第二次是作为闹剧”，预示着西晋王朝难以摆脱的宿命。

尽管司马炎在这场冲突中采取了息事宁人的明智态度，没有使其演化成第二次“二士争功”的悲剧，但依然无法抵抗支持王浑官僚集团的政治压力，在封赏伐吴之功时，明显偏袒王浑，时人咸以王濬功重而报轻。〔1〕王濬本人则为王浑父子及豪强所抑，屡为有司所奏，也非常清楚自己的危险处境，常以邓艾第二自况，“始惧邓艾之事，畏祸及”。因此为了保全自己，不得不处处小心，甚至在与王浑会面时，“严设备卫，然后见之，”〔2〕双方关系之紧张可见一斑。更可注意的是，王濬有二孙，过江不见齿录。东晋立国之后，曾广泛寻找西晋开国后胤加以封赏，这一举动当然是为了确立东晋王朝的政治合法性，但王濬子孙是其中少见的例外，虽有桓温这样的权臣为其上言，却终不见省，〔3〕其中的蹊跷之处值得玩味。

不但如此，西晋立国之后，邓艾平反的过程也是困难重重，一波三折：

> 泰始元年，晋室践阼，诏曰：“昔太尉王凌谋废齐王，而王竟不足以守位。征西将军邓艾，矜功失节，实应大辟。然被书之日，罢遣人众，束手受罪，比于求生遂为恶者，诚复不同。今

〔1〕博士秦秀曾上书为王濬鸣不平，《晋书》卷五〇《秦秀传》，第1406页。

〔2〕《晋书》卷四二《王濬传》，第1216页。

〔3〕《晋书》卷四二《王濬传》，第1216—1217页。

大赦得还,若无子孙者听使立后,令祭祀不绝。"[1]

赦免魏末反对司马氏诸人的后裔,是西晋立国之后争取人心的一项举措。[2] 准许给邓艾立后,便是其中的一部分,但诏书中依然强调"矜功失节,实应大辟"。在邓艾"悖逆"罪名根本无法成立的情况下,仍认为邓艾之死是罪有应得,更为奇怪的是诏书将邓艾与王凌归为一类加以处置。王凌是试图推翻司马懿执政地位的人物,对于司马氏政权来说,罪孽无疑要比邓艾深得多,但根据诏书中的解释,王凌当年谋废齐王芳之举,后来因为齐王芳本人被司马师所废,竟然变成了一次政治正确的举动,显然这是司马氏为了减轻王凌的罪责而特意发明的借口。司马氏为什么急于给反对过自己的王凌平反,而对为司马氏立下大功的邓艾却如此吝啬?真正的原因恐怕在于,王凌本人与司马氏家族及西晋官僚集团有着很深的渊源,其子王广亦是名士,王凌、王广虽被诛杀,但是他们的故旧姻亲依然是司马氏需要倚重的力量。这也可以解释为何晋武帝不惜屈尊降节,亲自前往琅邪王妃处见诸葛诞之子诸葛靓,与之修好。[3] 嫁给琅邪王司马伷的诸葛靓之姐,为其子司马觐取字为思祖,根据余嘉锡的考证,其所思者正是起兵反抗司马氏的外祖诸葛诞,[4]这几乎是在公开地向司马氏叫板,然武帝依然不以为忤。因为诸葛诞同样也是魏末士人的领袖,琅邪诸葛氏更是一个在汉晋之际具有广

〔1〕《三国志》卷二八《邓艾传》,第782页。

〔2〕如许允之子许奇也得到武帝的厚遇,并未因受害之门的身份而在政治上受到歧视,《晋书》卷三《武帝纪》,第80页。

〔3〕《晋书》卷七七《诸葛恢传》,第2041页,《世说新语·方正第五》亦记此事,细节上略有出入,据刘孝标注可知《晋书》所记大约本自《晋诸公赞》,余嘉锡:《世说新语笺疏》,第290页。

〔4〕参见余嘉锡《世说新语笺疏》中考证,第290—291页。

泛影响力的名门望族。[1] 同样是涉及淮南叛乱，司马氏却从来没有想过要为毌丘俭平反，在这厚此薄彼的背后有着非常微妙的政治考虑。

泰始三年(267)，曾任邓艾镇西司马的议郎段灼上书要求为他平反：

> (邓)艾心怀至忠而荷反逆之名，平定巴蜀而受夷灭之诛，臣窃悼之。惜哉，言艾之反也！艾性刚急，轻犯雅俗，不能协同朋类，故莫肯理之。臣敢言艾不反之状。昔姜维有断陇右之志，艾修治备守，积谷强兵。值岁凶旱，艾为区种，身被乌衣，手执耒耜，以率将士。上下相感，莫不尽力。艾持节守边，所统万数，而不难仆虏之劳，士民之役，非执节忠勤，孰能若此？故落门、段谷之战，以少击多，摧破强贼。先帝知其可任，委艾庙胜，授以长策。艾受命忘身，束马悬车，自投死地，勇气陵云，士众乘势，使刘禅君臣面缚，叉手屈膝。艾功名以成，当书之竹帛，传祚万世。七十老公，反欲何求！艾诚恃养育之恩，心不自疑，矫命承制，权安社稷；虽违常科，有合古义，原心定罪，本在可论。钟会忌艾威名，构成其事。忠而受诛，信而见疑，头悬马市，诸子并斩，见之者垂泣，闻之者叹息。陛下龙兴，阐弘大度，释诸嫌忌，受诛之家，不拘叙用。昔秦民怜白起之无罪，吴人伤子胥之冤酷，皆为立祠。今天下民人为艾悼心

---

〔1〕 一直到东晋南渡之初，诸葛恢仍能与王导争姓族先后，《世说新语 · 排调第二十五》，余嘉锡：《世说新语笺疏》，第 791 页。另关于诸葛氏的研究，参读杨德炳：《汉末的琅邪郡与琅邪的诸葛氏》，《魏晋南北朝隋唐史资料》第 9、10 辑，1988 年，第 57—61 页；方诗铭：《关于汉晋琅邪诸葛氏的“族姓”问题》，《中华文史论丛》第 58 辑，1999 年，第 227—244 页；王永平：《略论诸葛诞与琅邪诸葛氏“姓族”形成之关系》，《文史哲》2005 年第 4 期，第 82—87 页。

> 痛恨，亦犹是也。臣以为艾身首分离，捐弃草土，宜收尸丧，还其田宅。以平蜀之功，绍封其孙，使阖棺定谥，死无余恨。赦冤魂于黄泉，收信义于后世，葬一人而天下慕其行，埋一魂而天下归其义，所为者寡而悦者众矣。[1]

段灼在表文中详细罗列了邓艾建立的种种功勋，明确指出没有人提出为邓艾平反的原因是邓艾"性刚急，轻犯雅俗，不能协同朋类，故莫肯理之"。邓艾冒犯的雅俗为何，虽未有确诂，大抵是指清谈交游这类风气，他早年曾上言"今使考绩之赏，在于积粟富民，则交游之路绝，浮华之原塞矣"，[2]可见对朝中贵公子们热衷的人物品题，颇为不屑。因为文化气类不同，这些当朝贵胄亦对邓艾抱有敌意，没有人愿意为他秉公直言。奏文中"七十老公，反欲何求"一语，点出邓艾根本就没有反叛的动机，在司马炎释诸嫌忌、受诛之家、不拘叙用的情况下，连那些反对过司马氏的人的子孙都开始得到进用，时人甚至有"魏晋所杀，子皆仕宦"的评论，[3]但司马氏依然对邓艾的冤狱置之不理，无疑颇为荒诞，因而"今天下民人为艾悼心痛恨，亦犹是也"。段灼建议"听艾门生故吏收艾尸柩，归葬旧墓，还其田宅，以平蜀之功，继封其后，使艾阖棺定谥，死无所恨"，但是司马炎不过"甚嘉其意"而已，[4]并未付诸行动，可以推想当时朝中依然存在反对为邓艾平反的强大阻力。

直至泰始九年，前蜀汉的尚书令樊建借机再次向晋武帝提出为邓艾平反的问题：

---

〔1〕《三国志》卷二八《邓艾传》，第782—783页。段灼上表更完整的引录见《晋书》卷四八《段灼传》，第1336—1338页。

〔2〕《三国志》卷二八《邓艾传》，第777页。

〔3〕《太平御览》卷四四五引王隐《晋书》，第2048页。

〔4〕《晋书》卷四八《段灼传》，第1338页。

樊建为给事中，晋武帝问诸葛亮之治国，建对曰："闻恶必改，而不矜过，赏罚之信，足感神明。"帝曰："善哉！使我得此人以自辅，岂有今日之劳乎！"建稽首曰："臣窃闻天下之论，皆谓邓艾见枉，陛下知而不理，此岂冯唐之所谓'虽得颇、牧而不能用'者乎！"帝笑曰："吾方欲明之，卿言起我意。"于是发诏治艾焉。[1]

樊建向司马炎指出，邓艾的冤狱乃是天下人所共知，如果不为邓艾平反，司马炎标榜"闻恶必改"的开明政治则流于空文，毫无信用可言，武帝被此语打动，终于答应考虑为邓艾平反。但从最后发布的诏书来看，仍表述得十分模糊："艾有功勋，受罪不逃刑，而子孙为民隶，朕常愍之。其以嫡孙朗为郎中"，[2]诏书承认了邓艾的功勋，但依然认定其"有罪"，只是因为他束手归罪，特加怜悯，赐其孙为郎中。这一诏书使邓艾子孙摆脱了流放西域、沦为徒隶的悲惨命运，却没有在真正意义上给邓艾平反，终西晋一世，邓艾平反的问题一直没有得到彻底的解决，背后的隐情值得我们思考。

同样我们可以发现，在呼吁给邓艾平反的朝臣中，或是其旧部，或是出自蜀汉，这些人在西晋政权中处于边缘地位，人微言轻。而那些曾经与邓艾同朝为官、现在又是西晋开国元勋的曹魏旧臣却对这一问题保持着惊人的沉默，他们可以仰慕夏侯玄的风度翩翩，亦步亦趋地加以效仿，司马炎可以自觉地为王凌开脱罪责、恢复名誉，不惜纡尊降贵地寻找与诸葛诞后人冰释前嫌的机会，唯独在为邓艾平反一事上，迟疑不决，最终也不了了之。

邓艾的悲剧曾出现过一抹意外的"亮色"，宋代金石学家著录过晋初所立邓艾碑，《集古录跋尾》对碑文有撮要概述："晋初尝发

---

〔1〕《三国志》卷三五《诸葛亮传附樊建传》注引《汉晋春秋》，第933页。
〔2〕《三国志》卷二八《邓艾传》，第783页。

兖州兵讨叛羌，艾降巫者传言，授以用兵之法，因以破羌。兖人神之，遂为艾立庙建碑纪其事。”[1]熟悉晋初史事的人不难想到这批千里迢迢赶赴秦凉与羌人作战的兖州兵，就是马隆募集的三千五百名勇士。[2]正是依靠这批兖州兵，马隆在咸宁五年(279)扭转战局，最终平定了连绵十年的秃发树机能之乱。而魏末在关中极具威望的一代名将邓艾因在冥冥之中庇佑过这支背井离乡、自投死地的客军，享有建庙供奉、立碑纪念的礼遇，可惜这样的尊崇却来自庙堂之外。咸宁五年十二月，马隆斩杀秃发树机能，[3]邓艾庙、碑的建立或许在此前后，而是年十一月，“王濬楼船下益州，金陵王气黯然收”，类似的悲剧正在另一个地方悄然重演。

邓艾与钟会之间的冲突或许只是一个偶然事件，但是如果将这一事件与王浑、王濬争功，王凌、诸葛诞名誉的恢复，邓艾平反问题的久拖不决等一系列表面上看似无关的政治事件串联起来加以考察，就可以注意到这一系列偶然事件背后，埋藏着司马氏集团内部的结构性矛盾。与司马氏家族关系密切且有共同文化背景的曹魏贵戚子弟占据了司马氏集团的核心，他们通过对邓艾、王濬这样气类不同的异质力量的排斥，来巩固自己既得的权益，但同时也造成了统治集团内部上升渠道的拥塞。[4]随着西晋的建立，把持朝

---

[1] 欧阳修：《集古录跋尾》卷四，人民美术出版社，2010 年，第 85 页。

[2] 《晋书》卷五七《马隆传》云“兖州举隆才堪良将”，知马隆为兖州人，本传虽云“臣请募勇士三千人，无问所从来，率之鼓行而西”，马隆募兵未必仅限于兖州人，但所募或多为同州里之人，加之主帅出自兖州，故称为兖州兵，第 1554—1555 页。

[3] 与邓艾一样，出身寒素的马隆尽管立下大功，之后也长期坐镇陇右，深孚众望，仍不免受到猜忌，起先“有司奏隆将士皆先加显爵，不应更授”，后又因严舒谗言，马隆险遭征还，虑及边情骚动而作罢，《晋书》卷五七《马隆传》，第 1555—1556 页。某种意义上而言，马隆和他部领兖州兵的经历，可谓邓艾的“异代知己”。

[4] 干宝《〈晋纪〉总论》曾表彰司马懿“行任数以御物，而知人善采拔。故贤愚咸怀，小大毕力，尔乃取邓艾于农隙，引州泰于行役，委以文武，各善其事”，《文选》卷四九，上海古籍出版社，1986 年，第 2176 页。但在此之后，司马氏集团中很少有起自微寒的人物。

政的司马氏集团摇身一变,转化为西晋的开国功臣群体,这些在魏晋之际有功于司马氏的人物在新的政治格局中为了给自己及家族争取更大的利益,无可避免地展开了一番新的政治角逐,使得这一原本潜藏于地下的结构性矛盾日益凸显,最终酿成了西晋初年政治中的一系列冲突。

纵观魏晋之际十六年的历史,我们不难发现在司马氏代魏的历史进程中充斥着艰难险阻,不少时候甚至需要借助一些偶然的成分方能度过危机。过去的研究或许是受到陈寅恪“儒家大族之潜势力极大”这一论断的影响,往往低估了其中的困难,对于不少关键政治事件的实证研究也略显薄弱。通过本章的研究,廓清了部分史实,明晰了曹魏老臣与司马氏之间的分合关系,淮南三叛的不同背景,司马氏父祖兄弟之间不同的政治策略与功业,以及“二士争功”背后的政治内涵,从中我们可以更加充分地认识到魏晋之际政治变化背后蕴有的种种复杂断面。而司马氏受内政与外交等多方面因素的制约,采取了将“魏臣”转化为“晋臣”的王朝嬗代方式,在保持政权平稳过渡的同时,也将原有的政治矛盾移植到新朝,埋下了诸多隐患。

第三章 司马氏集团的形成、特质与矛盾衍生

司马氏集团是在魏晋嬗代的十六年中，通过祖孙三代人的努力而逐步凝聚成型的，这一官僚群体也构成了西晋政权的社会基础和支撑力量，但与一般开国功臣集团精诚团结、励精图治的新朝气象不同：这一集团在西晋立国之后，内部矛盾迅速激化，党同伐异、派系倾轧接二连三，在晋初政治史上激起种种波澜。随着功臣集团迅速走向分化，西晋皇权的支撑力量日趋单薄，这无疑是造成西晋短促而亡的重要原因。

因此要明晰晋初政争的渊源所自，洞察西晋权力结构与政治运作的奥秘所在，必须对司马氏集团的凝聚过程及内部矛盾有一清晰的了解，本章的前两小节分别从司马氏、曹魏官僚阶层的立场出发，探讨司马氏集团的形成过程，首先讨论了在“魏臣”转化为“晋臣”的历史进程中，司马氏家族的政治策略及其“外宽内忌”形象的实质。其次，则以司马孚、陈泰两人前后矛盾的政治态度作为个案，分析魏晋嬗代过程中曹魏官僚阶层微妙的政治心态。第三节则以武帝猜忌石苞谋叛这一事件入手，探讨司马氏集团内部权力核心的变迁与矛盾衍生，分析咸宁元年(275)配飨于庙功臣名

单背后的政治意义。第四节以武帝受成之主的政治形象为切入口,分析武帝继位之后所采取的政治方略,以及泰始年间西晋政治的基本特质。本章所讨论的大都是魏晋革命的政治大变局中,相对而言不太引人注目的小事件,以往学者关注不多,希望通过见微知著的分析,使我们能够更深入地发掘出亡魏成晋历史变局背后的种种复杂面向。

第一节　从魏臣到晋臣:司马氏集团的凝聚

从某种程度上而言,历代史家对于司马氏在魏晋易代前后作为的评述,向我们描绘了一幅不无矛盾的图景,一方面着重刻画魏晋嬗代时司马氏对于反对者镇压的酷毒,杀戮的血腥,所谓"同日斩戮,名士减半",〔1〕另一方面则又指责晋初武帝优容功臣,法令不肃,埋下了短促而亡的祸根。〔2〕那么"严酷"与"优容"这两个看似矛盾的形象背后的实质是什么,在魏晋之际司马氏究竟通过什么样的方式完成了对曹魏官僚群体的整肃与转化,而在这一过程中其又是如何消化吸收曹魏的政治遗产,建立新的统治秩序?这是笔者在本节中试图回答的问题。

司马氏家族在掌控曹魏政权的十六年中,争取了大量曹魏旧臣的支持,通过和平的方式把他们从魏臣转化为晋臣,因此在官僚阶层的构成上,魏晋两代颇为相似。对于这种相似性,晋人当时就

---

〔1〕《三国志》卷二八《王凌传》注引《汉晋春秋》,第758页。

〔2〕表现前一种形象最有名的故事当属东晋明帝与王导之间的讨论,"帝问前世所以得天下,导乃陈帝创业之始,及文帝末高贵乡公事。明帝以面覆床曰:'若如公言,晋祚复安得长远!'"《晋书》卷一《宣帝纪》,第20页。至于后一种形象则集中体现在晋武帝身上,他对功臣贪腐奢靡行为的放纵,往往又成为当代史家批判西晋政治腐朽的重要例证。

有所注意，所谓“泰始之初，陛下践阼，其所服乘皆先代功臣之胤，非其子孙，则其曾玄”，[1]钱穆也曾指出：“其时佐命功臣，一样从几个贵族官僚家庭出身，并不曾呼吸到民间的新空气。故晋室只是一个腐败老朽的官僚集团，与特起民间的新政权不同。”[2]尽管陈寅恪以为魏晋两代的统治阶级不同，万绳楠亦将曹爽与司马懿视为两个互相对立政治集团，但从下表可知，如果仅从人事一端而言，司马氏与曹爽之间其实并无太大差别。（参见表三）

表三　被曹爽、司马氏先后征辟人物表

姓　名	与曹爽、司马氏的关系	出　　处
王　基	爽伏诛，基尝为爽官属，随例罢。其年为尚书，出为荆州刺史，加扬烈将军，随征南王昶击吴。	《三国志》卷二七《王基传》
郑　冲	大将军曹爽引为从事中郎，转散骑常侍、光禄勋。嘉平三年，拜司空……及魏帝告禅，使冲奉策。武帝践阼，拜太傅，进爵为公。	《晋书》卷三三《郑冲传》
羊　祜	与王沈俱被曹爽辟。不就。文帝为大将军，辟祜，未就，公车征拜中书侍郎，俄迁给事中、黄门郎。	《晋书》卷三四《羊祜传》
裴　秀	渡辽将军毌丘俭尝荐秀于大将军曹爽，爽乃辟为掾，爽诛，以故吏免。顷之，为廷尉正，历文帝安东及卫将军司马，军国之政，多见信纳。	《晋书》卷三五《裴秀传》
王　沈	大将军曹爽辟为掾，累迁中书门下侍郎。及爽诛，以故吏免。后起为治书侍御史，转秘书监。	《晋书》卷三九《王沈传》
荀　勖	仕魏，辟大将军曹爽掾，迁中书通事郎。爽诛，门生故吏无敢往者，勖独临赴，众乃从之。为安阳令，转骠骑从事中郎。迁廷尉正，参文帝大将军军事。	《晋书》卷三九《荀勖传》

---

〔1〕《晋书》卷四六《刘颂传》，第1296页。

〔2〕钱穆：《国史大纲》上册，商务印书馆，1996年，第230页。

续　表

姓　名	与曹爽、司马氏的关系	出　　处
王　浑	辟大将军曹爽掾。爽诛，随例免。起为怀令，参文帝安东军事，累迁散骑黄门侍郎、散骑常侍。	《晋书》卷四二《王浑传》
卢　钦	魏大将军曹爽辟为掾。爽诛，免官。后为侍御史，袭父爵大利亭侯，累迁琅邪太守。宣帝为太傅，辟从事中郎。	《晋书》卷四四《卢钦传》
阮　籍	及曹爽辅政，召为参军。籍因以疾辞，屏于田里。岁余而爽诛，时人服其远识。宣帝为太傅，命籍为从事中郎。	《晋书》卷四九《阮籍传》

上表所列九人，除了王基在西晋建立之前已去世，阮籍无意仕宦，依违于曹、马之间外，[1]其余七人后来都成了西晋的开国元勋，其中郑冲、裴秀、王沈、荀勖、羊祜五人更在咸宁元年被列入配飨于庙的功臣名单当中。[2] 咸宁元年的配飨名单共计有十二人，除去司马孚、司马攸两人为西晋宗室之外，共有异姓功臣十人，这是一份反映晋初司马氏集团内部权力结构的重要文献，下文还将详细讨论。需要指出的是这批曾经被曹爽征辟过的官员竟然占据了配飨功臣名单的半壁江山，构成了司马氏集团的中坚力量，无疑是一个值得关注的现象。曾经党于曹爽的政治污点丝毫没有影响到他们在西晋政权中的地位，司马氏对于他们不但没有出于党同伐异的立场加以排斥，反而予以重用，将他们从曹爽党羽转化为西晋元勋。这一跨度很大的政治立场转换是如何实现的，牵连到魏晋之际官僚阶层的政治选择与司马氏集团的形成过程等关键问题，值得进一步详加

〔1〕 关于阮籍的政治态度，参读景蜀慧：《嵇康阮籍论析》，《魏晋诗人与政治》，第125—161页。

〔2〕 《晋书》卷三《武帝纪》，第65页。

考论。

上表中的九人除了羊祜、阮籍没有就征之外，其余七人都接受了曹爽的辟召，首先讨论这两人不就征的背后所表达出的政治立场，是否可以认为羊祜、阮籍是因为党于司马氏或者是因为已经预见到曹、马之争的结果而拒绝曹爽的辟召呢。其实未然，在正始年间选择退隐、称病来逃避官场的士人并不少见，除了羊祜、阮籍之外，尚有李丰、何曾、山涛等人。

> 正始中，迁侍中尚书仆射。(李)丰在台省，常多托疾，时台制，疾满百日当 解禄，丰疾未满数十日，辄暂起，已复卧，如是数岁。[1]
>
> 嘉平中，为司隶校尉。抚军校事尹模凭宠作威，奸利盈积，朝野畏惮，莫敢言者。(何)曾奏劾之，朝廷称焉。时曹爽专权，宣帝称疾，曾亦谢病。爽诛，乃起视事，魏帝之废也，曾预其谋焉。[2]
>
> (山)涛年四十，始为郡主簿、功曹、上计掾。举孝廉，州辟部河南从事。与石鉴共宿，涛夜起蹴鉴曰："今为何等时而眠邪！知太傅卧何意?"鉴曰："宰相三不朝，与尺一令归第，卿何虑也！"涛曰："咄！石生无事马蹄间邪！"投传而去。未二年，果有曹爽之事，遂隐身不交世务。[3]

在这数人中，唯有何曾在《晋书》的叙事中将其称病不朝与司马懿的托疾并列，以此说明何曾与司马懿处于同一政治立场，共为进退。然详考前后事实，不无乖舛之处。《晋书》将此事系于嘉平

〔1〕《三国志》卷九《夏侯尚传附夏侯玄传》注引《魏略》，第 301 页。
〔2〕《晋书》卷三三《何曾传》，第 994 页。
〔3〕《晋书》卷四三《山涛传》，第 1223 页。

中，何曾任司隶校尉奏劾抚军校事尹模一事之后，已属大谬。众所周知，高平陵之变发生在正始十年(249)，嘉平中，司马懿早已掌控朝政，又何来曹爽专权，司马懿称病之事。《晋书》所记，在时间上并不能成立，这一明显的错讹不免让人对这一记载的可靠性有所怀疑。朱晓海曾经指出据《晋书》行文，何曾看似乃司马家之纯臣，但其这种表现与山涛、阮籍基于同一考虑，皆是避祸而已，不宜过度解释。[1] 这一看法有可取之处，笔者可以再为此补充一旁证，魏明帝晚年授予司马懿专征之权，命其平定辽东，何曾却于此时上书，力主要在军中设置副帅，以防意外之变。[2] 辽东之役，历时一年，司马懿受专征之命，权势极大，何曾提出这一建议的出发点无疑是站在曹魏政权的立场上，旨在限制司马懿的权力。据此可见，至少在明帝末年，何曾还是曹魏忠臣，而非司马懿之私人。至于何曾是否在曹爽专权的时代，就已倒向了司马懿，他称病不出一事究竟发生于何时，是否蕴有与司马懿共同进退的政治含义，由于史料的缺失，我们目前皆无法回答。可以明确的是，目前没有任何史料证明何曾参与了对于司马氏成败具有决定性意义的高平陵之变，这至少从侧面说明何曾在高平陵之变前并非是能够与闻司马懿机密的人物。

当然，在高平陵之变后，何曾很快倒向了司马氏一边，长期担任负责纠察百官以及京师治安的司隶校尉一职，并参与谋划了废齐王芳。[3] 但是，我们不能因为何曾后来党于司马氏而将他的一切行为都视为与司马懿共为进退的表现，这种从结果出发，借助“倒放电影”的方式，将历史人物的形象平面化的研

〔1〕 朱晓海：《西晋佐命功臣铭飨表微》，《台大中文学报》，第12期，第160—161页。
〔2〕《晋书》卷三三《何曾传》，第995页。
〔3〕《晋书》卷三三《何曾传》，第995页。

究方法存在着相当的危险性。[1] 诚如羊祜所言“委质事人，复何容易”，[2]正始末年，朝中的政治气氛日趋紧张，朝臣之中公开分裂与对立的倾向日益显现，在此情形下，托病避祸，等待政局的明朗不失为万全之策，而当时托病的李丰、何曾、山涛等人随着局势的发展，在日后走上了完全不同的政治道路，也可以从一个侧面证明托病除了避祸之外，未必有后人所赋予的那些丰富的政治内涵。至于处于劣势地位的司马懿最终能在曹、马之争中取得胜利，恐非当时人所能逆料，羊祜那句“本非始虑所及”，[3]可以说道出了其中的实情。

在曹爽覆灭之后，接受曹爽辟举的七人，除了郑冲本传未载是否受到牵连之外，其余六人皆受到了免官的处分。根据《三国志·王基传》、《晋书·王浑传》“随例罢”、“随例免”之类表述可知，这是当时普遍的状况，可见司马懿掌握政权后确实一度进行过政治整肃，将曹爽的僚佐皆目为其党羽，逐出朝廷，但这种整肃并没有持续很久，其中复出较早的当属王基与裴秀。王基当年就出任尚书，出为荆州刺史，加扬烈将军，随征南王昶击吴，裴秀也很快出任廷尉正。其他几位也陆续重返政坛，并逐步成为司马氏方面的干将。从他们之后的仕宦经历来看，党于曹爽的经历丝毫没有影响他们在司马氏家族掌控的朝廷中步步高升，特别是在晋初如此激烈的政治纷争中，也从来没有人将此“污点”提出，用作政治攻讦的工具，可见在当时人心中这一点完全够不上“罪证”，无论是司马氏还是他们本人对于这段经历似乎都并不在意，《晋书》各人本传之中只是轻描淡写的一笔提过，既不讳言，亦不渲染。此种情形

〔1〕 这一点上，近代史的学者已有较多的反思，参见罗志田：《民国史研究的“倒放电影”倾向》，《社会科学研究》1999 年第 4 期，第 104—106 页。

〔2〕《晋书》卷三四《羊祜传》，第 1013 页。

〔3〕《晋书》卷三四《羊祜传》，第 1013 页。

与一般政治斗争之后，胜利者进行大肆清算的常规颇有不同，其中原由，值得探究。

曹爽主政时期，施政主张与司马懿多有不同，进而触动了不少曹魏元老的利益，埋下了自己覆灭的祸根，对此学者已有相当深入的研究，这些研究往往将曹爽一系的人物称为变法派或者名士派，与司马懿儒家的保守政治立场形成对比，进而区分出两个政治集团之间的不同。[1] 通过这些研究，我们的确可以注意到曹爽与司马懿的政治立场颇有相异之处，但同时也引出两个新的问题，首先，既然曹、马之间有如此大的不同，那么为何司马氏掌权之后，还会大量引用曹爽府中的人物，并委以重任；其次，这些经历了"从曹到马"立场跨越的官僚，背后真正的政治态度究竟如何？或者说他们根本没有自己的政治立场，只是为了保持家族的政治地位与个人富贵，无论曹、马，皆愿意为之效命。

首先解决第一个问题，曹爽与司马懿虽然政治主张不同，但他们在曹魏政治中拥有的人际网络颇有重合之处，如本书第一章所讨论的那样，司马氏家族社会地位的提高、人际网络的扩张，与司马懿仕于曹氏三十余年的政治生涯紧密相联，司马懿的权势网络来源于其长期参与曹魏政治活动所积累的丰富人事资源。曹爽则是典型的曹魏功臣的第二代子弟，作为司马懿的晚辈，相形之下，他的政治资历要浅得多，但是凭借着宗室的身份，加上其父曹真的影响力，一时之间也经营起了一个颇具声势的权势网络，这一网络同样依附于曹魏政权中本身存在的交往圈。可以想见作为曹魏贵戚，曹爽自幼所交往、熟悉的人物，大抵皆

[1] 卢建荣：《魏晋之际的变法派及其敌对者》，《食货月刊》10 卷 7 期，第 271—292 页；葭森健介：《魏晋革命前夜の政界—曹爽政権と州大中正設置問題—》，《史學雜誌》95 編 1 号，第 38—61 页；吴慧莲：《曹魏的考课法与魏晋革命》，《台大历史学报》第 21 期，第 59—78 页。

是曹魏公卿子弟，他也只能依靠这些人控制政权，因此曹爽掌权之后，立即重用当时声望最高的后进领袖夏侯玄，希望借助于他的声望来笼络贵游子弟。又任用名士何晏掌选举，史称“其宿与之有旧者，多被拔擢”。[1] 但何晏作为曹操的假子，少长宫掖，能“宿与之有旧者”恐怕也多是曹魏公卿子弟，他选拔的贾充、裴秀、朱整等人后来皆成为西晋重臣。[2]《隋书·经籍志》载何晏曾撰《官族传》十四卷，[3]当与其主选举之事有关，可见何晏选官的对象主要是官宦子弟。以此而论，确实没有必要过度夸大曹爽与司马氏社会基础的不同，曹爽与司马懿的不同更多的还是政策上的分歧。

相比司马懿，曹爽的权势网络存在着两个明显的弱点。其一，作为晚辈，他不可能与当时尚在世的曹魏元老有着像司马懿那样深厚的交谊。而在主政期间，他又故意将这些曹魏老臣冷落一旁，所推行的改革，更是不断触动他们的利益，最终正是这批曹魏元老联手司马懿推翻了曹爽。其次，曹爽受命辅政之前，根本没有出镇州郡的政治历练，[4]所以他的交往圈局限于京师的贵游子弟当

---

〔1〕《三国志》卷九《何晏传》注引《魏略》，第292页。

〔2〕《三国志》卷二八《钟会传附王弼传》注引《王弼别传》，第795页。

〔3〕《隋书》卷三三《经籍志二》，第968页。

〔4〕从地方亲民之官中选拔有才能者进入中央是汉代政治的重要传统，参读严耕望：《中国地方行政制度史·秦汉地方行政制度》，上海古籍出版社，2007年，第330—331页；而这一传统在曹魏亦得到保留，《三国志》卷二四《崔林传》注引《王氏谱》载魏文帝诏曰：天下之士，欲使皆先历散骑，然后出据州郡，是吾本意也，可知出镇州郡是非常重要的政治历练过程，第680页；在晋代也有类似的规定：晋制，大县令有治绩，官报以大郡。不经宰县，不得入台郎，见《通典》卷三三，第918页。但黄炽霖通过统计证明自黄、散迁出的官员，出历州郡者并不占据多数，可知这一方针在实际运作中并未得到很好的贯彻，《曹魏时期中央政务机关之研究》，第161—164页。另参黄惠贤：《散骑诸官初置时期有关问题索引》一文中的讨论，收入氏著《魏晋南北朝隋唐史研究与资料》，湖北人民出版社，2010年，第162—163页。

中。缺乏实际政治经验是曹爽和他所依靠的贵戚子弟们的普遍弱点,[1]较之于司马懿,曹爽的政治圈子更狭小,更封闭化,而他们所推行的改革由于缺少富有实际政治经验的能吏参与其中,雷声大、雨点小,反而给人留下了名士浮华的口实。

但司马懿掌握权力之后,并不能将这些曹魏贵戚子弟完全排除出政治核心圈,因为他们和他们的家族本身就是这一权势网络中重要的一部分,尤其是到了司马师、司马昭兄弟掌握权力的时代,同为曹魏功臣的第二代,他们拥有的人际网络与曹爽有更大的重合度,司马氏兄弟执政时所信用的人,同样也来自有着通家之好与婚姻联盟的曹魏贵戚家族。《三国志》、《晋书》中所见司马氏兄弟青年时与夏侯玄、何晏密切交往的吉光片羽真实地反映了这一由贵戚子弟组成的社会网络没有分裂之前的存在与运作,因此在司马氏兄弟执政时,更多的曹魏贵戚子弟得以进入政治的核心。另一方面,在三国鼎立的政治局面下,司马氏想要完成亡魏成晋的事业,首先必须牢固掌握政权,任何内部的动乱,都会招来吴、蜀两国的觊觎。在此形势下,与一般的改朝换代不同,司马氏家族事实上也不具备进行大规模政治清洗的客观条件。曹爽的改革正是由于开罪了曹魏的功臣群体,才给司马懿提供了发动政变的可乘之机,作为这场政治斗争的胜利者,曹爽的前车之鉴对于司马氏家族而言显得格外深刻,这也使司马氏更加深切地认识到这些功臣贵戚及其子弟在曹魏政治中所具有的盘根错节、不可低估的政治潜力。因此,拉拢而不是打击曹魏贵戚子弟成为司马氏的既定政策,这些曹魏贵戚子弟只要在政治上表示支持司马氏,无论是主动

〔1〕 如曹爽的亲信毕轨明帝时曾出任并州刺史,便因轻率地出击鲜卑轲比能失利而被召回,蒋济曾直率地评论此事云:“凡人材有长短,不可强成。轨文雅志意,自为美器。今失并州,换置他州,若入居显职,不毁其德,于国事实善”,由此可见曹爽一系人物长短之一斑,《三国志》卷九《曹爽传》注引《魏略》,第288页。

还是勉强，甚至是被迫，只要对司马氏家族专权的局面表示默认，司马氏一般都予以宽容。

因此，在曹爽败亡之后，司马懿只是对他关系密切的何晏、邓飏、丁谧、毕轨、李胜等人痛下杀手，而对曹爽阵营中声望最高的夏侯玄仅以闲职处之。在被杀的几人中，邓飏虽然自称是东汉名臣邓禹之后，但父祖无闻，与曹魏政权并无渊源，丁谧、毕轨二人的父辈尽管参与了曹操创业，皆功绩微薄，并不是功臣圈内的重要人物。李胜之父李休出自张鲁，同样也不是曹魏政权中的关键角色；〔1〕只有何晏一人因其母尹氏的关系为曹操所宠爱，尚公主，与曹魏政权渊源较深，但何晏的地位得自内宠，加之本人性格骄横，为曹丕所憎，明帝时亦不得志，〔2〕恐怕也不是一个能够被曹魏元老普遍认同的人物。因此，司马懿上台之后的政治诛杀，表面上看来虽然牵连不少，除了曹爽一支之外，并没有损害曹魏政权原有的权势网络。在处分何晏时，尚因金乡公主与沛王的缘故，网开一面，宥其一子。〔3〕 司马懿的清洗虽然史称“同日斩戮，名士减半”，〔4〕却没有引起曹魏政治上大的波动，原因恐怕就在于：这些名士所拥有的只是“名”，而没有“势”，对于那些支持、同情高平陵之变的曹魏老臣而言，这些人只是败坏政治的浮华交会之徒，理应为正始年间的改革承担罪责。反倒是在处置“祸首”曹爽时，司马懿遭遇到了意想不到

〔1〕《三国志》卷九《曹爽传》注引《魏略》，第288—290页。

〔2〕《三国志》卷九《何晏传》注引《魏略》，第292页。

〔3〕据《三国志》卷九《何晏传》注引《魏氏春秋》载，初，宣王使晏与治爽等狱。晏穷治党与，冀以获宥。宣王曰：“凡有八族。”晏疏丁、邓等七姓。宣王曰：“未也。”晏穷急，乃曰：“岂谓晏乎！”宣王曰：“是也。”乃收晏。此事虽未必可信，但透露出一个消息，相比于邓飏、丁谧、毕轨诸人，何晏被定罪的时间要晚一些，或者说对于司马懿而言，杀掉何晏是一个更为艰难的决定，遇到阻力更大，何晏最初自认为不会被定罪，大概也是自恃曹魏亲旧的缘故，第293页。

〔4〕《三国志》卷二八《王凌传》，第759页。

的阻力，蒋济极力为其辩护："曹真之勋，不可以不祀。"〔1〕两相比较，便可以看出这些曹魏老臣真正关切的是什么，他们想要维护的是原有的政治体制与权势网络，尽管曹爽曾经触犯过他们的利益，但其父曹真是这一政治网络中的重要成员，依然要为他谋一条生路。这样也可以更好地理解为何司马懿并没有处分夏侯玄，只是将他征召入京。当时，夏侯玄的从父兼部属夏侯霸叛魏奔蜀，司马懿并非没有惩罚他的借口，但依然选择以"通家年少"待之。在青年时代，夏侯玄、何晏、司马师三人虽然号称齐名，〔2〕但夏侯玄无疑声望更高，是曹魏官僚第二代中的领袖人物。与何晏的有"名"无"势"不同，夏侯玄及其家族在曹魏政治中拥有特殊地位，是支撑曹魏政权的核心力量，诛一曹爽尚且激起蒋济的强烈反对，更遑论夏侯玄，在此情形下司马懿为了保持政局稳定，选择暂且放过了夏侯玄。

但是我们必须注意到司马懿与曹魏元老之间存在着根本的不同，蒋济等人所要维持的是曹魏原有的政治体制，所以他们希望放过曹爽，保持曹魏宗室对于政治的影响力。尽管司马懿本人原本也是这一体制中的重要一员，他个人权势和家族地位的上升皆有赖于从曹魏的政治网络中汲取资源，但此时，司马懿的政治目标已变为要将曹魏的政治权势网络转化为司马氏个人的政治权势网络，并通过这一转化完成亡魏成晋的事业。因此，一方面司马氏会在某种程度上尊重曹魏原有政治格局，只要这些曹魏官僚贵戚愿意接受司马氏专权的局面，司马氏家族也投桃报李，尊重他们原有的政治地位，甚至允许他们在一定程度上保留自己的政治意见，表现出对于故主的留恋之情。但是，司马氏的政治宽容无疑有一定的界限，一旦这些人

〔1〕《晋书》卷一《宣帝纪》，第18页。事实上曹爽被诛之后不久，"嘉平中，绍功臣世，封真族孙熙为新昌亭侯，邑三百户，以奉真后"，《三国志》卷九《曹爽传》，第288页，可知司马氏很快便为曹真立后，以安抚人心。

〔2〕《晋书》卷二《景帝纪》，第25页。

的言行被司马氏认为威胁到了统治的稳定，则司马氏家族不惜冒险破坏原有的社会网络，对他们施以重惩。《晋书·宣帝纪》中“外宽内忌”的评价可谓一语中的。当然这种容忍的边界很难用简单的语言加以概括，而是由司马氏家族根据政治形势的不同灵活掌握，具有模糊与不断变化的特征，以下结合几个具体的事例略加阐释：

司马文王为安东，(王)仪为司马。东关之败，文王曰：“近日之事，谁任其咎?”仪曰：“责在军师。”文王怒曰：“司马欲委罪于孤邪?”遂杀之。[1]

毌丘俭之起也，大将军以问(刘)陶，陶答依违。大将军怒曰：“卿平生与吾论天下事，至于今日而更不尽乎?”乃出为平原太守，又追杀之。[2]

(常林)子旹嗣，为泰山太守，坐法诛。旹弟静绍封。案《晋书》，诸葛诞反，大将军东征，旹坐称疾，为司马文王所法。[3]

(满)伟字公衡。伟子长武，有宠风，年二十四，为大将军掾。高贵乡公之难，以掾守阊阖掖门，司马文王弟安阳亭侯榦欲入。榦妃，伟妹也。长武谓榦曰：“此门近，公且来，无有入者，可从东掖门。”榦遂从之。文王问榦入何迟，榦言其故。参军王羡亦不得入，恨之。既而羡因王左右启王，满掾断门不内人，宜推劾。寿春之役，伟从文王至许，以疾不进。子从，求还省疾，事定乃从归，由此内见恨。收长武考死杖下，伟免为庶人。时人冤之。[4]

---

〔1〕《三国志》卷一一《王修传》注引王隐《晋书》，第348页。

〔2〕《三国志》卷一四《刘晔传附刘陶传》注引干宝《晋纪》，第449—450页。

〔3〕《三国志》卷二三《常林传》，第660页。

〔4〕《三国志》卷二六《满宠传》注引《世语》，第725页。按《晋书》卷三九《荀勖传》载守门者乃是孙佑，两者不同，未知孰是，第1152页。

受以上四件事情牵连的王仪、刘陶、常旹、满伟等人皆是曹魏官僚的第二代弟子，他们的父亲分别为曹魏的开国元老王修、刘晔、常林、满宠。按照常规，他们都是司马氏家族所欲笼络的人物，司马氏确实也待他们不薄。王仪时任安东司马，地位并不算高，但考虑到后来的西晋功臣王浑此时也不过是安东参军，[1]则王仪的仕途亦称得上顺利。刘陶曾有党于曹爽的经历，曹爽败后，一度退居里舍，可能也被依例免官，后复起，此时的官位不明，但在得罪司马师之后还能出为平原太守，可知原来至少是五品以上的官员。[2] 常旹之父常林与司马懿有乡里之旧，素为司马懿所礼敬，而满伟更是司马氏的姻亲，其妹妹嫁给了司马昭之弟司马榦，这门亲事本身就体现了曹魏政治中的婚姻、交往网络，其子满长武尽管官位不高，仅是大将军掾，却担负着守卫宫门的重任，实际上负有为司马氏监视魏帝的使命，可知他原先颇受司马氏信任。这五人为何在一夜之间受此重谴，乃至性命不保，关键在于此五人的言行已在不经意间越过司马氏所能容忍的底线，因此司马氏不惜改变既定的笼络方针，杀鸡儆猴，以保持其对朝廷的稳固控制。

总体而言，在司马氏家族控制朝政的时代，除了严厉惩治淮南三叛和夏侯玄、李丰这些公开反抗的行动之外，司马氏对于朝中大臣是相当宽容的，甚至允许他们表现出留恋故主之情，这体现了司马氏争取人心、尊重曹魏原有政治格局的一面。纵观魏末晋初的历史，确实很少能找到司马氏擅杀大臣的事例，反而多见因司马氏过于优容功臣以至宽纵功臣犯法的例子，对于这五人的严厉处置可以说是魏晋之际的特例。究其言行，此五人所为，也未见得比陈

---

〔1〕《晋书》卷四二《王浑传》，第1201页。

〔2〕《通典》卷三六引《魏官品》，郡国太守为第五品，第992页。

泰当廷痛哭高贵乡公之死，庾纯公开质问贾充“高贵乡公何在”在政治上更具有挑衅性，[1]为何却招致重惩。其中关键恐怕在于，这四人的言行皆发生在十分敏感的政治时刻。东关惨败极大地动摇了刚刚执政的司马师的政治基础，虽然王仪曾在战前劝谏司马昭，“吴贼必有伏，宜持重，不可进”，[2]此时的责难可谓不无前因。但在这一时刻提出追究战败责任的问题，无疑触犯了司马氏的忌讳。毌丘俭自淮南起兵，天下震动，司马师尽管身患目疾，也不得不抱病出征，在此军情危急的时刻，刘陶依然依违两端，自然成了素以严毅闻名的司马师整肃朝政的牺牲品。而常旹在征讨诸葛诞的关键战役中称病拒绝从征，满伟、满长武身为司马氏家族的姻亲，却在高贵乡公起兵这一对司马氏生死攸关的政治事变中保持中立，又在讨伐诸葛诞时迟疑不进，自然彻底失去了司马氏的信任。对这五人的处置，皆发生在司马氏家族的权力遇到严峻挑战的时刻，司马氏为了维护自己的权威，必须收紧对言论的控制，在这特定的背景下，任何超越界限的言行都会被视为对司马氏专权的直接挑战，从而遭到严厉的整肃。[3]

以上五人的不幸，归根结底在于他们的言行出现在了一个错误的时刻，触犯了司马氏的忌讳，并给自身招来灾祸。其实在能够控制局面的情况下，司马氏并不反对这些政治人物适当地表现出依恋旧主之情，正如杨联陞所指出的那样，“报”是中国古代社会

---

〔1〕《三国志》卷二二《陈群传附陈泰传》注引干宝《晋纪》、《魏氏春秋》，第642页；《晋书》卷五〇《庾纯传》，第1397—1398页。

〔2〕《太平御览》卷二四八引《魏略》，第1173页。

〔3〕与这五人遭遇类似的是汉末崔琰之死，曹操仅以“谚言‘生女耳’，‘耳’非佳语。‘会当有变时’，意指不逊”这样莫须有的理由，罚其为徒隶，进而将他赐死。《三国志》卷一二《崔琰传》，第369页。毛玠因同情崔琰的遭遇，亦遭免黜。按崔琰、毛玠皆有功于曹氏，遭此横祸，盖恰逢曹操称魏王的敏感时刻。另参景蜀慧：《权术政治与士大夫之命运》，《魏晋文史寻微》，第41—42页。

关系中的一个重要基础。[1] 东汉的士风极重名节,君臣之间以及府君与僚佐之间的拟制君臣关系一旦确立,便成为士大夫社会伦理中的重要一环。司马氏试图将魏臣转化为晋臣的政治努力实际上构成了对"忠"和"报"这样的士人伦理的挑战,动摇了士大夫社会的道德基础。在此情形下,司马氏其实也不愿意看到这些士人、官僚屈身污贱,丧失气节,完全沦为司马氏家族的政治附庸。司马氏延揽士人的重要目的在于借此收拾人望,因此允许一部分士人、官僚对于司马氏的篡位举动保持距离,无论是对于维护整个官僚阶层的政治声誉,还是对巩固新朝的士望人心都是大有裨益的。[2] 因此,荀勖作为曹爽故吏,"爽诛,门生故吏无敢往者,勖独临赴,众乃从之",[3]荀勖通过这一行动履行了作为士人"报"的道义责任,维护了自己在士大夫社会中的名誉以及颍川荀氏士望之首的家族声望。这一行动尽管在表面上对司马懿诛杀曹爽的政治合法性提出了质疑,但对荀勖本人而言,这只是实践东汉以降,在清议这类社会舆论规范下形成的士人道德规范,是保全自己名士身份的必要之举,只是一种道德伦理的实践,而非政治示威。对此间的微妙之处,同样出身士人家族的司马氏有着深切的了解,因此荀勖此举,并不妨碍他日后在新朝平步青云,成为晋武帝最信任的朝臣之一。甚至在一定情况下,司马氏会纵容士人此类的求名

---

〔1〕 杨联陞:《"报"作为中国社会关系基础的思想》,《中国的思想与制度》,第291—322页。

〔2〕 曹操延揽士人也有类似的倾向,如《三国志》卷二《文帝纪》注引《续汉书》所叙杨彪事便是一个典型的例子,"彪见汉祚将终,自以累世为三公,耻为魏臣,遂称足挛,不复行。积十余年,帝即王位,欲以为太尉,令近臣宣旨。彪辞曰:'尝以汉朝为三公,值世衰乱,不能立尺寸之益,若复为魏臣,于国之选,亦不为荣也。'帝不夺其意。黄初四年,诏拜光禄大夫,秩中二千石,朝见位次三公,如孔光故事",第78页。另参读朱东润对于华歆等名士在曹魏政治中作用的分析,《八代传叙文学述论》,第81页。

〔3〕《晋书》卷三九《荀勖传》,第1152页。

之举：

> (向)雄初仕郡为主簿，事太守王经。及经之死也，雄哭之尽哀，市人咸为之悲……司隶钟会于狱中辟雄为都官从事，会死无人殡敛，雄迎丧而葬之。文帝召雄而责之曰："往者王经之死，卿哭王经于东市，我不问也。今钟会躬为叛逆，又辄收葬，若复相容，其如王法何！"雄曰："昔者先王掩骼埋胔，仁流朽骨，当时岂先卜其功罪而后葬之哉！今王诛既加，于法已备。雄感义收葬，教亦无阙。法立于上，教弘于下，何必使雄违生背死以立于时！殿下仇枯骨而捐之中野，为将来仁贤之资，不亦惜乎！"帝甚悦，与谈宴而遣之。[1]

王经、钟会二人于向雄皆有故主之恩，因此在两人死后，向雄皆为其尽哀。但是，向雄再三在这样的公开场合进行"表演"却难以逃脱沽名钓誉的嫌疑。如果说王经之死乃是由于不愿意充当背叛高贵乡公曹髦的告密者，而被司马昭所杀，是用自己的生命实践了君臣之义，向雄哭其于市尚可理解。那钟会作为司马氏的宠臣，却起而谋叛，所行无疑背离了"忠"与"报"的士人伦理，确如司马炎所言乃是咎由自取，按照儒家的道德规范属于"与众弃之"的人物，向雄为其收葬的行为，不免有特立独行、故意求名的嫌疑。司马昭对他的指责，亦是从此立场出发，但很明显司马昭无意深究此事，待向雄略作辩解之后，便将他轻轻放过。

以上所论及的王仪、刘陶、常旹、满伟、荀勖、向雄这六件事皆属在魏晋之际并不引人注目的"小事件"，但从司马氏处置时宽严尺度的微妙把握，其实为我们观察当时政治气候变化提供了不少

---

〔1〕《晋书》卷四八《向雄传》，第1335页。

有用的信息，从中可以注意到司马氏宽容大臣政治策略背后所蕴有的伸缩变化及其边界所在。

魏晋之际，司马氏家族一直试图通过将魏臣转化为晋臣的方式来完成亡魏成晋的事业，因此笼络曹魏贵戚及其子弟是其既定的政治方针，但决不会允许这些人对司马氏专权的地位构成威胁，一旦有言行被认为越过了边界，则将遭到毫不留情的政治整肃。另一方面，司马氏在整肃他们个人的同时，却尽量减轻累及家族的成分，试图继续维持司马氏家族与这些家族之间的良好关系。因此，他们个人尽管得罪于司马氏，但并没有危及其家族的政治地位。例如，武帝司马炎与满伟从子满奋依旧保持良好的私人交谊：

> 满奋畏风。在晋武帝坐，北窗作琉璃屏，实密似疏，奋有难色。帝笑之，奋答曰："臣犹吴牛，见月而喘。"[1]

从这段互相戏笑的对话中，我们不难感受到君臣之间密切的私人关系。满奋在晋初历任冀州刺史、尚书令、司隶校尉等要职，更是政坛名士交往圈中的活跃人物，当时的名士领袖王衍将满奋与同出高平的閰丘冲、郝隆并提，认为三人并有高才。[2] 从这一系列现象可以印证高平满氏家族在晋初依然是官僚名士人际网络中的重要一员，满伟事件并没有影响其家族政治上的发展。而常旹被杀后，司马昭特地以其弟常静绍爵，维持家门不坠。

如果我们仔细观察一下司马氏历次镇压反抗行动之后，是如

〔1〕《世说新语·言语第二》，余嘉锡：《世说新语笺疏》，第 82 页。

〔2〕《世说新语·言语第二》注引荀绰《冀州记》、《晋诸公赞》，余嘉锡：《世说新语笺疏》，第 82 页；《晋书》卷四三《乐广传》，第 1245 页。王衍品题一事见《世说新语·品藻第九》，余嘉锡：《世说新语笺疏》，第 508 页。

何处置反叛者及与反叛者有牵连的家族，不难发现将反叛者与牵涉其中的家族区别对待，甚至加以切割的策略，从而在一定程度上保全反叛者家族的政治地位是司马氏经常采取的方式之一。〔1〕上文已经提及司马懿在处置曹爽党羽时，因为沛王和金乡公主的缘故，特别宽宥何晏一子。在处置毌丘俭时，也因为其妻出自颍川荀氏，族兄荀顗、族父荀虞并与司马师联姻，与司马氏家族有密切的关系，在二人周旋下，听荀氏与毌丘俭离婚，〔2〕从而避免了荀氏家族的政治地位受到牵连。处置钟会时，因其父钟繇、其兄钟毓有功于国家，仅株连钟会直系子弟，〔3〕从而避免了与司马氏关系密切的颍川钟氏家族在政治上遭受毁灭性打击。诸葛诞之女嫁给了司马懿之子司马伷，诸葛诞在淮南的起兵，并没有累及这桩婚姻。日后，贵为天子的司马炎甚至要利用这一层关系，亲自去诸葛太妃处，见诸葛诞之子诸葛靓，劝他出仕新朝，以此来修补两族之间的关系，而诸葛靓之子诸葛恢为东晋名臣，在东晋初年，其家族门第甚至可以与琅邪王氏一较高下，〔4〕可知诸葛诞的起兵并没有影响到诸葛氏家族的政治、社会地位。因参与李丰、夏侯玄密谋而被司马师所杀的许允，其曾孙许询是东晋清谈的领袖人物，许询的父亲许旼曾任会稽太守，母亲是平原华轶之女，许允之子许奇、许猛并未受到父亲的政治牵连，分别仕至司隶校尉、幽州刺史，〔5〕可知无论是政治地位还是社会身份，高阳许氏并没有因为许允之死受到

〔1〕余嘉锡曾指出："懿父子兄弟杀人之父，亦已多矣！除深仇如曹爽、王凌、李丰等皆族灭外，其余亦未尝因虑其子之报仇，而尽诛其童稚"，《世说新语笺疏》，第676页。

〔2〕《晋书》卷三三《何曾传》，第996页。

〔3〕《三国志》卷二八《钟会传》，第793页。

〔4〕《晋书》卷七七《诸葛恢传》，第2041—2042页。

〔5〕《世说新语·言语第二》、《贤媛第十九》，余嘉锡：《世说新语笺疏》，第126—128、674页；《三国志》卷九《夏侯尚传附夏侯玄传》注引《世语》，第304页。

影响。这一系列案例都可以印证司马氏在坚决镇压任何反抗者的强硬面目背后隐藏着的另一面向，即小心翼翼地避免株连过多，努力维系曹魏政治中原有的社会网络。

我们只要稍稍扫视一下在魏晋之际反对司马氏诸人的家世背景，就不难发现他们中的大多数人与曹魏政治以及司马氏家族本身有着千丝万缕的联系。王凌是司马懿多年的同僚与老友；夏侯玄的妹妹嫁给了司马师，更是司马氏兄弟青年时代的好友；许允亦是司马师多年的好友；诸葛诞则是司马懿的儿女亲家；钟会所出的颍川钟氏不但自从汉末以来就是士人的领袖，其父兄更是曹魏政权中的重要成员，与司马氏家族有着密切的往来。这些人在本质上与司马氏家族具有相当的一致性，他们自身的人际网络同样依附于曹魏的政治权势网络，与曹魏官僚家族有着千丝万缕的通婚、交往关系，凝聚成了密切相关的利益共同体。正是由于这种同质性的存在，司马氏与其政敌的斗争在一定程度上可以视为曹魏原有政治网络分裂的产物，司马氏家族与他们的反对者拥有相似的社会基础与文化背景，过度的株连只能彻底地破坏曹魏原来的政治结构，造成政局的动荡。而强敌窥测的外部环境，又使得司马氏必须将稳固权力作为第一要务，规避进行大规模清洗、建立一个全新政治结构所蕴藏的巨大风险。因此，“魏晋所杀，子皆仕宦”这一矛盾形象的背后，[1]实际上反映了司马氏家族在亡魏成晋过程中所面临的两难困局——既要坚决镇压忠于曹氏力量的反抗，同时又要维持曹魏政治网络的稳定。在此情形下，司马氏家族只能选择将反对者单独剔除出这一网络，同时尽可能避免过多地株连反对者的家族及姻亲，保护他们的政治地位，从而维系曹魏旧官僚对司马氏的向心力。这种策略的边界往往又随着政治气候的变化

---

〔1〕《太平御览》卷四四五引王隐《晋书》，第2048页。

而摇摆不定，颇有难以捉摸的色彩，但正是在这种微妙的动态平衡中，司马氏完成了亡魏成晋的政权转换。只有充分认识到这一时代变化的复杂性，我们才能够趋近司马氏“外宽内忌”政治姿态背后的实相。

第二节　曹魏官僚阶层的政治心态：以司马孚、陈泰为例

上节分析了司马氏争取曹魏官僚阶层的政治策略及其边界所在，那么接下来要讨论的则是问题的另一面向：曹魏官僚阶层对于司马氏的政治态度。不可否认，在既往研究中，我们对于这一时期曹魏官僚阶层的观察有平面化的倾向，或者说是受到陈寅恪司马氏所代表的儒家大族潜势力极大这一说法的影响，容易倾向于认为在司马氏掌握政权之后，曹魏官僚阶层为家族门户及个人利益计，很快倒向了司马氏阵营，支持魏晋嬗代。然而，从魏臣转化为晋臣的历史过程是否如我们想象的那样一帆风顺，确实尚有值得推敲之处。历史学家在观察过去时，已不自觉地处于一种“后见之明”的地位，由于后世史家早已知晓了历史变化的种种后果，往往容易倾向根据事件的结果来建立一系列因果关系，从而为每一个重大历史事件的发生寻找合理化的解释。但对于身处特定历史情境的当世人而言，他们是雾中之人，所面对不是历史，而是纷繁复杂、利益纠葛的现实政治，他们每一个政治抉择的背后都蕴含着种种复杂而细微的考虑。

维持家族门户的利益，无疑是推动曹魏官僚阶层倒向司马氏的重要动因。这种维护家族门户的考虑，在卢钦身上，体现得尤为明显。卢钦的祖父是汉末大儒卢植，其父卢毓也是曹魏老臣，在曹

爽执政期间,因与曹爽政见不合,卢毓多次遭到排挤,但在父亲政治上与曹爽对立的同时,卢钦却依然接受曹爽大将军掾的辟命。[1] 卢钦的抉择很好地说明了当个人政见与家族利益发生冲突时,维护家族门户是影响士人政治选择的重要因素。尽管曹爽是其父卢毓的政敌,但为了维持卢氏家族的地位保持不坠,接受曹爽的辟命亦是必须。此外,司马氏家族一反曹爽寻求改革的政治主张,其所推行的保守策略,确实也有利于维护曹魏官僚阶层的既得利益,这也是司马氏争取曹魏官僚阶层支持的一大利器,因此对于卢钦这一类曹魏官僚的第二代成员而言,从曹爽阵营转向司马氏的立场无疑要更为自然一些。问题是仅此两项是否足以使曹魏官僚阶层背弃"忠"的义务,转而支持司马氏建立新朝的努力,依然颇有疑问。

诚如本书第二章所讨论的那样,支持司马懿发动政变,结束曹爽损害他们既得利益的改革与支持司马氏倾覆魏朝、建立新朝是性质完全不同的两件事,对于士人内心的道德挑战,亦迥然有别。当然,受制于史料,我们不可能充分了解身处于这一动荡时代士人的内心世界,[2] 以下笔者选择司马孚、陈泰两人作为个案来加以剖析,试图从一侧面展示出从魏臣到晋臣这一政治转化过程中对于士人的道德挑战。之所以选择以这两人为个案,主要考虑到其所具有的代表性,司马孚本人不但是司马氏家族的成员,而且又是参与曹魏开国事业的老臣,他的身份所具有的两面性,能够凸显出当家族与国家之间发生冲突时,士人所面临的道德交战。陈泰则是典型的曹魏官僚阶层第二代子弟,颍川陈氏家族是汉末最具威

---

〔1〕《三国志》卷一四《卢毓传》,第 650—652 页;《晋书》卷四四《卢钦传》,第 1255 页。

〔2〕景蜀慧分析著名隐士皇甫谧在魏晋之际的心态变化,颇有启示,《魏晋政局与皇甫谧之废疾》,《文史》2001 年第 2 辑,第 53—74 页。

望的士人家族之一，其父陈群不但是曹魏的重臣，同时也是司马懿的好友，陈泰本人也与司马氏兄弟情谊甚笃，陈氏家族在曹魏政治中与司马氏家族有着密切的关系。因此陈泰的身份同样具有典型性，在亡魏成晋的时代变局中，他必须在士人道德、君臣伦理、家族地位乃至于个人情谊等错综复杂的矛盾纠葛中做出自己的政治选择。

在魏晋之际纷乱的历史舞台上，司马孚绝不是一个引人注目的人物。他虽以司马氏家族元老的身份活跃于当时，并在晋初享有崇高的政治地位，但《晋书·司马孚传》极力刻画的却是一个心怀前朝、不问世事，以曹魏忠臣自居的政治隐逸者形象。[1] 毫无疑问，史料是史家照亮过去世界唯一的镜子，但这面镜子并不是完全客观的，史料特别是正史的书写绝非是没有预设立场的，其在编撰的过程中早已受到了种种有意或无意的选择与改写。因此，我们除了继续透过史料这面镜子来了解古代世界之外，更有义务对镜子本身的作用机制保持警惕，追问我们透过镜子看到的形象是否已扭曲变形，需知世界上并不是每一面镜子都是平面镜，对史料的形成与书写抱有审慎的批判态度是我们重新检讨魏晋之际历史的重要基础。特别是当史书中的某个人物被有意无意地抽离出历史的复杂情境，塑造成某种单向度的形象，那么对这一形象可靠性的追问便显得尤为重要。司马孚在魏晋之际实际的政治作为与隐逸者这一形象是否吻合？如果不是，为何史书中要刻画出这样一个形象，背后的知识生产机制究竟如何，这是笔者展开思考的

〔1〕 这种对司马孚政治隐逸者形象的塑造或许与东汉以降对于隐士的推重有关，范晔《后汉书》中《逸民传》的设置便反映了这一风尚。金发根、守屋美都雄等学者都注意到逸民式的人物在汉末清议中的作用与影响，《东汉党锢人物的分析》，《历史语言研究所集刊》34 本下，第 544—546 页；《六朝贵族制社会研究》，第 67—72 页。

基础。

司马孚是司马氏家族中最长寿的一名成员，活了九十三岁，亲身经历了从汉末到晋初的整个政治变局。作为宗室长老，他在魏晋之际备受尊崇，地位远在其他宗室成员之上，魏末五等初建，“惟安平郡公孚邑万户，制度如魏诸王”。〔1〕嬗代之后，武帝对他更是优礼有加，亲自奉觞上寿，如家人之礼，死后备极哀荣，武帝三临其丧，赐以东园温明秘器随葬，此后“依安平献王孚故事”成为晋代乃至后世礼敬宗室、大臣的最高规格。〔2〕另一方面，高贵乡公曹髦遇弑时，百官莫敢奔赴，司马孚枕尸于股，哭之恸，曰：“杀陛下者臣之罪”，奏推主者。又逢废立之际，司马孚“未尝预谋，景文二帝以孚属尊，不敢逼”。及武帝受禅，陈留王就金墉城，司马孚拜辞，执王手，流涕歔欷，不能自胜。曰：“臣死之日，固大魏之纯臣也”，在去世之前，司马孚更立遗令曰：“有魏贞士河内温县司马孚，字叔达，不伊不周，不夷不惠，立身行道，终始若一，当以素棺单椁，敛以时服。”〔3〕对于司马孚这一政治姿态，历来争议极大，贬之者斥之为伪，褒之者则赞扬他能在乱世之中维持君臣大节，〔4〕现代学者亦有从其他方面寻求解释的，例如朱晓海认为，司马孚这一政治姿态是出于保全司马氏的门户考虑，即在司马懿一支全力“营立家门”的同时，司马孚则扮演大魏之纯臣的角色，万一司马懿一支夺位不成，尚有司马孚一支可以维持家族门户不坠。〔5〕

---

〔1〕《晋书》卷一四《地理志上》，第 414 页。

〔2〕《晋书》卷四〇《贾充传》，第 1170 页，卷六四《司马道子传》，第 1740 页，卷六五《王导传》，第 1753 页，《魏书》卷七四《尔朱荣传》，第 1655 页，卷八三上《外戚冯熙传》，第 1820 页。

〔3〕《晋书》卷三七《安平献王孚》，第 1084—1085 页。

〔4〕《晋书》卷三七《宗室传》史臣曰，第 1114 页；叶适：《习学记言序目》卷二九《晋书一》，第 419 页；王应麟著，翁元圻等注：《困学纪闻》卷一三，上海古籍出版社，2008 年，第 1517 页；王懋竑：《白田杂著》卷五。

〔5〕朱晓海：《西晋佐命功臣铭飨表微》，《台大中文学报》第 12 期，第 175—181 页。

如果我们能稍稍离开《晋书·司马孚传》塑造的谦退自守的长者形象，勾辑司马孚在魏晋之际政治变局中的实际作为，便不难发现其绝不是一个才具平庸的政治旁观者，每每在司马氏的权力遭遇危机的关键时刻，都能发现司马孚的身影。司马孚素来被认为具有其兄司马懿的风范，在曹魏政权中分别经历过地方郡守与中央官员的历练，颇有建树。在曹、马争夺的决战时刻，追随司马懿发动高平陵之变，与司马师共同担负攻克司马门的关键使命。当司马师掌权之初，面临东关惨败的政治危机时，又是司马孚率军二十万在新城击败了诸葛恪，巩固了司马氏的权力。毌丘俭、文钦起兵，司马师身患目疾，当时朝议多主张由司马孚领军出征，从中亦不难窥见他的才能及在司马氏集团中的特殊地位。正元元年(254)，姜维进击陇右，雍州刺史王经战败，关中动摇，亦是由司马孚前往坐镇，稳定局势。禅让之初，司马孚以太宰的身份，假黄钺、大都督中外诸军事，以防意外之变。[1] 由此可见，在魏晋之际，司马孚绝非是一个庸碌无为的保全门户者，每当亡魏成晋的关键时刻，司马孚往往挺身而出，化解危机，尤其是在司马师、司马昭兄弟掌权时，司马孚作为家族中的长老，利用自己丰富的政治经验，为两位侄儿保驾护航，起到了稳定人心的重要作用。观察司马孚在魏晋之际的作为，无疑有大功于晋室，是西晋当之无愧的开国功臣。

因此，作为一名积极的政治参与者，司马孚的命运与司马懿"营立家门"的成败密切联系在一起，自然不可能在魏晋之际持一保全门户的超脱立场，更何况，司马懿父子所为乃是谋逆大罪，一旦失败，覆巢之下，安有完卵，又岂是司马孚表面上超然物外所能

---

〔1〕《晋书》卷三《武帝纪》，第52—53页，卷三七《安平献王孚传》，第1082—1084页，《三国志》卷二一《傅嘏传》，第627页。

免祸的。因此，若要真正为家族门户考虑，在关键时刻担当重任，维护司马氏专权的局面才是司马孚最好的选择。另一方面，司马孚"大魏之纯臣"的政治姿态也不能够简单地斥之为伪。胡志佳指出司马孚尽管生前地位崇高，但司马孚在泰始八年（272）去世之后，次年武帝以其孙司马隆袭封安平王，司马隆不久之后于咸宁二年去世，死后因无子国除。据此，胡志佳认为安平国迅速嗣绝国除与司马孚生前深受尊崇的地位形成了鲜明对比，实为异事，武帝为何会在司马孚生前身后采取两种截然相反的态度，主要是基于对司马孚"有魏之贞士"身份的不满，在司马孚生前碍于其家族长辈的身份无法发作，故在他死后听任其国绝，以示惩罚。[1] 胡志佳的这一观察注意到司马孚死后安平国迅速衰弱的趋势，颇有见地，但仅据《晋书·宗室传》的记载判断安平国于咸宁二年国除，立论尚欠坚实。西晋安平国的命运颇为曲折，《晋书》及相关史籍的记载前后抵牾之处甚多，虽经清代学者的详细考辨，也没有得到完全解决，以下笔者在前人研究的基础上，对于安平国的命运略加梳理。

司马孚在泰始分封中最受优遇，武帝为了显示对宗室元老的尊重，安平国封四万户，突破了"邑二万户为大国"的常规，此时是司马孚一支在西晋政治中的极盛时代。随着司马孚的去世，安平国迅速由盛转衰。司马隆于咸宁二年去世后，根据周家禄、钱大昕等人的研究，武帝在咸宁三年（277）又立司马敦为安平王。[2] 在咸宁三年武帝调整诸侯分封时，在诸侯王国普遍增邑的情况下，安

〔1〕《晋书》卷三七《安平献王孚传》，第1085页；胡志佳：《门阀士族时代下的司马氏家族》，第201—205页。

〔2〕《晋书》卷三《武帝纪》，第67页，卷三七《宗室传》校勘记八，第1116页；钱大昕：《廿二史考异》卷一八《晋书一》，上海古籍出版社，2004年，第317页；周家禄：《晋书校勘记》卷四，收入《二十五史三编》第5册，岳麓书社，1994年，第181页。

平国被降为次国，仅食一万户，是此次分封调整受到影响最大的诸侯国，[1]这是安平国由盛转衰的一个关键点，从中也透露出武帝对司马孚的态度。其后，司马敦死于太康二年（281），未见有立嗣记载，安平国似乎已因嗣绝而国除。但清代学者劳格根据《太平寰宇记》中的一条记载指出，安平国只是改名为长乐国而已，并没有被国除：[2]

> 至晋泰始元年，封皇叔祖父孚为安平王；太康五年又改为长乐国，立孚曾孙祐为王；十年割武遂、武邑、观津三县为武邑国，以封南宫王承为武邑王。惠帝时承薨，无后，省还长乐。[3]

这段关于安平国、长乐国、武邑国之间承续分合的记载不见于《晋书》，[4]亦稍有难解之处，[5]但大体上还是可信的。因此，在司马孚死后，安平国虽然被降为次国，迅速由盛转衰，但并没有被国除。

不管如何，安平国确实在司马孚去世后，被严重削弱，与司马

---

〔1〕 杨光辉：《汉唐封爵制度》，学苑出版社，2001 年，第 23 页。

〔2〕 劳格：《晋书校勘记》卷二，丛书集成初编，商务印书馆，1936 年，第 28—29 页。

〔3〕《太平寰宇记》卷六三，中华书局，2007 年，第 1282 页。

〔4〕《晋书》中与此有关的记载有两处，卷三《武帝纪》太康五年“二月丙寅，立南宫王子玷为长乐王”（第 75 页，按玷系祐之讹），卷三七《司马孚传》云孚子司马翼，武帝受禅前即卒，“以兄邕之支子承为嗣，封南宫县王。薨，子祐嗣立，承遂无后”（第 1090 页，校勘记疑“嗣立”为“出立”之讹，可从）。另《太平御览》卷一九九引《晋起居注》：“武帝诏：安平献王孙承，昔以父早亡，不建大祚，以县封之。今以三县封为武邑王。”（第 961 页）因《晋书》未记长乐国系安平国改名，导致三国间的分合关系不明。

〔5〕 西晋封国大都以地名或者区域名命名，西晋有长乐县，但与此处的长乐国无关。长乐国所辖的武遂、武邑、观津都是在原安平国的范围内，据此安平国改为长乐国，仅仅是改名，并没有改变封地，这又与西晋封国一般的命名方式迥异，至于武帝改安平国为长乐国的背景也没有进一步的材料。

孚生前的位望及其在西晋政治中的地位不符。武帝与司马孚一支的关系颇为复杂,下文还将详论。通过上文的考述可以注意到司马孚在晋初表面风光的背后,也为其“大魏之纯臣”的政治姿态付出了相当的代价,因此,仅仅以沽名钓誉来评价司马孚在魏晋之际的一系列举动也有失偏颇。

如何来理解司马孚在魏晋之际两种取径截然相反的政治行为,笔者认为司马孚遗令中所言“不伊不周,不夷不惠”一语是解开这一谜团的关键。“不伊不周”一语典出班固《汉书》:

> 孝平不造,新都作宰,不周不伊,丧我四海。[1]

司马氏家族有“雅好《汉书》名臣列传,所讽诵者数十万言”的家学渊源,[2]《汉书》中的故实自然是司马孚自幼熟诵的。

而伯夷、柳下惠两位古代贤人的优劣亦是当时士人熟悉的话题,最初见于《论语》:

> 逸民:伯夷、叔齐、虞仲、夷逸、朱张、柳下惠、少连。子曰:“不降其志,不辱其身,伯夷、叔齐与!”谓:“柳下惠、少连,降志辱身矣,言中伦,行中虑,其斯而已矣。”谓:“虞仲、夷逸,隐居放言,身中清,废中权。我则异于是,无可无不可。”[3]

而孟子有“伯夷隘,柳下惠不恭。隘与不恭,君子不由也”的批

[1] 《汉书》卷一〇〇下《叙传》,第4240页。
[2] 《三国志》卷一五《司马朗传》注引司马彪《序传》,第466页。
[3] (清)程树德:《论语集释》卷三七《微子下》,中华书局,1990年,第1279—1287页。

评，[1]于后世影响颇大，汉世扬雄《法言》一书中则有意表彰一种“不夷不惠”的士人形象。

> 或问：“子，蜀人也，请人。”曰：“有李仲元者，人也。”“其为人也，奈何？”曰：“不屈其意，不累其身。”曰：“是夷、惠之徒欤？”曰：“不夷不惠，可否之间也。”[2]

与《法言》持论近似，而更为司马孚熟悉的今典，当是李固与黄琼书中所言：

> 闻已度伊、洛，近在万岁亭，岂即事有渐，将顺王命乎？盖君子谓伯夷隘，柳下惠不恭，故传曰“不夷不惠，可否之间”。盖圣贤居身之所珍也。诚遂欲枕山栖谷，拟迹巢、由，斯则可矣；若当辅政济民，今其时也。自生民以来，善政少而乱俗多，必待尧舜之君，此为志士终无时矣。[3]

《后汉书》章怀太子注引郑玄注云“不为夷、齐之清，不为惠、连之屈，故曰异于是也”。因此，汉代士人推重的“不夷不惠”，或承续孟子对伯夷、柳下惠的批评，主张更通达与含容的人生态度，顺时而为，而不是仿效古贤激烈而清介的处世之道。

司马孚在临终之前，用这两个熟知的典故作为自己一生行事的概括无疑蕴有深意，“不周不伊”的本意是指王莽自号宰衡，却无周公、伊尹之忠，致使汉家丧失了天下，司马孚当是自责身为曹

[1] （清）焦循：《孟子正义》卷七《公孙丑章句上》，中华书局，1987年，第249页。
[2] 汪荣宝：《法言义疏》卷一七《渊骞篇》，中华书局，1987年，第490页。
[3] 《后汉书》卷六一《黄琼传》，第2032—2033页。

魏元老,却没有尽到伊尹、周公的责任,致使魏室沦亡,另一方面恐怕也暗示对司马炎代魏之举的不满,认为其行径与王莽相似。而第二句话,司马孚则存有为自己辩护之意,所谓"不夷不惠"是指不屈其意、不累其身的人生态度,即司马孚认为其在魏晋之际所行虽"不为夷、齐之清",亦"不为惠、连之屈",也算是"立身行道、终始若一"。可知司马孚一方面对于亡魏成晋的历史过程表示惋惜,为自己没有尽到保傅的责任而感到自责,另一方面,他对自己在此期间的政治行为表示满意,所行遵从自己的意愿,恪守道德底线,没有为外物所累。[1] 从这一层面而言,司马孚在魏晋之际的政治态度确实终始若一,他无意模仿伯夷不食周粟的刚烈行为,[2] 而试图在"夷、惠之间"寻找平衡。

为何司马孚要采取这样折衷的政治态度,他心中的"不夷不惠"究竟是哪两者之间的平衡?要寻求这一问题的答案恐怕首先要从司马孚所处的时代背景入手,司马孚出生与成长的青年时代,正是东汉清议最盛、士风最为凌厉的时期。作为出身儒学家族的青年士人,耳濡目染于这个风雨如晦、鸡鸣不已的时代,汉末士人激清扬浊的社会风气、秉持君臣大义的高蹈气节自然会在他的生命历程中留下深刻的印迹。但是,同样在这个时代,

---

〔1〕 巧合的是陈寅恪也曾多次使用"不夷不惠"一语来比况时世,1928 年所撰《为俞曲园先生病中呓语跋》云:"吾徒今日处身于不夷不惠之间,托命于非驴非马之国",《寒柳堂集》,生活・读书・新知三联书店,2001 年,第 164 页。1946 年又告旧友李思纯新得一联语,云"托命非驴非马国,处身不惠不夷间"。陈寅恪所言与司马孚颇有"异世同调"之感,皆表达了自身浮沉于世、疏远政治的态度。另参罗志田:《非驴非马:陈寅恪的文字意趣一例》,《读书》2010 年第 4 期,第 56—62 页。

〔2〕 其实司马氏家族的成员中有人对魏晋嬗代提出了更加强烈的抗议,《晋书》卷三七《任城王景传》:(司马)顺字子思,初封习阳亭侯。及武帝受禅,顺叹曰:"事乖唐虞,而假为禅名!"遂悲泣。由是废黜,徙武威姑臧县。虽受罪流放,守意不移而卒,第 1114 页。可知武帝对于超越政治容忍界限的抗议,虽是宗室至亲,并无宽假,这或许也是司马孚不愿意采取过于激烈姿态的原因之一。

士人对于家族与国家的观感也在逐渐发生变化，汉晋之际被热切讨论的“君父先后”话题，不仅体现了忠孝观念的纠结冲突，也在一定程度上反映了士人对国家与家族之间关系的焦虑。[1]在汉末乱世中，司马孚的父亲司马防自己随汉献帝西迁长安，而命令长子司马朗返回河内故乡，率领宗族避乱黎阳，从而在战乱中保全了司马氏家族，司马防此举无疑蕴含着在家国之间寻求平衡的意图。当年目睹父亲选择的司马孚在半个世纪之后，也要亲身面对君臣大义与家族伦理互相颉颃的困境，而他选择的困难程度无疑要远高于其父。一方面是自己的兄长子侄都已卷入了“营立家门”的活动，如果司马孚置身事外的话，一旦失败，则有倾家覆族之祸，特别是在司马懿死后，作为家族的长老，司马孚更有义务担负起维持门户的责任。另一方面则是君臣伦理的道德规范，作为一位年过七旬的政治老人，他曾经亲身浸濡过汉末砥砺名节的昂扬士风，其半个世纪的仕宦生涯是与曹魏政权的兴衰成败密切联系在一起的。作为亲自参与了曹魏开国宏业的元老功臣，以“忠”和“报”为中心的君臣伦理无疑对他的政治行为有着深刻的影响。由此构成的两难困境是魏晋之际造成司马孚政治行为不断游移的根本原因，司马孚“不夷不惠”的自许已经表明了他无意仿效汉末党人那样激烈的抗争方式，而是努力在国家与家族的颉颃中寻找一条“不屈其意、不累其身”的折衷道路，这样我们才能理解司马孚为何会在魏晋之际持一个

---

〔1〕 由于如何在乱世中安置国家、家族及个人利益的先后已成为每个士人所必须面对的现实问题，而汉儒的忠孝之论并不足以应对魏晋社会的复杂性，忠与孝之间的关系及次序不断地受到社会现实的挑战与冲击，才使其成为士人反复申论的重要话题。参读唐长孺：《魏晋南朝的君父先后论》，《魏晋南北朝史论拾遗》，第233—248页；林丽真：《论魏晋的孝道观念及其与政治、哲学、宗教的关系》，《台湾学者中国史研究论丛·思想与学术》，第33—53页。

表面上看来自相矛盾的政治立场。[1]

总之，对于司马孚这样一个复杂的人物，不能简单地用平面化或道德化的眼光加以审视，只有深切地了解他所身处的时代背景及其面临的政治变局，才能真正理解其所深陷的伦理困境。

与司马孚一样在魏晋之际的历史中表现出复杂面向的士人尚有不少，陈泰便是另一个典型案例。与司马孚不同，陈泰并没有亲身经历过汉末清议风潮的洗礼，作为曹魏官僚的第二代，曹魏开国的荣光也与其无关，因此他身上没有肩负父辈的道义责任。陈泰是高平陵政变的同情者之一，参与了劝说曹爽放弃抵抗，司马懿掌权之后，立刻派遣陈泰出任雍州刺史，与郭淮共同控制关中局势，郭淮死后，陈泰继任征西将军、假节都督雍凉诸军事，长期坐镇关中，对抗姜维，关中局势的稳定为司马氏执掌朝政创造了良好的外部条件，其后征为尚书右仆射，掌选举。司马昭率六军征讨诸葛诞，陈泰总署行台，[2]在魏晋之际为司马氏家族出力甚多。基于以上事实，学者一般将陈泰归入司马氏死党的行列。但这一单向度的形象同样让人忽视了其受士人道德伦理约束的一面。面对高贵乡公被弑，陈泰与司马孚一样表现出了与众不同的态度：

> 干宝《晋纪》曰：高贵乡公之杀，司马文王会朝臣谋其故。太常陈泰不至，使其舅荀顗召之。顗至，告以可否。泰曰："世之论者，以泰方于舅，今舅不如泰也。"子弟内外咸共逼之，垂涕而入。王待之曲室，谓曰："玄伯，卿何以处我？"对曰："诛贾充以谢天下。"文王曰："为我更思其次。"泰曰："泰言惟有

---

〔1〕 反映这种家国矛盾最典型的事件是废齐王芳时，司马孚先以"守尚书令太尉长社侯臣孚"的身份领衔上书，至齐王芳离开太极殿，"群臣送者数十人，太尉司马孚悲不自胜"，《三国志》卷四《三少帝纪》裴注引《魏书》《魏略》，第129页。

〔2〕 《三国志》卷二二《陈泰传》，第638—642页。

进于此，不知其次。"文王乃不更言。

《魏氏春秋》曰：帝之崩也，太傅司马孚、尚书右仆射陈泰枕帝尸于股，号哭尽哀。时大将军入于禁中，泰见之悲恸，大将军亦对之泣，谓曰："玄伯，其如我何？"泰曰："独有斩贾充，少可以谢天下耳。"大将军久之曰："卿更思其他。"泰曰："岂可使泰复发后言。"遂呕血薨。[1]

这一事件本为史家熟知，但陈泰这一政治姿态背后的意味，研究者尚注意不多。颍川陈氏作为汉末以来士人家族的首望，陈泰在这一弑君事件中的表现，不但为天下士人所瞩目，更与其家族声望的升降沉浮密切相关。因此，面对这一突发的政治事件，陈泰首先采取了退而避之的态度，不愿受此牵连，以保守的姿态维护家族门户。[2]

为此司马昭特命其舅荀顗前往招之，迫使陈泰必须对这一问题表态。荀顗所出的颍川荀氏在汉魏时代与颍川陈氏齐名，两族之间有密切的交往、通婚关系，同样在社会声望方面也互相竞争。"正始中，人士比论，以五荀方五陈"，而与陈泰并称的恰是荀顗，[3]因此荀氏家族在这场风波中如何表现，与自己齐名的荀顗能否坚守士人的道德原则，亦是陈泰关注的焦点。因为这不但关系到陈泰、荀顗两人的高下之别，也与陈、荀两族社会声望的沉浮

---

〔1〕《三国志》卷二二《陈泰传》注引干宝《晋纪》、《魏氏春秋》，第642页，此事亦见《世说新语·方正第五》，刘孝标注引《汉晋春秋》叙其事云陈泰"归而自杀"，余嘉锡：《世说新语笺疏》，第287—288页。

〔2〕对于颍川陈氏这样的四海之望而言，未必会对魏晋嬗代表达激烈的抗议，但作为前朝旧臣，需对篡位举动保持距离，以维护士人的名节及家族声望，陈泰之父陈群在汉魏革命时的表现便是典型的例子，见《三国志》卷一三《华歆传》注引《魏书》，第403页。

〔3〕《世说新语·品藻第九》，余嘉锡：《世说新语笺疏》，第504—505页。

密切相连。[1] 因此当陈泰看到荀顗作为司马昭的使者到来时，无疑认为自己在此事中的表现更好地守护了君臣之义，同时也在陈、荀两族高下的较量中占据了上风，所以他不无得意地告诉荀顗"世之论者，以泰方于舅，今舅不如泰也"。[2] 但是陈泰依然面临着是坚守原则到底，还是与荀顗一同走上妥协之路的选择，从"子弟内外咸共逼之"的记载来看，荀顗从司马昭那里带来的恐怕不只是邀请，还附有政治上的恫吓，如果此时陈泰仍拒绝出现，或许整个陈氏家族都会受到牵连。在此情况下，陈泰不得不垂涕而入。从中我们可以发现陈泰无论是起初的退避三舍，还是最后的垂涕而入，其选择的出发点都意在维护颍川陈氏家族的政治地位与社会声望。

其实从《世说新语》生动的记载中，我们不难注意到陈泰与司马昭之间亲密的友谊，"司马景王、文王皆与泰亲友，及沛国武陔亦与泰善，"[3]但这种私人情谊并不能使陈泰放弃士人担负的道义责任，为了维护士人的道德准则和颍川陈氏家族的社会声望，在高贵乡公被弑一事上，陈泰采取了严正的立场，提出"诛贾充以谢天下"的善后方案。谁都明白，在当时的形势下，这一方案不可能被司马昭所接受，贾充作为司马昭的左膀右臂，在魏晋嬗代的关键时刻，司马昭绝不可能将其抛出作为替罪羊。而

---

〔1〕 这种高下品评对于士人个体及家族声望都有巨大的影响，也是士人最关心的话题之一，《世说新语·品藻第九》记载此类事甚多，极端者如王珣临终，尚念念不忘于"世论以我家领军比谁"，见余嘉锡：《世说新语笺疏》，第543—544页。

〔2〕 这种士人间的比拟与竞争在魏晋时代无处不在，不但不同的家族之间有所比竞，即使父子之间亦难逃品评，武陔论陈群、陈泰父子优劣，以为若"以天下声教为己任者"，陈泰不如其父，《世说新语·品藻第九》，余嘉锡：《世说新语笺疏》，第504页，正是因为有此非议的存在，陈泰在关系天下声教、士人名节的大是大非问题上，尤需措意。

〔3〕 《三国志》卷二二《陈群传附陈泰传》，第641页；具体事例参见《世说新语·排调第二十五》及本书第二章的讨论，余嘉锡：《世说新语笺疏》，第780—781页。

陈泰“惟有进于此，不知其次”的强硬坚持，实际上意在争取道德上的制高点，这种坚持为他赢得了“垒块有正骨”的称誉，[1]但是陈泰的行为在维护了家族声望的同时，也给司马昭带来了更大的难堪，同样也损害了颍川陈氏与河内司马氏之间原本亲密的关系。这是一种政治上的两难，陈泰必须要在社会声望与政治权力之间加以抉择。

更可注意的是《三国志》、《世说新语》注文中所引《魏氏春秋》、《汉晋春秋》中分别有“遂呕血薨”、“归而自杀”这样的记载，然而历代史家或许受制于陈泰是司马氏党羽这一先入之见，很少有学者采信这一记载，[2]但陈泰因高贵乡公事而死在《魏氏春秋》、《汉晋春秋》中存有两条出自不同史源的记载，并非孤证，又分别被裴松之、刘孝标采入《三国志》、《世说新语》注中，可知此说在魏晋南朝颇为风行。另外可以注意的是东晋袁宏所作《三国名臣颂》中对陈泰的评论：“玄伯刚简，大存名体。志在高构，增堂及陛。端委兽门，正言弥启。临危致命，尽其心礼”，[3]其中“临危致命”一语指涉的史事当是陈泰面对高贵乡公之死，不避祸乱，有捐躯致命之举。据《三国志·陈泰传》记载陈泰死于景元元年，并未系月，而高贵乡公之死发生在是年五月，两事在时间上非常接近，确实存在互相关联的可能。孙盛、习凿齿、袁宏皆为晋代史臣，距当时不远，所言或不无凭依，《三国志》未明言陈泰死因，盖为司马氏讳而已。

其他一些证据也从侧面印证了陈泰之死非同寻常。陈泰死

---

[1] 王右军目陈玄伯：“垒块有正骨”，见《世说新语·赏誉第八》，余嘉锡：《世说新语笺疏》，第479页。

[2] 参读卢弼《三国志集解》卷二二《陈群传附陈泰传》引诸家说，第548页。

[3] 《晋书》卷九二《文苑袁宏传》，第2396页。

后，司马昭“启顗代领吏部”，〔1〕接替陈泰出任尚书左仆射，执掌选举重任的恰恰是在此事中表现积极的荀顗，这一人事变动，难免让人觉得司马昭有论功行赏之嫌。尽管《三国志》、《晋书》中都没有明确标示陈泰去世的原因及荀顗继任的背景，但《晋书·荀顗传》却特别指出：荀顗四辞而后就职，这一特别谦虚的姿态似乎暗示他获得这一任命并不是深孚众望的，所以不得不做出反复辞让的姿态来平息争议。尚书左仆射、领吏部，担负着官员诠选的重任，一般由出身名望之家或享有清誉的士人担当，无论是从颍川荀氏家族的声望而言，还是荀顗素与陈泰齐名这一点而论，荀顗无疑是最合适的继任者，平心而论，这一任命本当毫无争议。但高贵乡公被弑之后特殊的政治氛围，加上荀顗非同寻常的谦逊姿态，都为这一“普通”的人事任命笼上了一层疑云。在当时的情境中，荀顗所试图平息的很可能是对他在高贵乡公遇弑事件中表现出“舅不如泰”的政治操守的质疑，同时也暗示了陈泰这位前任的行事给荀顗造成了强大的道德压力，《晋书·荀顗传》中强调：“顗承泰后，加之淑慎，综核名实，风俗澄正”，〔2〕史官此处特别标示荀顗这位继任者萧规曹随，很好地完成了吏部诠选的职责，但这种刻意似乎也在提醒读者，荀顗尚书左仆射的任上，一直伴随着前任陈泰的影子。为何这一看似平常的职务交替会显得如此引人注目，其原因只能追溯到两人在高贵乡公被弑一事上的不同表现，陈泰借此彻底扭转了过去“泰方于舅”的普遍看法，对荀顗构成特殊的道德压

---

〔1〕《北堂书钞》卷五九引王隐《晋书》，第199页。

〔2〕需要特别指出的是“四辞而后就职，顗承泰后，加之淑慎，综核名实，风俗澄正”这段记载分见于王隐《晋书》、臧荣绪《晋书》，可知今本《晋书》这段文字系袭用晋代史官的原文，亦从侧面印证叙事可能存有春秋笔法。见《初学记》卷一一引王隐《晋书》，第262页；《北堂书钞》卷五九引王隐《晋书》，第199页；《文选》卷五八《褚渊碑文》注引臧荣绪《晋书》，第2510页。

力。因此或可推测陈泰在这一事件中的表现恐怕要比现存史料所见的更加激烈。

颍川陈氏家族在西晋的迅速陨落，则反映出陈泰去世后，其家族与司马氏日渐疏远。据《陈氏谱》："群之后，名位遂微"，[1]西晋建国之后，于汉魏二朝四世并有重名的颍川陈氏毫无征兆地突然衰落，子孙虽仍有仕宦，已非政治核心圈中的人物，如果陈泰果真是司马氏的死党，以他在魏晋之际的作为，其子孙在"其所服乘皆先代功臣之胤，非其子孙，则其曾玄"的西晋平庸无闻确实是一件让人难以理解的事情，[2]其间的奥秘或许只能从高贵乡公死后颍川陈氏与司马氏关系的变化中加以探求了。

以上笔者通过对于司马孚与陈泰两人在魏晋之际政治行为的诠释，试图重建因为历史书写而被遮蔽的魏晋士人的复杂面向，并借助个案分析展示士人群体在此期间面临的种种道德挑战。魏末士人所处的时代上承汉末清议风潮的余烈，下开士族社会注重家族利益的风气，正是由于处于这样一个社会文化的转型期，司马孚、陈泰为代表的魏晋士人面临从魏臣到晋臣这一身份转换时，必须直面复杂的矛盾与道德困境，"家"与"国"之间的纠结，"公"与"私"之间的颉颃在魏晋之际纷繁复杂的历史图景中显得格外引人注目。

第三节　司马氏集团的权力结构与矛盾衍生

在本书第二章中，笔者通过对伐蜀之役人事布局的安排以及

[1] 《三国志》卷二二《陈泰传》注引《陈氏谱》，第 642 页。

[2] 《晋书》卷四六《刘颂传》，第 1296 页。

邓艾、钟会矛盾形成过程的分析，初步揭示了司马氏集团内部存在的矛盾。本节在此基础上进一步分析魏晋之际司马氏集团逐步凝聚形成的过程中，内部权力结构的变化及矛盾衍生的过程，揭示出司马氏集团构造上的不稳定性，从而为我们深入探讨西晋新朝甫立便政争不断的反常现象奠定基础。

司马氏集团最初脱胎于司马懿在曹魏政治中的权势网络，经过祖孙三代四人近二十年的努力方才逐步凝聚成型，这一政治集团具有形成过程复杂与凝结周期长两大特点。要观察司马氏集团内部的权力结构，咸宁元年八月壬寅配飨于庙的功臣名单是一份重要的文献，列入其中的共计十二人：

> 以故太傅郑冲、太尉荀顗、司徒石苞、司空裴秀、骠骑将军王沈、安平献王孚等及太保何曾、司空贾充、太尉陈骞、中书监荀勖、平南将军羊祜、齐王攸等皆列于铭飨。[1]

对于这份名单所蕴含的政治意义，朱晓海已做了较好的揭示，指出这份名单反映的是从司马昭后期到咸宁初司马氏集团的权力结构，能够较为清晰地体现司马氏集团内部的亲疏关系以及各人在魏晋之际的政治立场。其中在晋初的三公当中，取郑冲、何曾，而舍弃声望更高的王祥，主要原因在于王祥在魏晋嬗代时持更为超然的立场，高贵乡公遇弑，王祥号哭"老臣无状"，见司马昭揖而不拜，陈留王禅位，王祥悢悢，有送故之情。[2] 相对而言，郑冲虽然人望较低，表现却积极得多，他率百官劝司马昭进晋王、受九锡，驰遣信，就阮

〔1〕《晋书》卷三《武帝纪》，第65页。

〔2〕《晋书》卷三三《王祥传》，第988页；《太平御览》卷四九六引《王祥别传》，第2267页。

籍求劝进文,魏帝禅位,又使郑冲奉策,[1]两人不同的政治态度决定了他们在功臣铭飨名单上的一进一出。[2] 通过朱晓海的研究,我们可以了解到尽管司马氏表面上对王祥这样的士人之望优礼有加,委以高位,实际上仍有明显的亲疏之别,只是将其充作点缀门面的装饰物而已,并不能在司马氏集团的权力结构中占据重要位置。

围绕着这份名单,除了朱晓海揭示的问题外,还有不少地方可供进一步发覆。在这十二人中,司马孚、司马攸为西晋宗室,暂且不论。异姓十人中,虽然郑冲较之于王祥在政治上更加接近司马氏,但他出身寒微,父祖无闻,与司马氏家族本无渊源,之所以能以儒宗登保傅,主要缘于司马氏欲借其士望,邀揽人心,实际上郑冲在魏晋之际的主要作用只是奉策、劝进等礼仪性使命,[3]并无实权,因此,他地位虽高,却不是司马氏集团核心圈中的成员。剩余的九人中,石苞起自徒隶,受司马师拔擢信用,是晋初功臣中极少出身微贱的特例。羊祜外祖为汉末名士蔡邕,泰山羊氏九世二千石,是两汉名族,但羊祜父祖在曹魏政治中地位平平,羊祜直至司马氏专权的后期方才出仕,[4]却能迅速跻身司马氏集团的核心圈中,主要依凭当是其司马氏姻亲的特殊身份。其余荀顗、裴秀、王沈、何曾、贾充、陈骞、荀勖等七人皆是曹魏官僚子弟,他们构成了司马氏集团核心圈的主干。其中荀勖的情况略有特殊,荀勖尽管出身颍川荀氏,但其父荀肸早亡,依于舅氏颍川钟氏,故他与外家关系似乎更加密切,"钟会反,主簿郭奕、参军王深以荀勖是会从

---

〔1〕《晋书》卷二《文帝纪》,第 37、42 页;卷三三《郑冲传》,第 992 页;《世说新语·文学第四》,余嘉锡:《世说新语笺疏》,第 245 页。

〔2〕朱晓海:《西晋佐命功臣铭飨表微》,《台大中文学报》第 12 期,第 149—192 页。

〔3〕《晋书》卷三三《郑冲传》,第 991—992 页。

〔4〕羊祜出仕的背景可参读徐高阮:《山涛论》,《历史语言研究所集刊》41 本 1 分,第 94—97 页。

甥，少长舅氏，劝帝斥出之”，便是一证。[1] 此外，荀勖作为钟会之甥，以年辈而论，他是司马氏集团核心圈中唯一的曹魏官僚第三代子弟，与武帝司马炎平辈，而荀顗等其他六人则皆是曹魏官僚的第二代子弟，年辈与司马师、司马昭兄弟相若，高过武帝司马炎一辈。在这九人中，荀顗、何曾、贾充、石苞四人在司马懿、司马师父子时代就已成为司马氏集团的重要成员，而裴秀、王沈、陈骞、荀勖、羊祜五人则要到司马昭执政时期方才崭露头角，跻身司马氏集团的核心圈中。

应该说，这份十二人的名单构成了西晋立国之后官僚机构的核心，在魏晋嬗代之际起到了决定性的作用。例如平蜀之后，郑冲、贾充、羊祜三人负责制定礼仪、律令，裴秀改订官制，建议开建五等之爵，自骑督以上六百余人皆封，[2] 建立新朝所需的各项制度、文化准备工作皆是由以上诸人设计完成的。石苞“每与陈骞讽魏帝以历数已终，天命有在”，[3] 羊祜与荀勖共掌机密。“迁中领军，悉统宿卫，入直殿中，执兵之要，事兼内外”，[4] 而在改朝换代的关键时刻，以上诸人亦是鞍前马后，出入要津，厥功至伟。因此，新朝肇立，论功行赏，对于诸位从龙功臣报之以高官厚禄：

> 以骠骑将军石苞为大司马，封乐陵公，车骑将军陈骞为高平公，卫将军贾充为车骑将军、鲁公，尚书令裴秀为巨鹿公，侍中荀勖为济北公，太保郑冲为太傅、寿光公，太尉王祥为太保、睢陵公，丞相何曾为太尉、郎陵公，御史大夫王沈为骠骑将军、

---

〔1〕《晋书》卷三九《荀勖传》，第 1152—1153 页。
〔2〕《晋书》卷三三《郑冲传》，第 992 页；卷三五《裴秀传》，第 1038 页。
〔3〕《晋书》卷三三《石苞传》，第 1002 页。
〔4〕《晋书》卷三四《羊祜传》，第 1014 页。

博陵公，司空荀顗为临淮公，镇北大将军卫瓘为菑阳公。[1]

世祖武皇帝即位之初，以安平王孚为太宰，郑冲为太傅，王祥为太保，司马望为太尉，何曾为司徒，荀顗为司空，石苞为大司马，陈骞为大将军，世所谓八公同辰，攀云附翼者也。[2]

司马炎称帝之后，首批受封为公爵的十一名异姓功臣中，后来列入配飨名单的功臣占了其中的九位，[3]不在其列的只有王祥、卫瓘两人。卫瓘本传载："时权臣专政，瓘优游其间，无所亲疏"，卫瓘平蜀之后固辞封赏，太康初年又固辞尚主之命，[4]可见卫瓘虽是魏晋之际重要的政治人物，却一直有意与司马氏集团保持距离，因此未被列入配飨名单之中。而在晋初"八公"之中，后来有六位被列入了铭飨名单，未被列入的两位是王祥与司马孚之子司马望，可见配飨名单所列的十二人确实包含了司马氏集团最核心的成员。若依晋初"八公"的位次，在配飨功臣名单中地位最高的六人当是司马孚、郑冲、何曾、荀顗、石苞、陈骞。但魏晋之际政治的微妙之处就在于，以上六人虽然地位崇高，主要是为了犒赏他们从司马懿时代开始为司马氏集团所作的贡献以及政治平衡的需要，并非因为他们是年轻的皇帝司马炎的亲信。真正构成司马炎时代决策核心的恰恰是不在这"八公"之列的贾充、裴秀、荀勖、王沈、羊祜等五人。在司马昭后期与司马炎时期，《晋书》各人本传之中，曾多次开列司马氏心腹的名单，间有同异，颇能反映出当时司马氏集团权力结构的变迁：

---

〔1〕《晋书》卷三《武帝纪》，第 52 页。

〔2〕《晋书》卷二四《职官志》，第 724 页。

〔3〕唯一不在其列的羊祜，最初也拟晋封公爵，只因羊祜固辞而作罢。《晋书》卷三四《羊祜传》，第 1014 页。

〔4〕《晋书》卷三六《卫瓘传》，第 1055—1057 页。

（陈）骞少有度量，含垢匿瑕，所在有绩。与贾充、石苞、裴秀等俱为心膂，而骞智度过之，充等亦自以为不及也。[1]

（王）沈以才望，显名当世，是以创业之事，羊祜、荀勖、裴秀、贾充等，皆与沈谘谋焉。[2]

（钟）会平，（荀勖）还洛，与裴秀、羊祜共管机密。[3]

帝甚信重（贾）充，与裴秀、王沈、羊祜、荀勖同受腹心之任。[4]

泰始中，人为充等谣曰："贾、裴、王，乱纪纲。王、裴、贾，济天下。"言亡魏而成晋也。[5]

在以上五份司马氏心腹的名单中，第二、四两份是完全相同的，列举的贾充、裴秀、荀勖、王沈、羊祜等五人，恰好是未在晋初"八公"之列，后来却配飨于庙的五位异姓功臣，第三份所列的荀勖、裴秀、羊祜三人与第五份所列的贾充、裴秀、王沈三人皆包含在这五人当中，因此除了第一份名单之外，后四份名单可被视为同一来源，只是详略不同而已，唯有第一份名单所列出的陈骞、贾充、石苞、裴秀四人之中，陈骞、石苞两人从未在后四份名单中被提到过，其间反映出的权力核心圈变迁，值得关注。

关于石苞，我们有充分的证据表明他在晋武帝时代已经失宠，泰始四年（268）九月，[6] 由于司马炎对石苞的猜忌，险些激起第

〔1〕《晋书》卷三五《陈骞传》，第 1036 页。

〔2〕《晋书》卷三九《王沈传》，第 1145 页。

〔3〕《晋书》卷三九《荀勖传》，第 1153 页。

〔4〕《晋书》卷四〇《贾充传》，第 1166 页。

〔5〕《晋书》卷四〇《贾充传》，第 1175 页。

〔6〕此事《晋书》未系年，《资治通鉴》卷七九系于泰始四年九月，从之，第 2507—2508 页，万斯同：《晋将相大臣年表》亦系于此时，当本自《通鉴》，《二十五史补编》第 3 册，中华书局，1955 年，第 3327 页。

四次淮南之变：[1]

> 自诸葛诞破灭，（石）苞便镇抚淮南，士马强盛，边境多务，苞既勤庶事，又以威德服物。淮北监军王琛轻苞素微，又闻童谣曰："宫中大马几作驴，大石压之不得舒。"因是密表苞与吴人交通。先时望气者云"东南有大兵起"。及琛表至，武帝甚疑之。会荆州刺史胡烈表吴人欲大出为寇，苞亦闻吴师将入，乃筑垒遏水以自固。帝闻之，谓羊祜曰："吴人每来，常东西相应，无缘偏尔，岂石苞果有不顺乎？"祜深明之，而帝犹疑焉。会苞子乔为尚书郎，上召之，经日不至。帝谓为必叛，欲讨苞而隐其事。遂下诏以苞不料贼势，筑垒遏水，劳扰百姓，策免其官。遣太尉义阳王望率大军征之，以备非常。又敕镇东将军、琅邪王伷自下邳会寿春。苞用掾孙铄计，放兵步出，住都亭待罪。帝闻之，意解。及苞诣阙，以公还第。苞自耻受任无效而无怨色。[2]

由于司马懿与淮南渊源不深，如何控制淮南是司马氏代魏过程中遭遇的最大挑战之一，甘露三年平定诸葛诞之后，甘露四年（259），司马昭命石苞都督扬州，至泰始四年恰好满十年。在石苞的控制下，淮南局势稳定，为司马氏家族代魏创造了稳定的外部环境。作为专制一方的诸侯，石苞掌握了可观的军事力量，对于中央政务也颇有发言权，司马昭去世，贾充、荀勖议葬仪未定，石苞奔丧

---

〔1〕关于这一事件，历来学者注意不多，笔者所见只有王惟贞《从〈晋书·石苞传〉看魏晋之际的君臣关系》一文有所涉及，但其将司马炎对石苞的猜忌仅仅归因于当时君臣相疑的社会风气，似可商榷。原刊《中国历史学会集刊》第 32 期，后又附录于氏著《魏明帝曹叡之朝政研究》，第 133—153 页。

〔2〕《晋书》卷三三《石苞传》，第 1002 页。

赶回,云“基业如此,而以人臣终乎”,石苞这一表态不但决定了司马昭不以人臣之礼安葬,事实上启动了魏晋禅让的仪式,〔1〕更重要的是他以地方实力派的身份公开宣布了自己对魏晋嬗代的支持,对于推动司马炎代魏称帝起到了关键作用。其后他又联合另一位掌握兵权的地方诸侯,都督荆州诸军事陈骞一起向魏帝施压,“讽魏帝以历数已终,天命有在”,本传言“及禅位,苞有力焉”绝非是一句空言。〔2〕 既然石苞有大功于晋室,又率先表态支持武帝代魏,司马炎为何会对其产生猜忌。

从整个事件的经过来看,大约有两件事引发了武帝的疑忌。一是淮北监军王琛捕风捉影的报告,另一个则是东吴方面的离间之谋,“(丁)奉与晋大将石苞书,构而间之,苞以征还”。〔3〕 一般而言,晋、吴前线的两国统帅互通声讯颇为寻常,稍后羊祜坐镇荆州,与吴将陆抗使命交通,往来不绝,便是一例。〔4〕 石苞坐镇淮南十年,类似的使命往来与离间谣言恐非稀见,〔5〕但为何武帝会轻信此无根之言,未加按覆便对一位功勋卓著的老臣妄加猜忌,虽有羊祜为之辩解而终不能释疑,进而迫不及待地秘密派遣司马望、司马伷两位宗室率领大军准备武力进讨,这一过激的反应不但有悖常理,更与司马氏优容功臣的一贯做法相违。若非石苞应对得当,放兵步出,待罪都亭,恐不免最终酿成第四次淮南之乱。

---

〔1〕《三国志集解》卷四《三少帝纪》引赵一清曰:“观此,则未禅位之前,居然行天子之礼,又与孟德不可同年而语矣”,第 172 页。事实上,以天子之礼葬司马昭,是颇为特殊的安排,无疑向天下宣示晋事实上已革魏命。

〔2〕《晋书》卷三三《石苞传》,第 1001—1002 页。

〔3〕《三国志》卷五五《丁奉传》,第 1302 页。

〔4〕《晋书》卷三四《羊祜传》,第 1017 页。

〔5〕例如《文选》卷四三有孙楚《为石仲容与孙皓书》,仲容为石苞之字,《文选》注引臧荣绪《晋书》叙此事本末:“太祖遣徐劭、孙郁至吴,将军石苞令孙楚作书与孙皓。劭至吴,不敢为通”,第 1931—1938 页,则作为对吴前线的重臣,石苞尚可直接与吴主有信函往来。

在这一事件中,淮北监军王琛起了关键作用,王琛其人史籍中仅此一见,事迹无考。[1] 淮北都督区系曹魏甘露二年从扬州都督区析置而出,[2]主要目的在于削弱扬州军政的实力,以免造成地方势力尾大不掉的局面,因此淮北的设置本来就负有制衡扬州的目的,王琛向司马炎汇报石苞的动向,或是其职责所在,或是出自司马炎的授意,并不足为奇。由于王琛"轻苞素微",于是假借当时流行的"宫中大马几作驴,大石压之不得舒"之童谣,[3]诬陷石苞与吴国交通,成为事件的导火索。从《晋书》的记载来看,王琛欲诬陷石苞的诱因其实非常简单,乃是鄙视石苞卑微的出身。上文已经指出,构成司马氏集团主干的是曹魏贵戚子弟,石苞作为其中少有的异类,与邓艾的情形相似,在这一群体中显得格格不入。王琛名位远在石苞之下,却敢以出身轻之,便是一证。在魏晋之际,石苞的出身不但为同僚所鄙,甚至被属下轻侮:

> (孙)楚后迁佐著作郎,复参石苞骠骑军事。楚既负其材气,颇侮易于苞,初至,长揖曰:"天子命我参卿军事。"因此而嫌隙遂构。苞奏楚与吴人孙世山共讪毁时政,楚亦抗表自理,纷纭经年,事未判,又与乡人郭奕忿争。武帝虽不显明其罪,然以少贱受责,遂湮废积年。初,参军不敬府主,楚既轻苞,遂

---

〔1〕《晋书》卷三三《王祥传附王览传》言王览子王琛为国子祭酒,似乎并非同一人,第991页;又《太平御览》卷二四五引《晋起居注》,太康十年诏:"尚书郎王琛,每所陈论,意在忠谠,其以为太子庶子",第1161页,按此处的王琛当是王览子。

〔2〕严耕望:《中国地方行政制度史·魏晋南北朝地方行政制度》,第26页;张鹤泉:《魏晋南北朝都督制度研究》,第8页。

〔3〕"大马几作驴"是晋初流行的谶谣,或曾被人有意地加以利用,改写传播,成为政治斗争中互相攻讦的工具。除了石苞一事外,惠帝初又有"荆笔杨板行诏书,宫中大马几作驴"之语,盖指杨骏及楚王司马玮专权,见《晋书》卷二八《五行志中》,第844页。

制施敬，自楚始也。[1]

孙楚之祖孙资是魏明帝的亲信，权倾一时，但孙资素有恩幸之名，并不为时人所重，其子弟尚需借助父辈的权势，方能勉强跻身以夏侯玄为中心的人物品评网络：

> 是时，当世俊士散骑常侍夏侯玄、尚书诸葛诞、邓飏之徒，共相题表，以玄、畴四人为四聪，诞、备八人为八达，中书监刘放子熙、孙资子密、吏部尚书卫臻子烈三人，咸不及比，以父居势位，容之为三豫，凡十五人。[2]

尽管孙楚才藻卓绝，被并州大中正王济目为："天才英博，亮拔不群"，但其少贱，素少乡曲之誉，年四十余方才出仕，[3]可见其家族也非清贵门第。即使如此，孙楚亦足以自傲于石苞，甚至以下凌上，轻侮府主，可见对于石苞出身的轻鄙是司马氏集团内部的普遍心态，而非王琛一人的特例。以曹魏贵戚子弟为主干的西晋官僚层对于石苞的排斥，在他被召入京之后，依然表现得十分明显。石苞至，武帝甚有惭色，这一事件本来完全是由武帝的猜忌而引起的，但石苞依然为此受到了谴责，免官，以公还第。郭廙上书为石苞抱不平，武帝欲起之为司徒这样的闲职，又遭到有司的阻挠，认为"苞前有折挠，不堪其任。以公还第，已为弘厚，不宜擢用"。[4]在这里又出现了"有司"的身影，从上文的邓艾、王濬，到此处的石苞，这些人都被代表西晋官僚阶层意见的"有司"所敌视，那么西

---

〔1〕《晋书》卷五六《孙楚传》，第 1542 页。
〔2〕《三国志》卷二八《诸葛诞传》注引《世语》，第 769 页。
〔3〕《晋书》卷五六《孙楚传》，第 1453 页。
〔4〕《晋书》卷三三《石苞传》，第 1002—1004 页。

晋官僚阶层的主流意见为何则不言而喻。此外，石苞之子石崇与裴秀从弟裴楷两人志趣各异，互不交往，[1]从中也可以看出两者之间的隔阂。

曹魏官僚贵戚的子弟，作为组成西晋官僚阶层的主要成分，在西晋政治中占据了主导地位，他们基于不同的社会、文化出身，同其声类，排斥出身低微、后起的司马氏集团成员，从而堵塞了统治集团内部的上升渠道，造成了司马氏集团中结构性的矛盾，同时也是晋初政治纷争的重要渊源。这种排斥不仅见于石苞，在本书第二章中所讨论的邓艾、王濬等人身上也有充分的体现，其后荀勖自以大族，疾视张华亦是其中一例。[2] 这种曹魏官僚子弟群体为了垄断既得政治利益而表现出来的排他性，党同伐异，不但激化了司马氏集团内部的矛盾，而且这种对于政权的垄断，在抑制了官僚阶层内部流动性的同时，造成了整个官僚集团僵化而缺少活力，无法应对新的政治危机，左思《咏史诗》中"世胄蹑高位，英俊沉下僚"两句便是对这一情形生动的描写，这也是西晋短促灭亡的重要诱因。

解读石苞事件的另一关节点在于为何司马炎会轻易听信王琛的风闻言事，堕入吴国的反间之谋，甚至不顾羊祜的劝谏，立刻做出了派兵进讨的过激反应。这明确证明当时的石苞已非武帝的亲信，否则司马炎也不会仅凭一份漏洞百出的诬陷之词，无端猜忌一位功勋卓著的老臣，所谓"陈骞与贾充、石苞、裴秀等俱为心膂"的记载无疑反映的不是武帝时代的政治现实。那么，石苞究竟是在何时、又是如何失去了司马氏集团核心人物的地位，背后又包含着什么样的政治变动？石苞很早就居于司马氏集团的核心圈中，曾任司马师中护军司马，深得司马师的信任与重用，直至平定诸葛诞后，司马昭还

〔1〕《晋书》卷三五《裴秀传附裴楷传》，第1048页。
〔2〕《晋书》卷三六《张华传》，第1070页。

将专制淮南的重任交予他，说明至少在此时，石苞依然是司马氏的亲信之一，“俱为心膂”的记载是可信的。那么这一情况发生改变，只能在司马昭执政的晚期或司马炎继位之初，因为代替石苞、陈骞进入司马氏集团核心圈的王沈、羊祜、荀勖都是在这一时期逐渐在政治上崭露头角的。王沈通过出卖高贵乡公，向司马昭通风报信，赢得了司马氏的信任与重用，羊祜在司马昭执政初年方才出仕，最初作为高贵乡公的文学侍臣，“祜在其间，不得而亲疏，有识尚焉”，直到钟会死后，与荀勖共掌机密，才逐渐担负起政治上的重大责任，荀勖参与机密的时间大体与羊祜同时。〔1〕可知羊祜、荀勖、王沈等人代替石苞、陈骞进入司马氏的核心圈是魏晋嬗代之前，司马氏集团内部权力结构的一项重要变化，值得重视。

导致这一变化的客观因素是钟会的反叛使得司马氏集团的决策中心出现了真空，平定钟会之后，羊祜、荀勖、裴秀等人共管机密的局面很可能是为了填补钟会留下的空缺，而石苞、陈骞出镇地方也使其在客观上远离了中央的决策核心。但在主观方面，司马昭在执政后期，已越来越倾向于立司马炎为世子，放弃司马师的嗣子司马攸，从而将“景王之天下”转化为自家之天下。从目前的史料来看，这一决定最终形成大约是在咸熙元年（264）八月，“命中抚军炎副贰相国事”，这是一个再明确不过的政治信号，同年十月丙午，立司马炎为晋世子，〔2〕其地位得以完全确定。司马昭在做出

〔1〕《晋书》卷三四《羊祜传》，第1014页；卷三九《王沈传》，第1143页；《荀勖传》，第1152—1153页。

〔2〕《三国志》卷四《三少帝纪》，第150、153页。《三国志》卷四一《向宠传》裴注引《襄阳记》：“魏咸熙元年六月，镇西将军卫瓘至于成都，得璧玉印各一枚，文似‘成信’字，魏人宣示百官，藏于相国府。（向）充闻之曰：‘吾闻谯周之言，先帝讳备，其训具也，后主讳禅，其训授也，如言刘已具矣，当授与人也。今中抚军名炎，而汉年极于炎兴，瑞出成都，而藏之于相国府，此殆天意也。’是岁，拜充为梓潼太守，明年十二月而晋武帝即尊位，炎兴于是乎征焉。”若此事不是司马炎称帝时才造出的祥瑞，则可能与拥立司马炎为晋世子的舆论有关。

决定之前,曾向司马氏集团中的重要人物征询意见,贾充、裴秀、山涛等人先后表态支持立司马炎为嗣,但当时是否还存在一股支持司马攸的力量,在立嗣过程中是否还存在其他的政治争斗,由于史文缺载,我们不得其详。但是,司马昭一旦做出这一重大决定之后,为了适应这一变化,必须对其集团内部的权力结构进行调整,从而为司马炎搭建一个可以保证其顺利接班,并辅助他进行政治决策的政治班底,石苞、陈骞从权力中心的淡出便是在这一背景下发生的。我们现在无法了解到石苞在司马炎、司马攸两人之间的政治倾向,但是作为已故的司马师亲自拔擢的人物,在司马氏家族的权力重心逐渐转向司马昭一支时,年近七旬的石苞逐渐淡出权力中心的迹象已相当明显。对此背景有所认识之后,我们才能更好地理解,为何在司马昭死后,石苞坚持不能按照人臣之礼安葬,进而联合陈骞,逼迫魏帝退位,这一系列旗帜鲜明的政治姿态,无疑是在向司马炎宣示自己的忠诚,只有当石苞意识到司马炎对他的信任正在逐步降低时,才需要表现出如此积极的政治态度。

虽然在咸熙二年最终完成了亡魏成晋之业,但登上帝位的司马炎相对而言却是一个弱势的皇帝。他登基时已经三十岁了,却无多少实际的政治历练,既没有担当过重要的行政职务,也没有领兵出征或者出镇州郡的经历。其父司马昭在完成了平蜀称王、开建五等、制定礼律等几乎所有嬗代的准备工作后,在距离帝位仅差一步时去世。[1] 尽管史书未载司马昭去世的详情,但从咸熙二年五月司马昭建天子旌旗、进王妃为王后、立世子为太子、建晋国百官,至八月去世,史书记载中留下了三个月的空白,可知司马昭是

---

〔1〕 石苞坚持以天子之礼葬之,意在肯定司马昭的功业与地位已非人臣的身份所能涵括,也从侧面反映出魏晋嬗代的准备工作在其生前已一切就绪。

在此期间暴病不起,突然去世的。[1] 可以说,司马炎的继位是在出现意外的情况下进行的,当时距他被立为晋世子不过一年的时间,在这短短的一年之中,司马炎不可能建立属于自己的政治班底,所能依赖的只能是父亲留下的老臣们。为了尽快确立君臣名分,司马炎在司马昭去世四个月后就完成了魏晋禅让,但司马炎建立西晋完全是依靠父祖遗业,并无自己独立的政治基础,甚至其世子的地位尚是在贾充、裴秀等人的拥戴下方才获得的,而以曹魏政治网络中长期形成的累世交往、通婚关系而论,除了荀勖之外,当时主导西晋政治的核心人物,无论是宗室方面的司马孚、司马望,还是功臣中的贾充、裴秀、羊祜,几乎都是司马炎的长辈。在此情形下,作为一名缺乏经验的皇帝,司马炎所能运用的政治资源相当有限,只能被动地继承司马昭后期由贾充、裴秀、荀勖、王沈、羊祜等人组成的决策核心。

司马炎在立国之初,或是出于对石苞率先表态支持魏晋嬗代的回报,或是为了安抚石苞这位手握重兵、又出自司马师拔擢的政治要人,在封十一位异姓功臣为公爵时,出人意料地把石苞列在了第一位,而把另一位地方诸侯,同样在司马昭后期淡出决策核心的陈骞列在第二位,排在贾充、裴秀诸人之前,这一顺序无疑经过精心安排,其中透露的政治讯息耐人寻味。[2] 但等到武帝权力逐渐稳固之后,专制淮南的石苞一直令他难以放心。淮南在魏末爆发了三次

---

〔1〕《三国志》卷四二《谯周传》:"时晋文王为魏相国……又下书辟周,周发至汉中,困疾不进。咸熙二年夏,巴郡文立从洛阳还蜀,过见周。周语次,因书版示立曰:'典午忽兮,月酉没兮。'典午者谓司马也,月酉者谓八月也,至八月而文王果崩",第1032页。或是从洛阳返蜀的文立将司马昭病重的消息透露给谯周,通晓天文术数的谯周才会预言司马昭将不久于人世,大体可推断司马昭得病的时间。

〔2〕这十一位公爵的顺序是石苞、陈骞、贾充、裴秀、荀勖、郑冲、王祥、何曾、王沈、荀顗、卫瓘。不难注意到这一排名既没有按照原有的政治地位,也非依照对西晋建立的贡献多寡或者人望高下。《晋书》卷三《武帝纪》,第52页。

反对司马氏的起兵，又地处抗吴前线，便于与吴国交通，是魏晋之际变乱的渊薮。淮南的稳定对于西晋政权至关重要，而专制淮南的石苞出身寒微，又非出自曹魏原有的政治网络。石苞出镇地方近十年，其间与司马炎恐怕也无太多往还的机会，得以建立君臣之间的政治信任。朝中大臣大多因石苞出身低微，鄙薄其人，加之石苞与司马师特殊的渊源，这些因素的共同作用都使他成为遭武帝猜忌的对象，险些步邓艾的后尘，一夜之间从元勋功臣沦为阶下之囚。

总而言之，配飨于庙的十二位功臣，大体上反映了司马昭后期至司马炎时期司马氏集团内部的权力结构。但是，借助于石苞事件我们可以清晰地看到这一权力核心并非是稳定而团结的，其内部不但存在着亲疏之别，人员构成也随着司马氏父祖兄弟的相继执政而处于不断变动之中。在武帝继位之初，贾充、裴秀、荀勖、王沈、羊祜五人构成了一个辅佐武帝执政的更为亲要的权力核心，但其中的所有成员都是司马氏家族最为熟悉的姻亲与世交，没有任何起自孤寒的新鲜血液，这种政治基础的狭隘化实际上是西晋立国之初暮气已深的重要原因。石苞作为这一政治群体中的异质力量及司马师时代的政治孑遗，尽管被奉之高位，却早已名实不符，成为一个在政治上被高高挂起、小心防范的对象。尽管石苞事件只是晋初一次偶然爆发的政治冲突，但从这一突发事件中，我们不难发现晋初君臣之间所存在的裂痕与矛盾，这种由于司马氏集团内部权力结构演变而埋藏的缝隙，加之皇帝猜忌、大族歧视等相关因素的发酵，在晋初政坛上被迅速放大，最终成为撕裂、摧毁西晋权力结构的重要力量。

第四节 受成之主：泰始年间的政治特质

上文已经指出，司马炎完成禅让这一事件本身只是上承父祖遗烈，下赖叔伯辈的宗室、功臣翼戴而得以完成的一个“摘桃子”式的政治仪式，[1]并无多少讨论的余地。司马炎作为一名在贾充、裴秀等人的支持下才坐稳世子地位的年轻皇帝，既无政治历练，又缺乏可靠的行政班底，因此虽然顶着开国之君的名义，实际上更像是一个受成之主。[2] 身处于宗室、功臣两股既成势力之间，西晋初年的政治格局并没有给武帝留下多少闪转腾挪的空间，让他有机会按照自己的意愿改造西晋的权力结构。在匆匆忙忙地完成禅让，确立君臣名分后，武帝在其所使用的第一个年号“泰始”的十年中，似乎摆出一副端拱无为的架势，尊重司马昭时代遗留下来的政治格局。此时，武帝所扮演的角色更像是西晋政治中的一个平衡者，而不是具有绝对权威的裁决者。但是，我们必须注意到在这“无为”的表象背后，武帝其实并没有放弃抑制宗室、功臣势力过度膨胀的努力，只是所采取的手段较为柔软而隐晦。这主要是因为武帝并没有立即对西晋权力结构进行伤筋动骨改造的政治基础与威望；其次，较之功臣元老与宗室长辈，武帝具有年龄上的优势，只要没有过分的举动威胁到皇权的地位，其大可以等待自然规律发生作用，而本节所要叙述的便是这泰始政治表面平静下的潜流。

---

〔1〕 从武帝即位诏书我们不难发现其中的关节，诏书首先铺陈了皇祖宣王、伯考景王、皇考文王的功业，最后又大谈“惟尔股肱爪牙之佐，文武不贰之臣，乃祖乃父，实左右我先王，光隆我大业。思与万国，共享休祚”。一方面渲染父祖的功业，一方面又强调西晋功臣与司马氏家族世代交好的密切关系，表示要和他们共享荣华富贵，《晋书》卷三《武帝纪》，第51页。

〔2〕 在某种程度上，司马炎的经历与曹丕不无相似之处。福原啓郎认为司马炎武帝的谥号名不副实，较之魏武帝曹操，司马炎扮演的是类似曹丕的角色，《西晉の武帝司馬炎》，第3—4页。王瑞来分析中国古代皇权时曾提出“亚开国皇帝”的概念，专指如唐太宗、宋太宗之类虽非开国之君，但几乎与开国皇帝拥有同样强势政治支配力的第二代君主，见氏著《宰相故事：士大夫政治下的权力场》，中华书局，2010年，第4页。那么如司马炎、曹丕这样的虽有开国之名，却主要仰赖父辈遗泽而开辟新朝的人物，或可以视为带有受成之主性格的“弱开国皇帝”。

首先值得关注的是武帝与宗室之间的关系。如果将司马炎称帝作为一个时间节点，这标志着长达十六年的魏晋嬗代历史进程的终结，司马氏家族终于从曹魏的政治网络中的一个权臣家族名正言顺地成为支配天下的皇族；作为新朝的创建者，身居至尊之位的司马炎同样兼具皇族领袖的身份，从家族伦理秩序而言，则是在一夜之间从家族中的晚辈跃居于众多家族长老之上；同时司马昭—司马炎一支作为帝系所在，在司马氏家族中的地位也一跃凌驾于其他房支之上，成为家族中的核心房支。以上这三个层面的变化，是称帝这一名分转变的直接结果，也是历朝历代的惯例，这种将皇帝、帝系、皇族按照不同的层次加以神格化、尊贵化的举措是维护皇权神圣性的必然要求。[1] 但对司马炎而言，如何完成司马氏家族内部这三个层面的转化，却是他首先面临的政治难题。在中国的政治传统中，“打天下”与“坐天下”两者是紧密结合在一起的，历朝开国无不遵循这一实力原则，但就晋初的现实而言却有格外复杂的一面。在漫长而充满政治风险的亡魏成晋事业中，整个司马氏家族逐步凝结成了一荣俱荣、一损俱损的政治共同体，家族内的各个房支中都曾为夺取皇位做出过贡献，家族成员在魏末的政治格局中也各自占据了显要的地位。尽管帝系最后转入司马昭一支，但这很大程度上是由于司马师意外早死造成的，仅就对魏

〔1〕 皇帝这一名称为“煌煌上帝”之意，本身就带有神圣而至高无上的性质，而秦汉帝国又通过祭祀、宗庙、谶纬、礼制等一系列手段进一步确立和巩固了这种神圣性及以君主为中心的等差秩序，构成了后世皇帝制度的重要基础。关于这方面的研究甚多，较为重要的可参读雷海宗：《皇帝制度之成立》，《清华学报》第 9 卷第 4 期，1934 年，第 862—869 页；西嶋定生：《中国古代统一国家的特质——皇帝统治之出现》，收入杜正胜编：《中国上古史论文选集》下册，华世出版社，1979 年，第 732—734 页；萧璠：《皇帝的圣人化及其意义试论》，《历史语言研究所集刊》62 本 1 分，1993 年，第 1—37 页；邢义田：《中国皇帝制度的建立与发展》，《天下一家：皇帝、官僚与社会》，第 2—7 页；王健文：《奉天承运——古代中国的“国家”概念及其正当性基础》，东大图书公司，1995 年。

晋嬗代事业的贡献而言，司马师—司马攸、司马孚—司马望两支皆有大功于晋室，在魏晋之际的作用恐怕并不逊色于司马昭—司马炎一支。而司马炎称帝一个重要的政治后果，便是直接在司马昭一支与其他房支之间划出了君臣之别的鸿沟，司马昭一房独占了建立新朝所获得的核心利益。正是魏晋嬗代历史过程的复杂性，导致了西晋开国形势并不完全符合历朝所遵循的"打天下"等于"坐天下"的政治实力原则。

因此，在西晋开国之初，所面临的一个关键政治转型就是要从以家族为单位的权臣政治转向皇权政治，将政治权力由家族集体分享转变为皇帝个人独断，建立起帝系独大的政治结构。胡志佳已经注意到这一变化的意义："西晋初期的司马氏正历经由武帝立国前以家族发展为主轴，转变为一家一姓，集权力、富贵于一身帝位延续想法的过程。从家族成员共享资源的家族主义，到家族集中由武帝这一系成为帝王继承者，不只可见于西晋开国者司马炎在思想上的逐渐转变，它也逐渐成为其他司马宗室必须接受的事实。"[1]胡志佳这一见解颇具启发，可惜她在研究中并没有进一步阐发晋初这一"由族到家"的政治变化是如何展开的，由于这一变化涉及武帝时代的权力结构与晋初宗室势力的消长等关键问题，故笔者不揣浅陋，略陈管见。

魏晋之际，司马氏家族作为一个政治利益的共同体，家族各房支成员对于魏晋革命的完成皆有所贡献。尤其是在嬗代的关键时刻，多位司马氏家族成员出督各州，控制各战略要地，[2]为政权的平稳转移奠定了基础。因此，在司马炎称帝之后，司马氏家族的力量既是武帝巩固权力的重要凭依，同时也是建立帝系权威的主要

---

〔1〕 胡志佳：《门阀士族时代下的司马氏家族》，第125页。

〔2〕 参读万斯同编：《魏方镇年表》，《后汉书三国志补表三十种》，第1004—1006页；唐长孺：《西晋分封与宗王出镇》，《魏晋南北朝史论拾遗》，第128—132页。

障碍，这一力量对于皇权而言具有两面性。作为一个缺少坚实政治基础的皇帝，宗室是司马炎稳固自身权力的重要助力。因此，在立国之初，司马炎通过大封宗室诸王的方式，借此安抚、酬庸司马氏家族各个房支的政治贡献：[1]

> 封皇叔祖父孚为安平王，皇叔父榦为平原王，亮为扶风王，伷为东莞王，骏为汝阴王，肜为梁王，伦为琅邪王，皇弟攸为齐王，鉴为乐安王，机为燕王，皇从伯父望为义阳王，皇从叔父辅为渤海王，晃为下邳王，瓌为太原王，珪为高阳王，衡为常山王，子文为沛王，泰为陇西王，权为彭城王，绥为范阳王，遂为济南王，逊为谯王，睦为中山王，陵为北海王，斌为陈王，皇从父兄洪为河间王，皇从父弟楙为东平王。[2]

在晋初所封二十七王之中，若以司马懿这一辈来确立房支，共有六个房支的成员受封为王，若以数量而论，则以司马孚一支最盛，房支内共有十人封王，除司马孚本人之外，尚有七子（望、辅、晃、瓌、珪、衡、景）二孙（分别为司马望之子洪、楙），司马懿一支位居其后，共有九人封王，其中六人是司马懿之子（榦、亮、伷、骏、肜、伦），三人是司马昭之子（攸、鉴、机），司马馗一支三人（权、泰、

[1] 关于西晋的分封参读安田二郎：《西晋武帝好色攷》，《六朝政治史の研究》，第77—105页；杨光辉：《西晋分封与八王之乱》，《中国史研究》1989年第4期，第141—148页；王安泰：《开建五等——西晋五等爵制成立的历史考察》，花木兰文化出版社，2009年。除了酬庸之外，西晋的分封也与当时主张恢复封建的社会舆论有关，陈寅恪最早提出所谓复建五等是东汉以来儒学理想长期积累的产物，《崔浩与寇谦之》，《金明馆丛稿初编》，第141—145页。另参读鲁力：《魏晋封建主张及相关问题考述》，《武汉大学学报》2004年第2期，第163—169页；渡邉義浩：《「封建」の復権—西晉における諸王の封建に向けて—》，《早稲田大学大学院文学研究科紀要》50輯4册，2004年，第51—65页。

[2] 《晋书》卷三《武帝纪》，第52页。

绥)，司马询一支一人(遂)，司马进一支两人(逊、睦)，司马通一支二人(陵、斌)。

与历代分封皆以帝系为主干迥异，在晋初所封的二十七王中不但没有一人是司马炎的子孙，甚至连司马懿一支封王人数也不如司马孚一支。武帝诸子没有受封为王的主要原因在于尚处于襁褓之中，并无封王承担政治责任的能力，但也可从中窥见帝系之孤弱。晋初司马氏家族诸房支中，犹以十人封王的司马孚一支人丁兴旺，多具政治才能，特别是司马孚、司马望父子为西晋建国立有汗马功劳，司马孚的功绩在上文中已有考述，兹不赘述。其子司马望宽厚有父风，魏末先是出镇关中八年，对抗姜维，[1]威化明肃，后征拜卫将军，长期担任中领军，肩负禁卫重任，负责控制曹魏宫廷，[2]可知司马望是魏晋之际司马氏家族中控制军权的重要人物。因此，司马孚一支的成员在魏末晋初的政治格局中占据了显要位置：

> 献王一门三世，同时十人封王，二人世子父，位极人臣，子孙咸居大官，出则旌旗节钺，入则貂蝉衮冕，自公族之宠，未始有也。[3]

结合上文的考述，可知晋代史臣对司马孚一支贵盛的描述并非虚言。因此，武帝一方面对司马孚刻意笼络，待以殊礼，封四万户，表现出对宗室元老的尊重：

---

〔1〕如诸葛诞起兵淮南时，姜维“乘虚向秦川，复率数万人出骆谷，径至沈岭。时长城积谷甚多而守兵乃少，闻维方到，众皆惶惧”，赖司马望全力拒之，邓艾复从陇右来援，方转危为安。《三国志》卷四四《姜维传》，第1065页。

〔2〕《晋书》卷三七《司马望传》，第1085—1086页。

〔3〕《艺文类聚》卷四五引王隐《晋书》，第804页。

> 帝以孚明德属尊，当宣化树教，为群后作则，遂备置官属焉。又以孚内有亲戚，外有交游，惠下之费，而经用不丰，奉绢二千匹。及元会，诏孚乘舆车上殿，帝于阼阶迎拜。既坐，帝亲奉觞上寿，如家人礼。帝每拜，孚跪而止之。又给以云母辇、青盖车。[1]

同时充分利用司马望的政治才能，一旦东南有警，多委派其督师出征，疑忌石苞谋反，亦遣司马望领军进讨。[2] 司马孚、司马望父子作为晋初宗室中"人望"与"才干"两方面的代表人物，是司马炎称帝初年稳固政权的重要依靠。

另一方面，武帝也在暗中不断地试图削弱司马孚一支的力量，以防其对帝系产生威胁。关于司马孚一支在晋初的经历，有两点值得注意。首先是司马孚去世之后不久，安平国即被降为次国，特别是在改名为长乐国之后，[3]是否还在房支内部具有大宗的号召力，值得怀疑。其二，司马孚房支内的承继规则相当复杂，有不符常情之处。胡志佳指出司马孚一支在继承上的特色是，本宗虽有子出继他人，但当本宗无嗣时，不是由出继之人回嗣，而是别宗之人入嗣本宗。[4] 事实上，这两者之间存在因果关系，不断出继与回嗣的复杂操作，打乱了司马孚一支的继承顺序，同时削弱了房支内各分支之间的互相认同与亲缘关系，是导致司马孚大宗衰落的重要原因。

司马孚一支内部奇特的化简为繁的继嗣选立方式不但不符合惯常的宗法秩序，而且也未见在司马氏家族的其他房支中广泛推

---

〔1〕《晋书》卷三七《安平王孚传》，第1084—1085页。
〔2〕《晋书》卷三七《司马望传》，第1086—1087页；卷三三《石苞传》，第1002页。
〔3〕《太平寰宇记》卷六三，第1281页。
〔4〕胡志佳：《门阀士族时代下的司马氏家族》，第204—205页。

行,背后或许蕴有一定的政治目的,事实上,司马孚一支大宗的衰落,多次面临嗣绝国除的困境,正是由这种繁复继嗣规则所导致。上文已经提到安平国在司马孚死后的迅速衰弱是值得注意的现象,这与武帝在司马孚生前尊崇不已的态度形成鲜明的对比,因司马孚同情魏室的政治姿态而招致武帝不满或许是其中的一个缘由。另一方面,笔者以为司马孚大宗的衰落作为这种繁复不堪的出继、承嗣规则的直接后果,多少体现了武帝削弱司马孚一支的政治意图。因为这种交互继承的烦冗规则,除了会增加选择继嗣时的困难外,没有任何实际的意义。唯一会造成的结果就是破坏房支内部原有的继承顺序,而出继、承嗣的不断循环使得个人既疏远了与本支的联系,又无法建立起与承嗣房支的认同感,只会造成了各个分支之间关系的复杂化,从而破坏整个房支内部的向心力。尤其是在安平国被降为次国,遭到削弱之后,司马孚这一人丁兴旺的大房支失去了主干,迅速地碎片化,分化为一个个不成气候的独立小分支。通过这种方式,司马炎成功地消解了晋初兴盛一时的司马孚一支的政治潜力,达成了强干弱枝的目标,从而为树立皇帝权威,完成政治权力从"族"向"家"的过渡奠定了基础。

接下来再来关注一下武帝与功臣之间的关系。在司马昭后期逐渐形成了贾充、裴秀、荀勖、王沈、羊祜五人的决策核心,若从泰始年间流传的:"贾、裴、王,乱纪纲。王、裴、贾,济天下。"〔1〕的谣谚来看,贾充、裴秀、王沈三人的地位似乎更加重要一些。但王沈在泰始二年(266)便已去世,〔2〕裴秀在魏末被目为"后进领袖",〔3〕人望甚高,"当禅代之际,总纳言之要,其所裁当,礼无违者","创制朝仪,广陈刑政,朝廷多遵用之,以为故事",是西晋政

---

〔1〕《晋书》卷四〇《贾充传》,第1175页。
〔2〕《晋书》卷三九《王沈传》,第1145页。
〔3〕《世说新语·赏誉第八》,余嘉锡《世说新语笺疏》,第421页。

治体制的主要设计者之一。但在晋初政治中，裴秀似乎并不活跃，除了《禹贡地域图》的制作外，并无其他事迹可称。泰始四年便卸去尚书令的重任，改任司空的闲职，这或许与裴秀因服用寒食散罹病，不堪任事有关，[1]本传言其"服寒食散，当饮热酒而饮冷酒，泰始七年薨，时年四十八"。[2] 不管如何，王沈、裴秀的早逝使得贾充成为泰始政治中最耀眼的人物，剩余的羊祜、荀勖两人，羊祜于泰始五年(269)离开洛阳，出镇荆州，[3]无形之中加强了贾充在中央的地位，由此西晋政治形成了贾充、荀勖居内，羊祜居外的政治格局。而荀勖的政见大体与贾充相合，使得贾充的地位愈加显赫，即使像荀顗这样的元老也常常要"阿意苟合于荀勖、贾充之间"。[4]

贾充作为西晋开国的重要功臣，是晋初政治中的关键人物，位高权重，但《晋书》一改历代正史对于开国元勋褒多于贬的惯常书法，对于贾充评价很低，基本上将他作为一个反面角色加以描绘，认为贾充"无公方之操，不能正身率下，专以谄媚取容"，[5]而代表唐代史臣看法的论赞对他的指责尤为严厉：

> 贾充以谄谀陋质，刀笔常材，幸属昌辰，滥叨非据。抽戈犯顺，曾无猜惮之心；杖钺推亡，遽有知难之请，非惟魏朝之悖逆，抑亦晋室之罪人者欤！然犹身极宠光，任兼文武，存荷台

---

〔1〕 余嘉锡：《寒食散考》，《余嘉锡文史论集》，第172页。

〔2〕 《晋书》卷三五《裴秀传》，第1037—1040页。尽管裴秀早卒，但河东裴氏依然是西晋最重要的政治家族之一，时有"八裴方八王"之说，关于裴氏家族在魏晋之际的发展，可参读矢野主税：《裴氏研究》，《社会科学論叢》第14号，第17—22页。

〔3〕 徐高阮认为泰始五年羊祜的出镇乃因在党争中受到贾充的排挤，见《山涛论》，《历史语言研究所集刊》41本1分，第106—108页。但并没有直接的史料可以印证这一推论。

〔4〕 《晋书》卷三九《荀顗传》，第1151页。

〔5〕 《晋书》卷四〇《贾充传》，第1167页。

> 衡之寄，没有从享之荣，可谓无德而禄，殃将及矣。逮乎贻厥，乃乞丐之徒，嗣恶稔之余基，纵奸邪之凶德。煽兹哲妇，索彼惟家，虽及诛夷，曷云塞责。[1]

在这篇苛严的评论中，几乎把贾充视为魏晋之际诸种祸端的乱首，除了对于贾充"抽戈犯顺"一事的道德责难之外，更将西晋短促而亡的罪责归咎于贾充及其女贾南风，可以说"恩幸"是传统史书赋予贾充最醒目的标签。而在现代史家的研究中，则以陈寅恪的看法影响最大，认为贾充是司马氏阵营中非儒家出身寒族的代表人物，诸如弑杀高贵乡公之类服膺儒学的司马氏所不愿直接动手的事件，皆假手贾充完成，为司马氏立下大功。[2] 陈寅恪将贾充定义为出身低微的寒士，因此可以不顾儒家的名教伦常，在魏晋嬗代之际充当司马氏打手的角色，但贾充是否果如陈寅恪所论，出身寒微，笔者颇有疑问。

关于贾充的出身，陈寅恪提出的主要证据是贾充与庾纯的冲突中，庾纯攻诘贾充之先有市魁者。[3] 且不论在这类人身攻击的言辞中，难免会有夸大不实之语，[4]略检《三国志·贾逵传》便可知，贾充之父贾逵虽然少孤家贫，却世为著姓。[5] 汉代学者名士，少因孤寒而操持贱业者并不鲜见，[6]若仅据此推定贾充出身寒族并不具有足够的说服力。而另外一些史料也可以从侧面证明河东

---

〔1〕《晋书》卷四〇《贾充传》史臣曰，第1182页。

〔2〕万绳楠整理：《陈寅恪魏晋南北朝史讲演录》，第17—19页。

〔3〕《晋书》卷五〇《庾纯传》，第1397—1398页。

〔4〕如祢衡曾云陈群、司马朗为屠沽儿，《三国志》卷一〇《荀彧传》注引《典略》，第311页。祢衡此语或是讥陈寔出身贫寒，尝操贱业，但此类诋詈之词并不能代表当时人的普遍看法。

〔5〕《三国志》卷一五《贾逵传》注引《魏略》，第480页。

〔6〕吕思勉：《汉世向学者多孤寒之士》，《吕思勉读史札记》，第738—739页。

贾氏并非出身寒微：

> 贾逵字梁道，河东襄陵人也。自为儿童，戏弄常设部伍，祖父习异之，曰："汝大必为将率。"口授兵法数万言。[1]

汉人最重家法，学问传习以家族之中的私相递授为主，汉世传兵法者亦有数家，贾习能口授兵法数万言于贾逵，可见其家族素有家学相习，恐非孤寒。贾逵历仕郡县，皆以攻守作战见称，颇有事功，从中亦可窥见家族的兵学传统。此外，贾逵初为郡吏，汉世郡吏例由地方大族把持，亦可证其家世。

> 始，(贾)逵为诸生，略览大义，取其可用。最好《春秋左传》，及为牧守，常自课读之，月常一遍。[2]

贾逵虽以吏干见长，却也是出身诸生，熟习儒家经典。司马氏家族同样亦是"本诸生家，传礼来久，"[3]同为诸生之家，陈寅恪却将司马氏、贾氏分别定义为儒家大族与寒族，恐怕并不合适。

以下再来考察一下贾充本人的文化特征，对此或有更明晰的认识。贾充是晋初律令的主要制定者，《旧唐书·经籍志》除载有贾充等撰《晋令》四十卷外，尚有贾充等撰《刑法律本》二十一卷，[4]可见贾充对于法律研习颇深，为后世所重。晋律在中国法制史上地位重要，具有儒家化的特征，[5]主持制定晋律，除了证明

---

〔1〕《三国志》卷一五《贾逵传》，第480页。

〔2〕《三国志》卷一五《贾逵传》注引《魏略》，第481页。

〔3〕《晋书》卷二〇《礼志中》，第614页。

〔4〕《旧唐书》卷四六《经籍志上》，第2009页。

〔5〕陈寅恪：《隋唐制度渊源略论稿》，第100页。

贾充的政治才能外，亦可窥知其浸染儒家文化。[1] 综合贾逵父子的行事言之，河东贾氏家族是汉代典型的文吏世家，以兵法、律令等实用之学递相传习，[2]在东汉"文吏"与"儒生"互相融合的趋势下，[3]其家族亦沾染儒风，熟习儒家经典，呈现吏干与儒学并重的态势，家族的社会地位或许略低于司马氏，但陈寅恪将这两个家族分别定义为区别悬殊的大族与寒族是不合适的。

贾逵是曹魏功臣，且与司马懿之兄司马朗关系密切，[4]这两个家族在曹魏政治中有很深的渊源，从家族世交而言，长于武帝近二十岁的贾充又兼有尊长的身份。以贾充与武帝的关系而论，武帝世子的地位乃是在贾充的大力支持下方才获得，贾充于其有厚恩，司马昭去世前，武帝请问后事，曰："知汝者贾公闾也"，[5]蕴有托孤之意。因此，贾充与武帝之间虽有君臣之分，但在晋初政治格局中却呈现"君弱臣强"的面貌，缺乏政治根基的武帝需要仰赖功臣贾充的支持，维持朝廷的正常运转。而贾充素有善于观察上旨的名声，大约也处处注意逢迎新皇帝的旨意，在西晋最初的几年中，武帝沿用了司马昭后期的政治班底，对贾充优宠有加，贾充亦注意维护新皇帝的威严，君臣之间的关系可称融洽。因此，在以往学者对于晋初政争的党派划分中，往往将贾充视为

---

〔1〕在晋初政治中，贾充曾多次上表讨论服制、礼法等问题，可见他对于儒家典籍素有研习。参见《晋书》卷二〇《礼志中》，第613—614、620、640页；卷四〇《贾充传》，第1169页。

〔2〕汉人素重刑律之学，士人常兼习经律，汉魏之际最重要的士人家族之一颍川钟氏便是法律世家，钟皓"为郡著姓，世善刑律"，《后汉书》卷六二《钟皓传》，第2064页，其子钟繇、孙钟毓皆曾出任廷尉，有明法之称，参读邢义田：《秦汉的律令学》，《治国安邦：法制、行政与军事》，第37—59页。

〔3〕参读阎步克《士大夫政治演生史稿》中的相关章节，特别是第十章《儒生与文吏的融合：士大夫政治的定型》，北京大学出版社，1996年，第412—463页。

〔4〕《三国志》卷二八《王凌传》，第758页。

〔5〕《晋书》卷四〇《贾充传》，第1166页。

武帝的亲信。但依据上文的分析即可明了武帝与贾充之间关系亲密表象的背后不无微妙之处，贾充在晋初政治中的地位，来源于其为司马氏代魏立下的汗马功劳，而非武帝赐予，反倒是武帝皇位的取得，多少仰赖贾充的帮助。贾充这种功高震主的地位，蕴藏着相当的政治风险，凭借贾充一贯柔软的政治姿态，或许可以避免武帝的猜忌，保持君臣相安的局面。但是贾充与武帝之间关系，只是魏末司马氏集团权力结构的延续，作为受成之主的武帝仅仅是接受既成事实，若从私人的交谊而言，武帝未必对贾充有特殊的信任。

认识到贾充这一人物的复杂性，是我们解开晋初政治诸种谜团的钥匙之一，仅仅将贾充视为因取媚武帝而得宠的恩幸，不但是将这个重要政治人物脸谱化，而且也无助于我们认识到政治运作背后的复杂断面。尽管《晋书》的叙事有意无意地要将贾充塑造成一个典型的“奸臣”，但亦无法完全否认贾充富有政治才干，除了制定律令之外，“充为政，务农节用，并官省职”，“从容任职，褒贬在己，颇好进士，每有所荐达，必终始经纬之，是以士多归焉”，[1]从这些简略的描述中我们不难发现，西晋立国之初贾充合理的施政保证了政局的平稳过渡。应当承认贾充在晋初政坛位高权重的地位，源于贾充的历史功绩与政治才干。

但是，贾充在朝廷中的地位并没有得到所有朝臣的认可，度过了建国初期的一段安定局面之后，贾充与其政敌的矛盾在泰始七年被公开化了。任恺、庾纯借口西北的羌乱，建议武帝派遣贾充出镇秦、凉，迫使他离开中央，这一密谋几近成功，命令贾充出镇的诏书已经发出，贾充最后只能借助与太子联姻才得以留在朝中，保住了自己的权势。在既往研究中，往往通过党派分野的视角，将此视

〔1〕《晋书》卷四〇《贾充传》，第1167页。

为西晋党争的一个高潮，贾充一派最终在武帝的支持下，巩固了自己的地位。[1] 近年小池直子、权家玉相继发表了三篇论文，对于贾充出镇及与太子联姻两事的前后因果进行了细密的分析，[2]借此我们可以窥见贾充与武帝关系的微妙之处。小池直子详细分析了贾充出镇的背景，指出这与武帝的政治意图有关，进而讨论了贾南风婚姻中相关的利益方武帝、杨皇后、贾充、郭槐、荀勖的活动与态度，认为主导贾南风婚姻的是晋武帝，《晋书》对于贾南风婚姻的叙事，视之为西晋短促而亡的重要原因，盖是受到传统史学中“女祸论”的影响，也与唐修《晋书》的编纂背景有关。权家玉则从质疑党争说入手，指出贾充的政敌任恺、庾纯在西晋政治中的地位根本不足以动摇贾充，由于贾充前妻李氏女为齐王攸妃，武帝做出外放贾充姿态的政治目的，乃是为了迫使贾充联姻太子，从而表示对太子地位支持，疏远贾充与齐王攸之间的关系。因此联姻目的一旦达成之后，任恺、庾纯便失去了利用价值，迅速被武帝疏远。在此期间，武帝频频介入贾充的家务事，先是特许贾充并置前妻李氏与后妻郭氏为左右夫人，但联姻太子后则禁断贾充与李氏的往来，以确立太子妃生母郭氏的地位。

权家玉此文能突破“党争说”的窠臼，从考订具体历史事件的背景出发，不再脸谱化地将贾充视为武帝的亲信，发赜阐幽，深有启发。但在论证过程中忽略了两条对其结论构成严重挑战的材料，首先，根据出土《晋贾皇后乳母美人徐氏之铭》记载，贾充联姻

---

〔1〕 徐高阮：《山涛论》，《历史语言研究所集刊》41 本 1 分，第 87—125 页；曹文柱：《西晋前期的党争与武帝的对策》，《北京师范大学学报》1989 年第 5 期，第 44—51 页。

〔2〕 小池直子：《賈充出鎮—西晉・泰始年間の派閥抗争に関する一試論—》，《集刊東洋学》第 85 号，第 20—40 页；《賈南風婚姻》，《名古屋大學東洋史研究報告》第 27 号，第 28—61 页；权家玉：《晋武帝立嗣背景下的贾充》，《魏晋南北朝隋唐史资料》第 23 辑，第 58—70 页。

上尊号碑

出自《北京图书馆藏中国历代石刻拓本汇编》

杨骏残志

出自《洛阳出土历代墓志辑绳》

晋辟雍碑碑阳

出自《魏晋石刻资料选注》

徐美人墓志志阳

出自《北京图书馆藏中国历代石刻拓本汇编》

太子之事发生于泰始六年(270),[1]而非《晋书》所言的泰始八年,若此权文的论证便难以成立。其次,在权家玉的研究中,强调贾充一方是此事的被动接受者,但《太平御览》所引一则王隐《晋书》佚文动摇了这一看法:"郭必欲使所生女配太子,既先使人言,又输宝物于杨后,固启必成",[2]从中可见嫁女与太子一事并非武帝单方面的想法,至少贾充之妻郭槐对此态度积极。而小池直子的研究较好地解决了以上两个问题,弥补了权文的不足。小池直子通过考证指出泰始六年武帝与贾充尚在服丧期内,举行婚礼的可能性极小,墓志所记未必可靠。而在贾充前妻李氏遇赦从辽东归来之后,郭槐正妻地位受到威胁,因此作为利益相关方,郭槐设法让太子娶其女,从而加强自己的地位。

通过以上两位学者的研究,我们对泰始党争背后的复杂动因有了更深入的了解,也对武帝与贾充之间的微妙关系有了新的认识,借助这一视野可以解开晋初政治中的一些谜团。

> 侍中任恺、中书令庾纯等刚直守正,咸共疾之。又以充女为齐王妃,惧后益盛。[3]

这是一条在传统"党争说"的框架下无法解释的史料,因为按照"党争说"的划分,任恺、庾纯与贾充无疑分属于两个对立的朋党,齐王攸是其中争执的焦点,贾充一派支持太子,而反贾充的力量则倾向于齐王攸。但这则史料揭示任恺、庾纯疾恶贾充的缘由却是

---

〔1〕拓本刊河南省文化局文物工作队第二队:《洛阳晋墓的发掘》,《考古学报》1957年第1期,第182—183页。

〔2〕《太平御览》卷一四九引王隐《晋书》,第728页;《晋书》卷三一《武元杨皇后传》也提到郭氏贿赂一事,但文字较简,第953页。

〔3〕《晋书》卷四〇《贾充传》,第1167页。

“充女为齐王妃,惧后益盛”,与“党争说”框架下的一般认识完全不同。而这一记载的背景恰好是泰始七年,任恺等人密谋出贾充都督秦、凉二州诸军事之前,当时贾南风尚未嫁给太子,因此这段文字中的“齐王妃”三字不可能是“太子妃”的误植。结合小池直子、权家玉的研究,我们对这则史料以及所谓泰始七年“党争”的背景能有全新的认识,任恺、庾纯对于贾充的攻讦集中在弑杀高贵乡公一事上,这无疑是贾充道德上的一个污点。任恺、庾纯在魏晋之际名位尚微,或许不需要承负太多的政治责任,因此得以在晋初政治中扮演“清流”的角色,但必须指出的是他们同样经历了从“魏臣”到“晋臣”的身份转换,而且任恺、庾纯的父辈皆仕于曹魏,任恺尚是魏明帝的女婿,[1]同样应当承担忠于曹魏的政治义务,其实这两人的行迹较之贾充不过五十步笑百步而已,并无多大的道德优势。

贾充弑君之举,于曹魏固为悖逆,对于司马氏而言则具有两面性,虽有大功于新朝,确实也不是什么光彩的行径,给司马氏造成了强大的道德压力。在此情形下,这一话题无疑是不便提及的政治禁忌,庾纯却敢于公开责问贾充“高贵乡公何在”,须知这一指责不但指向贾充,同样也质疑了西晋政权的合法性。此种放肆的言辞,只受到了免官的处分,不久便告复起。较之王仪仅仅因为一句“责在军师”便惨遭杀身之祸,庾纯的命运要好得多。这其间固然有司马氏“外宽内忌”政治边界不断变化的因素,但笔者也怀疑任恺、庾纯对贾充的大胆责难,乃是受到了武帝的纵容,因为这两人本身便是武帝登基之后才快速上升的政治新星,可被视为武帝

---

〔1〕《晋书》卷四五《任恺传》,第 1285 页;卷五〇《庾纯传》,第 1397 页;《三国志》卷一一《管宁传》注引《庾氏谱》,第 363 页;另可参读田余庆《东晋门阀政治》对于庾氏先世的考证,第 86—87 页;多田狷介:《魏晋代の潁川庾氏についヽて》,《漢魏晋史の研究》,第 173—195 页。

的亲信。任恺、庾纯憎恶贾充缘于“以充女为齐王妃，惧后益盛”，齐王攸曾与武帝争夺世子之位，兄弟之间的关系微妙，是武帝小心翼翼防备的对手。特别是随着太子年龄的增长，愚鲁不慧的特征日益明显，[1]关于武帝身后事的担忧逐渐浮出水面，本来已经平息下去的齐王攸地位问题有重新成为政治焦点的可能。而贾充当时已经位极人臣，所谓“惧后益盛”只能是指武帝去世之后，齐王攸有机会取代愚鲁的太子登上帝位，作为齐王妃之父，贾充有望获得更大的权势。在太子地位不稳的情况下，作为功臣之首贾充的立场与态度具有举足轻重的意义，而贾充又与齐王攸结为姻亲，很可能成为武帝疑忌的对象。恰好此时任恺、庾纯作为武帝亲任的大臣，开始忧惧贾充益盛的问题，并与之爆发激烈的政治冲突，时间节点上的巧合值得注意。

无论如何，泰始七年围绕着贾充出镇、太子妃册立这两件事引发的一系列政治纷争，绝非“党争”这样一个简单的标签所能涵括，从中透露出武帝与贾充为代表的功臣群体之间既互相仰赖又互相戒备的多重面向，值得我们在研究中加以重视。

泰始年间另一值得关注的事件是九年的选妃：

> 七月……诏聘公卿以下子女以备六宫，采择未毕，权禁断婚姻。[2]

关于此事，一般的看法皆将其视为武帝生活奢靡荒淫的一面加以

---

〔1〕司马衷在泰始三年正月被立为太子，年九岁，初武帝以李憙为太子太傅，李胤为太子少傅，泰始七年行冠礼，泰始八年大婚，至咸宁初，出居东宫，正式担负起太子的政治责任，在此期间随着年龄的增长及与朝臣接触的增加，不慧的特质日益显露，已成为武帝必须面对的重要政治议题。

〔2〕《晋书》卷三《武帝纪》，第63页。

批判，安田二郎则独出机杼，指出泰始九年纳入后宫的嫔妃人数并非如《晋书》、《资治通鉴》所描述的那样众多，而且基本上出自官僚大族阶层，“司徒李胤、镇军大将军胡奋、廷尉诸葛冲、太仆臧权、侍中冯荪、秘书郎左思及世族子女并充三夫人九嫔之列。司、冀、兖、豫四州二千石将吏家，补良人以下”，[1]具有身份内婚制的特征，并采取了与皇后同等的纳聘礼仪，这点甚至引起了朝臣“礼唯皇后聘以谷圭，无妾媵设玉之制”的非议，[2]从中可见武帝非同一般的重视。此时恰逢关于太子不慧争论日益高涨之际，武帝用高规格的礼仪广纳后宫的目的在于扩大外戚阵营，辅翼不慧的太子，从而加强统治的基础，随着女儿的入宫，这些外戚的政治地位皆有所提高。[3] 安田二郎的看法颇有见地，缺乏政治基础的武帝，身处宗室、功臣两股既成的势力之间，在泰始年间更多地只能扮演一个政治平衡者的角色，而联姻帝室作为一种重要的政治筹码，是武帝笼络功臣，扩张统治基础的主要手段。以下结合学界的相关研究，[4]对于这一时期司马氏的婚姻网络略加分析。

在泰始九年新晋的外戚家族中，尤以安定胡氏、琅邪诸葛氏最为引人注目，胡氏家族世代将门，三代为魏晋名将，胡奋之兄胡广、弟胡烈皆当时名将，胡奋少以白衣随司马懿出征辽东，甚见接待，与司马氏家族亦有渊源，[5]武帝娶胡奋之女当有笼络其家族，巩固军权之意。司马氏与琅邪诸葛氏的关系则更为复杂，这两个家族的渊源要上溯至魏末，诸葛诞与司马师、司马昭兄弟都是曹魏贵戚子弟交往圈中的活跃人物，两族之间尚有姻亲之谊，司马伷娶诸

[1] 《晋书》卷三一《武元杨皇后传》，第953页。

[2] 《太平御览》卷一四五引《晋起居注》，第707页。

[3] 安田二郎：《西晋武帝好色攷》，《六朝政治史の研究》，第43—161页。

[4] 除了前引安田二郎的研究之外，另参渡邉义浩：《西晉司馬氏婚姻考》，《東洋研究》第161号，第1—26页。

[5] 《晋书》卷五七《胡奋传》，第1556—1557页。

葛诞之女。尽管随着诸葛诞起兵反对司马氏，两族之间关系破裂，但这并没有影响到这桩婚姻，平吴之后，武帝尚试图通过诸葛太妃的关系，与诸葛靓重修于好。诸葛氏家族是魏晋时代一流的大族，直至东晋尚可以与琅邪王氏一争先后，[1]武帝对于诸葛靓委曲求全的态度，也从一个侧面反映了琅邪诸葛氏的名望与地位。[2] 尽管目前我们无法确切地了解诸葛诞与诸葛冲这两个房支关系的远近，但是武帝选择娶诸葛冲之女或许可被视为修补与诸葛氏家族关系的一个举措。

而在公主夫婿的选择上，目前可以考知武帝的五个女儿荥阳长公主、武安公主、襄城公主、繁昌公主、荥阳公主，[3]分别嫁给了华恒、温裕、王敦、卫宣、卢湛，[4]牵涉其中的平原华氏、太原温氏、琅邪王氏、河东卫氏、范阳卢氏这些家族都是魏晋时代重要的政治家族。或许在具体婚嫁对象上的选择有不少偶然的因素，只要分析一下司马氏联姻的家族，就不难在总体上把握这一婚姻网络的实质。联姻在曹魏时代便是司马氏扩张权势网络的重要手段，武帝时代的通婚网络一方面是曹魏政治网络的延续，其婚对对象多是与司马氏世代交好的大族，在另一方面则具备了更强的政治笼络功能，成为武帝巩固与西晋官僚阶层关系的重要手段。例如，对于卫瓘这样一位在魏晋之际"优游其间，无所亲疏"的名臣，武帝

〔1〕《晋书》卷七七《诸葛恢传》，第 2041—2042 页。

〔2〕杨德炳：《汉末的琅邪郡与琅邪的诸葛氏》，《魏晋南北朝隋唐史资料》第 9、10 辑，第 57—61 页；方诗铭：《关于汉晋琅邪诸葛氏的"族姓"问题》，《中华文史论丛》第 58 辑，第 227—244 页；王永平：《略论诸葛诞与琅邪诸葛氏"姓族"形成之关系》，《文史哲》2005 年第 4 期，第 82—87 页。

〔3〕此处有两个荥阳公主，疑其中或有一讹。

〔4〕分见《晋书》卷三六《卫瓘传》，第 1057 页；卷四四《卢钦附卢湛传》、《华表附华恒传》、《温羡传》，第 1157、1262、1267 页；卷九八《王敦传》，第 2553 页，其中卢湛与荥阳公主未成礼而公主卒。

先欲娶其女为太子妃,未果,又将公主嫁与其子卫宣。[1] 武帝在婚对选择中,对河东卫氏的特别青睐,无疑有现实的政治目的。对于缺乏政治基础的武帝而言,婚姻网络不但是他笼络功臣的手段,也是建立亲信政治班底的重要途径:

(王济)起为骁骑将军,累迁侍中,与侍中孔恂、王恂、杨济同列,为一时秀彦。武帝尝会公卿藩牧于式乾殿,顾济、恂而谓诸公曰:"朕左右可谓恂恂济济矣!"[2]

根据以上四人的仕宦经历推断,此事大约发生在泰始中晚期,在接近皇帝的侍中人选中,武帝姻亲王济、王恂、杨济占据了四席中的三席。培植外戚作为自己亲信的政治力量在咸宁二年之后成为武帝一朝重要的变化,并对西晋的政治走向产生了深远的影响,对此下一章中还将详细讨论。泰始年间,外戚势力虽然有所上升,但对实际政治的影响尚不显著,只是西晋政坛的一股潜流,并不足以与功臣、宗室相颉颃。从上文的分析中不难注意到,武帝在泰始年间虽然摆出一副无为而治的态度,但暗地里却对功臣、宗室势力怀有戒心,不断地试图加以限制、削弱。虽然从表面上来看,泰始年间是一派风平浪静的景象,但是君臣之间强弱易位的不平衡给西晋政治的稳定带来了隐患,各种矛盾已在发酵之中,西晋朝廷在表面平静之下,不乏暗流涌动。

在一般印象中,腐败与奢靡是西晋政治的两大标签,司马氏对功臣的纵容,常常被后世史家指责,但司马氏也一直有"外宽内忌"的声名,那么"宽"与"忌"之间的界限究竟在何处?这成为本

---

〔1〕《晋书》卷三六《卫瓘传》,1055—1059 页。

〔2〕《晋书》卷四二《王浑传附王济传》,第 1205 页。

章思考的起点。由于司马氏无故诛杀大臣的事例并不多见，那么观察每一次收紧罗网的背景，见微知著，无疑是解开“外宽内忌”实质的一把钥匙。

本书的第二章已对魏晋之际关键的政治事件进行了考释，是故这一章中笔者尝试反其道而行之，努力发掘一些以往不太为人注意的事件，作为观察政治生态的窗口。身处于这样一个动荡的时代，政治人物大都具有复杂而多变的特质，并非一些简单的党派标签所能涵括，而往往在一些小事件中能透露出真实的政治讯息。无论司马孚还是陈泰，他们在魏晋之际矛盾的政治姿态并不是单向度的忠诚或虚伪，而是真实反映了其内心天人交战的一面。石苞从被信任到受猜忌的地位转变，则展现了司马氏集团内部权力结构的更替与司马氏父祖兄弟之间不同的政治特质。至于留在政治核心圈内的贾充也并非是《晋书》所描述的那种恩幸式的小丑，其与武帝之间既互相仰赖又互相戒备的微妙关系是晋初政治的基调之一。

第四章　武帝与西晋政治的转折

晋初的政治乱象历来为史家所瞩目，一系列的党派纷争此起彼伏，不免让人有目不暇接之感。西晋开国之后，官僚集团的迅速分化固然肇因于司马氏集团形成过程中所埋下的种种矛盾，但晋武帝一系列乖张的政治举措无疑是矛盾激化的重要催化剂。尽管从表面上来看，由于武帝的极力弥缝，在其生前，西晋官僚集团内部虽然大小矛盾不断，但整个官僚体制尚算运作良好，甚至有“太康之治”的不虞之誉。如果纵观武帝一朝的政治变迁，我们不难发现这些矛盾并未随着时间的推移得到化解，反倒因政治斗争的发酵变得愈发严重，特别是关于齐王攸地位的争论，严重破坏了西晋政治的权力结构。武帝去世之后，继位的惠帝司马衷由于智力低下，缺乏掌控复杂政治局面的能力，失去了皇权的仲裁与平衡，原本尚能维持表面和平的官僚集团迅速卷入了疯狂的内斗当中，武帝苦心维持的政治平衡轰然崩塌，伴随着长达十六年的八王之乱，西晋原有的权力结构也随之土崩瓦解。

第一节　咸宁二年：不起眼的转折之年

晋武帝司马炎自泰始元年（265）称帝，至太熙元年（290）去世，共在位二十五年。在以《晋书》为代表的传统史学观念中，大约以太康元年（280）平吴为界，将武帝时代的政治划分为前后两段，在前一个时段中，武帝可以算是励精图治的英明之主，积蓄力量，扫清吴会，完成了统一大业，所谓“承魏氏奢侈刻弊之后，百姓思古之遗风，乃厉以恭俭，敦以寡欲。有司尝奏御牛青丝纼断，诏以青麻代之。临朝宽裕，法度有恒”；但平吴之后，陶醉在胜利喜悦中的武帝失去了敦勉勤政的态度，“天下乂安，遂怠于政术，耽于游宴，宠爱后党，亲贵当权，旧臣不得专任，彝章紊废，请谒行矣”，并在太子废立的问题上犯下了严重的政治错误，“爰至末年，知惠帝弗克负荷，然恃皇孙聪睿，故无废立之心”，《晋书》最后总结道：“中朝之乱，实始于斯”，[1]将西晋的短促而亡归因于武帝晚年的失政。

《晋书》这一叙事对于后世史家影响颇大，延及于今。但是站在史料批判的立场上，我们首先需要注意《晋书》表述背后唐人观念的影响，《晋书》成于唐初，唐太宗素来重视历史对于现实政治的戒鉴作用，而《晋书·武帝纪》的论赞部分更是出自李世民的亲笔，我们有理由相信《晋书·武帝纪》篇末对于武帝一生的总结包含了唐人的春秋笔法。李世民一生遭遇过两次嫡庶之争，第一次是李世民通过玄武门之变杀兄逼父，登上了皇位；第二次则是太子李承乾与魏王李泰的储位之争。因此，晋武帝在太子废立问题上

---

〔1〕《晋书》卷三《武帝纪》，第80—81页。

的历史教训在唐初具有当代史的特定意义,因此李世民在《晋书·武帝纪》论赞中对晋武帝晚年失政有激烈批评,主张“夫全一人者德之轻,拯天下者功之重,弃一子者忍之小,安社稷者孝之大”,[1]实际上是借古讽今,直接指向唐初的政治现实,蕴有为自己的行为辩护之意。明晰了这一时代背景,我们有必要更加审慎地看待《晋书》对武帝一朝政治特征的评论。而安田二郎已从考辨《晋书》所谓“武帝好色”的记载入手,指出“武帝采女”实际上是在泰始九年,存有扩张外戚群体,巩固权力的政治目的,与太康失政并无关联。[2] 在此情形下,我们更应该对以平吴为界划分武帝一朝政治的传统观点加以批判性的反思。[3]

如果一定要在武帝一朝政治变化自身的脉络中寻找一个时间节点的话,笔者更加倾向于将咸宁二年视为一个具有转折意义的年份。从表面上来看,这一年并无重大政治事件发生,是历史长河中毫不引人注目的平淡之年。但如果以此划线,我们可以注意到在此前后,武帝一朝的政治特征发生了深刻的变化。正如本书第三章所指出的那样,作为一位缺少政治基础的皇帝,武帝继位之初面对功臣、宗室两股既成的势力,因此在武帝时代的前十年中,作为一个弱势的皇帝,司马炎基本上采取了端拱无为的政治姿态,沿用

---

〔1〕《晋书》卷三《武帝纪》制曰,第 82 页。

〔2〕安田二郎:《西晋武帝好色攷》,《六朝政治史の研究》,第 43—161 页。

〔3〕这一以太康为界的鉴戒论式的叙事模式虽因唐修《晋书》而最终定型,但从晋代史臣的论述亦可窥见其源流,《群书治要》卷二九《晋书上》引荀绰《略记》云:“世祖自平吴之后,天下无事,不能复孜孜于事物。始宠用后党,由此祖祢采择嫔媛,不拘拘华门。父兄以之罪衅,非正形之谓;扃禁以之攒聚,实耽秽之甚。昔武王伐纣,归倾宫之女,助纣为虐,而世祖平皓,纳吴姬五千,是同皓之弊也”,四部丛刊初编本,商务印书馆,1919 年,第 370 页。按荀绰,西晋末年人,见《晋书》卷一〇四《石勒载记》,第 2723 页,另据《隋书·经籍志》,荀绰撰有《晋后略记》五卷,《群书治要》所引即其佚文。荀绰此论当反映了八王之乱后,士人有意识地对武帝一代政治得失及西晋短促而亡的教训加以反思总结。

司马昭遗留的政治班底，更多的是在朝廷的政治纷争中扮演平衡者的角色，而不是一个强有力的决定者。武帝固然在暗地里通过种种手段，巩固皇权，抑制宗室、功臣的力量，至少在表面上仍表现出尊重原有政治格局的态度，维护功臣与宗室的既得利益。但在咸宁二年之后，局势发生了明显的改观，武帝转而积极介入其中，通过引入外戚势力，主导了西晋政治格局的改变。从咸宁二年开始武帝采取了一系列强硬的举措，打压朝中倾向齐王攸的政治力量，随着太康四年（283）齐王攸抑郁而死，武帝彻底摆脱了宗室、功臣势力的掣制，得以按照自己的意愿完成对西晋政治格局的改造。太康元年的一举灭吴，则成为一个有力的外部因素，改变了武帝功业不足的一贯形象，使他具有凌驾于功臣、宗室之上，成为一个强势帝王的政治资本。如果说，咸宁二年之前的武帝只是西晋政治中的平衡者的话，那么在此之后武帝逐渐转变为西晋政治真正的决定者。

武帝政治姿态"由守转攻"的关键变化，便起源于这并不起眼的咸宁二年。咸宁二年的开端便预示着这恐怕不是一个吉利的年份，"二年春正月，以疾疫废朝"。[1] 首先需要指出的是正月元旦的元会是一年之中最重要的朝会，象征着国家礼仪秩序的建立与君臣关系的确认，[2]武帝因病取消了咸宁二年的元会，放弃了这一体现国家秩序的重要政治场合，说明其病势无疑相当沉重。那么这场将四十一岁的武帝击倒的疾疫又源于何处？我们知道在咸

---

〔1〕《晋书》卷三《武帝纪》，第 65 页。本段引文若按照字面意思，也可以理解为武帝因洛阳大疫，取消了元会，但据笔者检索，史籍中几乎没有其他因疾疫废朝的案例，魏晋时仅有是否要因日蚀灾异取消元会的礼制争论，见《晋书》卷一九《礼志上》，第 594—595 页。结合其后武帝重病的记载，可以判断所谓"以疾疫废朝"只是史书的掩饰之词，废朝的真实原因是武帝本人感染了瘟疫。

〔2〕渡边信一郎：《元会的建构——中国古代帝国的朝政与礼仪》，收入沟口雄三、小岛毅编：《中国的思维世界》，江苏人民出版社，2006 年，第 363—409 页。

宁元年十一月癸亥至己巳之间，武帝还曾大阅于宣武观，说明此时武帝的健康状况毫无问题。那么武帝突然身染重病的唯一可能便与当年十二月，在首都洛阳爆发的瘟疫流行、死者太半的灾难有关，[1]可以相信武帝的因病废朝，当是被瘟疫所感染。在当时的医疗条件下，瘟疫是一种死亡率非常高的传染性疾病，武帝虽贵为九五之尊，也未必能够逃脱这场灾难，甚至一度传出了"不豫"的消息，大约到了咸宁二年三、四月间，武帝的病势才逐渐好转。

> 先是，帝不豫，及瘳，群臣上寿。诏曰："每念顷遇疫气死亡，为之怆然。岂以一身之休息，忘百姓之艰邪？诸上礼者皆绝之。"[2]

从中我们可以注意到这场险些夺去武帝生命的疾疫，同样在其精神世界中留下了深刻的烙印，[3]使尚在壮年的武帝一下子看到了死亡的迫近，必须开始考虑身后的政治安排。当时列于铭飨的十二位功臣之中，已有郑冲、荀顗、石苞、裴秀、王沈、司马孚六人故

---

〔1〕《晋书》卷三《武帝纪》，第 65 页。

〔2〕《晋书》卷三《武帝纪》，第 66 页。

〔3〕从司马氏家族的经历而言，武帝伯祖父司马朗便是死于建安二十二年的瘟疫大流行，《三国志》卷一四《司马朗传》，第 468 页。尽管此时武帝尚未出生，没有直接记忆。但是这场大疫对魏晋士人的心理有非常深刻的影响，著名建安七子中的五人皆死于这场瘟疫。其中的景象正如曹植所描绘的那样："家家有强尸之痛，室室有号泣之哀，或阖门而殪，或举族而丧者。"《续汉书·五行志五》注，第 3351 页，而魏文帝著名的《与吴质书》中谈到："昔年疾疫，亲故多离其灾，徐、陈、应、刘，一时俱逝，痛何可言邪……观其姓名，已在鬼录，追思昔游，犹在心目"，心中的沉痛可见一斑，《三国志》卷二一《吴质传》注引《魏略》，第 608 页，相关的研究参读王力坚：《汉末建安的疫灾与文学》，《人文中国学报》第 17 期，上海古籍出版社，2011 年，第 49—85 页，家族遭际及一个时代共同的记忆同样会对武帝的心理有所影响。

世，尚在世的不过何曾、贾充、陈骞、荀勖、羊祜、司马攸，[1]本来年纪较轻的武帝，完全可以等待自然规律发生作用，待到故老凋零之后，再确立自己的政治班底。但是这场疾疫的发生，无疑让武帝对生命的无常有了切身的感受。

更为糟糕的是，在武帝病重，朝廷处于权力真空期的小半年中，朝野上下围绕着拥立齐王攸的一系列政治活动，让武帝清晰地感受到自己权力的不稳。首先需要揭橥取消元会这一举措对整个帝国的政治舆论产生的巨大冲击，元会不同于普通朝会之处便在于其参与人数众多，影响广泛，对于整个帝国的政治秩序具有重要的象征意义。根据西晋的制度，一年之中最重要的两次朝会分别安排在冬至与元旦，但"冬至小会，其仪尚亚于岁旦"。按照《咸宁仪注》的记载元旦元会的主要参与者是在京的六百石以上官员、各诸侯王、各州郡奉使上计的计吏、各藩属国、少数民族首领的使者，元会分为晨贺、昼会两个部分，参与人数可达上万之众，在元会过程中进行的委贽、上寿、宴飨、歌舞、上计吏敕戒等一系列仪式，具有确认朝廷君臣秩序、展现中央对于地方的权威、构筑四夷来朝的政治图景等诸方面的重要意义。[2] 更为关键的是由于元会参与人数众多，大量前期准备工作和各地上计吏赶往京城都需要耗费相当长的时间，可以推想在上年十二月，各项准备工作已经全面展开，但武帝却突然取消了元旦的朝会，无疑会在准备参加元会的上万官吏中引起强烈的疑虑。这一关系到国家体制的重大典礼的取消，实际上是将武帝病危的消息透露给帝国上下所有的官吏，使得皇帝身体状况这样绝密的消息不再能够像往常那样被保守在宫闱

---

〔1〕《晋书》卷三《武帝纪》，第 65 页。

〔2〕《宋书》卷一四《礼志一》，第 343—344、346 页；渡边信一郎：《元会的建构——中国古代帝国的朝政与礼仪》，《中国的思维世界》，第 376—383 页。

之中，而成为整个朝野上下关注的公共话题。由于武帝在上年十一月身体尚佳，肯定出席了冬至的小会。却在短时间内爆出病危的消息，明眼人很快便能将其与十二月洛阳发生的大瘟疫联系在一起，由于古人对于瘟疫普遍抱有强烈的恐惧心理，[1]不难想象皇帝病危与洛阳大疫这两条爆炸性消息随着各州郡上计吏的返回，[2]迅速在整个帝国悄悄地流传开来，将会对官吏士民的心理产生何等的冲击，从而使举国上下弥漫着恐慌与紧张不安的情绪。[3] 在此背景下，身处于权力中枢的官员开始秘密地讨论武帝身后事的安排，其实并不能算是一个太过分的举动。

武帝病危期间，侍于其旁、参医药的是贾充、荀勖、齐王司马攸三人，可以说在武帝病重的小半年中，这三人组成了西晋政治的权力核心。一旦武帝有所不测，将由这三人全权处置后事，控制朝政。由于太子司马衷的愚鲁早已是朝野上下普遍忧虑的问题，在武帝病危、政局不稳的情况下，继承人问题再次浮现了出来，成为朝臣们关注的焦点。与以往不同的是，过去倾向支持武帝的贾充此时也表现出了犹豫：

> 会帝寝疾，(贾)充及齐王攸、荀勖参医药。及疾愈，赐绢

---

〔1〕 关于中古时代人们对于瘟疫的认识，参读张嘉凤：《“疾疫”与“相染”——以〈诸病源候论〉为中心试论魏晋至隋唐之间医籍的疾病观》，收入李建民编：《台湾学者中国史研究论丛 · 生命与医疗》，中国大百科全书出版社，2005 年，第 390—428 页。

〔2〕 上计吏接受皇帝的敕诫是元会中的重要环节，也是地方获得中央信息的主要渠道，《文馆词林》卷六九一保存的《西晋武帝诫计吏敕》、《西晋武帝诫郡国上计掾史还各告守相敕》两篇文字便反映了这一政治功用，罗国威整理：《文馆词林校证》，中华书局，2001 年，第 402—403 页。

〔3〕 国史中与之相似的例子是唐宪宗元和十五年春因服金丹不豫，取消了元会，朝野上下“人情汹惧”，赖刘悟入见，“出道上语，京城稍安”，《旧唐书》卷一五《宪宗纪下》，第 471 页。

> 各五百匹。初，帝疾笃，朝廷属意于攸。河南尹夏侯和谓充曰："卿二女婿，亲疏等耳，立人当立德。"充不答。及是，帝闻之，徙和光禄勋，乃夺充兵权，而位遇无替。[1]

在武帝病危，朝廷群龙无首的局面下，作为一名具有丰富政治经验的老臣，贾充清楚地知道几个月的权力真空背后蕴藏的危险及太子司马衷的难堪大任。在全国上下人心惶惶的情况下，万一武帝身故，以司马衷愚鲁的资质，能否顺利登上皇位，担负起稳定人心的政治重任，实在是一个巨大的疑问。[2] 因此，当夏侯和劝说他立人当立德时，贾充选择保持沉默，观察形势的进一步发展。夏侯和身为河南尹，负责洛阳地区的行政与治安，在这样关键的政治时刻，地位举足轻重，[3]他向贾充公开表达对齐王攸的支持，一方面当然是要争取重臣贾充的支持，另一方面也显示支持齐王攸的政治势力已经积聚了相当的力量，一旦武帝故世，未必没有发动宫廷政变夺取政权的可能。处于这一政治漩涡中心的贾充所持的立场对于双方力量的消长，具有举足轻重的作用。而素来以长袖善舞著称的贾充，此刻的沉默，并不代表无所作为，恐怕他也需要进一步观察事态的发展和双方政治实力的对比，从而决定自己的态度。

但是武帝幸运地活了下来，并且恢复了健康，那么所有拥立齐王攸的努力只能暂时告一段落，西晋政治表面上回到了原来的轨

---

[1] 《晋书》卷四〇《贾充传》，第 1169 页。

[2] 刘驰指出司马衷并不是病理学意义上的白痴，只是智力发育低下，但他缺乏应对复杂政治局面的能力这点并无疑问，《晋惠帝白痴辨——兼析其能继位的原因》，收入氏著《六朝士族探析》，中央广播电视大学出版社，2000 年，第 219—232 页。

[3] 《三国志》卷二一《傅嘏传》注引《傅子》："河南尹内掌帝都，外统京畿，兼古六乡六遂之士。其民异方杂居，多豪门大族，商贾胡貊，天下四会，利之所聚，而奸之所生"，可见河南尹的职任之重，事务之剧，第 624 页。

道中。可以想见,武帝一旦获悉在其病危期间,朝野上下拥立齐王攸的种种密谋,心中的震惊与不安会是何等强烈。钟摆虽然再次摆回了原地,但齐王攸的威胁已经在武帝心中留下了不可磨灭的印迹。观察其后几年武帝一系列的政治举措,可以清晰地发现武帝政治策略的转变。武帝一改原来政治平衡者的形象,而是利用皇权的力量重组西晋的权力结构,从而保证皇帝的权威不再受到挑战与威胁,进而巩固太子的地位。

武帝病愈之后所采取的第一项行动便是针对这场密谋的两个关键人物——夏侯和与贾充。武帝解除了夏侯和河南尹的职务,迁为光禄勋的闲职,接替夏侯和出任河南尹的当是王恂:

> 武帝咸宁三年诏曰:河南百郡之首。其风教宜为遐迩所模,以导齐之。侍中、奉车都尉王恂忠亮笃诚,才兼内外,明于治化,其以恂为河南尹。[1]

王恂是王肃之子,司马炎之舅,武帝以外戚出任此职,重用亲信,巩固权力的意图相当明显。当然在西晋政治中,夏侯和只能算是一个小角色,武帝更重要的举措是解除了在这场风波中首鼠两端贾充的兵权。[2] 根据西晋的制度,当时控制禁卫军权的两个关键职务是北军中候与护军将军(中护军),[3]贾充并未领有这两职,此处所指的兵权当与西晋的加兵公制度有关。

> 诸公及开府位从公加兵者,增置司马一人,秩千石;从事中郎二人,秩比千石;主簿、记室督各一人;舍人四人;兵铠、士

---

〔1〕《太平御览》卷二五二引《晋起居注》,第1188页。

〔2〕《晋书》卷四〇《贾充传》,第1169页。

〔3〕张金龙:《魏晋南北朝禁卫武官制度研究》上册,第193—231页。

曹，营军、刺奸、帐下都督，外都督，令史各一人。主簿已下，令史已上，皆绛服。〔1〕

西晋以重臣加兵作为一种优宠的手段，〔2〕如晋初司马望“给兵二千人”，泰始三年加太尉，“置太尉军司一人，参军事六人，骑司马五人”。〔3〕武帝去世后，杨骏受命辅政，“置参军六人、步兵三千人、骑千人”，〔4〕逾越于一般加兵公之上，如诸公及开府位从公为持节都督之制，〔5〕杨骏被诛后，朝廷崇重旧臣，乃加司徒王浑兵，〔6〕皆是典型的例子。贾充此前曾以“文武异容，求罢所领兵”，后迁司空、侍中、尚书令，领兵如故，〔7〕可知其在咸宁二年之前一直领有营兵，《晋书》所谓“夺充兵权，而位遇无替”，盖是指夺其营兵而已。〔8〕当然对于贾充这样的元老，武帝尚不无借重之

〔1〕《晋书》卷二四《职官志》，第727页。

〔2〕关于加兵公制度的检讨，参读张军：《汉魏晋军府制度研究》，第159—162页。

〔3〕《晋书》卷三七《义阳成王望传》，第1086页。

〔4〕《晋书》卷四〇《杨骏传》，第1177页。

〔5〕《晋书》卷二四《职官志》云：“诸公及开府位从公为持节都督，增参军为六人，长史、司马、从事中郎、主簿、记室督、祭酒、掾属、舍人如常加兵公制。”第727页。

〔6〕《晋书》卷四二《王浑传》，第1204页。

〔7〕《晋书》卷四〇《贾充传》，第1167—1168页。

〔8〕从目前掌握的史料来看，文官公与武官公之间的分途，也是是否加兵的重要因素。晋世以“太宰、太傅、太保、司徒、司空、左右光禄大夫、光禄大夫，开府位从公者为文官公，冠进贤三梁，黑介帻”，以“大司马、大将军、太尉、骠骑、车骑、卫将军、诸大将军，开府位从公者为武官公，皆着武冠，平上黑帻”，《晋书》卷二四《职官志》，第726页。因而上文贾充所谓“文武异容，求罢所领兵”，当是指文武异途，文官公不当领兵，因而当其转任司空时，特地强调“领兵如故”，以示优宠。而王浑以司徒加兵，亦是以文官公领兵，故“自以偶因时宠，权得持兵，非是旧典，皆令皁服”，另参钱大昕：《廿二史考异》卷二一《晋书四》，第365页。若此齐王攸自咸宁二年八月自镇军大将军迁司空，当已不再加兵，武帝素不愿齐王攸领兵，齐王攸为骠骑将军时，武帝便曾试图罢其营兵，后因兵士反对而未果。但太康三年命齐王攸之国诏书提到：“假节，将本营千人，亲骑帐下司马大车皆如旧”，似乎仍领有营兵，不确定是出镇时所加还是原先领有，姑存疑俟考。《晋书》卷三八《齐王攸传》，第1132—1134页。

处，故在防备之余，亦需加以笼络，因而在同年八月，进贾充为太尉，以示优宠。[1] 通过以上这一系列的人事调动，武帝在病愈之后，初步完成了政治格局的调整，巩固了自己的权力。

除此之外，咸宁二年十二月，武帝特地征召魏晋时代著名的隐士皇甫谧为太子中庶子，[2] 皇甫谧虽是隐者，但在魏晋之际颇孚众望，"门人挚虞、张轨、牛综、席纯，皆为晋名臣"，[3] 武帝此举大约是想仿效西汉吕后请商山四皓出山辅佐太子的故智，[4] 借此提高太子的政治声望，以塞群臣之口，然为皇甫谧所拒。[5]

接下来更为关键的问题是当武帝对功臣和宗室都产生怀疑之后，如何来建立自己可以信任的政治班底，辅佐愚鲁的太子司马衷继位。武帝命王恂接替夏侯和其实已经提示了答案，武帝想要重用的人选是外戚，于是外戚杨氏家族借此登上了西晋的政治舞台：

> 杨骏，字文长，弘农华阴人也。少以王官为高陆令，骁骑、镇军二府司马。后以后父超居重位，自镇军将军迁车骑将军，封临晋侯。[6]

武帝病愈之后，外戚杨骏地位的迅速上升是咸宁二年这一不起

---

〔1〕祝总斌指出转太尉的同时，以贾充录尚书事，借机免去他尚书令一职，亦是明升暗降，夺其实权，尚书令总管尚书台，而录尚书事的权力有很大弹性，《两汉魏晋南北朝宰相制度研究》，第 179—180 页。

〔2〕《晋书》卷三《武帝纪》，第 67 页。按魏晋之际皇甫谧尝数次被征，见《晋书》卷五一《皇甫谧传》，第 1409—1418 页，然唯有本次被载入本纪，或见其有不同寻常的意义。

〔3〕《晋书》卷五一《皇甫谧传》，第 1418 页。

〔4〕《汉书》卷四〇《张良传》，第 2033 页。

〔5〕关于皇甫谧政治态度的讨论，参读景蜀慧：《魏晋政局与皇甫谧之废疾》，《文史》2001 年第 2 辑，第 53—74 页。

〔6〕《晋书》卷四〇《杨骏传》，第 1177 页。

眼的年份中发生的第二件对于西晋政治走向影响深远的事件，标志着外戚作为宗室、功臣之外的第三股势力在西晋政治中的兴起。〔1〕 武帝将第三种力量引入西晋政治的原因在于，晋初功臣、宗室两股势力曹魏末期皆已成形，作为一位缺乏政治根基的皇帝，武帝并不能够如意地驾驭尾大不掉的功臣与宗室，由于司马昭—司马炎一系人丁单薄，深孚众望的亲弟司马攸尚是帝位最有力的竞争者，因此在帝系一支内部并没有担负政治责任、拱卫皇权的合适人选。因而要达成“强干”的政治目标，引入外戚势力是加强皇权唯一有效的选择。受到咸宁二年病危时朝臣密谋拥立齐王攸一事的刺激，武帝决心改变原有的政治策略，在功臣与宗室之外，以外戚杨氏为核心培植忠于自己的政治班底。

需要指出的是武帝的这一举措完全改变了魏晋以来的政治传统，对于两晋政治格局演变产生了深远的影响。曹魏或是吸取了东汉外戚专权的政治教训，〔2〕“三世立贱”，〔3〕其后族皆出身卑微，家族无闻，没有干预政治的能力。因此曹魏政治格局的基本特

〔1〕 权家玉与笔者同时注意到杨骏家族的崛起对于西晋政治的影响，看法多有不谋而合之处，唯权文未及利用《杨骏残志》，因而论证稍显曲折，参读氏著《西晋杨骏一族的崛起》，《魏晋南北朝隋唐史资料》第24辑，2008年，第57—67页。田中一輝：《西晉の東宮と外戚楊氏》一文则探讨了外戚杨氏家族崛起与武帝巩固太子地位意图之间的关系，《東洋史研究》68卷3号，2009年，第389—417页。

〔2〕《三国志》卷二《文帝纪》，黄初三年九月甲午，诏曰：“夫妇人与政，乱之本也。自今以后，群臣不得奏事太后，后族之家不得当辅政之任，又不得横受茅土之爵；以此诏传后世，若有背违，天下共诛之”，第80页。这一诏命并非一般意义上的泛泛之论，而是反映了曹丕的一贯思想，其在《典论》中便强调三代之亡，由乎妇人，并总结袁术、袁绍多内宠而至败亡的历史教训，见严可均辑：《全三国文》卷八，《全上古三代秦汉三国六朝文》第2册，第1094—1095页。

〔3〕 周勋初《魏氏“三世立贱”的分析》一文认为这一现象反映了曹氏的家风与建安时代社会风尚由恪守儒家伦理至趋向放达的变化，可备一说，收入氏著《魏晋南北朝文学论丛》，江苏古籍出版社，1999年，第1—15页。

征是宗室与功臣互相制衡，晋初的政治形势亦是如此，[1]但随着司马炎重用外戚杨骏，将其作为第三种力量引入政坛，打破了这一传统，建立了宗室、功臣、外戚三方互相角力的权力结构。自此以后，外戚作为重要的政治力量成为两晋政治中的一项传统。[2]

从整个汉魏时代的背景而论，武帝对于外戚杨氏的信任与重用大约是与当时人们普遍重视外家的社会风气不无干系，很多学者已经指出在汉魏时代，近代宗法意义上严格的父系宗族制度尚未成形，外家在观念上也被视为宗族的一部分，外家抚孤、甥舅关系密切、从母姓、重视同母关系、外家亦称骨肉等现象相当普遍，在宗族观念上存在宗亲与外亲并重的倾向。[3] 明晰了这一社会背景，我们或可理解武帝为何对外戚杨氏如此信任，实际上是将妻族视为帝系的延伸，意欲通过扶植外戚，建立自己可以信赖的政治班底，弥补帝系一支人丁单薄的弱点。

在武帝的支持下，杨氏家族在泰始年间便已崭露头角，当时名位尚轻，无法与宗室、功臣力量相颉颃，在政治上往往被视为贾充

---

〔1〕曹丕继位后，因有与曹植等争夺世子之位的前车之鉴，防制诸王甚严，因此在曹魏政权中获得重用的多是如曹爽这类宗室疏属，而晋初活跃的齐王攸等，皆是皇室至亲，在血统上仍有继承帝位的可能，易于对皇权构成威胁。

〔2〕关于两晋政治中的外戚作用，参读胡志佳《门阀士族时代下的司马氏家族》一书中《两晋政局与帝位继承的权力结构分析》一章，第125—168页。

〔3〕较早注意到这一现象并加以揭示的是牟润孙：《汉代公主及外戚在帝室中之地位试释》，《注史斋丛稿》，第50—79页；近年来较为综合性的研究参读侯旭东：《汉魏六朝父系意识的成长与"宗族"》，《北朝村民的生活世界》，第60—107页；阎爱民：《汉晋家族研究》，上海人民出版社，2005年，第75—154页。澳大利亚汉学家Jennifer Holmgren在"The Making of an Elite: Local Politics and Social Relations in Northeastern China during the Fifth Century A.D."一文中通过对于迁居青、徐的河北大族的研究，也注意到母系血缘关系在当时政治、社会中具有重要作用，她认为此时在大族的人际网络中母系亲属与姻亲的重要性甚至超过了同宗的关系，可以证明重视外家这一观念在南北朝时期尚且存在。收入氏著 *Marrige Kinship and Power in Northern China*, VARIORUM, Ashgate Publishing Company, 1995, pp.1－79.

的依附者，[1]咸宁二年十二月，以杨骏受封临晋侯为标志，[2]外戚杨氏家族在武帝的扶植下迅速崛起。杨骏临晋侯的册封在当时便颇具争议：

> 识者议之曰："夫封建诸侯，所以藩屏王室也。后妃，所以供粢盛，弘内教也。后父始封而以临晋为侯，兆于乱矣。"尚书褚䂮、郭奕并表骏小器，不可以任社稷之重。武帝不从。[3]

由于杨骏之女杨芷在当年十月被立为皇后，杨骏封侯应当是在武帝崇重后父的名义下进行的，但这并没有避免朝臣的非议。

杨骏在魏末官职卑微，事迹无称。西晋立国之后，在武帝的庇荫下，官位稳步上升，但总体而言，在此之前的十二年中杨骏升迁的速度尚属平稳，但咸宁二年临晋侯的册封，传递出武帝欲重用杨骏的明确信号，同时也激起了朝臣的不满。据《晋书》记载，当时的争议主要围绕着"临晋"一名的使用，其中"后父始封而以临晋为侯，兆于乱矣"一句颇难索解。临晋地名颇古，春秋时已见诸史乘，而武帝之所以封杨骏为临晋侯，主要原因有二：首先，杨骏出自东汉四世三公的弘农杨氏，杨震之孙杨赐曾在汉末受封临晋侯，[4]此次武帝恢复旧封，当是怀有崇重弘农杨氏门第，进而抬高杨骏政治地位的目的。其二，"临"有"光大"之义，所谓"临晋"即是光大晋国。稍晚类似的例子是惠帝羊皇后之父羊玄之被封为兴

---

〔1〕《晋书》卷四五《任恺传》，第1286页。

〔2〕《晋书》卷三《武帝纪》，第67页。

〔3〕《晋书》卷四〇《杨骏传》，第1177页。

〔4〕《后汉书》卷五四《杨震传附杨赐传》，第1784页；蔡邕《太尉杨赐碑》叙其事云："天子大简其勋，用授爵赐，封侯于临晋，功成化洽，景命有倾。"严可均辑：《全后汉文》卷七八，《全上古三代秦汉三国六朝文》第1册，第895页。

晋侯,[1]从中可知西晋外戚封侯时的命名规律。因此,武帝封杨骏为临晋侯,本是“古典”与“今典”俱美的嘉名,寄托了武帝对外戚杨氏家族的厚望,所谓“兆于乱”之说不知缘何而起。对此只能略作推测,王隐《晋书》曰:“时人窃言,封侯称临晋,后必专国”,[2]这无疑与当时流行的图谶风谣之说有关,或可做如下解释,“临”字可转训多义,但究其本义,同“监”,[3]引申为统治之义,则临晋一名可被“转训”为统治晋国,异姓受封为“临晋”,于国不祥。

据此可知,“后父始封而以临晋为侯,兆于乱矣”云云当是杨骏擅权乱国之后的附会,但时人如此比附,则透露出一个关键的信息:杨骏封侯是晋初政治史上具有深远影响的重大事件,杨氏家族政治势力的急剧膨胀兆源于此。

在曹魏政治中,文帝黄初三年诏书明确规定:“后族之家不得当辅政之任,又不得横受茅土之爵;以此诏传后世,若有背违,天下共诛之”,[4]从制度上杜绝了外戚封侯并进而干政的可能。杨骏封侯对当时朝野上下的震动在于,这改变了曹魏以来的政治传统,使得外戚参政这一绝迹了近一个世纪的现象重新出现。西晋君臣,大都起自士人家族,其父祖辈与汉末曹魏的政治有着密切的关联,对于东汉外戚秉政的乱象绝无好感。杨骏封侯一事看似平常,

---

〔1〕《晋书》卷九三《外戚羊玄之传》,第2413页。

〔2〕《北堂书钞》卷四八引王隐《晋书》,第137页。《太平御览》卷一九九引王隐《晋书》直接点出了时人系太学生王铃,曹书杰认为王铃系王铨之讹,可从,而王铨即王隐之父,《晋书》卷八二《王隐传》云其父“有著述之志,每私录晋事及功臣行状”,此则纪事当本自王铨自述,第2142页。关于王铨生平,参读曹书杰:《王隐家世及其〈晋书〉》,《史学史研究》1995年第2期,第23—25页。

〔3〕(汉)许慎撰,(清)段玉裁注:《说文解字注》,上海古籍出版社,1988年,第388页。

〔4〕《三国志》卷二《文帝纪》,第80页。

实际上关系魏晋两代政治传统的关键性转化，具有深远的影响，而深受汉末清议与曹魏政治传统影响的西晋官僚阶层对外戚参政的死灰复燃怀有警惕，纷纷予以反对，并不足为奇。

但是武帝在任用杨骏一事上表现得相当坚定，丝毫没有向朝臣表示让步的意愿，可见武帝本人也将此视为一项重要的政治举措，并不愿改变将外戚引入西晋政治的初衷。在晋初功臣与宗室两股政治势力中，功臣的力量渊源于曹魏政治中的人际网络，宗室的权势则伴随魏晋嬗代的政治过程逐步成长壮大，皆非武帝所能轻易撼动。从杨骏的仕宦履历中，我们不难发现他与曹魏的政治网络几无瓜葛，在魏晋之际亦默默无闻，杨骏及其家族的权势与地位完全来自武帝的赐予。因此在西晋政治中，杨氏家族并无自身的根基可言，完全依附于皇权，武帝对其指挥自如，并借此制衡功臣、宗室，杨氏家族地位的上升是武帝强干弱枝，确立皇帝威望的重要举措。在武帝看来，杨骏虽属外家，但在政治上要比对皇权有威胁的宗室更为亲近可靠，〔1〕可以作为帝系力量的重要补充。因此，此举虽然广受朝臣非议，但武帝运用皇帝的权威加以推行，不仅是杨骏，其弟杨珧、杨济一并得到重用，在武帝后期势倾天下，时人有“三杨”之号。〔2〕在武帝的支持下，外戚杨氏迅速成长为西晋政治中不可小觑的一股新兴势力。

为了更好地说明杨骏一支在西晋政坛势力的形成过程，首先对弘农杨氏杨骏一支在魏晋时代的发展略加考释。由于《晋书》相关传记仅云杨骏为弘农华阴人，并未明确说明杨骏一支与东汉名望极高的杨震一族的关系，因此既往研究中

---

〔1〕 杨骏本人无子，这或许是武帝信任他的原因之一，《晋书》卷四〇《杨骏传》，第1179页。

〔2〕 《晋书》卷四〇《杨骏传》，第1177页。

只能对此存疑,[1]推断杨骏一支是弘农杨氏的别支。随着杨骏本人墓志的发现,我们已能较好地解决这一疑问。该志出土于洛阳,原高 50 厘米,宽 53 厘米,已残,[2]但残存的文字依然提供了宝贵的信息。其中以"(上缺)讳敷,大父东莱太守蓩亭侯讳(下缺)"一句最为关键,揭示了杨骏家族的源流。《后汉书·杨震传》记载了杨震少子杨奉一支的世系:

> (杨)震少子奉,奉子敷,笃志博闻,议者以为能世其家。敷早卒,子众,亦传先业,以谒者仆射从献帝入关,累迁御史中丞。及帝东还,夜走度河,众率诸官属步从至太阳,拜侍中。建安二年,追前功封蓩亭侯。[3]

而杨骏兄杨炳恰袭封蓩亭侯,[4]两相比勘后,可知杨奉—杨众一支世系与墓志所载契合,杨骏乃后汉蓩亭侯杨众之孙,杨震的五世孙。据此我们可以排定杨骏一支在弘农杨氏中的位置如下:

杨震——→杨奉——→杨敷——→杨众——→不明——→杨炳 字文宗——→杨超
——→杨骏
——→杨珧
——→杨济

至此杨骏一支的世系源流已可以确定,杨骏出自天下名门的华贵

---

〔1〕竹田竜児:《門閥としての弘農楊氏についての一考察》,《史学》31 卷第 1—4 号,第 628—629 页。

〔2〕《杨骏残志》,收入洛阳市文物工作队:《洛阳出土历代墓志辑绳》,中国社会科学出版社,1991 年,第 10 页。日本学者石井仁、渡邉义浩《西晋墓誌二题》一文曾对《杨骏残志》有简要的讨论,考订了杨骏一支与汉代弘农杨氏家族的关系,见《駒沢史学》第 66 号,第 82—86 页。

〔3〕《后汉书》卷五四《杨震传》,第 1769 页。

〔4〕《晋书》卷九三《杨文宗传》,第 2412 页。按杨炳字文宗,《晋书》避唐讳改。

身份无可怀疑。但从其日常行事而言，杨骏一支的门风与弘农杨氏以经学传家的传统已有相当距离。杨骏出自天下名族，却被目为“小器，不可以任社稷之重”，“素无美望”，可知他本人并没有继承弘农杨氏的家族声望。更为糟糕的是作为两汉著名经学世家的子弟，杨骏却“闇于古义，动违旧典，武帝崩未逾年而改元，议者咸以为违《春秋》逾年书即位之义”。[1] 这种数典忘祖的错误，表明家族的经学传统在杨骏手中已经沦失。而杨骏之弟杨济历位镇南、征北将军，以武艺号为称职，[2]所从四百人皆秦中壮士，[3]就行事而言，更趋近于地方豪强。总而言之，杨骏一支除了尚带有弘农杨氏的光环之外，行事与其先祖杨震相去甚远。

如果我们将杨骏一支与魏晋时期活跃的弘农杨氏杨彪一支作一比较，不难发现两个房支之间的迥然不同。杨彪、杨修父子是建安时代著名的文臣，由于杨彪忠于汉室，杨修又被曹操借故诛杀，因此杨彪一支在曹魏政治中地位不显，但是这一支当时依然保持了一流文化大族的影响力与弘农杨氏家族清廉简朴的门风。杨修之子杨嚣、杨嚣之子杨准皆有名于晋代。[4] 杨嚣，泰始初为典军将军，受心膂之任，早卒。武帝咸宁四年(278)特地下诏表彰他的清廉：“故司空王基、卫将军卢钦、领典军将军杨嚣，并素清贫，身没之后，居无私积。顷者饥馑，闻其家大匮，其各赐谷三百斛。”[5]可

---

〔1〕《晋书》卷四〇《杨骏传》，第1177—1178页。

〔2〕《世说新语·方正第五》记载杨济的一则轶事：“杜预之荆州，顿七里桥，朝士悉祖。预少贱，好豪侠，不为物所许。杨济既名氏雄俊，不堪，不坐而去。须臾，和长舆来，问：‘杨右卫何在？’客曰：‘向来，不坐而去。’长舆曰：‘必大夏门下盘马。’往大夏门，果大阅骑。长舆抱内车共载归，坐如初。”余嘉锡：《世说新语笺疏》，第292页，亦见其豪侠色彩。

〔3〕《晋书》卷四〇《杨骏传附杨济传》，第1181页。

〔4〕《后汉书》卷五四《杨震传附杨彪传》，第1786—1790页；《三国志》卷一九《曹植传》注引《世语》，第560—561页。

〔5〕《晋书》卷四四《卢钦传》，第1255页。

知杨器与先祖杨震一样，素有廉洁之誉。杨准更是晋初名士，与山简、嵇绍、刘谟齐名，[1]并与裴頠、乐广等清谈名家关系密切，其二子皆有名士之称。

> （杨）准见王纲不振，遂纵酒，不以官事为意，逍遥卒岁而已。成都王知准不治，犹以其为名士，惜而不责，召以为军谋祭酒。府散停家，关东诸侯议欲以准补三事，以示怀贤尚德之举。事未施行而卒。准子峤字国彦，髦字士彦，并为后出之俊。准与裴頠、乐广善，遣往见之。頠性弘方，爱峤之有高韵，谓准曰："峤当及卿，然髦小减也。"广性清淳，爱髦之有神检，谓准曰："峤自及卿，然髦尤精出。"准叹曰："我二儿之优劣，乃裴、乐之优劣也。"评者以为峤虽有高韵，而神检不逮，广言为得。傅畅云："峤似准而疏。"峤弟俊，字惠彦，最清出。峤、髦皆为二千石。俊，太傅掾。[2]

可知杨彪一支虽然在魏晋时期仕途不算十分畅达，但家族门风依然得以保持，并在杨准时顺应时代风气的变化，完成了"由儒入玄"的转变，在晋初士人交往圈中仍能占据显要的位置，维持家族声望不坠。[3]

而杨骏一支自建安二年（197）杨众受封蓩亭侯后，在整个三国时代默默无闻，至晋初借助外戚身份复起之后，家族风貌已发生了根本的变化，由于在此期间，几乎没有关于杨骏一支的记载，我们很难确切了解这一转变背后的实际情况。笔者倾向于认为杨骏

---

〔1〕《晋书》卷四三《山涛传附山简传》，第1228页。

〔2〕《三国志》卷一九《曹植传》注引荀绰《冀州记》，第561页。

〔3〕《世说新语·识鉴第七》注引《杨氏谱》记杨准子杨朗为三公曹，可知此支已随晋室渡江，余嘉锡：《世说新语笺疏》，第396页。

一支在曹魏时期由于在政治发展上遭到挫折，出现了一个重新地方化、土豪化的过程，导致了家族风气的转变，以下通过勾辑杨骏一支零散的仕宦、通婚记录情况对此略作阐释。

首先值得注意的是杨文宗"为魏通事郎，袭封蓩亭侯"这一记载，从"袭封"一词中可知杨众蓩亭侯之封在曹魏得以保留，这应当是曹魏表彰先代名臣、邀览人心的政治安排，那么杨骏一支其实并没有完全被排除出曹魏政治。其实，哪怕没有《杨骏残志》的出土，根据蓩亭侯的袭封我们应当也能推断出杨骏与杨众的关系，只是既往研究中对此细节未曾措意。关于杨骏一支的婚姻网络，目前所能知道的有，杨文宗前妻天水赵氏、后妻段氏；杨骏妻庞氏，[1]外甥段广、张邵、李斌，姑子蒯钦，[2]姨弟武茂，[3]其中张邵、李斌、武茂三人的家族身世较为清楚。张邵之祖张承，张承兄张范，河内人，在汉末颇有名，张范祖张歆为司徒，父张延为太尉，袁隗欲以女妻张范，遭其婉拒，[4]可知河内张氏是两汉旧族。李斌之父李翼，因参与其兄李丰谋划反对司马师的计划而被杀，李丰之父李义在汉末为卫尉。[5] 武茂之父武周为魏卫尉。[6] 由此可知，杨骏一支在曹魏时依然与一些官宦名族保持通婚关系，但与其通婚的三个家族都不是曹魏政治网络中的核心家族。综合以上情况，我们可以判定杨骏一支在曹魏政治中或有仕宦经历，但处于边缘地位，并无实际的政治影响，因此为史文未载其事迹。

与杨骏一支通婚的另四个家族，赵氏出自天水，庞氏大约出自

---

〔1〕《晋书》卷三一《武元杨皇后传》，第952页，卷三一《武悼杨皇后传》，955页。

〔2〕《晋书》卷四〇《杨骏传》，第1178页；卷四〇《杨骏传附杨济传》，第1181页。

〔3〕《晋书》卷四五《武陔传》，第1285页。

〔4〕《三国志》卷一一《张范传》，第336—338页。

〔5〕《三国志》卷九《夏侯尚附夏侯玄传》注引《魏略》，第301页。

〔6〕《晋书》卷四五《武陔传》，第1284页。

太原,[1]段氏、蒯氏,情况不明,与杨骏家族联姻的这几个家族可能都是地方豪族,特别是赵氏、段氏皆属关中大姓,杨骏一支与这两族通婚,反映了其在关中地区的乡里影响与婚姻网络。以下这段材料可以为此提供旁证:

> (张辅)初补蓝田令,不为豪强所屈。时强弩将军庞宗,西州大姓,护军赵浚,宗妇族也,故僮仆放纵,为百姓所患。辅绳之,杀其二奴,又夺宗田二百余顷以给贫户,一县称之。[2]

这段史料描绘了蓝田豪强势力专横乡里的场景,其中的赵浚便是武元杨皇后之舅,[3]华阴与蓝田相距不远,杨氏与赵氏的联姻体现了地方豪族郡内的社会网络。此外,当贾后发动政变时,杨济"所从四百余人皆秦中壮士,射则命中,皆欲救济"。[4] 可知来自关中的四百精兵于杨济具有私兵的性质,很可能是由其乡里故旧组成,杨骏一支在关中拥有的地方势力由此可见一斑。

依据这些零散材料所拼接起来的图景皆在暗示杨骏一支具有地方豪强色彩。汉末弘农杨氏家族虽以清廉自守、经学传家闻名,但从杨氏家族墓群的规模及发现的陶制明器等随葬品的数量来看,[5]其家族具有一定的经济实力。杨骏一支从中央退守地方后,刻意经营乡里势力,其与赵氏、段氏的通婚或许体现了这一与

---

〔1〕《太平御览》卷一九九引王隐《晋书》:"后母太原庞为安昌乡君",第962页。

〔2〕《晋书》卷六〇《张辅传》,第1639页。

〔3〕此处赵浚与《晋书》卷三一《武元杨皇后传》中的赵俊为同一人,参见《晋书》卷五三《愍怀太子传》校勘记,第1465页。

〔4〕《晋书》卷四〇《杨骏传附杨济传》,第1181页。

〔5〕弘农杨氏家族墓群位于陕西潼关吊桥,1959年发掘,共有东西排列的七座墓,陕西文物管理委员会:《潼关吊桥汉代杨氏墓群发掘简记》,《文物》1961年第1期,第56—66页。

地方势力结合、成长的过程。因此，笔者倾向于认为杨骏一支是曹魏政治中的一个边缘家族，转而侧重于对乡里网络的经营，并在此过程中完成了家族风气的转变，成为关中地区颇具势力的豪强大族。至于司马氏为何要选择与杨骏一支通婚，《晋书》的记载相当含糊，“有善相者尝相后，当极贵，文帝闻而为世子聘焉”，〔1〕可知司马昭与杨骏一支联姻并非看上了弘农杨氏的家族声望，那么是否如《晋书》所言是听信的相者之言呢？只能根据这桩婚姻发生的时间、背景略作推测。

首先杨骏一支并不是武帝婚对的首选对象，在此之前，司马昭曾为司马炎向阮籍求亲，阮籍为了躲避这桩政治婚姻，大醉六十天以遁之。〔2〕此事约在正元元年（254）前后，〔3〕当时司马炎十九岁。魏晋人素有早婚的习惯，根据学者的研究，婚嫁的年龄约在十三至十七岁间，〔4〕此时的武帝可以算是大龄青年了，其与杨氏的婚姻当在被阮籍婉拒之后不久。司马昭欲与阮籍结亲，无疑是看重他名士领袖的身份，杨骏家族只是退而求其次的选择，亦可证杨骏一支在当时并无太高的名望。是时正值司马师执政，曹、马双方的政治角逐处于关键时刻，当年便发生了拥立夏侯玄辅政的密谋，次年则有毌丘俭、文钦的起兵，最终鹿死谁手尚很难说。而司马昭的政治地位居于司马师之下，“极贵”恐非其子司马炎所敢奢望，这桩婚姻并没有多少特殊之处，所谓相者之言多是后人附会。如果说联姻杨氏背后存有一定政治考虑的话，司马氏或是看重了杨骏一支在关中地方的影响力。司马氏家族曾有长期主政关中的经

〔1〕《晋书》卷三一《武元杨皇后传》，第952页。

〔2〕《晋书》卷四九《阮籍传》，第1360页。

〔3〕此据陆侃如《中古文学系年》中的意见，人民文学出版社，1985年，第571页。

〔4〕参读梁满仓：《论魏晋南北朝的早婚》，《汉唐间政治与文化探索》，贵州人民出版社，2000年，第83—97页；薛瑞泽：《嬗变中的婚姻——魏晋南北朝婚姻形态研究》，第109—124页。

历，谙熟当地的人物风土，在曹、马之争趋于白热化时，关中形势的稳定关系到司马氏执政的基础。在此情形下，为司马炎娶在关中拥有地方势力的杨文宗之女，对于司马氏笼络关中豪族、维持形势稳定无疑是有利的。

根据以上考述，可知杨骏虽然头顶着弘农杨氏的政治光环，但其行事、家风与先祖截然不同，不可等而视之。这一房支长期处于曹魏政治网络中的边缘地位，对于主要是由曹魏贵戚子弟构成的西晋官僚阶层而言，杨骏崛起代表的是一种异质性的政治力量，加之杨骏本人粗鄙无文，根本无法融入当时名士清谈交游、由儒入玄的社会文化风尚，晋初官僚名士对他的排斥与鄙夷显而易见。例如，杨骏显贵之后，曾试图将女儿嫁给名士领袖王衍，王衍耻之，阳狂以求自免；又欲嫁女于郑默之子，亦被拒绝；后虽得以与河东裴氏联姻，将女儿嫁给裴楷之子，但是裴楷素轻视杨骏，与之不平。[1]

因此以往的研究将武帝与杨氏的联姻视为儒家大族之间通婚的看法有欠周备，杨骏一支在魏晋之际并无太高的政治地位与社会声望，亦与玄学清谈的文化主流格格不入，但凭外戚的身份而因缘际会，登上历史舞台，不过是皇权的附庸而已。将杨骏作为一股异质力量引入西晋政治展现了武帝扩张皇权的高明手段，通过一系列的政治运作，武帝成功地将西晋的政治格局从曹魏时期的宗室、功臣分立改造成外戚、宗室、功臣三足鼎立，并在这一过程中扩张了皇权的力量，巩固了自己的政治权威。但在这一过程中，武帝非但没有消除司马氏集团中原来隐藏的种种矛盾，反而通过异质力量的引入，使得西晋的政治格局更趋复杂，各种势力盘根错节，

〔1〕 分见《晋书》卷四三《王戎传附王衍传》，第 1236 页；卷四四《郑默传》，第 1256 页；卷三五《裴秀传附裴楷传》，第 1049 页。

互相角力。这些矛盾通过晋初一系列政治事件的酝酿发酵，日趋激化，埋下了西晋短促而亡的祸根。

表面上看起来平淡无奇的咸宁二年，实际上正处在了这风暴眼的中心，武帝的意外病危与外戚杨氏家族的崛起这两件看似毫无关联的政治事件，背后却有着直接的因果关系，对于西晋政治具有深远的影响，其后的一系列政治风暴皆在平静的表面之下暗自酝酿，成为了武帝一朝乃至整个西晋政治的转折之年。

第二节　齐王攸问题的再检讨

在魏晋之际动荡而复杂的政治变局中，齐王司马攸毫无疑问是漩涡中的核心人物之一，历代史家论及魏晋历史，无不将其作为关键人物抉出，加以研讨，论述颇多。如宋人叶适指出：

> 晋武帝时大议论有四：惠帝定嗣，一也；贾后为冢妇，二也；贾充荀勖进退，三也；齐王攸去留，四也；晋之治乱存亡虽在此四者，然不过一本。昔周子有兄而无慧，不能辨菽麦，故不可立。武帝二十五子，惠之无慧，帝自知之，而终不决者，恃愍怀尔。又明见充女不可，然竟纳为妇以成愍怀之酷，实勖辈弥缝其间。末年恐攸挟众望而夺嫡，又为逐去速其死。帝本于一事不了，故四事无不然，遂至举天下而弃之。然则尧舜之所以不与其子者，岂以为圣，殆以为圣，殆以审虑定计当然耶。[1]

〔1〕 叶适：《习学记言序目》卷二九《晋书一》，第419页。

叶适此论，将晋初的政治争端合而论之，指出太子司马衷的存废是其中的根本症结，颇具识见，而与太子存废问题关系最为密切的政治人物便是齐王攸，如何妥善地安置太子与齐王攸的地位，无疑是晋初政治中的关节所在。

一般而言，对于齐王攸这样一个研究者与读者都相当熟稔的人物，在没有新材料的情况下，易生出题无剩义之感，其实若仔细追问，不难发现其间问题颇多，首先可以提出的一个问题便是我们目前所了解的齐王攸的形象是由谁提供，是如何塑造的？

《晋书·齐王攸传》无疑为我们刻画了一个身怀大才、深孚众望，却因长期被晋武帝压抑排挤、赍志而殁的悲剧英雄形象，而武帝也因这一立子不立贤的自私选择，最终埋下西晋王朝灭亡的祸根。实际上，《晋书》中对于齐王攸的溢美之词恐怕未必可靠，唐修《晋书》的史料来源虽承自诸家旧晋书，但在裁剪的过程中，往往受到初唐政治意识的影响，带有明显的"诫鉴"色彩，此点已为许多学者所揭橥，[1]惟这种唐初观念究竟在多大程度上影响到《晋书》的叙事，尚需进一步的检讨。可以确定的是《晋书》中关于齐王攸及他与晋武帝关系的纪事，是《晋书》中受到唐初意识形态影响最大的部分，因为唐太宗李世民在玄武门之变前的地位与齐王攸类似，因此被认为出自李世民亲笔的《晋书·武帝纪》论赞对晋武帝在太子废立问题上的失策持激烈的批评态度。在此背景下，贬斥武帝、褒扬齐王攸实际上是《晋书》撰述的基本立场，[2]因此我们对《晋书》中有关齐王攸过分

[1] 安田二郎：《西晋武帝好色攷》，《六朝政治史の研究》，第43—161页；清水凯夫：《论唐修〈晋书〉的性质》，《魏晋南北朝文学论集》，第50—80页。

[2] 如《晋书》卷三八史臣曰对齐王攸有极高的评价："若使天假之年而除其害，奉缀衣之命，膺负图之托，光辅嗣君，允厘邦政，求诸冥兆，或废兴之有期，征之人事，庶胜残之可及，何八王之敢力争，五胡之能竞逐哉"，第1139页。

揄扬的空泛描写，不必太过当真，毕竟从齐王攸一生的政治履历来看，并没有特别值得称道的业绩，本人是否真如《晋书》所述的那样才能过人，颇可以打上一个问号。另一方面，东晋士人检讨中朝沦亡的教训时，便已开始把问题归咎于晋武帝对齐王攸的压制：

> 时人共论晋武帝出齐王之与立惠帝，其失孰多？多谓立惠帝为重。桓温曰："不然，使子继父业，弟承家祀，有何不可？"〔1〕

可以相信由于西晋的短促而亡，东晋南朝士人在新亭对泣，缅怀故国，检讨中朝政治得失时，不免会站在后见之明的立场上，非议武帝立嗣的选择，对齐王攸的命运抱有深切的同情，因此在诸家旧晋书的撰作中，恐怕早已存在为齐王攸作佳传的倾向。因而，我们今日对齐王攸的认识则不免受到《晋书·齐王攸传》叙事格套的遮蔽，读完全传，我们很难在空洞的赞词背后发现齐王攸其人真正的性格与政治能力，因此对于当代的研究者来说，齐王攸恐怕是一个熟悉的陌生人，既耳熟能详，却又难以窥见其庐山真面目。不过无论如何，在真正开始检讨齐王攸与魏晋政治变局这一问题之前，采取"去熟悉化"的研究进路，对齐王攸政治形象的构建过程保持警惕，对史料采取审慎的批判立场是极为必要的。

由于司马师本人有大功于晋室，齐王攸作为其嗣子具有很高的人望与政治合法性，无论他本人才具如何，在魏晋之际，都不可避免地被卷入政治漩涡的中心。武帝的刻意抑制，在客观上造成

〔1〕《世说新语·品藻第九》，余嘉锡：《世说新语笺疏》，第519页。

了齐王攸缺少表现政治能力的机会，却起到适得其反的效果，有助于齐王攸“才望出武帝之右”政治神话的建构。作为晋初政治中的焦点人物，关于齐王攸与西晋政治的关系并不乏专门的讨论，[1]但在既往研究中，往往更倾向于对此问题进行总括式的讨论，没有能在时间轴上充分地展开，注意到事态演变过程中的不同背景。实际上，齐王攸曾有两次接近皇位的机会，分别是在咸熙元年前后，司马昭确定继承人时，以及咸宁二年武帝病危之时，这两次都引起了相当大的政治纷争，但背后的政治背景与朝臣的态度其实有着很大的不同，过去论者对此揭示尚不充分，值得进一步深入探究。

咸熙元年的立嗣争议实际上是司马师的意外早死的政治后遗症，在紧急状态下继承权力的司马昭在道义上必须要对司马攸的地位做一交代，因此他在司马炎与司马攸之间的犹豫，可能只是一种政治试探，[2]借此了解司马氏集团核心成员的意见，而他所征询的贾充、裴秀、山涛三人在一定程度上代表朝廷官僚与乡里耆老两方面的意见。另外，羊琇作为司马师的妻弟，此时也意外地站在了司马炎一边，为其出谋划策，这是一个很有分量的政治筹码，说明了姻亲势力尤其是泰山羊氏家族对于司马炎的支持。更值得注意的是在司马炎与司马攸对世子地位的争夺中，所有留下的记载都是支持司马炎的，倾向于司马攸的力量却

---

〔1〕 徐高阮：《山涛论》，《历史语言研究所集刊》41 本 1 分，第 112—116 页；安田二郎：《西晋朝初期政治史試論》，《六朝政治史の研究》，第 1—38 页；曹文柱：《西晋前期的党争与武帝的对策》，《北京师范大学学报》1989 年第 5 期，第 44—51 页；王永平：《论晋武帝立嗣问题——以齐王攸为中心》，《河南科技大学学报》2004 年第 3 期，第 5—11 页，韩树峰：《武帝立储与西晋政治斗争》，《中国人民大学学报》2009 年第 6 期，第 134—139 页。

〔2〕 安田二郎通过分析武帝与齐王攸两人年龄以及在魏末的历官情况，认为武帝的表态其实只是一种试探，《西晋朝初期政治史試論》，《六朝政治史の研究》，第 7—8 页。

在史籍中缺席。这种蹊跷的现象大概可以有三种解释,晋初史官为了维护武帝的政治威信而故意缺载;唐代史官过分渲染了司马攸与司马炎争位一事;在司马氏尚未称帝,政治局面还未完全底定的情况下,司马氏集团内部更倾向于保持稳定,无意因废长立幼引发新的政治变故。无论如何,从目前的记载来看,在武帝与齐王攸世子地位的争夺中,武帝受到司马氏集团内部的普遍支持,占据了明显优势,更重要的是这场关于继承人的政治争论被成功地限制在司马氏集团的核心圈中,并未影响或妨碍魏晋嬗代的政治进程。

本来随着武帝世子地位的确立,进而完成禅让,其与司马攸之间君臣名分已定,这件事情便宣告结束,如果不是因为太子司马衷智力驽钝这一意外的出现,齐王攸不可能再次被视为皇位的竞争者之一。随着太子年龄的增长,他的愚鲁却成了朝中大臣普遍担忧的问题,伴随太子存废的争论,齐王攸地位的问题再次浮现出来。在武帝称帝之初的十余年中,虽然不乏质疑太子政治能力的声音,由于武帝春秋正盛,接班人的问题尚未凸显,朝臣也只是单纯地质疑太子的政治能力,最初并未将其和齐王攸的问题一并提出。武帝与齐王攸之间虽然隔阂已深,表面上还是对其优礼有加,但是武帝咸宁二年的意外病危,以及部分朝臣拥立齐王攸的政治密谋,遂将这一矛盾彻底激化。从咸宁二年至太康四年齐王攸去世,这六年间,武帝采取了一系列步骤,力图彻底将齐王攸排除出西晋的权力核心。特别是在太康三年,围绕着齐王攸出藩的问题,朝野上下发生了激烈的争论。在这次政治纷争中,与上一次齐王攸的支持者未见记载的情况恰恰相反,我们可以发现一长串的重要政治人物站在了齐王攸一边,其中包括羊琇政治立场的转换,此次他成了齐王攸出藩坚定的反对者。另一方面,此次争论不再被局限在政治的核心圈中,而是在朝廷之中展开了公开的辩论,博士庾旉、秦秀这些品秩不高，却代表清议力量的官员成了争论中的主角，由此可见，关于齐王攸去留的争论已经成了官僚阶层中的公共话题，伴随着这一争论，朝廷之中的分裂也被公诸天下。

在讨论咸宁二年之后的政治形势前，我们首先来回顾一下，在西晋建立最初的十余年中，武帝与齐王攸之间关系的演变。武帝践阼之初，由于诸子幼弱，第一批分封的诸王皆非出于本支，此时司马攸也受封为齐王，特别是在禅让前后的政治过渡期，兄弟两人一度和衷共济，齐王攸“总统军事，抚宁内外，莫不景附焉”，难得有了表现自己政治才能的机会。其后，武帝为了显示对于宗室的优礼，诏议藩王令自选国内长吏，但齐王攸拒不受命，“凡有国相上长吏缺，皆典书令请求差选”，[1]作为与武帝血缘关系最近的宗室亲王，齐王攸出人意料地坚拒优礼，无疑是一种表忠之举，但政治运作的逻辑中，臣子需要特别展现其对皇帝的忠诚，往往是他的忠诚受到质疑的时候。可以说经过魏末的世子之争，兄弟二人互相不信任的种子已经埋下。

关于兄弟二人的关系，历来在学者较多注意的是武帝一方的政治动作，至于齐王攸是否有积极争位的举措，由于史料较少，关注的尚不多。其实在晋初，齐王攸的一些政治姿态颇值得玩味。首先是在司马昭去世之后，齐王攸哀毁过礼，杖而后起。[2] 西晋提倡以孝治国，晋初三公王祥、何曾皆以孝闻名。司马昭去世之后，武帝也曾表态要居丧三年。在此背景下，作为出继之子，齐王攸超过礼法规范的一般要求，“居丧哀毁，几至灭性”的姿态，无疑对他政治声望的增加不无裨益。颇疑武帝坚持行三年之丧的姿态

〔1〕《晋书》卷三八《齐王攸传》，第 1131 页。按当时确有诸侯王自选官属的实例，“时诸王自选官属，肜以汝阴上计吏张蕃为中大夫”，《晋书》卷三八《梁王肜传》，第 1127 页。

〔2〕《晋书》卷三八《齐王攸传》，第 1130 页。

与齐王攸哀毁过礼的表现之间存在着竞争的关系，双方都需要争夺“至孝”的名声来增强自己的地位。[1] 其次，齐王攸虽未之国，但是对于齐国的“文武官属，下至士卒，分租赋以给之，疾病死丧赐与之。而时有水旱，国内百姓则加振贷，须丰年乃责，十减其二，国内赖之”。[2] 齐王攸通过赏赐、赈济、减租等形式，笼络封国之内的民心，史称：“攸在国仁化洽物，义利结于民心”，[3]从而进一步塑造了自己亲善好施的政治形象。其三，齐王攸“妙辟名士，降身虚己”，[4]为自己延揽人才，收拢人心。其四，司马攸曾为骠骑将军，[5]领有营兵，“时骠骑当罢营兵，兵士数千人恋攸恩德，不肯去，遮京兆主言之，帝乃还攸兵”。[6] 武帝罢骠骑营兵之举，无疑针对齐王攸而来，然此举却激起了兵士的强烈反对，不得不还其营兵以平息事态，可知司马攸平日亦颇注意在军中积累影响，争取人心。

综上所述，在晋初的十余年间，齐王攸通过一系列的政治姿态，成功地塑造了自己宗室贤王的形象，赢得朝野上下的普遍好感，咸宁二年拥立齐王攸的密谋恐怕并非起自青萍之末，背后存在

---

〔1〕 据记载齐王攸“至性过人，有触其讳者，辄泫然流涕。虽武帝亦敬惮之，每引之同处，必择言而后发”，从中可见齐王攸对于“至孝”这一形象的塑造，而从武帝“必择言而后发”的谨慎中，亦可窥见兄弟之间微妙的竞争关系。《晋书》卷三八《齐王攸传》，第1135页。

〔2〕 《晋书》卷三八《齐王攸传》，第1131页。

〔3〕 《北堂书钞》卷七〇引王隐《晋书》，第255页。

〔4〕 《北堂书钞》卷七〇引王隐《晋书》，第255页。

〔5〕 小池直子据《艺文类聚》卷四八引《梁简文帝让骠骑扬州刺史表》：“骠骑之号，历选为重。元狩之中，始自去病；永平之建，特授刘苍。齐宪（献）为公主所申，吴汉因群臣之举”，认为骠骑之号自汉以来素为所重，晋初齐王攸带骠骑之号，象征着其具有与汉明帝之弟、素有贤明之誉的东平王刘苍相似的政治地位，《賈充出鎮—西晉・泰始年間の派閥抗争に関する一試論—》，《集刊東洋学》第85号，第28—29页。

〔6〕 《晋书》卷三八《齐王攸传》，第1132页。

相当的政治基础。所谓"攸甚得众心,朝贤景附。会帝有疾,攸及皇太子入问讯,朝士皆属目于攸,而不在太子",[1]便是对其政治影响力的生动描绘。当然,武帝一方也并非没有动作,安田二郎指出武帝在司马昭去世仅十七个月,三年之丧尚未结束时的泰始三年正月便急切地立司马衷为太子,便是为了阻断人们对于齐王攸可能继位的猜测。[2] 朱晓海则认为,武帝在咸宁元年将齐王攸列入配飨于庙的功臣名单,是一个蕴有深意的政治举措。齐王攸虽是宗室至亲,在魏晋之际并无多少功勋可言,但司马攸在生前既被御定日后要进入太庙配飨,则其臣子的身份就此确定,自古并无配飨太庙的臣子又嗣为皇帝的案例,这一表面的殊荣实际上是断绝齐王攸继立的斧钺。而齐王攸卒后,武帝下诏"丧礼依安平王孚故事",等于正式宣告:司马攸之于己,犹如司马孚之于司马懿,司马懿卒后,由儿子而非弟弟继位,则他万岁之后,纵使惠帝有何意外,帝系正统也应在他这一房内。[3]

由此我们可以看出,在晋初的十余年中,司马炎、司马攸兄弟之间虽然表面上相安无事,[4]但因魏末世子之争而形成的

---

〔1〕《世说新语·品藻第九》注引《晋阳秋》,余嘉锡:《世说新语笺疏》,第519页。

〔2〕安田二郎:《西晋朝初期政治史試論》,《六朝政治史の研究》,第15—19页。

〔3〕朱晓海:《西晋佐命功臣铭飨表微》,《台大中文学报》第12期,第189页。

〔4〕泰始咸宁年间,齐王攸曾任太子保傅,对于齐王攸在东宫中的影响,学者结论迥然不同。刘啸《再论晋初太子之争:以太子太傅、少傅、詹事的设置为中心》一文据《太平御览》卷二四四引《晋起居注》"武帝太始三年始置太子二傅。是时官事大小皆由二傅,太傅立章,少傅写之"的记载,认为太子少傅齐王攸并无实权,《历史教学问题》2010年第2期,第95—100页。顾江龙《太康十年分封与杨骏的兴灭》一文则据《北堂书钞》所存齐王攸写给山涛关于东宫人事信札的残片,认为齐王攸长期主导了东宫人事,而太子詹事杨珧仅操持日常杂务,《华东师范大学学报》2018年第4期,第62—64页。平心而论,两说皆举出了较为有力的书证,也不无倒放电影的嫌疑。泰始年间,在兄弟二人尚能维持表面和睦的背景下,东宫制度与人事的调整及齐王参与东宫事务,未必有特别的政治意味。

复杂微妙的竞争关系，却被一直延续到西晋政治中来。对于兄弟之间矛盾激化的可能，司马昭及王皇后生前皆已有所顾虑：

> 及帝（司马昭）寝疾，虑攸不安，为武帝叙汉淮南王、魏陈思故事而泣。临崩，执攸手以授帝。先是太后有疾，既瘳，帝与攸奉觞上寿，攸以太后前疾危笃，因歔欷流涕，帝有愧焉。攸尝侍帝疾，恒有忧戚之容，时人以此称叹之。及太后临崩，亦流涕谓帝曰："桃符性急，而汝为兄不慈，我若遂不起，恐必不能相容。以是属汝，勿忘我言。"〔1〕

王皇后死于泰始四年，可知两人之间的矛盾并没有随着世子之争的结束而得到缓解。尽管《晋书》的记载倾向将兄弟失和的原因归咎于武帝"为兄不慈"，根据以上分析便可知道，性急的齐王攸在晋初亦非是无所作为的谦谦君子，他一系列收揽人心的举动无疑对武帝尤其是太子司马衷的地位构成了威胁，兄弟之间的暗斗一直没有停息，而咸宁二年的政治密谋彻底恶化两人之间的关系，暗斗开始浮出水面，演化为明争。

下面我们来逐条分析武帝从咸宁二年至太康四年之间采取的一系列扩张皇权、排挤齐王攸的举措。咸宁二年病愈之后，武帝首先解除了夏侯和河南尹的职务，罢贾充兵权，其后又执意封杨骏为临晋侯，将外戚势力引入西晋政治，其间的政治关联，已见上文，兹不赘述。紧接着咸宁三年，在西晋立国十余年后，武帝第一次大规

---

〔1〕《晋书》卷三八《齐王攸传》，第1133页。

模调整宗室诸王的分封：[1]

> 三年春正月丙子朔，日有蚀之。立皇子裕为始平王，安平穆王隆弟敦为安平王。诏曰："宗室戚属，国之枝叶，欲令奉率德义，为天下式。然处富贵而能慎行者寡，召穆公纠合兄弟而赋《唐棣》之诗，此姬氏所以本枝百世也。今以卫将军、扶风王亮为宗师，所当施行，皆咨之于宗师也。"
>
> 八月癸亥，徙扶风王亮为汝南王，东莞王伷为琅邪王，汝阴王骏为扶风王，琅邪王伦为赵王，渤海王辅为太原王，太原王颙为河间王，北海王陵为任城王，陈王斌为西河王，汝南王柬为南阳王，济南王耽为中山王，河间王威为章武王。立皇子玮为始平王，允为濮阳王，该为新都王，遐为清河王，巨平侯羊祜为南城侯。以汝南王亮为镇南大将军。[2]

---

〔1〕关于咸宁三年的分封调整，参读安田二郎：《西晋武帝好色攷》，《六朝政治史の研究》，第84—94页；辻正博：《西晋における諸王の封建と出鎮》，收入笠谷和比古编：《公家と武家Ⅳ・官僚制と封建制の比較文明史的考察》，思文閣，2008年，第279—285页，辻正博注意到武帝在改易分封中的主导作用。另顾江龙《齐王攸就国考论——晋武帝"必建五等"的历程之一》一文从制度史的视角出发，认为武帝咸宁三年的分封调整乃至于太康三年令齐王攸之国之举，是为了实践自己"必建五等"的政治理想，与齐王攸的矛盾只是次要因素。顾文与笔者一样都反对以简单化的党争说模式来解释晋初的政治纷争，但是笔者以为制度改易背后大都受到实际政治目标的驱动，如下文所述，武帝为了外放齐王攸归藩，付出了巨大的政治代价，如果仅仅将其归结为为了推行理想化的五等封爵制，未免失之简单，而且根据笔者上文的考证，司马氏并无陈寅恪所认为那种强烈的儒家大族色彩，收入北京大学中国古代史研究中心编：《田余庆先生九十华诞颂寿论文集》，中华书局，2014年，第242—263页。

〔2〕《晋书》卷三《武帝纪》，第67—68页。

这次分封调整有几个问题值得注意。首先是武帝诸子被大量分封为王，司马炎称帝时，诸子幼弱，因此泰始元年所封的二十七王皆非出自武帝一支。尽管在此之后，司马炎分别于泰始三年立司马衷为太子，五年以皇子司马景度出嗣其弟城阳王司马兆，六年封皇子司马柬为汝南王，七年立皇子司马宪为城阳王，九年立皇子司马祗为东海王。〔1〕但总体而言，司马炎诸子封王的人数依然不多，其中司马景度、司马宪、司马祗三人皆过继给司马兆，〔2〕司马炎诸子中真正在泰始年间封建立国的仅有汝南王司马柬一人，因此武帝一系在宗室中依然显得单薄。而咸宁三年的再次分封彻底改变了这种局面，共有司马裕、司马玮、司马允、司马该、司马遐五位皇子先后封王，〔3〕规模之大，速度之快，倍逾于前，武帝加强本房支在宗室中地位的意图昭然若揭。武帝政治策略的调整无疑与咸宁二年拥立齐王攸的政治密谋有直接关联，《晋书·职官志》中的一段记载，对咸宁三年调整分封的政治背景有所揭示：

咸宁三年，卫将军杨珧与中书监荀勖以齐王攸有时望，惧惠帝有后难，因追故司空裴秀立五等封建之旨，从容共陈时宜于武帝，以为“古者建侯，所以藩卫王室。今吴寇未殄，方岳任大，而诸王为帅，都督封国，既各不臣其统内，于事重非宜。又异姓诸将居边，宜参以亲戚，而诸王公皆在京都，非扞城之义，万世之固”。帝初未之察，于是下诏议其制。有司奏从诸王公更制户邑，皆中尉领兵。其平

〔1〕《晋书》卷三《武帝纪》，第55、59—62页。

〔2〕《晋书》卷三八《城阳王兆传》，第1137页。

〔3〕在这五人中除了司马遐是过继给司马兆之外，其余四人都是新建的封国，《晋书》卷三八《城阳王兆传》，第1137页。

原、汝南、琅邪、扶风、齐为大国，梁、赵、乐安、燕、安平、义阳为次国，其余为小国，皆制所近县益满万户。又为郡公制度如小国王，亦中尉领兵。郡侯如不满五千户王，置一军一千一百人，亦中尉领之。于时，唯特增鲁公国户邑，追进封故司空博陵公王沈为郡公，巨平侯羊祜为南城郡侯。又南宫王承、随王万各于泰始中封为县王，邑千户，至是改正县王增邑为三千户。制度如郡侯，亦置一军。自此非皇子不得为王，而诸王之支庶，皆皇家之近属至亲，亦各以土推恩受封。其大国次国始封王之支子为公，承封王之支子为侯，继承封王之支子为伯。小国五千户已上，始封王之支子为子，不满五千户始封王之支子及始封公侯之支子皆为男，非此皆不得封。其公之制度如五千户国，侯之制度如不满五千户国，亦置一军千人，中尉领之，伯子男以下各有差而不置军。大国始封之孙罢下军，曾孙又罢上军，次国始封子孙亦罢下军，其余皆以一军为常。大国中军二千人，上下军各千五百人，次国上军二千人，下军千人。其未之国者，大国置守土百人，次国八十人，小国六十人，郡侯县公亦如小国制度。既行，所增徙各如本奏遣就国，而诸公皆恋京师，涕泣而去。及吴平后，齐王攸遂之国。[1]

这段史料提示了许多宝贵的信息，首先，可知调整分封乃是出自杨珧、荀勖两人的谋划，杨珧的参与让我们注意到杨骏封侯之后，外戚杨氏家族开始在西晋政治中发挥重要的影响，这构成了武帝晚年政治的基本特征。其次，贾充、荀勖本

〔1〕《晋书》卷二四《职官志》，第744—745页。

是武帝泰始年间最亲信的朝臣,此次只有荀勖参与其中,恰好与咸宁二年武帝病愈后,猜忌贾充的背景相吻合。贾充本人也感到了政治氛围的变化,“咸宁三年,日蚀于三朝,充请逊位”。〔1〕 自曹魏以来,随着三公地位的下降,已不再因灾异问责三公,〔2〕魏文帝黄初二年(221)诏书明确指出:“后有天地之眚,勿复劾三公”,〔3〕贾充此时主动站出来承担灾异的政治责任,固然有汉代遗典的惯性,恐怕也不乏以退为进,试探武帝对其态度的心机。武帝当然不愿意开罪这位功勋卓著的元老,除了表示慰留之外,在调整分封时,“唯特增鲁公国户邑”,以示恩宠。《晋书》本传中所言“宠幸愈甚”便是指此,这并不能证明贾充的信任危机已经安然度过,表面的优遇更多的只是一种弥补裂痕的手段。由于贾充在咸宁二年政治密谋中的首鼠两端,武帝对他的信任有所动摇乃是不争的事实,贾充未能参与谋划调整分封便是一个信号。其三,这段史料明确提示调整分封的目的系针对齐王攸,而且是太康三年强令齐王攸之国的前奏。因此,咸宁三年武帝调整封国之举并不是一个孤立的政治事件,既是对咸宁二年拥立齐王攸密谋的回应,又埋下了太康三年命诸侯王之国的伏笔,成为此后一连串政治纷争的导火索。〔4〕 尽管《晋书》将此归咎于咸宁二年后得到武帝信用的

---

〔1〕《晋书》卷四〇《贾充传》,第1169页。

〔2〕相关的讨论参读陈侃理:《罪己与问责——灾异咎责与汉唐间的政治变革》,《中国中古史研究:中国中古史青年学者联谊会会刊》第2卷,中华书局,2011年,第23—47页。

〔3〕《三国志》卷二《文帝纪》,第78页。

〔4〕尽管早在泰始年间便有段灼上书请遣诸侯王之国,《晋书》卷四八《段灼传》,第1339页,并没有引起特别的反响,而自咸宁三年起,武帝开始极力推动诸侯王之国,背景当与咸宁二年拥立齐王攸的密谋相关。

外戚杨珧，[1]无疑武帝才是幕后的主谋。借此我们可以清楚地看到将齐王攸排除出政治中心，从而巩固太子的地位，已经成为武帝病愈之后最重要的政治目标。

另一方面，此次分封调整的同时，也在制度上确立了今后分封诸侯王的一系列原则，而这些原则都是围绕着武帝强干弱枝的政治目标制定的。[2] 首先明确规定"非皇子不得为王"，即除了泰始元年所封的二十七王之外，武帝在制度上断绝了其他宗室房支成员成为诸侯王的可能。将王爵限于帝系一脉，一方面凸显了司马炎一支在司马氏家族独尊的地位，将皇帝的权威凌驾于家族秩序之上。另一方面也改变了宗室与帝系力量的对比，在泰始二十七王中，由于嗣绝、犯罪等原因，不少王国都可能面临国除的命运，宗室王国的数量只会日趋减少；相反，在武帝的扶植下，由诸皇子建立的王国则会日益增加，假以时日，帝系与宗室力量的对比将会被完全逆转。

其次，在制度上削弱各王国的力量，规范王国置军的数量，保证将王国的军队置于中央控制之下。武帝泰始分封时，规定封诸王以郡为国。"邑二万户为大国，置上中下三军，兵五千人；邑万

---

[1] 《晋书·职官志》列杨珧、荀勖为主谋，但据《晋书》卷三九《荀勖传》，荀勖实际上对遣诸侯王之国持保留意见，第1154页。另参唐长孺：《西晋分封与宗王出镇》，《魏晋南北朝史论拾遗》，第134—135页。又据《世说新语·品藻第九》注引《晋阳秋》云："初，荀勖、冯紞为武亲幸，攸恶勖之佞，勖惧攸或嗣立，必诛己，且攸甚得众心，朝贤景附。会帝有疾，攸及皇太子入问讯，朝士皆属目于攸，而不在太子。至是勖从容曰：'陛下万年后，太子不得立也。'帝曰：'何故？'勖曰：'百僚内外，皆归心于齐王，太子则安得立乎？陛下试诏齐王归国，必举朝谓之不可。若然，则臣言征矣。'"余嘉锡：《世说新语笺疏》，第519页。则《晋书》的记载分歧可能缘于采撷了不同史源的旧晋书，荀勖在此事中的真实作用尚待考证。

[2] 杨光辉认为这些抑制诸王的举措并未取得预期的效果，反而加剧了武帝与宗室之间的矛盾，《西晋分封与八王之乱》，《中国史研究》1989年第4期，第142—143页。但是武帝的举措本来就立足于逐渐削弱宗室势力，西晋政权的迅速崩溃本非武帝所能逆料，并不能说明抑制诸王的措施没有效果。

户为次国,置上军下军,兵三千人;五千户为小国,置一军,兵千五百人”。当时由于诸王皆仕宦于京师,并未之国。王国军队的设置未必十分规范,而日后八王之乱的根源,主要在于派遣宗王出镇各州,专制一方,至多不过据有一郡之地的诸侯王并无对抗中央的军政实力。〔1〕由于泰始所封诸王皆出自于宗室旁系,武帝对此并不能完全放心。因此在咸宁三年改封时,一方面完善王国的各项制度,为诸侯王之国做好准备;另一方面也通过制度规范限制宗室势力的扩张,“诸王公更制户邑,皆中尉领兵”便是其中最重要的两项措施。尽管经过这次户邑调整之后,诸侯王普遍增邑,〔2〕表面上看来似乎还获得了实际的利益,但增邑只是武帝换取宗王之国的笼络手段,而晋初唯一受封四万户的安平国,随着宗室元老司马孚的去世,此次被改置为次国,仅有万户,可见削弱宗室才是武帝真正的政治意图。更重要的是确立了中尉领兵制度,将诸侯王国的军队置于国家控制之下。泰始之初,出于笼络宗室的目的,武帝曾特诏诸侯王自选令长,〔3〕显示出司马炎继位之初分权予宗室的政治姿态,而此时中尉领兵制度的建立,是规范王国建制的重要举措。中尉虽系王国官属,但由国家任命,〔4〕从而避免了诸侯王之国后直接掌握军队的危险。

其三,武帝又确立了诸侯王国推恩子孙的制度,规定“诸王之支庶,皆皇家之近属至亲,亦各以土推恩受封,其大国次国始封王之支子为公,承封王之支子为侯,继承封王之支子为伯。小国五千户已上,始封王之支子为子,不满五千户始封王之支子及始封公侯

〔1〕唐长孺:《西晋分封与宗王出镇》,《魏晋南北朝史论拾遗》,第123—140页。

〔2〕杨光辉:《汉唐封爵制度》,第23页。

〔3〕《晋书》卷三八《琅邪王伷传》,第1121页;《齐王攸传》,第1131页。祝总斌认为这一权力大约很快就被朝廷收回,《“八王之乱”爆发原因试探》,《材不材斋文集》上编,第155—156页。

〔4〕张兴成:《西晋王国职官制度考述》,《中国史研究》2001年第4期,第53—65页。

之支子皆为男”。根据杨光辉的考证西晋的推恩制度相当复杂，主要特点是异姓功臣的公国、侯国推恩，庶子另授户邑，并不分割原有户邑；而同姓诸王的推恩，则与汉武帝的推恩令相似，分割原封国的户邑推恩给支庶子孙。[1] 武帝所以不避烦琐，设计两种不同的推恩制度，或是由于公国、侯国户邑较少，不会对皇权构成威胁，武帝乐意借助推恩笼络功臣，而诸王所封土地、户邑相对较多，为避免王国势力的坐大，需要通过推恩加以限制、削弱。

其四，规定了王国军队逐代递减的制度，“大国始封之孙罢下军，曾孙又罢上军，次国始封子孙亦罢下军，其余皆以一军为常”，通过这一制度的推行，大国所置的三军将会被逐渐削减至一军，诸侯王的势力更加难以对皇权构成威胁。因此，尽管当时武帝诸子年幼，平原、汝南、琅邪、扶风、齐五个大国皆非出自武帝直系，但在这一系列制度的规范、限制下，加之司马孚、司马望这些享有盛望的家族元老的去世，宗室势力在西晋政治中的影响已大为衰落。

咸宁三年中另一项值得关注的政治举措是任命司马亮为宗师，宗师一职渊源于西汉末年，平帝元始五年(5)下诏在郡国分置宗师，管理分散在各地的宗室成员：

> 诏曰：“盖闻帝王以德抚民，其次亲亲以相及也。昔尧睦九族，舜惇叙之。朕以皇帝幼年，且统国政，惟宗室子皆太祖高皇帝子孙及兄弟吴顷、楚元之后，汉元至今，十有余万人，虽有王侯之属，莫能相纠，或陷入刑罪，教训不至之咎也。传不云乎？‘君子笃于亲，则民兴于仁。’其为宗室，自太上皇以来族亲，各以世氏，郡国置宗师以纠之，致教训焉。二千石选有德义者以为宗师。考察不从教令有冤失职者，宗师得因邮亭

〔1〕 杨光辉：《汉唐封爵制度》，第148—151页。

书言宗伯，请以闻。常以岁正月赐宗师帛各十匹。”[1]

当时正值王莽秉政，创置的宗师一职由郡守选任，地位似与一般郡府僚佐无异。王莽在郡国普立宗师一职，管理分散在各地十余万刘氏子孙，恐怕是为了加强对汉朝宗室力量的监视与控制，为篡位做准备。目前唯一能查考的西汉郡宗师是南阳李通，[2]而南阳恰是刘氏子孙密布之处，光武帝刘秀起兵于此，[3]亦为宗师负有监视之责提供一旁证。因此，东汉建立之后，宗师一职并不见于史乘，当是在汉室复兴之后即告废止。与汉末不同，武帝所置宗师一职，立于中央，与宗正并立，选择宗族元老担任。[4] 周一良指出西晋宗师一职未见于《职官志》，盖宗室中所设立，不关国家政府。[5] 可知武帝此时所置的宗师并非是一个实际的官职，而是在宗室当中选取一耆老，担负起“训导观察，有不遵礼法，小者正以义方，大者随事闻奏”的责任，[6]这一训导宗族的权威来源于家族的长幼伦常之序，而不是国家的法令制度，因此宗师与宗正可以各司其职，并行不悖。我们已经注意到武帝在这次改封诸王时确立了非皇子不得封王的原则，意在将皇帝权威凌驾于宗族秩序之上，建立以帝系为中心的诸侯王国体系，同时又以司马亮为宗师，维护家族内部的长幼之道，这两项举措之间其实潜藏着内在的矛盾。泰

---

[1] 《汉书》卷一二《平帝纪》，第358页。

[2] 《后汉书》卷一五《李通传》，第573页。李通后参与刘秀兄弟起兵，成为东汉功臣，但他初事刘歆，好星历谶记，为王莽宗卿师这段经历注意的人不多，图谶之学及刘歆本人皆与王莽篡汉关系密切，李通沉浮其中，可知其早年在政治上倾向王莽，得任宗师一职当与此有关。后见王莽人心日失，李通方才退居乡里。

[3] 参读宇都宫清吉：《刘秀与南阳》，收入《日本学者研究中国史论著选译》第三卷，中华书局，1993年，618—645页。

[4] 张兴成：《两晋宗室管理制度试论》，《文史哲》2001年第2期，第97—98页。

[5] 周一良：《宗师》，《魏晋南北朝史札记》，第330页。

[6] 《晋书》卷五九《汝南王亮传》，第1591页。

始初年,武帝表面上对叔祖司马孚优宠备至,也未曾设立宗师一职以尊其位,而至咸宁三年,西晋立国已有十余年,宗室诸王的地位秩序皆已稳定,为何武帝会选择在此时设立宗师一职,值得进一步深究。

首先需要关注的是在宗室诸王中,武帝为何选择以司马亮为宗师。司马亮系司马懿第四子,虽然《晋书》本传言其"少清警有才用",但观其一生事功,成少败多,讨诸葛诞于寿春,失利免官,泰始年间出督关中,六年,关中羌乱,秦州刺史胡烈为秃发树机能所杀,这是晋初在西北边疆遭受的重大挫折,身为都督的司马亮因援救不力,致此大败,再次受到免官的处分。如果联系武帝去世之后,身为宗室领袖的司马亮拒绝出面制衡杨骏、夜奔许昌以求免祸的政治表现,[1]可知司马亮是一位才具平庸、缺乏政治野心的人物。当时,司马懿诸子在世者尚多,除司马亮外,尚有平原王司马榦、琅邪王司马伷、扶风王司马骏、梁王司马肜、赵王司马伦五人。以嫡庶而论,司马榦与司马师、司马昭同出于张皇后,[2]司马亮乃是庶出;若尚年齿,司马亮亦非最长;[3]以功业威望而言,司马亮亦不及司马伷、司马骏等人。在不乏更好人选的情形下,武帝为何选举庸常无为的司马亮为宗师,立为宗室表率,不免有些蹊跷。《晋书》言武帝设立宗师是因宗室强盛、无相统摄,但较之泰始初年,宗室势力实际上已经大为衰弱,这一理由也颇为牵强。在咸宁三年的政治情境中,可以与宗室强盛一语相联系的政治事件只有前一年拥立齐王攸的密谋,因此所谓宗室强盛的实际内涵很可能

〔1〕《晋书》卷五九《汝南王亮传》,第1591—1592页。

〔2〕《晋书》卷三八《平原王榦传》云其"有笃疾,性理不恒",或是司马榦无法担任宗师的原因,第1119页。

〔3〕司马懿九子,具体排行不详,仅知司马亮为第四子。当时除司马师、司马昭已去世外,仅有司马京在魏末早逝,司马京去世时仅二十四岁,在兄弟九人中肯定排行较后,因此在尚在世的六人中,司马亮并非是年齿最长的。

指向的是齐王攸，只有如此才能较为合理地解释为何武帝要在此时设立宗师，又为何要任命司马亮担任此职。

武帝一方面规定非皇子不得封王，确立帝系独大的封建原则；另一方面又命司马亮为宗师，体现出对家族人伦秩序的尊重。这两项看似相悖的政治举措，背后指向的恐怕是同一个目标，削弱齐王攸以及其他宗室诸王的势力。齐王攸虽然是当时最有声望的宗室成员，但其在家族中的年辈却在司马亮之下，以司马亮为宗师，授予他规范族内礼法的权力，确立以年辈高低为尊卑的家族秩序，无形之中降低了齐王攸的地位，使其变成了宗族序列中的普通一员，不再是一个具有争夺皇位资格的政治领袖。而武帝之所以选择司马亮担任此职，恐怕正是看中了他的平庸，在武帝的诸位叔伯中，才具平平的司马亮无疑是易于驾驭的一位，日后武帝一度有意让司马亮辅佐太子继位，制衡杨骏，恐怕也是看中了司马亮缺乏政治野心，不会对皇权构成威胁的特质。

通过咸宁三年的改封诸王，武帝确立了一系列限制以齐王攸为代表的宗室势力的政治原则，为皇权的扩张奠定了制度基础。之后的咸宁四年相对显得风平浪静，[1]唯一值得一提的是六月弘训羊太后的去世，羊太后作为晋初唯一留存的司马师时代的政治孑遗，尽管从《晋书》简略的记载中无法知晓其在西晋政治中的实际地位与作用，但当时王太后与羊太后并立的局面本身便是意味深长的政治象征，向朝野上下无声地宣示着司马

〔1〕 福原啓郎《晉辟雍碑に関する考察》指出碑文中“皇太子圣德光茂，敦悦坟素，斟酌道德之原，探赜仁义之薮，游心远览，研精好古”的描写，有反驳太子暗愚评论的目的，《魏晋政治社会史研究》，第152页。另新见方韬《从〈晋辟雍碑〉看晋武帝立嗣》一文援据笔者咸宁二年为武帝一朝转折之年的论考，进而指出武帝在咸宁三年、四年以太子司马衷代替自己前往辟雍行乡饮酒礼、乡射礼，并特地为此树碑勒铭，或与咸宁二年之后的政治形势有关，《贵州文史论丛》2011年第4期，第1—5页。

师的功业。在《哀策文》中，武帝无法否认羊太后“后亦母晋”的地位，这无疑是对司马师一支正统性的间接承认，但武帝并不愿意因这场葬礼赋予齐王攸更多的政治承认，特地将“抚翼齐蕃”作为羊后的一大功绩点出，[1]此处的“蕃”字就是要将齐王攸牢牢地固定于藩王的身份。这一字所蕴有的深意并非笔者杜撰的微言大义，如果我们再留意一下当时朝廷中关于齐王攸服制的争议，便可明白其中的关节：

> 河南尹王恂上言：“弘训太后入庙，合食于景皇帝，齐王攸不得行其子礼。”（贾）充议以为：“礼，诸侯不得祖天子，公子不得祢先君，皆谓奉统承祀，非谓不得复其父祖也。攸身宜服三年丧事，自如臣制。”有司奏：“若如充议，服子服，行臣制，未有前比。宜如恂表，攸丧服从诸侯之例。”帝从充议。[2]

王恂是武帝病愈之后，安排替代夏侯和出任河南尹一职的外戚，其立场无疑代表了武帝的关切，王恂议题的中心在于羊后与司马师合祀之后，齐王攸不得以人子的身份服丧。齐王攸本出继司马师，按照通行的宗法原则，理应行子礼，服三年之丧，与司马师去世时的情形一样。但武帝在乎的是“诸侯不得祖天子”的原则，由于司马师已被追谥为帝，齐王攸若行子礼，便成了天子的嗣子，无疑加强了他的正统地位，这是一直努力将齐王攸定位于诸侯角色的武帝所不能容忍的。只要能将齐王攸钉在诸侯王的地位上，武帝可以放弃家族内部的宗法伦理，甚至连西晋一朝标榜为立国之本的“孝”亦可置之脑后，弃之不顾。至于贾充提出“服子服，行臣制”

---

〔1〕“后亦母晋”、“抚翼齐蕃”两句见《艺文类聚》卷一五引潘岳《景献皇后哀策文》，第248页。

〔2〕《晋书》卷四〇《贾充传》，第1169页。

这一折衷方案的实质是允许齐王攸在“私”的领域中以嗣子的身份为羊太后服三年之丧，但在“公”的领域只允许他以一般宗室成员而非嗣子的身份祭祀羊太后，通过对齐王攸“人子”与“人臣”两种不同身份的刻意区分，从而勉强在皇权的正统性与孝道之间达成妥协。尽管武帝最终接受了这一方案，但是，如果我们将有司的奏议视作对武帝本意的迎合，那么贾充的妥协方案，未必能恰其心意。要求齐王攸丧服从诸侯之例，将齐王攸定位为一个普通的宗室成员，从而剥夺他源自司马师的正统地位，才是武帝的真正目的。这一关于礼制的争论，背后的实质是对正统的角逐，武帝对于齐王攸服制的特殊关切，也从另一侧面证明出自著名文人潘岳之手的《哀策文》中的那个“藩”字并非无意之笔。

在其后的两年中，西晋政治的重心从内政转移到了外事，武帝经过多年准备，终于在咸宁五年十一月大举伐吴，并于次年三月底定东南，大赦改元。西晋在立国十五年之后，终于完成了统一全国的大业，结束了汉末以来分裂割据的局面。关于武帝伐吴这一军事行动的内政背景，学者也有不少关注，但多从晋初党派纷争的视角加以讨论，将贾充等人反对伐吴归咎于排挤政敌的需要，防止羊祜因伐吴的胜利重新进入中枢。[1] 如果我们观察一下贾充的政治履历，就不难注意到这位素以无公方之操、专以谄媚取容而获讥的元老重臣，竟然在武帝伐吴决心已定的情况下予以强烈反对，这是贾充一生中最激烈的政治姿态，也是这位以擅长观察上旨著称的老臣唯一公开触忤武帝的行动。而此时贾充由于在咸宁二年的

〔1〕 徐高阮：《山涛论》，《历史语言研究所集刊》41 本 1 分，第 112—116 页；曹文柱：《西晋前期的党争与武帝的对策》，《北京师范大学学报》1989 年第 5 期，第 44—51 页；王晓毅：《司马炎与西晋前期玄、儒的升降》，《史学月刊》1997 年第 3 期，第 26 页；于兆伟：《西晋党争与伐吴战争关系论略》，《许昌师专学报》2002 年第 1 期，第 37—40 页。

中立态度,已遭武帝猜忌,本人的政治地位尚在摇动之中,在这一特定背景下,其出人意料的激烈态度背后的政治内涵值得注意。更为蹊跷的是,武帝偏偏任命这位伐吴之役强烈的反对者担任主帅。如果我们联想到邓艾反对伐蜀时,司马昭立刻绕开了这位功勋卓著的老将,将伐蜀之役的军事大权交给了年轻的钟会,就更需要探究武帝这一任命的意味深长之处。安田二郎提出了独特的观点,认为贾充反对伐吴是因为当时齐王攸处于服丧期间,武帝通过伐吴胜利带来的权威,可以在内政处置上享有独断的权力,从而打破西晋政治的原有格局。作为官僚贵族力量代表的贾充试图将武帝的权力限制为"宽仁"的贵族首领,而不是一个专制的君主。〔1〕安田二郎认为武帝借着齐王攸服丧的机会,将他排除出伐吴之役,从而达到独占统一天下之功的目的,或许有求之过深的嫌疑。但是安田二郎的研究提供了一个富有启发性的视角,提示我们注意贾充这一人物的复杂性以及伐吴成功与武帝政治权威上升之间的关系,从上文的论述中,我们已经观察到贾充并不是传统认识中的倖臣,而是西晋政治中重要的平衡力量。

在整个伐吴之役前后,有以下几点值得重视。首先,在咸宁二年武帝病愈之后,关于伐吴的军事准备工作骤然加快。如果将泰始五年羊祜出镇荆州视为西晋筹备伐吴开端的话,〔2〕那么在从泰始中期至咸宁初年,整个准备工作并无多少进展,羊祜与陆抗在荆州前线的对峙中互有得失,羊祜曾因兵败被贬为平南将军,并未占据明显上风。伐吴准备工作的骤然加快始于咸宁二年,不少研究者都注意到是年末羊祜请求伐吴的上疏,并据此认定羊祜是伐吴之役最积极的推动者,〔3〕但很少有人留意羊祜上疏的背景。咸宁

〔1〕 安田二郎:《西晋朝初期政治史試論》,《六朝政治史の研究》,第1—38页。
〔2〕 《晋书》卷三《武帝纪》,第58页。
〔3〕 徐高阮:《山涛论》,《历史语言研究所集刊》41本1分,第112—113页。

二年十月,武帝病愈之后不久,进平南将军羊祜为征南大将军、开府仪同三司,得专辟召,而羊祜上疏是在诏命下达之后。[1] 在咸宁二年之前,尽管已坐镇荆州前线近十年,羊祜从未主动上疏伐吴,可以说武帝征南大将军的任命释放了决心伐吴的明确信号,而羊祜的上疏不过是对武帝这一政治信号的积极回应,那么伐吴筹备加速背后的主导者实际上是武帝而非羊祜。羊祜在武帝的支持下,积极准备伐吴,建议武帝留任益州刺史王濬。王濬留任之后,积极筹划,作大船连舫、蒙冲巨舰以备伐吴。[2] 益州居上流之势,占地利之便,王濬在益州的筹备,使荆州不再孤立于抗吴前线,荆、益两州的军事联动,奠定了两路夹击吴国的态势,西晋伐吴的战略构想日渐成型,可以说西晋真正周密可行的伐吴筹备工作是咸宁二年后才启动的。武帝这一积极进取的政治姿态并非昙花一现,而是延续到了咸宁三年,七月,武帝以都督豫州诸军事王浑为都督扬州诸军事,九月,以左将军胡奋为都督江北诸军事,[3] 进一步调整前线诸州军政长官的人选,为伐吴做积极的人事准备。另外,顺便可以提及王浑与胡奋都是武帝的姻亲,同属咸宁二年之后武帝最信任的政治群体。

以下继续考索咸宁二年武帝推动筹备伐吴的动机,不可否认西晋是一个缺乏进取心的王朝,司马昭力排众议伐蜀背后的动因已见本书第二章的考述。伐蜀胜利之后,邓艾曾主张借此大好形势,一举顺江而下,统一全国。当时正忙于自立家门的司马昭根本

[1] 《晋书》卷三《武帝纪》,第 67 页;卷三四《羊祜传》,第 1017—1018 页。

[2] 《晋书》卷三四《羊祜传》,第 1017 页;任乃强:《华阳国志校补图注》卷八《大同志》系造船事于咸宁三年,上海古籍出版社,1987 年,第 440 页。《资治通鉴》卷八〇胡注据王濬请伐吴表"臣作船七年"一语,系于泰始八年,第 2557 页。按泰始八年四月益州刺史皇甫晏被刺,王濬始接任益州,"作船七年"一语指代的是王濬担任益州刺史的时间,真正开始准备伐吴当在咸宁三年。

[3] 《晋书》卷三《武帝纪》,第 67—68 页。

没有理会邓艾的建议。[1] 尽管在伐蜀之前，司马昭曾有先取蜀汉，三年之后，因顺流之势，水陆并进，灭亡吴国的规划，进位相国之后，司马昭也曾修书孙皓，宣示平定吴国，统一天下的决心。[2] 但这些行动更多只是停留在军事恫吓的宣传层面，并没有付诸实际行动。一旦司马氏家族通过伐蜀的军事行动积累了足以完成嬗代的政治资本后，汲汲于亡魏成晋之事，伐吴之业被搁置一旁。因父祖遗业的司马炎，虽然在功臣与宗室的拥戴下登上了皇位，但功业不足一直是武帝在政治上的根本弱点，所谓"今主上有禅让之美，而功德未著"便是武帝在晋初政治形象生动的写照，[3] 通过伐吴建立不世之勋，是武帝摆脱弱势皇帝地位最直接的办法，司马炎未尝没有过这样的设想，泰始五年命羊祜出镇扬州当与这种考虑有关，但总体而言，在西晋立国十余年中，武帝并无迫切的平吴愿望。[4] 与过去魏、蜀对峙的情形相似，在晋、吴两国不

---

〔1〕《三国志》卷二八《邓艾传》，第 780 页。

〔2〕《晋书》卷二《文帝纪》，第 38 页；《三国志》卷四八《孙皓传》注引《汉晋春秋》载《晋文王与皓书》，第 1163 页。

〔3〕《晋书》卷三四《羊祜传》，第 1021 页。另干宝《〈晋纪〉论晋武帝革命》云："帝王之兴，必俟天命，苟有代谢，非人事也。文质异时，兴建不同。故古之有天下者，柏皇栗陆以前，为而不有，应而不求，执大象也。鸿黄世及，以一民也。尧舜内禅，体文德也。汉魏外禅。顺大名也。汤武革命，应天人也。高光争伐，定功业也。各因其运而天下随时，随时之义大矣哉！古者敬其事则命以始，今帝王受命而用其终。岂人事乎？其天意乎？"《文选》卷四九，第 2174—2175 页。亦暗示武帝受禅乃基于"天命"而非"功业"。

〔4〕泰始年间，晋、吴两国曾围绕交州展开激烈争夺，晋军一度占据上风，吴倾国之力围攻交州，此时羊祜已出镇荆州，本是西晋伐吴之良机，然而晋军不但未在荆扬出兵牵制吴军，在交州方面亦仅以蜀国降将消极防御，可见泰始年间武帝本无平吴之意。参读钟盛：《论三国后期吴、晋交州之争》，《魏晋南北朝隋唐史资料》第 26 辑，2010 年，第 22—33 页。泰始年间，凉州秃发树机能起兵或也牵制了西晋的部分力量，《晋书·羊祜传》便将羊祜上疏伐吴未果归咎于"会秦凉屡败"，徐高阮对此早有辨正，指出咸宁五年正月秃发树机能攻破凉州，势力达到极盛，而恰在同年大举伐吴，秦凉动乱并不影响伐吴，《山涛论》，《历史语言研究所集刊》41 本 1 分，第 112—113 页。

断爆发的边境冲突中，大多是由弱小的吴国一方挑起，而实力更强的西晋多数时候反倒以“筑垒遏水以备吴”的被动姿态出现。〔1〕

为何从咸宁二年开始，武帝骤然加快了准备伐吴的脚步，其原因只能在西晋政治内部来寻找。从一些蛛丝马迹中可以推定，武帝加紧平吴的筹备这一重大政策转向是突然发生的，西晋官僚群体内部并没有相应的思想准备，这在益州刺史王濬督造蒙冲巨舰的过程中体现得相当明显。如果说武帝进羊祜为征南大将军可被视为加快伐吴准备的明确信号，那么武帝接受羊祜的建议留用王濬则是益州方面筹备伐吴的开端。王濬留任益州刺史后，自然对武帝的意图心领神会，迅速展开伐吴的各项准备工作。但是益州的形势与荆州不同，在咸宁二年之前，益州并无任何伐吴的准备，泰始八年尚有牙门将张弘刺杀刺史皇甫晏谋叛的事变，州内的形势在王濬治下刚刚趋于稳定。〔2〕武帝最初计划动用屯田兵造船，但屯田兵不过五六百人，根本不可能在短期内完成。益州别驾何攀劝王濬发州郡兵万人造船，尚不敢上达朝廷，“官家虽欲伐吴，疑者尚多，卒闻招万兵，必不见听”。〔3〕而王濬受中制募兵伐吴，却无虎符，辖下广汉太守张斅收从事列上。〔4〕由此可见西晋官僚阶层从上到下对武帝伐吴的决策懵懂无知，就连武帝本人对其中的艰难也几无了解，或可推测武帝决心伐吴的政策转变发生得相当突然，朝野上下对此所知甚少，并未形成广泛的共识。

对外的军事行动往往是内政的延续，是内部政治困境的向外

---

〔1〕《晋书》卷三三《石苞传》，第 1002 页；卷三四《羊祜传》，第 1014—1017 页。

〔2〕《晋书》卷四二《王濬传》，第 1208 页。

〔3〕任乃强：《华阳国志校补图注》卷一一《后贤志》，第 649—650 页。

〔4〕《三国志》卷一八《张恭传》注引《世语》，第 551 页。

投射。如果不是弑杀高贵乡公对司马氏的嬗代计划构成了强大的道德阻力，司马昭恐怕不会力排众议决心伐蜀。同样，武帝对于伐吴一事的突然热衷，背后也有内政因素的推动。伐吴成功带来的政治威望有助于扩张皇权，其中的利弊，武帝恐怕早已仔细考虑过。但在晋初的十余年间，武帝似乎并没有为了扩张自己权力进行军事冒险的强烈意愿，贾充所谓："吴未可悉定，方夏，江淮下湿，疾疫必起，宜召诸军，以为后图。虽腰斩张华，不足以谢天下"，[1]后世固然视为笑柄，但未必不是反映了西晋朝野弥漫着的消极畏战情绪，西晋官僚大都出身公卿之族，家世显赫，习惯平流进取，对于富贵险中求的功名之途并不热衷。咸宁二年之后，武帝对于伐吴态度的突然转变，背后反映的是皇权在西晋政治中遭遇的危机，只有当武帝的权威受到挑战时，伐吴这一迅速增加政治威望的捷径虽不无风险，却值得一试，而武帝遭遇的政治危机无疑便是咸宁二年拥立齐王攸的政治密谋。如果说，咸宁三年的改封诸王体现了武帝"弱枝"的政治目标，那么伐吴的决策则彰显了武帝"强干"的意图。

关于贾充坚持反对伐吴的原因，目前缺少直接的证据，通行的"党争说"与安田二郎主张的"抑制皇权说"都只提供了思考这一问题的路径，并不能算是让人完全信服的解答。西晋初年的政治纷争错综复杂，目前所见的材料只能窥见一斑，未必皆能做出合理

〔1〕《晋书》卷四〇《贾充传》，第1169页。《晋书》卷五〇《秦秀传》："吴之未亡也，虽以三祖之神武，犹躬受其屈。以孙晧之虚名，足以惊动诸夏，每一小出，虽圣心知其垂亡，然中国辄怀惶怖"，可见当时氛围一斑，第1406页。哪怕在伐吴取得节节胜利之时，前线众军会议，尚有"百年之寇，未可尽克。今向暑，水潦方降，疾疫将起，宜俟来冬，更为大举"的议论，可见贾充的忧虑在西晋朝野并非个例，见《晋书》卷三四《杜预传》，第1030页。

的解释。[1] 但在目前研究的基础上,可以重新认识贾充这一人物的复杂性,摆脱《晋书》所塑造"恩幸"的刻板形象。从泰始七年武帝迫使贾充嫁女与太子,到咸宁二年其在拥立齐王攸的政治密谋中模棱两可的态度,可以认为贾充一直试图在武帝与齐王攸之间寻求平衡,从而维护西晋政治体制的稳定。如果仅仅将贾充视为在晋初政治中以取媚武帝而得宠的恩幸式人物,不但将这个重要的政治人物脸谱化,而且无法理解武帝与贾充之间复杂微妙的关系。咸宁二年武帝病愈之后,先是解除了贾充的兵权及尚书令一职,随后又在没有其参与的情况下完成了调整分封的政治布局,可见武帝对贾充已生防备之心。随后,在关于齐王攸服制的讨论中,贾充也弥缝其间,持调和态度,并没有完全支持武帝。而在有关伐吴的争论中,贾充又持激烈的反对态度,不惜为此与武帝发生公开的冲突。自咸宁二年之后,两人在政治上渐行渐远,于此可见一斑。因此简单地将贾充视为武帝的附庸无疑并不合适,作为晋初最重要的功臣,贾充在政治上所具有的复杂性不容低估。

作为一名功业已著的老臣,保持自司马昭以来朝廷中的权力平衡,从而维护自己的既得利益,恐怕是贾充最重要的政治考虑。在此情况下,贾充分别将两个女儿嫁给齐王攸与太子司马衷,早已确保了其在西晋政坛立于不败之地。当咸宁二年之后,武帝决心培植自己的政治力量,开始重用外戚,君臣之间的裂痕便日渐加大。外戚杨氏家族在泰始年间尚只是贾充政治上的附庸,此时俨然已有了平起平坐的架势,武帝打破原有政治平衡的努力,并不为贾充所喜见。而伐吴的成功将会给武帝带来改组现有政治格局所

---

〔1〕 无可否认,对于政治史研究而言,由于材料缺失及高层政治活动的隐秘性,尤需警惕陈寅恪所谓"其言论愈有条理统系,则去古人学说之真相愈远"之弊,承认材料及学者认识的局限,阙疑待考,不强作解人,是更审慎的态度,《冯友兰中国哲学史上册审查报告》,《金明馆丛稿二编》,第 280 页。

需的威望，这也不是贾充希望见到的局面，至于积极推动伐吴的张华、杜预、王濬等人都是武帝时代才日渐崛起的政坛新人，与曹魏的政治网络渊源较浅，可被视为武帝自己的班底，贾充同样不乐意看到他们借着这次胜利在朝中扮演更重要的角色。当然，如果武帝极力推动的伐吴遭到失败，同样也会引起新的动荡，同样不是以保持政治稳定为目标的贾充所愿意面对的。

而站在武帝的立场上，首先必须在表面上维持朝廷的团结，因此在伐吴的人事安排上，武帝依然选择贾充为统帅，显示对朝中元老的倚重：

> 十一月，大举伐吴，遣镇军将军、琅邪王伷出涂中，安东将军王浑出江西，建威将军王戎出武昌，平南将军胡奋出夏口，镇南大将军杜预出江陵，龙骧将军王濬、广武将军唐彬率巴蜀之卒浮江而下，东西凡二十余万。以太尉贾充为大都督，行冠军将军杨济为副，总统众军。[1]

如果说贾充这个挂名的主帅只是略显滑稽的话，那么其他的人事安排则可看出武帝的良苦用心。以行冠军将军杨济为副帅，同样是挂名的人物，杨济以外戚身份的出现显得意味深长，一方面说明了外戚杨氏家族快速崛起的势头，初步具有了与贾充这样的元老相颉颃的地位；另一方面武帝无疑也希望杨氏家族能够分享伐吴胜利的荣光，贾充虽然贵为主帅，由于他公开的反对立场，伐吴的胜利只会彰显其先前的荒谬，丝毫不会增强他的地位，伐吴无论胜败，身为主帅的贾充在政治上都已进退失据，[2]因此武帝乐得让

〔1〕《晋书》卷三《武帝纪》，第 71 页。按校勘记云琅邪王伷时任镇东大将军。

〔2〕贾充在伐吴胜利之后，作为主帅却议欲请罪，便是这种进退失据地位的最好写照，《晋书》卷四〇《贾充传》，第 1170 页。

他担当空头主帅的美名。而杨济则不同，他完全可以从这场胜利中获取新的政治资本，从而为武帝进一步重用外戚杨氏打下基础。武帝同时安排叔父琅邪王司马伷参与其中，显示出对宗室元老的尊重，同时也巧妙地将齐王攸排除在外，以免使其有机会分享伐吴胜利的荣光。此外，诚如学者指出的那样，在伐吴的人事安排中，司马氏家族的姻亲贾充、杨济、王浑、胡奋、杜预等占了多数，可以窥见武帝后期政治上的一些变化：姻亲作为被武帝认为更值得信任的群体，在政治舞台上占据了日益显要的位置。〔1〕

毫无疑问，伐吴的胜利大大增强了武帝的政治权威，“大晋之兴，宣帝定燕，太祖平蜀，陛下灭吴，可谓功格天地，土广三王”，〔2〕武帝一下子摆脱了以往弱势皇帝的形象，拥有足以与父祖相媲美的功业。借此武帝终于能摆脱功臣与宗室的掣制，重新把目光投向内部，以求彻底解决齐王攸的问题。

太康元年平吴之后，九月便有封禅之议，《晋书·礼志》云积极推动封禅的是卫瓘、山涛、魏舒、刘寔、张华等人，而身为伐吴统帅与朝臣之首的贾充在这一片歌功颂德之声中的缺席引人注目，尽管《晋书·贾充传》载：“充与群臣上告成之礼，请有司具其事。帝谦让不许。”似乎贾充也曾上书请武帝封禅，但这一记载对应的是《晋书·礼志》中卫瓘等五人连续四次上书请封禅遭武帝婉拒后，王公有司又奏请武帝封禅一事。由于第五次上书是满朝文武联名，贾充只是作为朝臣之首必须列名其中，未必能反映其真实的政治态度。作为一位以谄媚取容闻名的大臣，贾充为何在此之前保持出人意料的沉默？〔3〕 封禅虽然只是象征性的政治仪式，却是

〔1〕 安田二郎：《西晋武帝好色攷》，《六朝政治史の研究》，第43—161页；渡邉義浩：《西晉司馬氏婚姻考》，《東洋研究》第161号，第1—26页。
〔2〕 《晋书》卷四六《刘颂传》，第1297页。
〔3〕 《晋书》卷四〇《贾充传》，第1170页；卷二一《礼志下》，第655—657页。

古代国家的盛典，举行的时间与背景往往折射出现实政治的需求。关于武帝封禅的讨论，背后的关节点在于如何在国家意识形态中对伐吴的胜利做出合适的表达。根据卫瓘等人的意见，伐吴的功业足以与唐虞三代比肩，是帝王之盛业，天人之至望，举行封禅大典，告成天下理所当然。积极推动此事的卫瓘等人虽然不能被视为一个政治集团，但无疑是与贾充相异的一股政治力量。如果通过封禅典礼确立伐吴胜利在国家意识形态中的至高地位，那么不但武帝可以超越父祖，彻底摆脱功业不足的形象，获得巨大的政治威望，而张华、刘寔等人作为伐吴之役的参与者，都可以分享胜利的荣光，从而取得了与贾充这样的开国功臣分庭抗礼的地位，进而在西晋政治中发挥更大的影响。

过于强大的皇权与新的政治对手的崛起都非贾充所乐见，他在封禅议题上的沉默或缘于此。如果我们将第五次王公有司的上书视为较多地代表贾充等人立场的话，那么我们可以发现在奏章的表达上与前四次有所不同，卫瓘等人的四次上奏基本上将平吴封禅视为武帝个人的德业，而第五次王公有司的上书则将武帝的功业置于祖孙三代创业的叙事中："况高祖宣皇帝肇开王业，海外有截；世宗景皇帝济以大功，辑宁区夏；太祖文皇帝受命造晋，荡定蜀汉；陛下应期龙兴，混一六合，泽被群生，威震无外。"〔1〕如此一来武帝伐吴之功便被置于魏晋革命的历史脉络中，只是对于父祖之业的延续，而非超越。如果说卫瓘等人的提议是将封禅盛典的荣光归于武帝个人的话，那么第五次王公有司上书的表达则有所不同，更多地将伐吴的成功视为亡魏成晋事业的最终完成，"不羁之寇，二代而平"，"扬名万世，以显祖宗"，封禅的荣光不只是属于武帝，而是对司马懿创业以来，西晋开国历史的总结。

〔1〕《晋书》卷二一《礼志下》，第656—657页。

武帝最终没有接受封禅的建议，背后真正的原因并不清楚。但从武帝晚年"我平天下而不封禅"的言谈中，[1]自然地流露出对伐吴功业的自矜，他的认识恐怕更接近卫瓘等人的立场，自认已具备封禅的资格，不封禅只是体现了谦退的美德而已，而贾充等朝中元老在这一问题上的沉默或许是制约武帝没有举行封禅的原因之一。尽管最终没有进行封禅告成的典礼，但伐吴的成功已足以改变武帝功业不足的形象，使他具有将齐王攸逐出朝廷的权威，从而彻底断绝群臣之望。太康三年十二月，武帝最终下达了以司空齐王攸为大司马、都督青州诸军事命令，并要求齐王攸立即赴任。[2] 这一年的正月，主张将国之后事托付给齐王攸的张华被外放为都督幽州诸军事；四月，贾充去世；[3]朝廷中已经没有能制衡武帝的力量。但是齐王攸出镇的诏命一出，依然在朝中激起了强烈的反对。如果说魏末武帝与齐王攸的储位之争，被成功地局限于司马氏集团内部核心圈中，并未在朝中激起多少波澜，那么到了太康三年，武帝外放齐王攸之举，却酿成了整个西晋一朝最激烈的政治抗议风潮。如果说第一次储位之争，具有鲜明的密室政治特征，我们根本无法获知谁在这场争斗中支持了齐王攸，那么第二次则演变成一场公开的论战，成为朝野上下瞩目的公共事件，支持齐王攸的朝臣人数众多，立场鲜明，形成了强大的抗议舆论，规模与声势甚至让人想起了汉末的清议。反对齐王攸之国的力量包含宗室、外戚、普通官员等各种出身，这批反对者涵盖了西晋官僚阶层中的各个方面，但他们只是在反对齐王攸之国一事上有共同的立场，并不能被视为一个政治集团。这些出身

---

〔1〕《晋书》卷四五《刘毅传》，第1272页。

〔2〕《晋书》卷三《武帝纪》，第74页；卷三八《齐王攸传》，第1134页。"都督青州诸军事"，《武帝纪》作"督青州诸军事"，未知孰是。

〔3〕《晋书》卷三《武帝纪》，第73页。

各异的官员不谋而合的抗议只能证明,反对齐王攸之国代表了西晋官僚阶层的主流意见。为方便进一步讨论,故不避烦琐,胪列各人意见如下:

> 及齐王攸出镇,(司马)骏表谏恳切,以帝不从,遂发病薨。追赠大司马,加侍中、假黄钺。[1]

扶风王司马骏是武帝的叔父,在宗室中最为俊望,魏晋之际有功于晋室,后出镇关中,讨伐秃发树机能,是当时诸侯王中功勋与才能堪称卓著的人物,他强烈的反对态度在一定程度上可以代表宗室的意见。

> 会朝臣立议齐王攸当之藩,(王)浑上书谏曰:"伏承圣诏,宪章古典,进齐王攸为上公,崇其礼仪,遣攸之国。昔周氏建国,大封诸姬,以藩帝室,永世作宪。至于公旦,武王之弟,左右王事,辅济大业,不使归藩。明至亲义著,不可远朝故也。是故周公得以圣德光弼幼主,忠诚著于《金縢》,光述文武仁圣之德。攸于大晋,姬旦之亲也。宜赞皇朝,与闻政事,实为陛下腹心不贰之臣。且攸为人,修洁义信,加以懿亲,志存忠贞。今陛下出攸之国,假以都督虚号,而无典戎干方之实,去离天朝,不预王政。伤母弟至亲之体,亏友于款笃之义,惧非陛下追述先帝、文明太后待攸之宿意也。若以攸望重,于事宜出者,今以汝南王亮代攸。亮,宣皇帝子,文皇帝弟,伷、骏各处方任,有内外之资,论以后虑,亦不为轻。攸今之国,适足长异同之论,以损仁慈之美耳。而令天下窥陛下有不崇亲亲之

〔1〕《晋书》卷三八《扶风王骏传》,第1125页。

情，臣窃为陛下不取也。若以妃后外亲，任以朝政，则有王氏倾汉之权，吕产专朝之祸。若以同姓至亲，则有吴楚七国逆乱之殃。历观古今，苟事轻重，所在无不为害也。不可事事曲设疑防，虑方来之患者也。唯当任正道而求忠良。若以智计猜物，虽亲见疑，至于疏远者亦何能自保乎！人怀危惧，非为安之理。此最有国有家者之深忌也。愚以为太子太保缺，宜留攸居之，与太尉汝南王亮、卫将军杨珧共为保傅，干理朝事。三人齐位，足相持正，进有辅纳广义之益，退无偏重相倾之势。令陛下有笃亲亲之恩，使攸蒙仁覆之惠。臣同国休戚，义在尽言，心之所见，不能默已。私慕鲁女存国之志，敢陈愚见，触犯天威。欲陛下事每尽善，冀万分之助。臣而不言，谁当言者。"帝不纳。[1]

齐王攸当之藩，(王)济既陈请，又累使公主与甄德妻长广公主俱入，稽颡泣请帝留攸。帝怒谓侍中王戎曰："兄弟至亲，今出齐王，自是朕家事，而甄德、王济连遣妇来生哭人！"以忤旨，左迁国子祭酒，常侍如故。[2]

及齐王攸出镇也，(羊)琇以切谏忤旨，左迁太仆。既失宠愤怨，遂发病，以疾笃求退。拜特进，加散骑常侍，还第，卒。[3]

(杨)珧初以退让称，晚乃合朋党，构出齐王攸。中护军羊琇与北军中候成粲谋欲因见珧而手刃之。珧知而辞疾不出。

---

〔1〕《晋书》卷四二《王浑传》，第1203—1204页。

〔2〕《晋书》卷四二《王浑传附王济传》，第1206页。《世说新语·方正第五》注引《晋诸公赞》引武帝语尚有"济等尚尔，况余人者乎"一句，可见武帝自己也深知如王济这样与其有密切私人关系的大臣尚反对齐王攸之藩，更不用说其他朝臣了，余嘉锡：《世说新语笺疏》，第291页。

〔3〕《晋书》卷九三《外戚羊琇传》，第2411页。

讽有司奏琇，转为太仆。自是举朝莫敢枝梧，而素论尽矣。[1]

王浑、王济、甄德、羊琇四人皆是武帝的姻亲，王浑是魏末名臣王昶之子，家世显贵，在西晋政治中平步青云，伐吴有功，当时位望正隆。由于王浑身处权力中枢，能够洞悉武帝放逐齐王攸的真正目的，加之其子王济尚武帝之女常山公主，兼具功臣与外戚的双重身份更使他有了大胆直言的便利，因此王浑这篇奏疏为我们了解事件的前因后果提供了弥足珍贵的记录。从王浑的上疏中可知武帝放逐齐王攸之后，想用以取而代之的是司马亮。王浑直言不讳地指出："亮，宣皇帝子，文皇帝弟，伷、骏各处方任，有内外之资，论以后虑，亦不为轻"，这不啻是点明了武帝强令齐王攸之国的真正原因所在：防止齐王攸成为武帝的身后之虑。王浑一方面指出以司马亮代替齐王攸只是掩耳盗铃之举，司马亮兄弟三人并居高位，有内外之资，如有不臣之心，在武帝身后并非没有危险。另一方面则提醒武帝，放逐齐王攸之后，重用"妃后外亲，任以朝政"的危险性，如果说宗室太盛会招致吴楚七国之乱的话，那么外戚擅权同样有吕产、王莽的前车之鉴。同时王浑也提出了齐王攸、司马亮、杨珧三人夹辅太子，互相制衡的替代方案。如果我们观察一下太康三年之后西晋政治的实际走向，可以发现王浑的上疏是解开其中谜团的重要钥匙，齐王攸死后，武帝对身后事的安排一直在司马亮、杨骏夹辅太子与外戚杨氏单独辅政这两套方案当中徘徊。以当时的政治形势而论，在武帝不愿意废黜不慧太子的情况下，王浑所提出的以齐王攸、司马亮、杨珧三人联合辅政的建议实际上是应对武帝身后政治变局的最佳方案。无奈武帝在咸宁二年之后，与齐王攸之间的矛盾已不可调和，根本不愿意考虑任何将齐王攸留

---

〔1〕《晋书》卷四〇《杨骏传附杨珧传》，第1180页。

在权力中枢的安排。

如果说王浑的上疏是对武帝晓之以理的话，那么王济、甄德无疑是在动之以情了。王济为侍中近臣，深受武帝的赏识，君臣之间关系密切。甄德虽然才具平庸，因魏末司马氏结好郭太后的缘故，先后得娶司马师、司马昭之女，是武帝的姐夫。两位驸马加上两位公主一起进宫，干脆用了哭谏的办法，试图让武帝收回成命，武帝非但不为所动，更强硬地表示这是他的家事，不容外人置喙。值得一提的是甄德虽因外戚的身份而致高位，却是一个很少在政治上表达意见的人物，反对齐王攸之国几乎是他在史籍中留下的唯一印迹。这样一个与世无争的人物也在这一问题上表达了强烈的反对意见，并因此博得了社会舆论的嘉许，[1]足以窥见西晋朝野上下对于齐王攸出镇一事的普遍看法。

较之于之前的几位，羊琇与武帝的关系更为亲近。

> (羊)琇涉学有智算，少与武帝通门，甚相亲狎，每接筵同席，尝谓帝曰："若富贵见用，任领护各十年。"帝戏而许之。初，帝未立为太子，而声论不及弟攸，文帝素意重攸，恒有代宗之议。琇密为武帝画策，甚有匡救。又观察文帝为政损益，揆度应所顾问之事，皆令武帝默而识之。其后文帝与武帝论当世之务及人间可否，武帝答无不允，由是储位遂定。及帝为抚军，命琇参军事。帝即王位后，擢琇为左卫将军，封甘露亭侯。帝践阼，累迁中护军，加散骑常侍。琇在职十三年，典禁兵，豫机密，宠遇甚厚。[2]

---

〔1〕《三国志》卷五《文昭甄皇后传》注引《晋诸公赞》，第164页。

〔2〕《晋书》卷九三《外戚羊琇传》，第2410页。另《太平御览》卷二四〇引《晋起居注》："武帝太始七年诏曰：'中护军职典武选，宜得堪干其事者。左卫将军羊琇有明赡才见，乃心在公，其以琇为中护军。'"按"见"疑为"具"之讹。

羊琇是武帝少年时代的密友，特别是在武帝与齐王攸争夺储位的过程中出力甚多，因此深得武帝信任，长期担任左卫将军、中护军等要职，是晋初任职时间最久的禁军将领，在军中根基深厚，长期以来是武帝最坚定的政治盟友之一。但在齐王攸出镇一事上，羊琇却持坚决的反对态度，甚至不惜与武帝公开决裂。羊琇对于挑唆武帝放逐齐王攸的杨珧更是恨之入骨，甚至密谋与北军中候成粲寻找机会刺杀他，北军中候同样是禁军的重要将领，羊琇、成粲的激烈反应，似乎反映出武帝强迫齐王攸之国的风波，已波及身系朝廷安危的禁军，并在军中激起了强烈的反感。

> 及齐王攸出镇，（李）憙上疏谏争，辞甚恳切。[1]
>
> 太康初，为河南尹，赐爵关内侯。齐王攸将归藩，（向）雄谏曰："陛下子弟虽多，然有名望者少。齐王卧在京邑，所益实深，不可不思。"帝不纳。雄固谏忤旨，起而径出，遂以愤卒。[2]
>
> 齐王攸之就国也，下礼官议崇锡之物。（庾）旉与博士太叔广、刘暾、缪蔚、郭颐、秦秀、傅珍等上表谏曰：
>
> 《书》称帝尧"克明俊德，以亲九族"。武王光有天下，兄弟之国十有六人，同姓之国四十人，元勋睦亲，显以殊礼，而鲁、卫、齐、晋大启土宇，并受分器。所谓惟善所在，亲疏一也。大晋龙兴，隆唐、周之远迹，王室亲属，佐命功臣，咸受爵土，而四海乂安。今吴会已平，诏大司马齐王出统方岳，当遂抚其国家，将准古典，以垂永制。
>
> 昔周之选建明德以左右王室也，则周公为太宰，康叔为司

〔1〕《晋书》卷四一《李憙传》，第1190页。
〔2〕《晋书》卷四八《向雄传》，第1336页。

寇，聃季为司空。及召、芮、毕、毛诸国，皆入居公卿大夫之位，明股肱之任重，守地之位轻也，未闻古典以三事之重出之国者。汉氏诸侯王位尊势重，在丞相三公上。其入赞朝政者，乃有兼官，其出之国，亦不复假台司虚名为隆宠也。

昔申无宇曰“五大不在边”，先儒以为贵宠公子公孙，累世正卿也。又曰“五细不在庭”，先儒以为贱妨贵，少陵长，远间亲，新间旧，小加大也。不在庭，不在朝廷为政也。又曰：“亲不在外，羁不在内。今弃疾在外，郑丹在内，君其少戒之。”叔向有言：“公室将卑，其枝叶先落。”公族，公室之本，而去之，谚所谓芘焉而纵寻斧柯者也。

今使齐王贤邪，则不宜以母弟之亲尊，居鲁、卫之常职；不贤邪，不宜大启土宇，表建东海也。古礼，三公无职，坐而论道，不闻以方任婴之。惟周室大坏，宣王中兴，四夷交侵，救急朝夕，然后命召穆公征淮夷。故其诗曰“徐方不回，王曰旋归”，宰相不得久在外也。今天下已定，六合为家，将数延三事，与论太平之基，而更出之，去王城二千里，违旧章矣。

旉草议，先以呈父纯，纯不禁。太常郑默、博士祭酒曹志并过其事。武帝以博士不答所问，答所不问，大怒，事下有司。尚书朱整、褚䂮等奏：“旉等侵官离局，迷罔朝廷，崇饰恶言，假托无讳，请收旉等八人付廷尉科罪。”旉父纯诣廷尉自首：“旉以议草见示，愚浅听之。”诏免纯罪。

廷尉刘颂又奏旉等大不敬，弃市论，求平议。尚书又奏请报听廷尉行刑。尚书夏侯骏谓朱整曰：“国家乃欲诛谏臣！官立八座，正为此时，卿可共驳正之。”整不从，骏怒起，曰：“非所望也！”乃独为驳议。左仆射魏舒、右仆射下邳王晃等从骏议。奏留中七日，乃诏曰：“旉等备为儒官，不念奉宪制，不指答所问，敢肆其诬罔之言，以干乱视听。而旉是议主，应为戮首。但旉及家人并自首，大信不可夺。秦秀、傅珍前者虚妄，幸而得免，复不以为惧，当加罪戮，以彰凶慝。犹复不忍，皆丐其死命。秀、珍、旉等并除名。"〔1〕

除了宗室、外戚之外，朝臣中反对齐王攸之国的声音同样高涨。李熹、向雄前后进行了谏争，朝廷中公开反对的声浪在庾旉、太叔广、刘暾、缪蔚、郭颐、秦秀、傅珍等七名博士联名上疏抗议之后达到了顶峰。诸博士上表抗争一事发生于太康四年，在太康三年十二月的诏书下达之后，不但朝野上下一片反对之声，齐王攸本人也非常不满，迁延不行，似乎在等待事情的转机。武帝不得不在太康四年再次重申了要求齐王攸之国的诏令，并下令以济南郡益齐国，又以齐王攸之子司马寔为北海王，〔2〕"备物典策，设轩悬之乐、六佾之舞，黄钺朝车乘舆之副从焉"，〔3〕希望通过这些表面上的恩遇来安抚齐王攸，敦促其尽快接受诏命，离开京师，可见武帝希望将齐王攸逐出权力中枢的愿望强烈到了何种程度。而下诏"命议崇锡之物"，〔4〕便是这一系列优宠姿态的一部分，也正好给了诸博士公开表达反对意见的机会。

如果说在第一次诏命下达之后，武帝与宗室、外戚之间的争论

---

〔1〕《晋书》卷五〇《庾纯传附庾旉传》，第1402—1403页。

〔2〕按北海王之封颇为奇怪，在咸宁三年改封诸王之后，已经明确规定"非皇子不得封王"，因此司马寔本无封王的资格，武帝是以嗣司马昭子广汉殇王广德之后的名义封其为王的，但原本出嗣广汉王的齐王攸第五子司马赞早在太康元年便已去世，广汉国事实上已绝。武帝时隔四年之后，在太康四年二月这样一个特殊的时刻，方才想起以司马寔继之，且改封为北海王，事实上是新建了一个封国，无疑有破例优宠齐王攸之意。《晋书》卷三八《齐王攸传》，第1134、1136页；《广汉王广德传》，第1137页。

〔3〕《晋书》卷三八《齐王攸传》，第1134页。

〔4〕《太平御览》卷七七四引《太康起居注》保留了两则赐予齐王攸崇锡之物诏书的佚文，"齐王归藩，诏赐香衣辇一乘"，第3434页；"齐王出镇，诏赠清油云母犊车"，第3436页。

尚属于权力核心圈内部的讨论,那么位秩不高、具有清流形象的太常博士们的集体请愿不但将这一矛盾彻底公开化,而且大大扩散这一事件的政治影响。在西晋初年的政治中,存在着一股清议的政治力量,对于魏晋嬗代之际种种丑恶酷毒的政治手腕加以反思,〔1〕而太常博士群体是其中重要的代表,其中尤以秦秀先后将何曾、贾充两位功臣的谥号拟定为“谬丑”、“荒”最为轰动。〔2〕在制度上,西晋博士负有“应对殿堂、奉酬顾问”的职责,〔3〕而武帝下诏命博士议崇锡之物,本意是让熟悉礼制的博士们履行顾问职责,拟定一个能够让齐王攸接受的礼遇,从而平息这场风波。不料以澄清政治为己任的博士们却借机发难,“不答所问,答所不问”,引经据典地上疏反对齐王攸之国,进一步发酵了这场争论。

根据以上所列举的史料,基本上可以判定武帝在下诏命齐王攸出镇前,并没有广泛听取群臣的意见,只是与杨珧、荀勖、冯紞等亲信密谋定策,〔4〕试图采取突然袭击的手段造成既成事实迫使齐王攸及群臣接受。但诏命下达之后,立刻招致朝野上下的强烈反对,齐王攸亦迁延不行,皇帝与群臣之间形成了互相对峙的局面,而太常博士们声势浩大的联合上疏更是将武帝逼到了墙角,武帝迫使齐王攸之国的计划面临搁浅的危险。但是武帝拒绝做出任何让步,对于七博士的上疏采取了非同寻常的强硬态度,同样反对的大臣也拒绝后退,博士祭酒曹志接着上疏:“以为当如博士等

〔1〕阎步克:《西晋“清议”呼吁之简析及推论》,《乐官与史官——传统政治文化与政治制度论集》,第226—267页。

〔2〕《晋书》卷五〇《秦秀传》,第1404—1406页。

〔3〕《晋书》卷七五《荀崧传》,第1977页。

〔4〕目前所能见到的史料都围绕着诏命下达之后的谏争,唯有武帝对张华“谁可寄托后事”的设问,大约算是一种政治试探,但是张华忤旨的结果,便是在太康三年初被外放,而张华的外放可被视为武帝决心强迫齐王攸之国的一个前奏,《晋书》卷三六《张华传》,第1070页。

议。"[1]被激怒的武帝,将曹志与七博士交付廷尉治罪,同时免去了同情此事的太常郑默的职务。反对齐王攸之国的朝臣,依然拒绝退让,庾旉的父亲庾纯仅仅是因为曾看过庾旉上疏的草稿,并表示赞许,因没有受到追究,自行前往廷尉自首,要求治罪。这种因为没有被治罪而感到羞耻的政治姿态,很容易让人想起党锢时相似的例子,[2]显示了整个士人阶层在这一事件上的共同态度,君臣之间的对立达到顶点。廷尉刘颂的判决则进一步激化了矛盾,他竟然提议以"大不敬"的罪名处决以上八人,倾向武帝的尚书朱整、褚䂮也批准了这一决定。这几乎是整个武帝时代最让人不可思议的政治事件,素来以优礼甚至放纵大臣而闻名的武帝,唯一一次表现出要处决大臣的姿态,而且是一次诛杀八名上书谏争的大臣,这种趋向极端的政治反应只能表明武帝已经决心不惜一切代价放逐齐王攸。群臣越是为齐王攸申辩,武帝的反弹与决心也就越强烈,因为齐王攸愈是受到众人拥戴,那么在武帝身后对于太子的威胁也就愈大,这是武帝绝不能容忍的。廷尉对于曹志等八人的判决,再次激起了新一轮的抗议,尚书夏侯骏、左仆射魏舒、右仆射下邳王司马晃上书驳正,奏留中七日后,武帝做出了小小的让步,不再坚持处决,而是将参与此事的八人免官罢黜。但这种让步只是象征性的,武帝并没有免除太常博士们大不敬的罪名,仅是丐其死命而已,而且这已是整个武帝一朝牵连规模最大、处分最严厉的一次政治整肃。更关键的是,齐王攸必须要离开朝廷,在这一点上没有任何妥协的余地。

这场政治争论随着齐王攸在当年三月的暴病身亡戏剧性地画

〔1〕《晋书》卷五〇《曹志传》,第1391页。
〔2〕比如皇甫规自以为西州豪杰,耻不得豫党人之列,《后汉书》卷六五《皇甫规传》,第2136页。

上了句号，表面上来看司马炎似乎取得了胜利，齐王攸的去世消除了武帝身后最大的政治隐患。但是在胜利背后，武帝却在西晋政治中留下了无法弥缝的裂痕，君臣双方都付出了惨重的代价，可以说这场西晋政治史上规模最大的抗议活动，对于西晋政治未来的走向具有转折性的意义。为了更好地说明这个问题，我们来计算一下双方力量的对比，《晋书》一共记载了张华、司马骏、王浑、王济、甄德、羊琇、成粲、李憙、向雄、曹志、庾旉、太叔广、刘暾、缪蔚、郭颐、秦秀、傅珍十七名公开的反对者，再加上郑默、庾纯、夏侯骏、魏舒、司马晃五人可被视为齐王攸的同情者，那么朝廷之上至少有二十二名齐王攸的支持者与同情者，包含了宗室、外戚、禁军将领、清流名士等多方面的政治力量，而目前所知参与武帝放逐齐王攸谋划的仅有杨珧、荀勖、冯紞三人，主张处决诸博士的刘颂、朱整、褚䂮大概也可算是站在武帝一方。很明显如果不是因皇权的介入，双方政治力量的对比完全不在同一等量级上。更重要的是通过羊琇、成粲欲手刃杨珧，庾纯自诣廷尉这样一些公开的政治事件，不难想见朝臣们激愤的态度与朝野上下的人心向背。在这样的政治氛围下，武帝为了保证皇位在本房支内的延续，根本不愿意放弃愚鲁的太子司马衷，不惜通过皇权的强势介入，违背大多数朝臣的意愿，坚持放逐齐王攸，并对坚持抗争的朝臣给予了出人意料的强硬处分。这场对抗在君臣之间都留下了长久的阴影，〔1〕其后王济与武帝之间“尺布斗粟之谣，常为陛下耻之。他人能令亲疏，臣不能使亲亲，以此愧陛下耳”的对话便是一个例证。〔2〕

我们还可以清点一下这场大冲突后，被撕裂的西晋朝廷所付出的代价。首先是武帝后期最有才能的政治家张华被排挤外放；其

---

〔1〕《世说新语·品藻第九》注引《晋阳秋》：“刘毅闻之，故终身称疾焉。”余嘉锡：《世说新语笺疏》，第519页。

〔2〕《晋书》卷四二《王浑传附王济传》，第1206页。

次，宗室之中名望最高、最具才能的两位亲王司马攸、司马骏赍志而没；重臣羊琇、向雄先后忧愤而卒；郑默、曹志、庾旉等九人被免官；羊琇、王济被贬官；可以说这场争论对于本来就存在不少隐患的西晋政治结构有着伤筋动骨的损害。由于武帝强硬地坚持必须放逐齐王攸的立场，并将朝臣在这一问题上的表态作为划分政治界限的标尺，从而连带打击了一大批在这一问题上持不同观点的朝臣。风波过后，武帝不得不调整中书令、中护军、侍中、河南尹等关键职位的人选，而将太常博士集体罢黜则破坏了朝廷中健康的政治批评力量，使整个西晋官僚阶层经历了一场巨大的动荡，朝中为之一空。更为深远的影响在于，这场声势浩大的政治抗争，将朝臣泾渭分明地分裂成同情齐王攸的多数派与支持武帝的少数派。由于这一裂痕的存在，在武帝晚年的政治中，更加倾向于重用少数外戚、亲信，尤其是杨氏家族，将公开的政治运作变成了一个小集团内部的密室政治，甚至只信任外戚杨氏，使得本来就存在着社会基础狭窄、官僚阶层流动性不足痼疾的西晋政治进一步走上狭隘化的道路，直接导致了武帝病危时杨骏矫诏一事的出现。

武帝为这场胜利所付出的另外一个代价就是其所倚重的外戚杨氏在朝廷中彻底名誉扫地，失去了整个官僚阶层的支持与信任。上文已经分析过，杨氏家族虽然出身于“四世三公”的显贵门第，却是西晋政治中的异质力量，与大多数出身曹魏贵戚后裔的西晋官僚关系淡漠，武帝极力提拔的这一政治家族，想要融入西晋的政治网络本来就需要一定的时间。应该说杨珧、杨济两人初期的政治形象还相当不错，杨珧素有名称，杨济与王济、孔恂、王恂齐名为一时秀彦，有“恂恂济济”之誉，〔1〕在此情形下，这一家族在武帝

〔1〕《晋书》卷四〇《杨骏传附杨珧传》，第1180页；卷四二《王浑传附王济传》，第1205页。

的支持下，逐渐融入西晋的政治网络或许只是时间问题。但是在齐王攸事件之后，杨氏家族作为外放齐王攸的幕后推动者和政治上最大的受益者，遭到了朝臣的普遍敌视，不但羊琇、成粲视之如寇仇，而且“素论尽矣”，在士人阶层中辛苦积累的声誉毁于一旦。武帝去世之后，杨骏独揽朝政，“自知素无美望，惧不能辑和远近”，虽然大开封赏，欲以悦众，依然不能得到群臣的支持，〔1〕这一现象背后反映的便是西晋官僚阶层对于杨氏家族深切的反感。〔2〕

武帝与齐王攸之间的争斗，最终是一个两败俱伤的结局。从现实的政治形势而论，王浑上书中提出的齐王攸、司马亮、杨珧联合辅政的设想不失为保持武帝身后政治稳定的最佳安排。朝野上下如此强烈地反对武帝放逐齐王攸，并不意味着这些出身各异的大臣是一个共同的政治集团或者都主张以齐王攸取代太子的地位，他们直接反对的是将齐王攸逐出权力中枢这一举措本身，因为这意味着朝中原有政治格局的完全破裂。在太康三、四年间，随着张华的外任、贾充的去世、齐王攸的放逐，朝中原来代表各种政治势力平衡的关键人物逐一消失，而齐王攸作为这一连串变化中最后也是最关键的一个，他的去世标志着西晋立国以来权力结构的完全崩坏，这种变化对于西晋政治的冲击不言而喻。因此朝臣反对齐王攸之国，并不是意味着支持齐王攸取代太子，而是希望维持原有的政治格局，通过外戚、宗室、功臣之间的互相制衡达成政局的稳定。但武帝在咸宁二年之后，与齐王攸的关系已经彻底破裂，一直将驱逐齐王攸作为自己最重要的政治目标，在这一目标的驱使下，他不能容忍任何对于齐王攸的支持。但是武帝根本没有虑

〔1〕《晋书》卷四〇《杨骏传》，第1178页。

〔2〕《晋书》卷二八《五行志中》：“太康末，京洛为折杨柳之歌”，也可窥见朝野上下对于杨氏专权的不满，第844页。

及以外戚杨氏家族为核心的新的权力结构所蕴有的风险，且不论作为西晋官僚网络中的异质力量，外戚杨氏是否能成功地融入西晋政治，是否有足够的才能驾驭武帝身后复杂的政治局面，缺少了宗室与功臣力量的制衡，外戚独大本身就是对于皇权的巨大威胁，更何况太子司马衷智力低下，根本没有应付复杂政治局面的能力。或许正是由于武帝的一生都笼罩在与齐王攸明争暗斗的阴影之中，在他的眼中已将齐王攸这个政敌的形象无比放大，倾尽全力要将其击倒，却目不见睫，没有想到螳螂捕蝉，黄雀在后，最终是他自己精心安排的辅佐太子的外戚杨氏家族将西晋推向了灭亡的深渊。

第三节　走向崩溃：晋武帝的政治遗产

如果说咸宁二年是西晋政治转型的开始，那么太康四年则标志着这一转型的最终完成，武帝终于摆脱了功臣与宗室两股力量的掣制，乾纲独断，按照自己的意愿来设计西晋的权力结构。在齐王攸问题上支持武帝的杨氏兄弟、朱整、褚䂮都在太康后期获得擢升，成为西晋政治中的核心人物。

齐王攸虽然已经去世，但是关于太子不慧的担忧并没有结束。在太康后期，武帝大约曾有过更换太子的想法，候选对象是秦王司马柬。司马柬是武帝最钟爱的皇子，“沈敏有识量”，泰始六年，受封为汝南王，是武帝诸子中最早受封建国者。太康后期，曾一度以左将军居齐王攸故府，甚贵宠，为天下所属目。[1] 历史的吊诡之处就在于，武帝虽然最终能将齐王攸逼迫致死，却不得不接受齐王

〔1〕《晋书》卷六四《秦王柬传》，第1720页。

攸作为一种政治符号幽灵般地存在于西晋政治中，发挥长久的影响。此时齐王攸的故府竟然成为西晋政治中重要的地理意象，这恐怕是武帝万万没有料想到的，司马柬入居其中无疑标志着其接替了齐王攸过去的位置，成了皇位的竞争者，这一具有重大象征意义的举动自然为朝野瞩目。其实齐王攸故府并非仅在武帝时代具有政治象征功能，在齐王攸去世十八年之后，其子司马冏以讨伐赵王司马伦胜利者的身份进入洛阳，执掌朝政，在齐王一脉重新回到西晋政治舞台中心的历史时刻，司马冏依然选择居住在父亲的故府，“居攸故宫，置掾属四十人。大筑第馆，北取五谷市，南开诸署，毁坏庐舍以百数，使大匠营制，与西宫等”，〔1〕从司马冏这一特别的选择中，我们不难发现齐王攸这一政治符号在西晋政治中所蕴含的长久号召力。武帝对于齐王攸的迫害，反而间接制造了齐王攸悲剧英雄的政治神话。

最终似乎是武帝自己主动放弃了改立司马柬的想法，而在太康十年（289）命他出镇关中，其中的原因我们并不清楚。笔者推测武帝之所以能够战胜齐王攸获得世子的地位，“废长立少，于国不祥”是最有力的理由。因此当司马衷与司马柬之间形成了武帝与齐王攸当年相似的竞争关系时，武帝似乎并没有勇气做出废长立幼的决定。假设司马柬取代了司马衷的太子之位，那么也就间接否定了武帝战胜齐王攸获取世子之位的合法性。〔2〕这或许可以从侧面解释为何武帝在齐王攸在世时，从没有提出过改立司马柬的折衷方案。其实这一方案既化解了武帝与齐王攸之间的矛盾，同时又保证皇位在武帝一系中传递，毕竟在国史上因废疾而被

〔1〕《晋书》卷五九《齐王冏传》，第1606页。

〔2〕《晋书》卷三一《武元杨皇后传》：“帝以皇太子不堪奉大统，密以语后。后曰：‘立嫡以长不以贤，岂可动乎？’”第953页。最近读到韩树峰《武帝立储与西晋政治斗争》一文亦有相似的看法，《中国人民大学学报》2009年第6期，第137页。

取消继承皇位资格的事例并不鲜见。由于武帝仅是依靠长幼之序而登上皇位，与司马衷的处境类似，因此在齐王攸生前，武帝决不能动摇太子的地位，反而是在齐王攸去世之后，武帝能够更加理性地考虑身后的政治安排。

这一时期另外两个引人注目的变化分别发生在荀勖与杨骏身上。在贾充去世之后，荀勖是司马昭后期政治核心圈中硕果仅存者，与其他几位不同，荀勖与武帝是同辈，关系似乎更为密切一些，武帝改封诸侯、放逐齐王攸等一系列重大的政治密谋，荀勖皆参与其中。太康四年之后，荀勖是唯一仍处于权力核心的老臣。至太康八年(287)，〔1〕形势发生了微妙的变化，荀勖由担任二十余年的中书监一职转任尚书令，名义上升迁的背后，实际参与政治机密的机会却减少了，荀勖因此产生了"夺我凤凰池"的不满，〔2〕这一迁转的内情我们并不清楚。可以肯定的是随着荀勖的疏远，司马昭后期确立的权力核心圈在西晋政治中的影响已日渐式微，取而代之的是武帝自己的班底，其中最重要的无疑是外戚杨氏家族。

而在杨氏家族内部也发生了值得关注的变化，杨骏取代才望在其之上的杨珧、杨济，成了太康后期武帝最信任的大臣，进而成为武帝去世后的辅政大臣。这一变化颇为关键，较之于杨珧、杨济，杨骏权力欲望更强而才望更劣，如果说杨珧、杨济尚知谦退而不至于揽权过盛的话，那么杨骏则是典型的政治暴发户，他的专擅与颟顸直接引发了八王之乱，最终导致了西晋的崩溃，可惜我们目前找不到足够的史料来解释为何杨骏能在武帝晚年跃居于杨珧、

---

〔1〕《晋书》并未记载荀勖迁官的具体年份，此据万斯同：《晋将相大臣年表》，《二十五史补编》第 3 册，第 3332 页。

〔2〕《晋书》卷三九《荀勖传》，第 1157 页。

杨济之上，受托孤之命，只能在时间轴上对杨骏发迹的经过略加梳理。[1]

杨骏真正成为西晋政治中引人注目的人物始于咸宁二年富有争议的临晋侯之封，但太康三年末，王浑上书中只是提议齐王攸、司马亮、杨珧三人来联合辅政，杨珧也参与了咸宁三年改封诸侯与太康三年放逐齐王攸的政治谋划，可知直至此时，杨珧还是杨氏家族中最重要的政治人物，杨骏的地位尚在其之下。山涛晚年曾目睹后党专权，劝谏武帝不要专任杨氏，此事大约发生在山涛去世前不久，因为在此之后，山涛既以"年垂八十"为由请求辞官。山涛死于太康四年，时年七十九岁，[2]杨氏家族权势引起山涛侧目大约是太康初年的事情，但山涛也只是泛指杨氏，并没有专门提到杨骏。根据这些线索可以判定杨骏权势的上升，进而位居杨珧之上最早也只能是太康四年齐王攸去世，武帝完全掌控朝政之后的事情。

在武帝的晚年，太康十年是最关键的年份。这一年武帝又生了一场重病，我们对武帝这次患病的具体情况了解很少，只知道十一月庚辰，武帝病愈之后，"赐王公以下帛有差"以示庆贺。[3] 但就在同一天，含章鞠室、修成堂前庑、景坊东屋、晖章殿南阁发生了火灾，这场意外的灾难或许给尚沉浸在大病初愈喜悦中的武帝投

---

〔1〕 在"三杨"之中，由于杨骏最后成为辅政大臣，故一直为史家所重视，事实上在咸宁二年之后相当长的时间内，杨珧、杨济的政治地位及声誉皆在杨骏之上。如伐吴之役，以杨济为副帅，《晋辟雍碑》记载陪同太子莅临辟雍的是贾充、齐王攸、杨珧，杨氏家族内部权力升降的原因及杨骏的地位奠定皆是重要的问题，限于史料，我们对此所知甚少。另一方面，由于杨骏辅政是西晋灭亡的肇因之一，《晋书·杨骏传》对其形象的描述颇为负面，这或许带有鉴戒论的目的，否则很难理解为何杨珧、杨济都曾有名士之称，而杨骏始终声名狼藉，这种叙事模式使得杨骏本人真实的面貌更晦暗不明。

〔2〕 《晋书》卷四三《山涛传》，第1226—1227页。

〔3〕 《晋书》卷三《武帝纪》，第79页。按庚辰原作丙辰，盖十一月无丙辰，校勘记失校，今据《晋书·五行志》改，《宋书·五行志》亦作庚辰。

下了阴影。右军督赵休借此灾异现象上书,公开质疑外戚杨氏的地位:[1]

> 十年四月癸丑,崇贤殿灾。十一月庚辰,含章鞠室、修成堂前庑、景坊东屋、晖章殿南阁火。时有上书曰:"汉王氏五侯,兄弟迭任,今杨氏三公,并在大位,故天变屡见,窃为陛下忧之。"由是杨珧求退。是时帝纳冯紞之间,废张华之功,听杨骏之谗,离卫瓘之宠,此逐功臣之罚也。[2]

赵休对于杨氏三公权势过盛的责难,反映了朝中大臣普遍的担忧。或许由于这场疾病以及稍后出现的灾异推动了武帝重新思考身后的安排,与以往不同的是这次指责似乎很快就收到了效果,杨珧自乞逊位。杨珧的请求最终得到了武帝的首肯,或许此时,杨骏才取而代之,上升为杨氏家族中最重要的政治人物。仅仅在四天之后,武帝就做出了另一个重要的决定,再次调整分封:

> 甲申,以汝南王亮为大司马、大都督、假黄钺。改封南阳王柬为秦王,始平王玮为楚王,濮阳王允为淮南王,并假节之国,各统方州军事。立皇子乂为长沙王,颖为成都王,晏为吴王,炽为豫章王,演为代王,皇孙遹为广陵王。立濮阳王子迪为汉王,始平王子仪为毗陵王,汝南王次子羕为西阳公。徙扶风王畅为顺阳王,畅弟歆为新野公,琅邪王觐弟澹为东武公,繇为东安公,漼为广陵公,卷为东莞公。改诸王国相为内史。[3]

---

〔1〕《晋书》卷四〇《杨骏传附杨珧传》,第1180页。

〔2〕《晋书》卷二七《五行志上》,第804页。

〔3〕《晋书》卷三《武帝纪》,第79页。

如果说咸宁三年的改封主要目的在于削弱宗室权力的话，那么这次则恰好相反，是为了加强宗室的力量。这主要是基于政治形势的变化，咸宁三年改封时，宗室诸王在数量上远多于帝系诸王，因此需要确立非皇子不得封王等原则，抑制宗室力量的膨胀。但至太康十年，形势已发生了逆转，随着皇权的上升，帝系诸王已经成为诸侯王国的主流，宗室旁支不再对皇权构成威胁。而武帝大病一场之后，似乎意识到了杨氏坐大的危险，着手加强宗室在西晋政治中的地位，第二次调整分封便是在这一背景下发生的，希望通过众建诸侯的方式，在武帝身后收到巩卫皇室的效果。

太康十年的分封调整，在背后为武帝出谋划策的是王佑。王佑是武帝后期活跃的政治人物，《晋书·武帝纪》总论特别提及王佑的作用，"竟用王佑之谋，遣太子母弟秦王柬都督关中，楚王玮、淮南王允并镇守要害，以强帝室。又恐杨氏之逼，复以佑为北军中候，以典禁兵"，[1]明确指出武帝调整诸侯王直接针对杨氏家族，王佑则是背后的主谋，并被授予北军中候的重任，掌握禁军，可知武帝大病之后产生了对杨氏家族的疑忌，希望借助宗室的力量维持身后的政局稳定。尽管王佑是太康末年举足轻重的人物，《晋书》竟未给他立传，而少数几条提到王佑的记载不但零散而且充满讹误，笔者只能略作考订，拼合其生平事迹。《晋书》最初提及其名在《羊祜传》中："时王佑、贾充、裴秀皆前朝名望，祜每让，不处其右"，[2]若此王佑在晋初便已地位显赫，不逊于贾充、裴秀，但王鸣盛认为此处王佑乃是王沈之讹，[3]这一见解无疑是正确的，王佑系王浑从子，在晋初不可能有如此高的政治地位。《晋书》、《世说新语》中有几处提及王佑家世，可知他出自太原王氏的旁支，其

〔1〕《晋书》卷三《武帝纪》，第80—81页。

〔2〕《晋书》卷三四《羊祜传》，第1014页。

〔3〕王鸣盛：《十七史商榷》卷四八，第357页。

父王默（一作黯）曾任魏尚书，其子王峤携二弟渡江，在东晋时颇显贵，〔1〕王佑本人“形貌既伟，雅怀有概，保而用之，可作诸许物也”，〔2〕大约也是当时名士圈中的活跃人物。但史籍中也特别提及王佑“以才智称，为杨骏腹心。骏之排汝南王亮，退卫瓘，皆佑之谋也”，〔3〕明显与上文所引武帝用王佑之谋抑制杨氏的记载相抵牾，而杨骏被诛之后，崔洪坐与王佑亲而被罢黜，〔4〕似乎也印证了王佑属杨骏一党。但我们也要注意到王佑与杨骏之间的矛盾，“骏斥出王佑为河东太守，建立皇储，皆济谋也”，〔5〕此事或许发生在武帝病危、杨骏矫诏前后，也可能发生在杨骏初掌大权时。无论如何，杨氏兄弟将担负北军中候重任的王佑排挤外放，证明王佑援引宗室辅政的谋划确实触动了杨氏家族的利益，如是对王佑在武帝末年的政治立场存在两种歧异的记载。

王佑在政治上的发迹可以追溯至强令齐王攸出藩时，王佑虽然是王济的从兄，但两人素来不睦，王济因坚决反对齐王攸出藩而遭贬斥，王佑则借机获得了武帝的信任，始见委任，〔6〕王佑在西晋政治活跃的时期正值杨氏家族权势熏天，因此他曾与杨骏关系密切并不足为奇，当武帝对杨氏家族产生怀疑时，选择亲信王佑为其出谋划策，也是很自然的事情。笔者倾向于认为，王佑本与杨氏家族有较为密切的关系，后因为武帝谋划众建诸侯而遭杨骏排斥。杨骏掌权后，王佑再次转投杨骏门下，得以被重新招回，担任品秩

〔1〕《晋书》卷四二《王浑传附王济传》，第1205—1206页；卷七五《王湛传附王峤传》，第1974页；卷九三《外戚王蒙传》，第2418页，此处王默作王黯。其世系另见《世说新语·容止第十四》注引《王氏谱》，余嘉锡：《世说新语笺疏》，第613—614页。

〔2〕《世说新语·容止第十四》，余嘉锡：《世说新语笺疏》，第613—614页。

〔3〕《晋书》卷七五《王湛传附王峤传》，第1974页。

〔4〕《晋书》卷四五《崔洪传》，第1288页。

〔5〕《晋书》卷四〇《杨骏传附杨济传》，第1181页。

〔6〕《晋书》卷四二《王浑传附王济传》，第1206页。

较高却不太重要的都水使者一职。〔1〕

下面再来分析一下此次改封诸侯的举措与效用，首先值得注意的是此次改封对原有王国制度的突破。自泰始元年首次分封以来，西晋诸侯王都是以郡为国，并根据户邑多少，划分为三个等级，"邑二万户为大国，置上中下三军，兵五千人；邑万户为次国，置上军下军，兵三千人；五千户为小国，置一军，兵千五百人"。〔2〕武帝此次对诸皇子的分封，大大突破了原有格局。以成都王司马颖为例，以蜀郡、广汉、犍为、汶山十万户为王国，易蜀郡太守号为成都内史。〔3〕杨光辉指出武帝这次改封是对西晋封爵制度的一次重要变革，在原来的郡王之上，增设国王一级，所拥有的土地、人口都大大突破了原本的制度。这种突破在改封中非常普遍：〔4〕

> 太康十年，（司马柬）徙封于秦，邑八万户。于时诸王封中土者皆五万户，以柬与太子同产，故特加之。〔5〕
>
> 《晋官品令》云："太康十年，皇子三人为郡王，领四郡为城，皆五万户。"〔6〕

---

〔1〕《通典》卷三七引《晋官品》，都水使者为四品，北军中候与郡国太守皆是五品，但掌握禁军的北军中候的地位要重要得多，第1004页。

〔2〕《晋书》卷一四《地理志上》，第414—415页。

〔3〕任乃强：《华阳国志校补图注》卷八《大同志》，第441页。但《华阳国志》系此事于太康八年，与《晋书·武帝纪》不同，当以《晋书》为是。

〔4〕杨光辉：《汉唐封爵制度》，第22页。最近顾江龙《太康十年分封与杨骏的兴灭》一文对此有更详密的考述，《华东师范大学学报》2018年第4期，第61—71页。但对于太康十年调整分封的原因，仍延续前揭《齐王攸就国考论——晋武帝"必建五等"的历程之一》一文的思路，认为晋武帝此举是为了完成"必建五等"的理想，同时防制贾后，而非抑制外戚杨氏，值得指出的是《晋书·武帝纪》总论中"复虑非贾后所生，终致危败，遂与腹心共图后事"云云，系后世史官"倒放电影"式的评论，贾后在太康政治中毫无影响，武帝不可能预为防制。

〔5〕《晋书》卷六四《秦王柬传》，第1720页。

〔6〕《北堂书钞》卷七〇引《晋官品令》，第253页。

据此可知太康十年改封，诸王普遍受封五万户，司马柬因为是武帝特别宠爱的皇子，增封至八万户。[1] 至于司马颖或因封国地处巴蜀，不在中原，也获得了特别的优遇。[2] 除了户口大增之外，诸侯王国的封土亦兼领数郡之地，如吴王司马晏食丹杨、吴兴、吴三郡，[3]皇孙司马遹以广陵、临淮两郡为封国，[4]清河王司马遐增封渤海郡。[5] 经过太康十年调整分封后，帝系诸侯王国的实力大增，成为西晋宗室的核心。加之武帝复以诸皇子出镇四方，并假节之国，分统方面军事，掌握地方军政大权，宗室势力重新上升的态势非常明显。[6] 武帝希望借此形成内外相维的局面，保证身后西晋政治的长治久安。

太康十年的改封诸王是武帝去世前五个月采取的一项重要举措，充分体现了武帝晚年在身后安排上左右摇摆的心理，他最终没能下决心废掉不堪大任的太子司马衷，改立司马柬。武帝的如意算盘是只要皇位能平安地传递到他钟爱的皇孙司马遹手中，立司马衷为太子的政治冒险就可以算是大功告成。[7] 因此在此次改封中，武帝给予司马遹与诸皇子相同的待遇，又特意将其分封至传

---

〔1〕 司马柬所镇的关中也是各都督区中最重要的，《晋书》卷五九《河间王颙传》："石函之制，非亲亲不得都督关中，颙于诸王为疏，特以贤举"，第1619页。

〔2〕 顾江龙考证封于吴蜀旧境的成都、吴、长沙、豫章四国皆封十万户，其说可从，参读《太康十年分封与杨骏的兴灭》，《华东师范大学学报》2018年第4期，第65—67页。

〔3〕 《晋书》卷六四《吴王晏传》，第1724页。

〔4〕 《太平御览》卷一四八引王隐《晋书》，第722页。

〔5〕 《晋书》卷六四《清河王遐传》，第1723页。

〔6〕 唐长孺：《西晋分封与宗王出镇》，《魏晋南北朝史论拾遗》，第123—140页。

〔7〕 广陵王遹母谢玖本为武帝才人，因武帝恐太子年幼，不知帷房事，而遣往东宫侍寝，汤勤福因而怀疑广陵王遹或为武帝子，是武帝为了维护司马衷的太子地位而谎称太子所生，见《"八王之乱"爆发原因新探》，收入氏著《半甲集》上册，上海三联书店，2010年，第34—36页。

闻有天子气的广陵，〔1〕实际上提前确立了司马遹皇太孙的地位。〔2〕至于身后辅佐太子的人选，武帝原先属意于外戚杨氏。由于在齐王攸出镇一事上，武帝与大多数朝臣意见相左，发生了激烈的冲突，君臣之间有相当的隔阂，像张华、卫瓘这样深孚人望的重臣不再能获得武帝的完全信任。但武帝重用的外戚杨氏家族在太康末年的专擅早已引起了朝臣的广泛愤恨，加之杨氏兄弟平庸的政治才具，在不能获得朝臣支持的情况下，能否完成权力的平稳过渡本身已打上一个巨大的问号。太康十年武帝的重病与灾异的出现，似乎又动摇了武帝对外戚杨氏的信任，转向扶植诸侯王的力量，大规模增加皇子的封土和食邑，并将他们委派到各战略要地，释放了一个明确的政治信号：宗室势力在西晋政治中地位的重新上升。当然这不是晋初宗室力量的复起，而是权力结构的重建，此时宗室势力的核心是武帝诸子，不再是晋初非帝系的诸王。武帝将诸皇子遣至各地，一方面期待收到内外相维的效果；另一方面让诸皇子，特别是一度有希望继位的司马柬离开京师，也有利于保证太子的顺利继位。而在朝廷中枢，武帝安排的是司马亮，任命其为大司马、大都督、假黄钺。一方面司马亮是当时唯一在世的宗室元老，具有一定的政治经验，与帝系服属已疏，加之才具平庸，缺乏政治野心，不会对皇权构成威胁。通过宗室力量的内外呼应，形成与外戚杨氏之间的政治平衡，共同辅佐太子继位，这是太康十年末武帝对于身后事做出的最新也是最后的政治安排。

但武帝没有完全实现这一政治安排就已经再次病危，在去世之前并没有正式确定顾命大臣的人选，侍疾武帝身旁的杨骏得以有机会矫诏，命司马亮出镇许昌、督豫州诸军事，自己独揽朝政。

---

〔1〕《晋书》卷五三《愍怀太子传》，第1457页。

〔2〕《太平御览》卷一四八引王隐《晋书》："帝亦以东宫无嫡，有托后之意"，第722页。

可以说武帝刚刚去世，精心设计的政治安排就出现了严重危机。杨骏这一行径与政变无异，当时洛阳的形势也异常紧张，杨骏草拟的遗诏中，不但自封为太尉、太子太傅、假节、都督中外诸军事，侍中、录尚书、领前将军如故，集军政大权于一身，更自置“参军六人、步兵三千人、骑千人，移止前卫将军珧故府”，动用重兵，将自己严密保护起来。止宿殿中时，亦持兵仗出入，并有左右卫三部司马各二十人、殿中都尉司马十人护卫左右。〔1〕 杨骏的紧张与恐惧并非没有缘由，尽管武帝生前没能最终确定顾命大臣，但在甲申诏书中，授予司马亮大司马、大都督、假黄钺的崇高地位已明确透露了武帝的意向，这一点朝野共知。杨骏虽然矫诏自封，外放司马亮，却不能杜悠悠众口，更何况杨氏家族的专擅早就遭到朝臣厌恶，人心不附。廷尉何勖等人已经开始游说司马亮起兵讨伐杨骏。此时，武帝先前看重司马亮的最大优点，没有政治野心，反倒成就了杨骏专权的局面，在朝野人心归附的情况下，司马亮却选择了主动退避，连夜奔赴许昌。〔2〕

由于司马亮的退让，杨骏一时之间大权在握，但朝野上下对他的憎恶有增无减。杨骏虽然效法魏明帝的先例，大开封赏，欲以悦众，并不能为自己赢得多少人心。连其弟杨珧、杨济都意识到杨氏家族在朝中处于孤家寡人的地位，劝说杨骏召还司马亮，分权宗室，〔3〕避免杨氏家族成为朝野上下的众矢之的。杨骏虽然没有多少政治才能，却有极强的权力欲望，断然拒绝了这一提议，杨珧、杨济亦被废黜于家。在此情形下，杨骏能信用的只有少数亲旧，以其

〔1〕《晋书》卷四〇《杨骏传》，第1177—1178页。

〔2〕《晋书》卷五九《汝南王亮传》，第1592页。

〔3〕《晋书》卷四〇《杨济传》：“济谓傅咸曰：‘若家兄征大司马入，退身避之，门户可得免耳。不尔，行当赤族。’咸曰：‘但征还，共崇至公，便立太平，无为避也。夫人臣不可有专，岂独外戚！今宗室疏，因外戚之亲以得安，外戚危，倚宗室之重以为援，所谓唇齿相依，计之善者。’”第1181页。

甥段广、张劭为近侍之职。“凡有诏命，帝省讫，入呈太后，然后乃出”。[1] 一方面利用杨太后与段广控制惠帝与外界的交通与诏命传递，取得挟天子以自重的地位；另一方面又多树亲党，皆领禁兵，将禁卫军权控制在手中，试图通过掌握惠帝与禁卫军权来巩固自己的权力。根据张金龙的研究，中护军张劭、左军将军刘预便是杨骏安插在禁军系统中的亲信。但是杨骏未能完全控制禁军，几位重要的禁军将领，如北军中候王佑、后军将军裴頠、后军将军荀悝、左卫将军司马越皆非杨骏亲党。[2] 而杨骏在安插亲信进入禁军的过程中，又得罪了禁军系统原有的将领，反而激起了中下层将领对他的不满，殿中中郎孟观、李肇，“素不为骏所礼，阴构骏将图社稷”。[3] 这批不得志的禁军中下层将领通过黄门董猛的关系，与雄心勃勃的贾皇后联合，成为发动政变、诛杀杨骏的关键力量。

由于贾皇后在政变前后的一系列密谋都是通过宫掖内部的人际网络进行的，我们有必要对武帝时代后宫的政治生态作一考察，了解贾皇后与杨太后之间矛盾产生的过程。泰始年间，作为西晋开国的首要功臣，贾充贵盛一时，而杨氏只是一个新兴的外戚家族，羽翼未丰，尚仰赖贾充的庇荫，因此在晋初的政治纷争中，杨珧多被认为是贾充的党羽。[4] 而在武帝选择太子妃时，武元杨太后积极进言，推动武帝选立贾充之女。不但离间了贾充与齐王攸之间的关系，驱迫贾充通过嫁女的方式表达对太子的支持，[5]同时也密切了杨、贾两家在西晋政治中的关系。咸宁二年之后，随着武

---

〔1〕《晋书》卷四〇《杨骏传》，第 1177—1181 页。

〔2〕张金龙：《魏晋南北朝禁卫武官制度研究》上册，第 269—274 页。按王佑此时应该已被外放为河东太守，并不在禁军中。

〔3〕《晋书》卷四〇《杨骏传》，第 1179 页。

〔4〕《晋书》卷四五《任恺传》，第 1286 页。

〔5〕权家玉：《晋武帝立嗣背景下的贾充》，《魏晋南北朝隋唐史资料》第 23 辑，第 58—70 页。

帝对贾充的日渐疏远，杨氏家族在政治上逐步取得与贾充平起平坐的地位，伐吴之役以贾充为主帅、杨济为副帅的人事安排便是一例。随着贾充本人于太康四年去世，贾氏家族在西晋政治中的势力中衰，而外戚杨氏则是如日中天。此时，杨、贾两族的关系与晋初恰好颠倒，贾氏从杨氏家族政治庇护者的位置上跌落，反居其下，托庇于杨氏。尤其是在宫闱内部，由于贾妃性格虐酷好妒，武帝几次欲废之，多赖杨后、杨珧、荀勖等人的救护方才获免。[1] 贾充死后，武帝曾多次表露废黜太子妃之意，恐怕未必皆因贾妃之无礼，贾妃嫁与太子已十余年，所行恐非一日。但在贾充生前从未闻听武帝有所不满，待其方死，便有废黜之意，恐怕更多的是出于报复贾充曾倾向齐王攸及削弱功臣势力的考虑。但杨珧、杨后皆以“陛下忘贾公闾耶”劝之，[2] 意在提醒武帝不要忘记，没有贾充的支持，武帝当年未必能登上天子之位。

因此，从一般政治家族的联盟关系而言，杨氏家族曾多次援手贾后，称得上待其不薄，贾后理应知恩图报，维持两家亲密的政治关系才是。但武帝刚刚去世，杨、贾两族之间的关系便告破裂，除了贾皇后极强的政治野心外，恐怕尚有其他原因作用其中。杨氏家族在武帝中后期的强势崛起映衬着贾充家族势力的中衰，尽管杨氏待贾氏不薄，但杨后当面切责督过早已在贾南风心中埋下仇恨，寄人篱下的滋味岂是权力欲望极盛的贾皇后所甘愿品尝的。同时，无论武帝还是杨骏，在之后的政治安排中都从未考虑过给予贾皇后一定的地位，无疑也是激怒贾皇后的重要原因。杨氏兄弟在武帝后期的骄横跋扈，引起满朝文武的侧目与反感，而在宫闱之内，杨后恐怕亦有相似之举。

---

〔1〕《晋书》卷三一《武悼杨皇后传》，第 955 页；《贾皇后传》，第 964 页。
〔2〕《晋书》卷三一《贾皇后传》，第 964 页。

> 时杨骏以后父骄傲自得，（胡）奋谓骏曰："卿恃女更益豪邪？历观前代，与天家婚，未有不灭门者，但早晚事耳。观卿举措，适所以速祸。"骏曰："卿女不在天家乎？"奋曰："我女与卿女作婢耳，何能损益！"[1]

胡奋所谓"我女与卿女作婢"之语固是夸张，多少也可窥见杨氏在宫中的势力。《晋书》关于杨后："又数诫厉妃，妃不知后之助己，因以致恨，谓后构之于帝，忿怨弥深"的记载，[2]固然是站在杨氏立场上的叙述，也在一定程度上反映出杨后在武帝宫闱中的统治地位。

在武帝的宫掖内，颇有后妃培植自己势力的余地。武元杨皇后少长于舅家天水赵氏，被册立为皇后不久，追怀舅氏之恩，显官赵俊，并为武帝纳赵俊兄赵虞女赵粲为夫人。由于赵粲是在杨后的援引下进入后宫，自然成为杨后在宫掖中的亲信。武帝欲废贾妃，充华赵粲从容言曰："贾妃年少，妒是妇人之情耳，长自当差。愿陛下察之"，[3]可见其在后宫政治中多持与杨后相同的立场。

此外，1955年在洛阳出土的《晋贾皇后乳母美人徐氏之铭》提供了西晋宫闱政治的若干细节。[4] 根据墓志记载，徐氏因战乱流离司州，后进入贾家为乳母，保育贾南风、贾午姐妹。贾南风被册立为太子妃后，徐氏随之入宫，被封为中才人。惠帝继位后，进封

---

〔1〕《晋书》卷五七《胡奋传》，第1557页。

〔2〕《晋书》卷三一《武悼杨皇后传》，第955页。

〔3〕《晋书》卷三一《贾皇后传》，第964页。

〔4〕墓志拓本初刊河南省文化局文物工作队第二队：《洛阳晋墓的发掘》，《考古学报》1957年第1期，第182—183页；较早对其进行录文考释为陈直：《晋徐美人墓石考释》，《中原文物》1980年第1期，第25—27页；李贞德《汉魏六朝的乳母》一文中利用这块墓志对贾后与徐氏的关系进行了研究，收入李贞德、梁其姿编：《台湾学者中国史研究论丛·妇女与社会》，中国大百科全书出版社，2005年，第92—94页。

为良人。通过杨后与赵粲、贾妃与徐氏的事例，或可推测这种类似先秦媵妾婚的现象在武帝宫掖中并非个案。赵粲与徐氏这两位依附于皇后的低级嫔妃，无疑成为杨后或是贾妃控制后宫的重要帮手。徐美人墓志中便记录了徐氏在贾皇后发动政变过程中所起的关键作用：

> 永平元年三月九日，故逆臣太傅杨骏委以内授，举兵图危社稷。杨大[太]后呼贾皇后在侧，视望芻俟，阴为不轨。于时宫人实怀汤火，惧不免豺狼之口，倾覆之祸，在于斯须。美人设作虚辞，皇后得弃离元恶。骏服罪诛。[1]

政变时杨太后一度将贾皇后扣为人质，在危急时刻，徐氏诳骗杨太后，帮助贾皇后逃脱，立下大功。因此在元康元年被拜为美人，赏绢千匹，赐御者廿人。

而在杨太后方面，我们惊讶地发现赵粲在这次政变中背弃了杨太后，站在贾皇后一边，这或许是决定贾、杨两族宫闱争夺成败的关键变数。目前没有直接证据表明赵粲在政变中的作用，但贾皇后掌权后，作为杨太后亲信的赵粲不仅没有受到株连，反而成为贾皇后在宫中的亲信，赵王伦起兵时，亦将赵粲及其叔父中护军赵浚作为贾后的党羽捕杀。[2] 由此可知赵粲、赵浚在贾皇后发动政变前已改换门庭，并对政变的成功有所贡献，否则绝不可能逃脱睚眦必报的贾皇后的株连，继续保全富贵。

---

〔1〕 河南省文化局文物工作队第二队：《洛阳晋墓的发掘》，《考古学报》1957 年第 1 期，第 182 页。

〔2〕 贾后母郭氏去世前，特别告诫贾后："赵粲及(贾)午必乱汝事，我死后，勿复听入，深忆吾言。"后不能遵之，遂专制天下，威服内外。更与粲、午专为奸谋，诬害太子，众恶彰著，可见贾后对赵粲信用之深，《晋书》卷三一《贾皇后传》，第 965—966 页。

因此，贾皇后发动政变之前，已在宫中积聚了相当的力量：徐氏随侍左右，黄门董猛沟通内外，杨太后的亲信赵粲也已暗中倒戈，贾皇后通过巧妙经营，在后宫中占据了对杨太后的优势，并利用董猛与外界交通，打破了杨骏通过掌握诏命出入，隔绝宫内外的规划。因此，当禁军将领孟观、李肇对杨骏产生不满时，贾皇后能够迅速获知消息，暗自结纳，同时利用宗室对于杨骏的普遍愤恨，联络楚王司马玮与孟观、李肇联兵诛杀杨骏兄弟，进而利用楚王玮与司马亮、卫瓘之间的矛盾，借楚王玮之手，将两人杀害，反过来又嫁祸楚王玮，指责他矫诏滥杀，将其处死，通过这一连串阴谋，为自己独揽朝政扫清了障碍。

武帝晚年精心设计的身后安排，在其死后不到一年之内便已分崩离析，〔1〕两位辅政大臣的候选人杨骏、司马亮先后在政变中被杀，贾皇后作为一系列血腥政治斗争的胜利者，掌握了朝政。贾后虽然为人酷虐，野心勃勃，但政治手腕确实远在杨骏之上，这从她政变前后的布置谋划中便可见一斑。因此贾后执政的元康年间是西晋政治中一段回光返照的时期，史称“虽当闇主虐后之朝，而海内晏然”，〔2〕这应当归功于贾后能够信用张华，和衷共济，保持了政局的稳定。

张华是西晋大臣中少数出身孤寒者，其父张平虽然曾任魏渔阳太守，不过是曹魏政治网络中的边缘人物，因父亲早亡，张华少年时代一度被迫以牧羊为生，而他所以能在政治上崭露头角，同郡的人际网络在其中起了关键作用，“同郡卢钦见而器之。乡人刘放亦奇其才，以女妻焉”。〔3〕 这两件事扭转了张华的命运，其中娶刘

---

〔1〕 此便是干宝《〈晋纪〉总论》所言“武皇既崩，山陵未干，杨骏被诛，母后废黜，朝士旧臣，夷灭者数十族”的局面，《文选》卷四九，第 2179 页。

〔2〕 《晋书》卷三六《张华传》，第 1072 页。

〔3〕 《晋书》卷三六《张华传》，第 1068 页。

放之女对张华尤为重要，虽然刘放当时有恩幸的名声，但张华借此跻身曹魏的婚姻、交往圈之中，对他的政治前途意义非凡。张华曾做《感婚诗》一首，[1]欣喜之情溢于言表，大概已经感受到这场婚姻将为人生带来的转变。[2] 据诗中"驾言游东邑，东邑纷禳禳"推断，此时张华已经摆脱了牧羊的生活，来到洛阳。在洛阳，张华受到名士领袖阮籍的赞许，被目为王佐之才，声名始著。

张华在政坛初试身手始于平定钟会之役，"大驾西征钟会，至长安，华兼中书侍郎。从行，掌军事中书疏表檄，文帝善之"，[3]由于这次成功参赞机密的经历，张华有机会接近权力中枢，久而即真，西晋立国之后，拜黄门侍郎，尽管名位尚浅，但已能接近武帝，参与朝廷机密。由于张华才华过人，且与晋初功臣并无渊源，很快受到了急需建立自己政治班底的武帝的重用，泰始七年前后出任中书令，成为武帝信任的大臣，即使在母丧期间，亦强令摄事，可见武帝对其寄任之深。张华在武帝一朝的政治功业随着伐吴胜利而达到了巅峰，作为伐吴之役主要的谋划者与战争中负责后勤保障的度支尚书，张华受封广武县侯，增邑万户，声誉益盛，有台辅之望。[4] 但是张华的仕途受到了两个因素的阻碍，第一他孤寒的出身不容于以曹魏贵戚子弟为主流的西晋官僚阶层，特别是荀勖自以为大族，憎疾之。颍川荀氏由于坚定地支持司马氏代魏，在西晋

---

〔1〕逯钦立辑校：《先秦汉魏晋南北朝诗》，《晋诗》卷三，中华书局，1983年，第620页。

〔2〕关于张华在西晋政治中的作用，笔者所见较详密的研究当推廖蔚卿：《张华与西晋政治之关系》，《台大文史哲学报》第22期，1973年，第13—88页。廖文对于张华崛起与乡里网络的关系已有所论述。杨英姿《张华政治生涯探论》对于张华的政治生涯也有简略的梳理，《许昌学院学报》2005年第3期，第50—53页。此外关于张华的经历参读姜亮夫：《张华年谱》，古典文学出版社，1957年。

〔3〕《艺文类聚》卷五八引《张华别传》，第1040—1041页；亦见《太平御览》卷五九七，第2689页，文字略有小异。

〔4〕《晋书》卷三六《张华传》，第1070页。

政坛占据了显要位置，《荀氏家传》中不无自豪地宣称："惟我之先，生于有晋，人物盈朝，衮衣暐晔，六世九公，不亦伟乎。磊落瓌奇，光照昭同。已独步于古今，拊万姓而骇之矣。"[1]家族权势可见一斑。荀勖对于张华的排斥，体现了西晋政治中既得利益者对异质的新兴政治力量的敌视。第二个原因可能更为关键，张华主张由齐王攸在武帝身后辅佐太子继位，这与司马炎晚年的政治意图完全相反，因此不容于武帝。在此背景下，张华于太康四年被外放为都督幽州诸军事、领护乌桓校尉、安北将军。武帝晚年，张华再次有入相的呼声，因冯紞的阻挠而未能实现，回到洛阳后，仅任太常这样的闲职。[2] 由于张华倾向于齐王攸的政治态度，武帝对其并不完全放心，并没有考虑重用他来辅佐太子。

贾皇后的精明之处在于掌握权力后，能够清楚地意识到自己缺乏处理烦冗行政庶务的才能。贾皇后对张华因出身庶族而"进无逼上之嫌，退为众望所依"的特点十分了解，[3]放心地将政务委任于张华，成就了元康政治的安定局面。元康政治的基本特征是通过张华与贾后的合作，重新在外戚与功臣之间达成脆弱的政治平衡，代表功臣官僚群体的张华、裴頠等人负责具体政务处理，代表外戚势力的贾后、贾谧虽然大权在握，并不干预日常行政，这是元康政治保持稳定的关键，[4]所谓"贾后虽凶妒，

[1] 《太平御览》卷四七〇引《荀氏家传》，第 2160 页；亦见《初学记》卷一八引《荀氏家传》，第 440 页，文字略有小异。

[2] 《晋书》卷三六《张华传》，第 1071 页。

[3] 根据祝总斌、陈琳国的意见，此处庶族一词乃是与宗室相对，而非寒人之意。但张华出身孤寒，在西晋政治中缺乏根基，这一点并无疑义。陈琳国：《庶族、素族和寒门》，《中国史研究》1984 年第 1 期，第 17—20 页；祝总斌：《素族、庶族解》，《材不材斋文集》上编，第 212—224 页。

[4] 张华素有知人之名，为其赏识拔擢者有陈寿、陶侃、左思、张轨、顾荣、陆机、陆云等，从中可以发现张华举人大约有两个特点，一是重视吏干，二是不拘门第，多进用吴、蜀之士，扩张统治阶层的社会基础。

而知敬重华”,[1]便是其中最好的写照。

但是这一政治体制并不稳定,首先外戚与功臣之间的分权建立在贾后信任张华这一脆弱的私人纽带之上,并未达成真正的政治平衡,贾后仍掌握了最高权力,张华、裴頠缺乏制约她的办法,只有通过《女史箴》这样的文章婉转地加以讽谏。更为致命的是这一体制把宗室力量排除出了权力中心,为将来的动荡埋下了隐患。新的冲突首先在太子司马遹与贾谧之间酝酿。[2] 司马遹这位聪颖皇孙的存在是司马衷保有太子之位的重要因素,武帝对于司马遹喜爱与厚望朝野皆知。因此,惠帝继位当年,就根据武帝生前的愿望,立司马遹为太子,[3]所以惠帝一朝太子司马遹的影响与人望非比寻常。由于司马遹并非贾后所生,太子与贾后之间关系相当微妙,司马遹常遭贾后猜忌。司马遹通过结好贾后之母郭槐以避祸,郭氏病危时,“太子常往宜城第,将医出入,恂恂尽礼”,司马遹的这番努力,收到了明显的成效,郭槐临终执贾后手,令尽意于太子,言甚切至。[4] 由于郭槐对太子的庇护,太子与贾后之间的矛盾在郭氏在世时尚不显著。[5] 另一方面,朝中大臣为了巩固司马遹的地位,亦全力加强东宫的政治、军事力量。首先是为司马遹高选僚佐,崇重太子地位,类似的举措在太康十年司马遹受封广陵王时便已施行,“愍怀太子初封广陵王,高选师友,以刘寔为

---

〔1〕《晋书》卷三六《张华传》,第1072页。

〔2〕《晋书》卷二八《五行志中》:“元康中,京洛童谣曰:‘南风起,吹白沙,遥望鲁国何嵯峨,千岁髑髅生齿牙。’……南风,贾后字也。白,晋行也。沙门,太子小名也。鲁,贾谧国也。言贾后将与谧为乱,以危太子”,反映了当时的政治形势,第844页。

〔3〕《晋书》卷四《惠帝纪》,第89页。

〔4〕《晋书》卷三一《贾皇后传》,第965页。

〔5〕按郭槐卒于元康六年,见贾充妻郭槐柩铭,拓本刊《北京图书馆藏中国历代石刻拓本汇编》第2册,中州古籍出版社,1989年,第62页。

师”。[1] 被立为太子后，更是妙择人选，辅弼东宫。

> 惠帝即位，初建东宫，太子年幼，欲令亲万机，故盛选六傅。[2]

太子六傅分别是中书监何劭为太子太师，卫尉裴楷为少师，吏部尚书王戎为太傅，前太常张华为少傅，卫将军杨济为太保，尚书和峤为少保，[3]这张名单几乎囊括了当时西晋朝廷中最重要的官员，值得关注的是太子保傅并非如惯例那样，仅仅是礼仪性的职位，“欲令亲万机，故盛选六傅”，大概已有尽快将一部分政治权力移交给太子的打算，因此东宫保傅肩负培养太子行政能力的重任，而司马遹通过与朝廷重臣们往复问学，可以尽快熟悉典章制度，增长自己的政治才干。除此之外，还安排“太保卫瓘息庭、司空泰息略、太子太傅杨济息毖、太子少师裴楷息宪、太子少傅张华息祎、尚书令华廙息恒与太子游处，以相辅导焉”，[4]由于西晋政治网络具有相当的封闭性与延续性，这些贵戚子弟将来很可能成为官僚阶层的中坚力量，让太子少年时便与其交游，有助于司马遹建立自己亲信的政治班底，为继承皇位做好准备。[5] 随着之后一连串政治屠戮的发生，这些举措似乎没有完全落实。太子反而在贾后的纵容、诱使之下，惟与左右嬉戏为乐，声望大减。[6] 而为了与贾后相抗

---

〔1〕《晋书》卷三六《刘寔传》，第 1196 页。

〔2〕《晋书》卷三三《何曾传附何劭传》，第 999 页。

〔3〕《晋书》卷四《惠帝纪》，第 89 页。

〔4〕按《晋书》卷五三《愍怀太子传》将此事系于永康元年，恐误。永康元年时，杨济、卫瓘皆已死于政变，其息杨毖、卫庭恐怕皆受牵连遇难，此事当在惠帝继位后不久，第 1458 页。

〔5〕阎缵上疏中曾指出：“每见选师傅下至群吏，率取膏粱击钟鼎食之家，希有寒门儒素如卫绾、周文、石奋、疎广，洗马、舍人亦无汲黯、郑庄之比”，可见与太子游处者的身份，《晋书》卷四八《阎缵传》，第 1350 页。

〔6〕《晋书》卷五三《愍怀太子传》，第 1458 页。

衡，在裴頠的建议下，东宫拥有了一支数量可观的宿卫部队，保护太子的地位不受挑战。

（裴）頠以贾后不悦太子，抗表请增崇太子所生谢淑妃位号，仍启增置后卫率吏，给三千兵，于是东宫宿卫万人。〔1〕

这无疑是一个影响深远的决定，这支隶属东宫的部队在之后的西晋政治中发挥了重要作用。此时，太子与贾谧的矛盾日趋激化，"谧既亲贵，数入二宫，共愍怀太子游处，无屈降心"，而"太子性刚，不能假借之"，〔2〕两人之间的冲突有一触即发之势。而贾谧随惠帝校猎时，"讽尚书于会中召谧受拜，诫左右勿使人知"，朝臣中不乏怀疑其有不臣之心者。〔3〕 司马遹则对宿卫东宫的将领刻意笼络，左卫率刘卞甚为太子所信遇。当太子地位受到威胁时，刘卞秘密地联络张华，劝说他发动推翻贾后的政变。

（刘）卞以贾后谋问华，华曰："不闻。"卞曰："卞以寒悴，自须昌小吏受公成拔，以至今日。士感知己，是以尽言，而公更有疑于卞邪！"华曰："假令有此，君欲如何？"卞曰："东宫俊乂如林，四率精兵万人。公居阿衡之任，若得公命，皇太子因朝入录尚书事，废贾后于金墉城，两黄门力耳。"华曰："今天子当阳，太子，人子也，吾又不受阿衡之命，忽相与行此，是无其君父，而以不孝示天下也。虽能有成，犹不免罪，况权戚满朝，威柄不一，而可以安乎！"〔4〕

〔1〕《晋书》卷三五《裴秀传附裴頠传》，第 1042 页。
〔2〕《晋书》卷四〇《贾充传附贾谧传》，第 1174 页；卷五三《愍怀太子传》，第1458 页。
〔3〕《晋书》卷四〇《贾充传附贾谧传》，第 1174 页。
〔4〕《晋书》卷三六《张华传》，第 1073 页。

刘卞本是张华故吏，希望借助这层关系取得张华的信任与支持。我们不难留意到“俊乂如林，精兵万人”的东宫宿卫已成为左右西晋政治走向的重要力量。但是张华并不愿意参与其中，以“吾又不受阿衡之命”为由婉拒。实际上张华没有否认举兵反对贾后的合理性，只是认为自己没有接受顾命，不具有废黜贾后的政治权威与号召力，加之“权戚满朝”，政局复杂，恐难善后。如果将张华身处的情势与司马懿发动高平陵之变前的境遇作一比较，不难发现张华所具有的各项条件要优于司马懿，当时，重臣裴頠也倾向于废黜贾后，立太子的生母谢淑妃为后。[1] 唯一不同的是司马懿乃魏明帝的顾命大臣，具有改变曹爽专权局面的政治合法性，而且司马氏家族通过几十年的经营在朝中拥有庞大的权势网络，张华却出身寒微，在西晋政治中缺少根基。其实也正是张华“进无逼上之嫌，退为众望所依”的地位，才能让贾后放心地用其才，而不惧其势。

最终在元康九年十二月，司马遹落入了贾后设计的圈套，遭到废黜，张华、裴頠等虽然力争，仍无法挽回太子的命运。次年三月，太子被贾后所杀，刚刚获得近十年喘息时间的西晋政权，重新面临山雨欲来之势，只是这场风雨要比当时人预计的来得更大、更猛烈，直到摧毁整个国家。太子虽亡，但司马遹的政治号召力反而因为悲剧性的命运更加高涨，原来隶属东宫的那支精锐的宿卫部队，成为点燃新的政治风暴的导火索。

> 太子既废非其罪，众情愤怨。右卫督司马雅，宗室之疏属也，与常从督许超并有宠于太子，二人深伤之，说赵王伦谋臣孙秀曰：“国无适嗣，社稷将危，大臣之祸必起。而公奉事中

〔1〕《晋书》卷三五《裴秀传附裴頠传》，第1042页。

> 宫,与贾后亲密,太子之废,皆云豫知,一旦事起,祸必及矣。何不先谋之!”秀言于赵王伦,伦深纳焉。[1]

东宫将领感愤于太子的无辜,群情激愤,他们发动军事政变的计划既然没有办法得到张华这样具有政治理性朝臣的支持,不得不转向寻求与野心勃勃的赵王司马伦合作,而赵王伦这类宗室恰恰在贾后、张华联合执政时代被排挤出权力中心。赵王伦在元康年间曾多次谋求录尚书事的职务,都被张华、裴頠抑制,因此他对张华、裴頠及现有的政治格局怀有深切的不满,双方一拍即合。赵王伦在禁军的支持下,发动政变,[2]不但诛杀了贾后一族,而且连带将张华、裴頠这些与他有宿怨的重臣一并处死,从而独揽朝政。

张华的死标志着西晋政治原有权力结构的彻底崩溃,随着赵王伦称帝的尝试,激起了齐王司马冏、河间王司马颙、成都王司马颖的三王起义,整个国家的政治动乱开始从中央波及地方,原本局限在宫廷中的政治争斗逐渐演变为中央与地方、地方与地方之间的全国性内战。尽管西晋王朝名义上还风雨飘摇地存在了十八年,但是一个能够正常运作、驾驭地方稳定的中央权力早已不复存在,同样从曹魏延续到西晋的官僚政治网络也在这场大动乱中遭到了巨大的打击,自汉末以来逐渐形成的大族势力在此期间经历了一次重要的代际更新,一些原本显赫的政治家族日趋式微;一些地方大族则乘机崛起,取而代之,成为南北朝时代新兴的政治力量;当然也有些家族幸运地保全门户,或随晋室南迁,成为侨姓高门,或留守故土,利用乡里势力,与少数民族政权合作,维持门第不

---

〔1〕《晋书》卷五三《愍怀太子传》,第 1461 页。

〔2〕关于赵王伦政变与禁军的关系,参读张金龙:《魏晋南北朝禁卫武官制度研究》上册,第 286—295 页。

坠；亦有许多原本被政治体制所排抑的寒士，借着这场翻天覆地的社会动荡，悄然从底层浮现上来，成为政治舞台上的新星，[1]只是在这样一个变幻莫测的舞台上，划过其中的绝大多数只是历史长空中的流星。

永康元年恰好是公元 300 年，历史上的一个整数年份，既是起点也是终点，代表着一个王朝的崩溃与一场动乱的开端，因此笔者选择这个年份作为本书的终点，为这个时代的故事画上句号。

---

〔1〕 关于寒士的兴起，参读刘驰：《八王之乱中的寒门人士》，《六朝士族探析》，第 25—44 页。

结 语

西晋作为一个短命的统一王朝，在中国历史的长河中并不是一个受人瞩目的对象。虽然我们还能找到秦、隋这两个与其同样短命的王朝，但不同的是，代秦、隋而兴起的汉、唐是中国历史上最稳定强盛的两个朝代，而西晋身后却延续了中国历史上最漫长的一个分裂动乱时期，如果说秦、隋可以被视为是一个新时代的渊薮，那么西晋则代表了一个旧时代的背影。从这个意义上来说，西晋历史具有其特殊性。

关于西晋政权的特质，陈寅恪、钱穆这两位民国时代的学术巨擘有着看似相悖的观察，陈寅恪以为："魏为东汉内廷阉宦阶级之代表，晋为外廷士大夫之代表，则魏、晋之兴亡递嬗乃东汉晚年两统治阶级之竞争胜败问题"，〔1〕钱穆则指出："其时佐命功臣，一样从几个贵族官僚家庭出身，并不曾呼吸到民间的新空气。故晋室只是一个腐败老朽的官僚集团，与特起民间的新政权不同。"〔2〕如果说陈寅恪强调的是魏晋之间统治阶级性质的转变，那么钱穆

---

〔1〕 陈寅恪：《书世说新语文学类钟会撰四本论始毕条后》，《金明馆丛稿初编》，第47—54页。

〔2〕 钱穆：《国史大纲》上册，第230页。

则抉出魏晋两代在官僚阶层构成上的相似性。本书的研究证明西晋的政治网络很大程度上袭自曹魏,所谓“其所服乘皆先代功臣之胤,非其子孙,则其曾玄”,[1]并非是一句空言。因此仅就政治史脉络而言,魏晋之间确实具有同质性,但是陈寅恪所论曹、马两党在具体政治策略上的不同,以及西晋政权儒家化的倾向,同样也是这一时期的重要变化,并被很多进一步的实证研究所肯定。如是就形成了一个新的困惑,魏晋两代出身相似的官僚阶层,先后施行了法、儒两种迥异的政治主张,这种变化是否仅仅因为司马氏取代曹氏这一皇室更迭引起的?这是笔者试图在结语中回答的问题。

陈寅恪的研究擅长将统治阶级升降、王朝兴亡置于社会、文化更动的大背景下加以考察,从而跳出易姓革命、王朝循环这些传统史学的议题,注重探索表面上频繁改朝易代的中古政治背后相对恒定的社会文化机制。这种将政治分野延伸至社会、文化层面之中的理路,大大丰富了传统政治史的研究层次,在现代学术框架下奠定了中古政治史研究的范式。因此,尽管本书对于陈寅恪的不少具体论断提出了质疑与修正,例如,出生诸生之家的司马氏家族并不能算是典型的儒家大族,而是沾染儒风的地方新兴文化家族,被陈寅恪目为寒人代表的贾充其实同样出自诸生之家。司马懿虽然在曹魏政权中拥有广泛的人事资源,但所拥有的政治潜力并不足以轻易地取而代之,持续十六年魏晋嬗代的历史进程,充满风险与挑战,绝非一帆风顺。不可否认从整个时代的转型而言,曹操法术之治向西晋儒家政治转化的趋势相当明显,司马氏家族固然不能被简单地视为东汉儒家大族的代表,但这不妨碍西晋政权推行一些带有儒家色彩的政治举措,如何来认识这一儒家化的发生过

[1] 《晋书》卷四六《刘颂传》,第1296页。

程,对于我们判断魏晋政权的性质具有重要意义。由于本书以政治史为主,关涉社会、文化变迁的内容较少,作为一本以魏晋之际历史为研究对象的著作,尝试把握这一时代的整体变迁似乎是应有之义。因此在全书最后,笔者综合现有研究并结合自己的思考对魏晋时代宏观变化的性质作一简要申论。

首先值得注意的是魏晋政权儒家化的进程并非始于西晋,曹魏时已出现了这一趋向,这一变化的时间节点已为许多学者的研究所证实。如以律令而论,根据瞿同祖的意见,儒家系统地修改法律则自从曹魏始,两汉注法律者十余家,魏明帝下诏但用郑玄章句,中国法律之儒家化自魏已然,并不始于晋。〔1〕以封爵制度而论,从汉世二十等爵制向西晋五等爵制的演变过程中,曹操的六等爵制虽有非驴非马之像,却是制度演进中的关键一环。〔2〕以学校制度而论,魏文帝立太学,制《五经》课试之法,多至千人,所谓儒教沦歇之说未必得实。〔3〕以礼仪制度而论,“晋初郊庙之礼,皆王肃说,不用郑义”,〔4〕武帝在礼学上尊其外祖王肃,已是学界通识,但王肃之学早在曹魏时代便被立在学官,魏明帝改革冕制亦采用王肃经说。〔5〕随着西晋的建立,王学地位有了进一步的提高,成为国家正统的意识形态,但《晋辟雍碑》中明确提到:“泰始三年十月,始行乡饮酒乡射礼,马、郑、王三家之义并时而施”,碑阴题名中“郑大射礼生”、“王乡饮酒礼生”,〔6〕可知马、郑之学未尝偏废。

---

〔1〕瞿同祖:《中国法律之儒家化》,收入《瞿同祖法学论著集》,中国政法大学出版社,1998年,第368—371页。

〔2〕罗新:《论曹操的爵制改革》,《文史》2007年第3辑,第51—61页。

〔3〕祝总斌:《评魏晋宋齐“儒教沦歇”及“近世取人,多由文史”说》,《文史》2006年第1辑,第67—69页。

〔4〕皮锡瑞:《经学历史》,中华书局,1959年,第160页。

〔5〕阎步克:《〈周礼〉诸臣冕服的两种推定与中古冕制》,《文史》2006年第4辑,第35—40页。

〔6〕余嘉锡:《晋辟雍碑考证》,《余嘉锡文史论集》,第135—136页。

王、郑学术地位的升降，某种程度上只是汉世常见的儒学内部各家师说争衡的重演，司马氏的政治奥援固然有助于王学地位的上升，也只是其中的一个助推因素，魏晋嬗代与王学上升并不完全同步。如果说亡魏成晋的王朝革命构成了一个政治史上的时间单元的话，那么这一"政治史时间"变化的律动与制度文化自身演变的节奏并不合拍。总体而言，魏晋政权的更迭并非政治上由法入儒的转折点，更不是上述制度、文化变化产生的第一推动力。

综合以上讨论，我们可以确认所谓从法术主义到儒家政治的过渡并非始于西晋，大致在曹魏文帝、明帝时代已见端倪。田余庆曾指出曹魏政权的世家大族化在曹操晚年便已开始，〔1〕而我们也不难留意到高贵乡公曹髦继位后，问学太学，论少康、高祖优劣举动，反映出接受过良好的儒学教育，〔2〕因此，简单地给曹魏政权贴上法家的标签并不合适，必须注意曹魏政权前后期的变化。曹操曾以颁布三道求贤令为标志，挑战儒家的德才观念，当时流传有"魏武好法术，而天下贵刑名；魏文慕通达，而天下贱守节"之说，〔3〕明帝一朝也有权法政治的特征，加上曹氏三世立贱，与东汉皇后多出自大族不同，确实容易给人造成与汉世不同的法术之治的观感。但从曹魏政权的基本底色而言，构成其官僚阶层的主干依然是汉代清流名士、儒家士大夫的后裔，曹操的求贤令更多只是一种政治上的姿态，并没有得到真正的实行。求贤令的颁布与汉

〔1〕 田余庆：《曹袁之争与世家大族》，《秦汉魏晋史探微》，第145—162页，《东晋门阀政治》，第280—281页。

〔2〕 正是由于曹髦接受过良好的儒学教育，在魏末曹、马之争中，能够熟练地运用儒家意识形态作为自己的武器，以王祥为三老，郑玄之孙郑小同为三更以崇至敬，亲率群司，恭行古礼。值得注意的是郑小同其后因窥见司马昭的机密而被鸩杀，《三国志》卷四《三少帝纪》，第142页。结合西晋建国之后改尊王肃之学的背景，从中透露出曹、马之争背后的学术分野恐怕并非通常所认为的是儒、法之别，而是经学系统内部的郑玄、王肃之争。

〔3〕 《晋书》卷四七《傅玄传》，第1317—1318页。

魏嬗代的背景息息相关,[1]并不能视之为曹魏立国的基本政策。特别是在禅让完成、三国分立的局面大体确定后,曹魏的政治体制迅速出现了儒家化的特征,建太学、立宗庙、议礼制等一系列举措皆在文、明两帝时得到施行。其实,自汉武帝独尊儒术以来,儒家实际上已成为读书人的代名词,儒、法之间的互相渗透已成事实,[2]以王霸道杂之是历代政治的本质。因此,曹魏文帝、明帝两朝出现的制礼作乐的儒家化特征,实际是曹魏政权遵循一般王朝演化规律,在体制转型中所需经历的必由之路,也是守成君主建构政权合法性的重要面向。事实上,自暴秦任法二世而亡以来,法家思想已彻底失去了成为国家意识形态的可能,汉武以后的任何朝代无论其政治实质究竟如何,皆需披上缘饰儒术的外衣,经过汉儒改造的儒学已成为建立任何一个稳定政权都必须善加利用的思想资源,在这一点上曹魏与西晋之间并无实质性的区别。

因此,要观察汉晋之际的时代变局,我们需要跳出以王朝兴衰为中心的历史研究维度,整体性的理解汉魏、魏晋两次王朝革命背后的社会文化变迁。与一般的王朝倾覆不同,汉末中央权力的崩溃不单是帝国政治体系的瓦解,伴随发生的党锢之祸也意味着两汉以儒学为中心的国家意识形态的崩塌,同时战乱之中以大族为中心的地方军事化过程及稍后以乡里清议为基础的九品官人法的推行,则标志着国家权力在地方层面的衰退。承汉之后的魏、晋两代,所面临的共同挑战便是如何重新建立一个稳固的国家,这种重建事实上包含了政治、社会与文化三个不同的层面,政治上统一反倒是最容易达成的一个目标。而魏、晋两代的努力首先循着第一

〔1〕 卫广来:《求才令与汉魏嬗代》,《汉魏晋皇权嬗代》,第338—365页。
〔2〕 瞿同祖:《中国法律与中国社会》,收入《瞿同祖法学论著集》,第334—338页;阎步克:《士大夫政治演生史稿》,第300—463页。

个层面展开，通过武力手段恢复统一的政治局面，其次再通过制礼作乐的方式重建儒家式的政治秩序。由于魏、晋两代通过禅让的形式完成了王朝革命，在很大程度上保存了前朝的政治结构，因而出现了“晋承魏制”的局面，西晋初年在政治、制度上的一系列举措大都可视为曹魏中后期政治变化的延续，而非新朝的创制。

虽然西晋是魏晋南北朝分裂时代中唯一的统一王朝，但根据田余庆的意见这不过是一个低层次的统一，〔1〕重建统一国家的努力很快就归于失败，随着八王之乱的爆发，国家权力迅速崩溃，这意味着魏、晋两代以恢复到汉式国家为目标的政治重建道路无法获得成功。〔2〕之后，随着五胡入华，衣冠南渡，出现了中国历史上最为漫长而动荡的分裂时代，直至近三个世纪之后，方由隋文帝重新达成再造国家的使命，这大概是历代史家对于西晋政权评价不高的主要原因。若以常理度之，西晋的短促而亡是一个颇为意外的历史变化，作为曹魏政权的继承者，西晋拥有一个相对稳定的政治体制，加之三国内部本身都已形成了局部统一与稳定的局面，建筑在这一基础上的西晋王朝应当说具备了建立一个长期稳定政权所需的基本条件。西晋政权的崩溃固然有武帝选立太子失当这样的偶然因素作用其中，〔3〕但官僚阶层的凝固化与排他性则是更深

---

〔1〕此据阎步克在《西晋“清议”呼吁之简析及推论》一文中引用田余庆上课时的看法，《乐官与史官——传统政治文化与政治制度论集》，第226页。

〔2〕魏晋两代的君臣大都是汉末士大夫之后胤，因此其选择的再造国家之路，事实上是以重建汉帝国为目标的，而从曹魏中后期开始出现的国家政权的儒家化也可以从中寻找动力。随着西晋的崩溃，五胡的进入，按照原有模式复兴汉帝国的道路已经走不通了，隋唐帝国的成立需要在胡汉民族交融的环境下寻找新的历史出口。但汉王朝作为中国历史上一个长期稳定的政治象征，在南北朝的乱世中，依然具有很强的号召力，当时很多起兵者或自诩为汉世之续，或自云出自刘氏，各种谶纬中亦长期存在刘氏当王之说。

〔3〕尽管魏晋之际的历史演进有很多偶然因素作用其中，揆之于魏晋两代政治结构及官僚阶层的构造，笔者更倾向于将其视为一种“结构化的偶然”。

层次的原因。西晋政权的这一结构性矛盾不仅表现在曹魏贵戚子弟对于邓艾、石苞、张华等出身寒素的政治人物的排斥上,在统一大业完成之后,则有进一步的凸显。由于原有官僚阶层的封闭性,吴、蜀两国士人在西晋政治中只能处于边缘地位,无法进入权力结构的核心,这对于一个统一国家的政治整合无疑是非常不利的,政治上升渠道的闭锁为西晋政权的稳定埋下了隐患。

与政权频繁更迭的景象相悖,从魏晋时代开始出现了社会阶层凝固化的趋向,许多前辈学者都曾探讨过东汉末年的大姓名士与魏晋士族社会形成之间的关联,[1]这关涉中古士族政治如何形成这一重大命题,也是本书试图回应的一个讨论。因此,笔者将研究的重心放在魏晋之际的官僚群体上,除了遵循传统政治史的研究路径,探讨这一群体在王朝革命中的政治行为外,同时侧重于观察其社会网络的构成与运作,希望通过对官僚群体在政治与社会两个不同场合活动状况的总合性考察,描画出汉末至晋初官僚阶层构造与升降的演进图像。依笔者之见,魏晋官僚阶层流动性减弱在魏明帝时代已初见端倪,以夏侯玄为首的名士圈,包含了大量曹氏贵戚子弟,他们在形式上模仿汉末清议,品评人物。但是这些人作为"当朝俊士",以才华智慧为当世所瞩目,同时又是当朝高官权门的贵公子,以父祖势少居清要。其在政治上已属于权势者一方,与"以天下名教是非为己任"的汉末名士有着质的区别,不再以清议的方式对抗专制皇权,而是利用优越的家族势位分割权势,奢侈享受,清谈玄理,虚无放诞,成为一种新式的文化贵族兼政治贵族。[2] 他们臧否人物的目的并不在于激清扬浊,有清议之名

〔1〕 矢野主税:《門閥社会成立史》,第1—42页;川胜义雄:《六朝贵族制社会研究》,第3—17页;唐长孺:《东汉末期的大姓名士》、《士族的形成和升降》、《士人荫族特权和士族队伍的扩大》,《魏晋南北朝史论拾遗》,第25—78页。

〔2〕 阎步克:《察举制度变迁史稿》,第109页。

而无其实，而是通过人物评论的手段影响选举，形成一个分享权力的新贵网络。这一亲贵的评论网络试图干涉官员选拔，对皇权构成了挑战，因而魏明帝曾以抑制浮华为名，加以打击。由于夏侯玄等人最后站在了司马氏的对立面，这一贵戚子弟的交游网络发生了分裂，而不为人所注意。但魏末对立的曹、马双方其实都与这一社会网络有千丝万缕的联系，略检曹魏后期的官僚重臣名单，不难发现功臣子弟出身者占据了其中的绝大多数，无论曹爽还是司马氏，所重用的人物其实系出同源，足以窥见官僚阶层走向封闭的趋势。

与一般王朝改朝换代的过程有所不同，曹魏的政治网络基本上完整地被司马氏继承下来，转化为西晋官僚阶层的主干，这主要由内部与外部两个因素共同决定。一方面在三国分立、强邻窥伺的外部环境下，司马氏家族并不具备进行大规模政治清洗、重建权力结构的条件。另一方面，司马氏家族本身便是曹魏政治权势网络中的重要一员，与曹魏贵戚子弟有着世代通婚、交往的密切关系，因此采用将魏臣转化为晋臣的建国方式，对于司马氏而言无疑是代价最小、最利于保持政权平稳的过渡方式。

魏晋时代作为士族重要的发育期，政治局势的演进对于士族政治的最终成型具有深远影响。正如学者所指出的那样，汉魏、魏晋两次王朝革命确立的禅让模式成为后世政权转移的一种新典范，形成了与汉代不同的政治传统，[1]由于禅让这一王朝易代方

〔1〕 宫川尚志：《禪讓による王朝革命の研究》，收入氏著《六朝史研究（政治・社会篇）》，平樂寺書店，1964年，第73—172页；新近的检讨参读甘怀真：《从天下国家的观点论中国中古的朝代》，《中国中古史研究：中国中古史青年学者联谊会会刊》第2卷，中华书局，2011年，第10—13页。

式的特殊性,〔1〕官僚阶层在这两次王朝革命过程中基本上没有受到大的损失,在保持政权稳定的同时也造成了“世官”现象的普遍存在。晋初功臣中三世显宦者比比皆是,〔2〕主要成员大都是曹魏功臣的第二、三代子弟,作为受成之主的晋武帝,由于本人缺乏足够的政治基础,不得不仰赖父祖遗业,采取优容功臣的方式笼络其心。在这些偶然因素的共同作用下,使得从汉末到晋初约一个世纪的时间内,逐渐形成了一个稳定延续的政治受益群体,累世仕宦成了西晋政治中的普遍现象。

西晋官僚阶层经过魏晋两代的生长发育,已经形成了一个通过婚姻、交游、同僚、征辟等方式凝结起来的政治利益共同体,加之魏晋之际玄学清谈的兴起,这些官僚家族除了政治利益外,在文化上也逐步形成了共同的趣味与认同。因此,在西晋以累世仕宦为特征,具有共同文化特征,分享一个带有封闭性的通婚、交游网络的大族群体已日渐成型。即使如石苞这样出身低贱的功臣,虽然最初被人轻视,但其后家族门风迅速发生了由武入文的转化,出现了明显的士族化趋向。〔3〕 石苞之子石浚有名士之称,而另一子石崇,史家往往关注其斗富之恶名,忽略了他具有极高的文化造诣,是晋初重要的文人,诗文在东晋南朝有很大的影响,并为王羲之这

〔1〕 宫崎市定曾有一个大胆的设想,认为九品官人法的设立是为了建立从汉官转为魏官的资格审查制度,见《九品官人法研究》,中华书局,2008 年,第 58—60 页。事实上,无论是曹魏六等爵制还是西晋五等爵制的设计,都是为了在嬗代期间维护甚至强化原有官僚阶层的利益,减轻禅让的阻力。

〔2〕 相形之下,西汉仅有韦、平再世丞相,东汉虽有袁、杨四世三公,亦属个案,参读《廿二史札记校证》卷五“四世三公”条,第 101—102 页。而在晋初功臣中三世高官者比比皆是。南朝萧子显对此现象有颇为敏锐观察:“晋氏登庸,与之从事,名虽魏臣,实为晋有,故主位虽改,臣任如初。自是世禄之盛,习为旧准,羽仪所隆,人怀羡慕,君臣之节,徒致虚名”,《南齐书》卷二三《褚渊传》论曰,第 438 页。

〔3〕 与邓艾口吃、不善言辞的形象不同,石苞本人虽然出身低微,但“容仪伟丽”,时有“石仲容,姣无双”之誉,则其已较早浸染士人的文化风习,《晋书》卷三三《石苞传》,第 1000 页。

样一流的士族人物所推重。[1] 石苞曾孙石朴位至后赵司徒，“石勒以与朴同姓，俱出河北，引朴为宗室”，[2]石勒将石朴引为宗室与东魏高欢攀附高乾、高昂为同宗，颇为近似，皆是胡族统治者需要借助汉人大族的名望来收拢人心，石勒重用的汉族士人主要有范阳卢谌、河东裴宪、渤海石朴、荥阳郑系、颍川荀绰、北地傅畅等，[3]渤海石氏能够和范阳卢氏、河东裴氏、荥阳郑氏这样的名门望族并列，可见渤海石氏在西晋后期已经成为颇具社会声望的家族。当然，由于渤海石氏卷入晋末的动乱，经过长期战乱的打击，整个家族湮没无闻，士族化的过程并未最终完成，但从整个家族的发展脉络来看，世官化的趋向非常明显。

许多西晋官僚家族与渤海石氏一样在五胡十六国的动乱中遭到了重大打击，中断了士族化的进程。但是北方长期的战乱也成为大族代际更新的重要契机，特别是中央权力崩溃之后，拥有乡里势力的大族成为地方社会的主导力量，在原有政治体制无法正常运作的情况下，区域性政权都必须借助地方大族的合作，方能维持巩固，这为地方大族政治地位的上升提供了渠道。[4] 在南方，东晋虽然延续了西晋的正朔，但是这一在北方流亡大族支持下建立起来的政权，皇权力量更趋薄弱，无法抑制大族的势力，最终形成了皇权与大族共天下的分权局面。在这一格局下，西晋时代便已普遍出现的累世仕宦现象在东晋已经演变为政治传统的一部

---

〔1〕 兴膳宏著，彭恩华译：《石崇与王羲之》，《六朝文学论稿》，岳麓书社，1986 年，第 171—182 页。

〔2〕《晋书》卷三三《石苞传附石朴传》，第 1009 页。

〔3〕《晋书》卷六二《刘琨传》，第 1259 页。

〔4〕 参读罗新《五燕政权下的华北士族》（《国学研究》第 4 卷，北京大学出版社，1997 年，第 127—156 页）、陈爽《世家大族与北朝政治》、韩树峰《南北朝时期淮汉迤北的边境豪族》等论著中的讨论。

分。[1] 东晋士族虽然并非完全承自魏晋官僚阶层,但东晋门阀政治中至少有两个重要的特征渊源自西晋,一个具有累世仕宦倾向的政治群体,一个以玄学清谈为共同文化特征的官僚阶层。从这个意义上而言,可以将魏晋时代视为士族政治的形成期,从汉末到晋初的政治演化、社会变迁、文化转向对于士族政治最终的发育成熟具有重要的意义。

---

〔1〕 参读田余庆:《东晋门阀政治》,第 270—297 页。

附录　《司马芳残碑》考释

——以中正成立的年代为中心

由于九品中正制推行对于中古士族社会的成立关涉甚巨，因此中正一职出现的时间，一直为学界所关注。由于相关史料不足，迄今并未能取得定论。笔者注意到与司马氏家族先世有关的《司马芳残碑》碑阴题名中已经出现了中正之名，这对于我们研究中正的起源具有重要意义，故疏证如下，以求教于方家。

一

《司马芳残碑》于1952年在西安市西大街广济街口修理下水道时被偶然发现，碑额题名为《汉故司隶校尉京兆尹司马君之碑颂》，[1]碑出土时仅存上半段，且裂为三石，出土后左方一石又裂，残高九十八厘米，宽九十七厘米，碑阳面存一百三十三字，半字十

---

〔1〕《水经注》卷一九《渭水下》记："故渠北有竖汉京兆尹司马文预碑"，杨励三认为即指此碑，《司马芳残碑》，《文物》1965年第9期，第22页。

二,碑阴存题名一列,又半列,似叙司马氏世系,可惜残损过甚,难以卒读。段绍嘉据碑阳残存"君讳芳字文豫河内(下缺)、显考儁以资望之重识(下缺)"等文字,考订碑主即司马懿之父司马防。[1] 司马防曾任京兆尹,父名司马儁,皆与碑文契合,这一考证已成为学界通行的看法。[2] 关于立碑时间的考订则另费了一番周折,因碑阳最后有"晋故扶风王六世孙宁远将军乐陵侯追[3](下缺)"一行文字,段绍嘉认为扶风王六世孙乃是司马懿第七子扶风王司马骏的六世孙,并据书法形制推断,认为此碑立于东晋时。杨励三、路远对此重新加以考证,指出西晋先后有司马亮、司马骏两人被封为扶风王,这里的扶风王六世孙当是指泰常末年率众投奔北魏的司马准,其是司马亮之后,曾任宁远将军、密陵侯,与碑文大致吻合,故定此碑为北魏时所立。[4] 至此,关于《司马芳残碑》刻立年代的问题似乎也得到了较为圆满的解决。

《司马芳残碑》作为关于司马氏先世唯一的出土石刻,其价值不言而喻,尽管碑文残损已甚,为研究释读工作带来很多困难,但

〔1〕 段绍嘉:《司马芳残碑出土经过及初步研究》,《人文杂志》1957 年第 3 期,第 69 页。

〔2〕 仅施蛰存以芳、防不合为由,认为司马芳为司马防之昆季,关于芳、防的异文,杨励三提供了一种解释,认为司马彪《续汉书·序传》中作"防",乃是为避齐王曹芳讳而改,但魏末司马彪不过二十余岁,目前并无确证《续汉书》成于魏末,加之《晋书·宣帝纪》亦作"防",避讳说似乎亦不能完满解释,俟考。如施蛰存所论,则无法解释司马芳曾任京兆尹这一相合之处。由于出土碑志与史传所记名讳不同之例并不鲜见,故不取施说。施蛰存:《水经注碑录》,天津古籍出版社,1987 年,第 163 页,杨励三:《司马芳残碑》,《文物》1965 年第 9 期,第 22 页。

〔3〕 该行最后一字残,仅存"自"部分可以辨识,路远释读为"追",施蛰存释读为"阜",为人名。路远:《〈司马芳碑〉刻立年代考辨》,《文博》1998 年第 2 期,第 72—75 页;施蛰存:《水经注碑录》,第 163 页。根据笔者在西安碑林博物馆对原碑的实地观察,当以"追"为是。

〔4〕 惟"密陵侯",碑文作"乐陵侯",与史传小异,杨励三:《司马芳残碑》,《文物》1965 年第 9 期,第 22—23 页;路远:《〈司马芳碑〉刻立年代考辨》,《文博》1998 年第 2 期,第 72—75 页。

吉光片羽，弥足珍贵。此碑的出土，对于我们考订司马防仕宦的经历颇有价值，更重要的是，此碑碑阴的题名中出现了中正之名，对于我们研究中正制度成立的时间具有重要意义。故笔者在前贤研究的基础上，对此做进一步的考释。

前贤的研究对于碑阳文字的考释用力甚深，但对碑阴题名揭橥的重要信息注意不多，故先据图版（参见图九）释录碑阴题名于下：〔1〕

故吏功曹史杜县韦诞字子茂
故吏主簿杜县杜幾字伯侯
故吏五官杜县金靖字子恭
故吏西曹杜县宋安字思宁
故吏□曹霸城王雍字玄穆
故吏租曹新丰张东字子正
故吏兵曹杜县廉楷字文则
故吏贼曹长安县万忠字子侃
故吏西曹佐杜县魏超字思达
故吏户曹佐长安县冯泰字子然
故吏金曹佐鄠县周范字文礼
故吏兵曹佐蓝田县朱青字子絜
故吏贼曹佐新丰县成明字文朗
中正杜县杜豹字子变

---

〔1〕《司马芳残碑》1957 年初次发表时，即附有图版，但较为模糊，不易辨识，此碑清晰的图版，见高峡主编：《西安碑林全集》第 2 卷，广州经济出版社，1999 年，第 140—143 页；毛远明：《汉魏六朝碑刻校注》第 2 册，第 92—93 页，此次录文参考了路远、毛远明的录文，并作修订，附录图版采自《西安碑林全集》。

在碑阴题名的十四人中，首先值得注意的是第一行中“故吏功曹史杜县韦诞字子茂”，韦诞见《三国志》卷二一：

> 散骑常侍陈留苏林、光禄大夫京兆韦诞、乐安太守谯国夏侯惠、陈郡太守任城孙该、郎中令河东杜挚等亦著文赋，颇传于世。
>
> 《文章叙录》曰：（韦）诞字仲将，太仆端之子。有文才，善属辞章。建安中，为郡上计吏，特拜郎中，稍迁侍中中书监，以光禄大夫逊位，年七十五卒于家。〔1〕

韦诞出身京兆韦氏，建安中曾为本郡上计吏，后仕至侍中、光禄大夫，以善书知名，事迹散见于《三国志》、《世说新语》，揆诸史籍，其人无疑便是碑阴题名中的功曹史韦诞。惟史书中记韦诞字仲将，碑阴题名云其字子茂，然魏晋时一人两字者并不少见，如傅嘏一字兰石，〔2〕又字昭先，〔3〕并不足异。

其次是第二行中的“故吏主簿杜县杜幾字伯侯”。杜畿传见《三国志》卷一六：

> 杜畿字伯侯，京兆杜陵人也。少孤，继母苦之，以孝闻。年二十，为郡功曹，守郑县令。县囚系数百人，畿亲临狱，裁其轻重，尽决遣之，虽未悉当，郡中奇其年少而有大意也。举孝廉，除汉中府丞。会天下乱，遂弃官客荆州，建安中乃还。〔4〕

---

〔1〕《三国志》卷二一《刘邵传》，第620—621页。
〔2〕《三国志》卷二一《傅嘏传》，第622页。
〔3〕《太平御览》卷三八五引《傅嘏别传》，第1779页。
〔4〕《三国志》卷一六《杜畿传》，第493—494页。

碑阴题名中杜幾与史文中杜畿的字、籍贯皆相合，所任的职务《三国志》记作郡功曹，碑文云为郡主簿，略有小异，皆属郡县僚佐序列中正常的职务迁转，[1]不足为异，故碑阴题名中的杜幾即《三国志》中的杜畿。

在以上两点得到确证之后，我们可以认定碑阴题名中的十四人都是司马防担任京兆尹时的故吏部属，[2]若此，则此碑是汉代常见的门生故吏为府主所立的颂德碑，不过这一结论却与碑阳所题“晋故扶风王六世孙宁远将军乐陵侯追（下缺）”一行文字产生矛盾，《司马芳残碑》究竟是立于汉魏之际还是北魏，又生疑窦。

笔者认为目前所见《司马芳残碑》上的文字是分两次形成的，此碑当立于司马防去世之后不久的曹魏初年。[3] 具体立碑的时间在碑阳残文中可以找到进一步的线索，从“不吊景命摧伤邦人追慕（下缺）”一行文字可知立碑时司马防已去世，立碑者是追念逝者的“邦人”，而非司马氏家族成员。而“会炎德告微”一句则暗示立碑时汉祚已倾，尽管建安时代汉献帝已是曹操的傀儡，但要在一块公开竖立的纪念碑中表达炎德告微的想法似乎并无可能。司马防死于建安二十四年(219)，较为合理的推测是司马芳碑可能受到碑禁或汉魏嬗代等事件的影响，没有能在司马防去世后第一时

---

〔1〕 关于汉代郡府僚佐的升迁秩序参读严耕望:《中国地方行政制度史·秦汉地方行政制度》,第117页。

〔2〕 在碑阴题名的十四人中,前十三人都冠有故吏的身份,唯有中正杜县杜豹一行前无“故吏”二字,可知其与司马芳之间并无“府主—故吏”的关系,相关推论见下文。

〔3〕 井波陵一编《魏晋石刻資料選注》据《司马芳残碑》不避炎字,否定其为晋碑,也指出“晋故扶风王六世孙宁远将军乐陵侯”一行有追刻的可能,认为此碑三国时代所立可能性最大,但未做详尽考证,第269—279页。

间内完成,至曹魏初方才刻立完工。[1] 综合对碑阳残文与碑阴题名的考订,《司马芳碑》是一块典型的府主去世后,故吏旧属集合树立的颂德碑。

至于碑阳"晋故扶风王六世孙宁远将军乐陵侯[追](下缺)"一行与碑阴下半部分所存叙述司马氏世系的残文则是北魏司马准题刻的。理由有二:根据笔者在西安碑林博物馆对《司马芳残碑》的实地观察,结合对碑阳图版的分析,可以注意到"晋故扶风王六世孙宁远将军乐陵侯[追](下缺)"一行的笔势、刻痕皆与碑阳其他文字有所不同,恐非成于一手、刻于同时[2](参见图七)。其次,碑阴下半部分残文,虽无法卒读,但从提到的"太祖"、"雍州"等字眼可以推定其记述的并非是司马芳的先世,而是司马准的先世。首先,"太祖"一词一般不能被用来指称家族的祖先,这里所指的当是庙号太祖的晋文帝司马昭。其次,东汉直至献帝兴平元年(194)方才分凉州的河西四郡置雍州,[3]司马芳的先人自然不可能有任职雍州者,而司马准的远祖司马亮恰好出任过都督关中雍凉诸军事。[4] 综合以上所论,《司马芳碑》最初是由其故吏旧属在他死后追念功德而立,至北魏时,司马准在碑阴题名下补刻了一段关于自己家世的文字,并在碑阳刻下"晋故扶风王六世孙宁远将

---

〔1〕 最近范兆飞《亦汉亦魏:〈司马芳残碑〉的时代及意义》(《史学月刊》2018 年第 1 期,第 25—27 页)一文指出,碑阴题名中的杜县、霸城,东汉时称杜陵、霸陵,证明此碑并非立于汉末,作者进而认为碑阴题名反映的是北魏政区,恐误。《宋书》卷三七《州郡志三》南霸城条下注云:"本霸陵,汉旧县。《太康地志》曰,霸城何志魏□",按何志即何承天所撰宋书之志,魏下脱一字,按史例或可补"改"字。同卷杜县条云:"二汉曰杜陵,魏改",第 1138—1139 页。可知霸城、杜县皆是曹魏所改,改名后去掉了原地名中的"陵"字,或与汉魏革命后的除旧布新有关,恰可证明此碑初立于曹魏。

〔2〕 新读毛远明《汉魏六朝碑刻校注》第 2 册中对《司马芳残碑》的考释,亦有类似怀疑,第 95 页注六。

〔3〕 《后汉书》卷九《献帝纪》,第 376 页。

〔4〕 《晋书》卷五九《汝南王亮传》,第 1591 页。

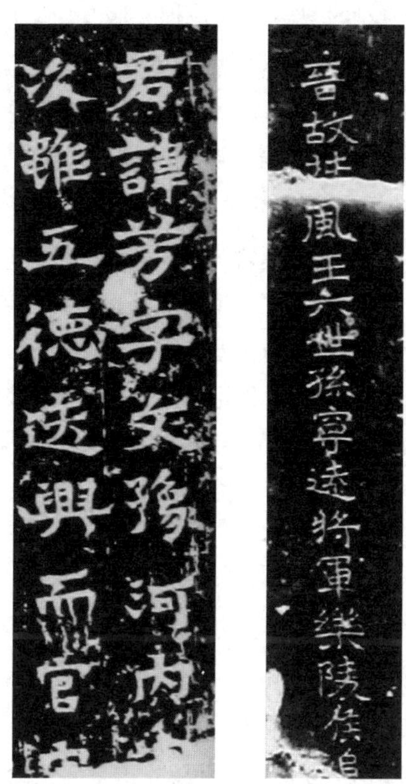

图七 《司马芳残碑》拓片局部放大示意图

军乐陵侯追(下缺)”一行。[1]

司马准补刻司马芳碑有现实的政治目的。司马准泰常末年由

---

〔1〕 近年殷宪、王庆卫分别对碑的字体、篆额、螭首等要素有所讨论,认为从书风和形制来看,司马芳碑属北魏前期,分见殷宪、殷亦玄:《北魏平城书迹研究》,商务印书馆,2016年,第69—70页;王庆卫:《再论〈司马芳残碑〉刊刻年代乃其背景》,《文博》2015年第6期,第68页。即使如此,司马准当是以曹魏旧碑为蓝本,重镌新碑,并补入上述内容,但碑阴题名肯定沿袭旧碑,经历了十六国的动乱,文献流散,当时人绝无能力生造出碑阴题名。另范兆飞《螭龙的光与影——中古早期碑额形象演变一瞥》对汉唐间碑额形制的变化有详细梳理,《唐研究》第24卷,北京大学出版社,2019年,第341—371页。

刘宋奔魏,[1]他在北魏朝廷受到厚遇是因其出自门第高贵的两晋皇族,在此情形下,先祖的冢中枯骨对于司马准有实际的政治效用。因此,司马准在先祖司马芳碑碑阴补题若干关于家世的文字,证明自己与西晋皇室的血缘关系,借此标榜门户,也就顺理成章了。[2] 从当时的社会风气而言,北朝不乏出于种种目的对汉晋旧刻进行"再加工"事例。如东魏穆子容所立太公吕望表,将西晋卢无忌的碑文与自己新撰的碑文合刻在一起,[3]与司马准之举相近的一个事例见于《水经注》浊漳水条:"铜鞮水又东径李憙墓,墓前有碑,碑石破碎,故李氏以太和元年立之。"[4]李熹为西晋名臣,墓前石碑原已破损,北魏太和元年(477)李氏重新立碑之举,恐怕与司马准有着类似自矜门阀的政治动机。

二

碑阴题名第十四行中正杜县杜豹字子变这段文字,揭示司马防担任京兆尹期间便已有中正的设置,这是一条珍贵的原始史料,对于确定九品中正制成立的年代具有重要价值。关于九品中正制推行的时间,学界通行的看法有两说。一说主张设立在延康元年(220),曹丕篡汉之前由陈群所建;[5]另一说主张成立于汉末建

---

〔1〕《魏书》卷三七《司马景之传附司马准传》,第860页。

〔2〕后世不乏类似的例子,如《金石录》卷二六:"右《唐孝义寺碑阴记》。初,陈徐陵为《孝义寺碑》,至开元二十三年,徐峤之为湖州刺史,再书而刻之,因记其事于碑阴。峤之自云'陵十世孙'",《金石录校证》,广西师范大学出版社,2005年,第450—451页。

〔3〕(清)王昶:《金石萃编》卷三二,陕西人民美术出版社,1990年。

〔4〕郦道元注,杨守敬、熊会贞疏:《水经注疏》卷一〇,第921页。

〔5〕唐长孺:《九品中正制度试释》,《魏晋南北朝史论丛》,第100—102页。

安年间,系曹操所创,[1]尤以前一说较为通行。亦有学者试图调和两说,主张将魏武始建说改为魏武萌芽说,与陈群始建说互不矛盾、有机统一。[2] 司马防卒于建安二十四年,任京兆尹的时间必在此之前,因此延康元年说已难以成立。目前需要做的工作是进一步考订司马防担任京兆尹的确切时间,[3]检验曹操始建说的可能性。

由于正史中关于司马防的记载很少,特条列如下:

> 父(司马)防,字建公,性质直公方,虽闲居宴处,威仪不忒。雅好《汉书》名臣列传,所讽诵者数十万言。少仕州郡,历官洛阳令、京兆尹,以年老转拜骑都尉。养志闾巷,阖门自守。诸子虽冠成人,不命曰进不敢进,不命曰坐不敢坐,不指有所问不敢言,父子之间肃如也。年七十一,建安二十四年终。[4]
>
> 是时董卓迁天子都长安,卓因留洛阳。(司马)朗父防为治书御史,当徙西,以四方云扰,乃遣朗将家属还本县。[5]
>
> 《曹瞒传》曰:为尚书右丞司马建公所举。及公为王,召建公到邺,与欢饮,谓建公曰:"孤今日可复作尉否?"建公曰:

〔1〕宫崎市定:《九品官人法研究》,第58—60页;韩国磐:《魏晋南北朝史纲》,人民出版社,1983年,第37—38页。

〔2〕张旭华:《关于曹魏九品中正制的几个问题》,《九品中正制略论稿》,中州古籍出版社,2004年,第26—29页。

〔3〕杨励三考订司马防出任京兆尹的时间当在建安十八年以前,但他没有注意到碑阴的杜羲两字,未能给出确切的时间,杨励三:《司马芳残碑》,《文物》1965年第9期,第22—23页;严耕望在《两汉太守刺史表》中将司马防任京兆尹的时间,置于初平初年的杨彪之后,建安中前期的张时之前,上海古籍出版社,2007年,第117页。

〔4〕《三国志》卷一五《司马朗传》注引司马彪《序传》,第466页。

〔5〕《三国志》卷一五《司马朗传》,第466页。

> “昔举大王时,适可作尉耳。”王大笑。建公名防,司马宣王之父。臣松之案司马彪《序传》,建公不为右丞,疑此不然,而王隐《晋书》云赵王篡位,欲尊祖为帝,博士马平议称京兆府君昔举魏武帝为北部尉,贼不犯界,如此则为有徵。[1]

从中可知司马防生前历任尚书右丞、治书御史、洛阳令、京兆尹、骑都尉等职,董卓胁天子西迁时,司马防任治书御史,这一年为初平二年(191),司马防任尚书右丞举荐曹操之事,当在此之前。据《续汉书·百官志》,治书御史、洛阳令、京兆尹分别为六百石、千石、二千石,按照正常的升迁秩序,司马防任洛阳令、京兆尹的时间当在初平二年之后。

据《司马芳残碑》可知,司马防担任京兆尹时,杜畿为其僚佐。本传载杜畿年二十,为郡功曹,后因天下大乱,弃官避居荆州,建安中乃还。[2] 首先,笔者试图通过杜畿的卒年推定他出任郡功曹的时间。

> 帝征吴,以(杜)畿为尚书仆射,统留事。其后帝幸许昌,畿复居守。受诏作御楼船,于陶河试船,遇风没。帝为之流涕。[3]

据此可知,杜畿卒于魏文帝幸许昌时,检《三国志·文帝纪》曹丕巡幸许昌次数甚多,未知为何次,略考之。黄初三年正月,刘备与孙权相持于夷陵,文帝幸许昌观衅而动,时年七月冀州大蝗,尚书杜畿持节开仓廪以振之,十月孙权恃夷陵之胜,不复向曹丕称臣,

---

〔1〕《三国志》卷一《武帝纪》注引《曹瞒传》,第49页。

〔2〕《三国志》卷一六《杜畿传》,第493—494页。

〔3〕《三国志》卷一六《杜畿传》,第497页。

曹丕自许昌伐吴。[1] 与《杜畿传》所言“帝征吴,以畿为尚书仆射,统留事”一事契合,则杜畿之死当在其后。杜畿奉诏制楼船事当与黄初三年征吴无功而返有关,两者在时间上不会距离很久,黄初四年(223)九月,曹丕复幸许昌,至五年(224)三月方还洛阳,[2]杜畿当卒于此间。据《三国志》注引《魏氏春秋》,杜畿卒时六十二岁,[3]从黄初四、五年间上溯四十二年,则杜畿二十岁初任郡功曹当在公元 181 年前后,汉灵帝光和年间。杜畿后因关中大乱,弃官避居荆州,汉末关中大乱始于初平三年(192)王允设计诛杀董卓,其后,董卓部将郭汜、李傕起兵复仇,互相攻杀,关中兵祸连结。所以杜畿离开关中的下限当在初平、兴平年间。据此《司马芳残碑》中所言杜畿为司马防僚佐的时间只能是在董卓西迁之后,关中乱起之前这段时间内。董卓西迁之后,可以考知最初出任京兆尹一职的是杨彪,杨彪本传言其后转迁光禄大夫,但未记何时。[4] 据《后汉书·献帝纪》,淳于嘉于初平二年秋由光禄大夫升任司空,[5]其留下的空缺当由杨彪递补,那么司马防很有可能在初平二年秋继杨彪之后出任京兆尹,此时杜畿恰好为其僚佐,此时京兆尹治下也有中正杜县杜豹,可知中正一职在最迟在东汉初平年间就已经出现,要早于学界原来估计的建安、元康年间。

中正一名最初出现于秦末,《史记·陈涉世家》载陈胜“以朱房为中正,胡武为司过”,[6]此处的中正似为执法官,与魏晋中正品题人物的职能迥异。尔后,中正一名不见于史籍。而在汉末重

---

〔1〕《三国志》卷二《文帝纪》,第 79—82 页。

〔2〕《三国志》卷二《文帝纪》,第 83—84 页。

〔3〕《三国志》卷一六《杜畿传》注引《魏氏春秋》,第 497 页。

〔4〕《后汉书》卷五四《杨彪传》,第 1787 页。

〔5〕《后汉书》卷九《献帝纪》,第 371 页。

〔6〕《史记》卷四八《陈涉世家》,第 1960 页。

新出现的中正一名,其权力、职责与后世九品中正制下中正的权责是否有所区别,是名同实异,还是名实皆同,限于史料缺失,目前尚难以判断,笔者在此提出一些推测,供学界同好探讨。

不可否认中正一名的出现在制度史上颇显突兀,与一般的情况不同,我们似乎并不能在汉代制度中追溯到中正名称及其职掌的来源。另值得注意的是类似的职掌,吴国选择“公平”作为官名。〔1〕 这至少证明两点,首先,在汉末以前“中正”一名并没有地域上的普遍性,可能只是中原地区流行的称呼,假如吴国统一的天下,或许会出现一种名为“公平”的制度亦未可知。其次,说明“中正”之称并不源于汉代的制度故事,否则同样继承汉代官僚体制的吴国不可能去别创新名。〔2〕 那么,既然我们不能在汉代的制度中找到“中正”的渊源,或可另辟蹊径,从汉末清议的社会风气中去寻求答案。

我们不难注意到“中正”与“公平”这两种职名,虽然称呼不同,实质上的含义是一致的,都是不偏不倚的意思。如何给予一名士人公正而恰当的评语,无疑是汉末人物评论风气中士人最关心的话题之一。所谓“中正”一名,或许典出《尚书·吕刑》:“明启刑书,胥占,咸庶中正”,那么对于《尚书》十分熟悉的汉末士大夫是否会借用“中正”一词来形容在乡里评议中立论公正、为众人所推服之人,进而“中正”逐渐成为某些地区乡里评论领袖的专称?或许不乏这种可能,这也可以解释为何在吴地与中原出现了“公平”与“中正”两个“名异而实同”的称呼。另外,可以注意的是碑阴题

〔1〕《三国志》卷六一《潘濬传》注引《襄阳记》:“襄阳习温为荆州大公平。大公平,今之州都”,第1399页。

〔2〕唐长孺曾指出:“两个分立的政权却先后创立中正(公平)之官,主持州郡评议人物,这不能说偶合或单纯的仿效,而是在一定程度上有共同的历史渊源和历史条件。”《东汉末期的大姓名士》,《魏晋南北朝史论拾遗》,第49页。

名的十四人中,前十三人都冠有故吏的身份,唯有中正杜县杜豹一行前无“故吏”二字,至少可以说明当时中正并非地方僚佐系统中的一员,因此与司马芳之间并无“府主—故吏”这样的名分关系。据此笔者倾向于认为此处的“中正杜豹”并非是郡内官僚机构的成员,而是代表了乡里评论的民望领袖,因此被列在碑阴题名的最后一行,位于郡僚佐之后。〔1〕即使在中正制度发育完善的魏晋南北朝时期,中正也一直未被正式纳入国家的职官体系之中,没有正式的官品,至多只是被视为流内比视官而已,〔2〕可见这一制度本身就具有某种“民间性格”,与一般的官职有所不同。那么,根据以上讨论,笔者推测“中正”一名最初大约起源于汉末的清议运动,并逐渐演变成富有人望的评论领袖的代称。正如许多前辈学者指出的那样,九品官人法的成立与汉末清议风潮有密切的关系,那么陈群在魏初规划九品中正制时,选择当时士人熟知并常用的“中正”一名,并将其作为一种官名固定下来,纳入选举制度,或许是一个符合逻辑的推论。〔3〕

三

根据上述考证,我们对司马防的生平也有了更多的了解。司

〔1〕从汉碑碑阴人名题写的惯例来看,题名于故吏之后的或是民望之类乡里领袖,或是孝廉这些为郡守所举的士人,除了笔者下文中的推测,中正亦可能是某种之前未知的察举科目,后为九品官人法所袭用。

〔2〕《隋书》卷二七《百官志中》云北齐诸州大中正,视第五品。诸州中正,畿郡邑中正,视从第五品,第770页。

〔3〕要进一步检讨这一问题,需对汉末察举制度解体后、中正制度形成前这段时期的选官制度加以考察,并研究建安时期清议对于选官制度的影响与渗透,关于这方面的史料较少,学者只能做一些简单的推测,如于涛:《东曹、魏尚书的选举与中正的形成》,《文史哲》2000年第6期,第77—82页。

马防在安排其子司马朗回乡避难之后,自己随董卓西迁长安。或许是董卓为了酬答其追随入关之劳,司马防被迅速擢升,出任京兆尹一职。但是司马防担任京兆尹的时间也不长,数年之后,杜畿从荆州返回三辅乡里,再次被署为郡功曹,此时的京兆尹已是河东张时。

《司马芳残碑》提供的另一个重要信息反映了京兆杜氏与河东司马氏的早期交往,〔1〕故吏与府主之间的关系是东汉人非常重视的人伦纽带,借此,司马氏与杜氏之间建立了累世交好的密切关系。尝读《晋书·杜预传》,对于其中的一段文字觉得难以索解:

> 杜预,字符凯,京兆杜陵人也。祖畿,魏尚书仆射。父恕,幽州刺史。预博学多通,明于兴废之道,常言:"德不可以企及,立功立言可庶几也。"初,其父与宣帝不相能,遂以幽死,故预久不得调。
>
> 文帝嗣立,预尚帝妹高陆公主,起家拜尚书郎,袭祖爵丰乐亭侯。〔2〕

当时司马昭正处于积聚力量、谋划代魏的关键时刻,通婚是他建立自己的权势网络,邀买人心的重要手段,为何要将其妹嫁给与司马懿不合的杜恕之子杜预,〔3〕并委之以重任,其间的变化颇为突然。通过《司马芳残碑》的记载,明晰了两族累世交好的背景,对此疑

---

〔1〕 王力平也注意到了这个问题,参见王力平:《中古杜氏家族的变迁》,商务印书馆,2006年,第45—46页。

〔2〕《晋书》卷三四《杜预传》,第1025页。

〔3〕 司马懿与杜恕交恶的原因史文未载,据《三国志》卷一六《杜恕传》,他曾弹劾司隶校尉孔羡辟举司马懿之弟司马通一事选举不实,或许因此得罪了司马懿,第504页。

问则不难索解。司马氏与杜氏乃是世交，司马懿虽与杜恕不合，但这种私人间的交恶，往往由于偶然因素造成，未必会上升至影响两族之间交往的高度。司马昭在用人之际，对于杜预这位才华横溢却久遭冷遇的通家旧好厚加笼络，在累世交往的基础上又增加了通婚联姻的特殊关系，在修补旧谊的同时，使得两族之间的关系进一步深化，最终凝聚成政治利益共同体，从中我们不难发现司马昭高明的政治手腕。

图八 《司马芳残碑》碑阳全拓

图九 《司马芳残碑》碑阴全拓

参考文献

一、史　　料

《史记》、《汉书》、《后汉书》、《三国志》、《晋书》、《宋书》、《南齐书》、《梁书》、《陈书》、《魏书》、《北齐书》、《周书》、《隋书》、《旧唐书》、《新唐书》、《宋史》、《资治通鉴》(以上均中华书局点校本)

《十三经注疏》,中华书局,2009 年。

《二十五史补编》,中华书局,1955 年。

《二十五史三编》,岳麓书社,1994 年。

《后汉书三国志补表三十种》,中华书局,1984 年。

(汉) 许慎撰,(清) 段玉裁注:《说文解字注》,上海古籍出版社,1988 年。

(晋) 袁宏撰,周天游校注:《后汉纪校注》,天津古籍出版社,1987 年。

(梁) 萧统编集,(唐) 李善注:《文选》,上海古籍出版社,1986 年。

(北魏) 郦道元注,杨守敬、熊会贞疏:《水经注疏》,江苏古籍出版社,1989 年。

(隋) 虞世南编集:《北堂书钞》,中国书店,1989 年。

(唐) 欧阳询编集:《艺文类聚》,上海古籍出版社,1982 年。

(唐) 魏徵编集:《群书治要》,四部丛刊初编本,商务印书馆,1919 年。

(唐) 许敬宗编集,罗国威整理:《文馆词林校证》,中华书局,2001 年。

(唐) 徐坚编集:《初学记》,中华书局,1962 年。

(唐) 刘知幾撰,(清) 浦起龙释:《史通通释》,上海古籍出版社,1978 年。

(唐) 林宝撰,岑仲勉校记:《元和姓纂(附四校记)》,中华书局,1994 年。

(宋) 李昉编集:《太平御览》,中华书局,1960 年。

(宋) 吴淑撰注:《事类赋注》,中华书局,1989 年。

(宋) 王溥编集:《唐会要》,上海古籍出版社,1991 年。

(宋) 宋敏求编集:《唐大诏令集》,商务印书馆,1959 年。

(宋) 乐史:《太平寰宇记》,中华书局,2007 年。

(宋) 欧阳修:《集古录跋尾》,人民美术出版社,2010 年。

(宋) 赵明诚撰,金文明校证:《金石录校证》,广西师范大学出版社,2005 年。

(宋) 洪适:《隶释》,中华书局,1986 年。

(宋) 陈思:《宝刻丛编》,丛书集成初编,中华书局,1985 年。

(清) 徐松辑:《河南志》,中华书局,1994 年。

程树德:《论语集释》,中华书局,1990 年。

(清) 焦循:《孟子正义》,中华书局,1987 年。

(清) 焦循:《雕菰楼经学九种》,凤凰出版社,2015 年。

(清) 陈立:《白虎通疏证》,中华书局,1994 年。

王利器:《盐铁论校注》,中华书局,1992 年。

汪荣宝:《法言义疏》,中华书局,1987 年。

余嘉锡:《世说新语笺疏(修订本)》,上海古籍出版社,1993 年。

徐震堮:《世说新语校笺》,中华书局,1984 年。

杨勇:《世说新语校笺(修订本)》,中华书局,2006 年。

任乃强:《华阳国志校补图注》,上海古籍出版社,1987 年。

刘俊文:《唐律疏议笺解》,中华书局,1996 年。

张鹏一:《魏略辑本》,陕西文献征辑处刻本,1924 年。

(清) 汤球辑,杨朝明校补:《九家旧晋书辑本》,中州古籍出版社,1991 年。

(清) 汤球:《汉晋春秋辑本》,丛书集成初编,商务印书馆,1937 年。

(清) 汤球:《晋阳秋辑本》,丛书集成初编,商务印书馆,1937 年。

（清）汤球、黄奭辑，乔治忠校注：《众家编年体晋史》，天津古籍出版社，1989 年。
（清）劳格：《晋书校勘记》，丛书集成初编，商务印书馆，1936 年。
张鹏一辑，徐清廉校补：《晋令辑存》，三秦出版社，1989 年。
（清）黄奭：《汉学堂知足斋丛书》，书目文献出版社，1992 年。
（清）黄奭：《黄氏逸书考》，《续修四库全书》第 1206—1211 册，上海古籍出版社，2002 年。
（清）王仁俊：《玉函山房辑佚书续编三种》，上海古籍出版社，1989 年。
陶栋：《辑佚丛刊》，中华书局，1948 年。
五胡の会编：《五胡十六国霸史輯佚》，燎原書店，2012 年。
（清）王谟：《汉唐地理书钞》，中华书局，1966 年。
（清）陈运溶：《麓山精舍丛书》，岳麓书社，2008 年。
（清）严可均辑：《全上古三代秦汉三国六朝文》，中华书局，1958 年。
逯钦立辑校：《先秦汉魏晋南北朝诗》，中华书局，1983 年。
周天游：《八家后汉书辑注》，上海古籍出版社，1986 年。
刘纬毅：《汉唐方志辑佚》，北京图书馆出版社，1997 年。
（清）王先谦：《后汉书集解》，中华书局，1984 年。
卢弼：《三国志集解》，中华书局，1982 年。
赵幼文：《三国志校笺》，巴蜀书社，2001 年。
吴士鉴：《晋书斠注》，中华书局，2008 年。
姚铭恭：《晋书纂注》，集成印刷厂，1955 年。
（清）王昶：《金石萃编》，陕西人民美术出版社，1990 年。
北京图书馆金石组编：《北京图书馆藏中国历代石刻拓本汇编》，中州古籍出版社，1989 年。
井波陵一编：《魏晉石刻資料選注》，京都大學人文科學研究所，2005 年。
毛远明：《汉魏六朝碑刻校注》，线装书局，2009 年。
高峡编：《西安碑林全集》，广州经济出版社，1999 年。
（宋）叶适：《习学记言序目》，中华书局，1977 年。
（宋）王应麟著，（清）翁元圻等注：《困学纪闻（全校本）》，上海古籍出版社,2008 年。
(明) 于慎行著,(清) 黄恩彤参订:《读史漫录》,齐鲁书社,1996 年。
(清) 顾炎武著,黄汝成集释:《日知录集释》,上海古籍出版社,2007 年。
(清) 王夫之:《读通鉴论》,中华书局,1975 年。
(清) 赵翼撰,王树民校证:《廿二史札记校证(订补本)》,中华书局,1984 年。
(清) 赵翼:《陔余丛考》,河北人民出版社,1990 年。
(清) 王鸣盛:《十七史商榷》,上海书店出版社,2005 年。
(清) 钱大昕:《廿二史考异》,上海古籍出版社,2004 年。
(清) 何焯:《义门读书记》,中华书局,1987 年。
(清) 张熷:《读史举正》,丛书集成初编,商务印书馆,1937 年。
(清) 牛运震:《读史纠谬》,齐鲁书社,1989 年。
(清) 王懋竑:《白田杂著》,影印文渊阁《四库全书》本。
(清) 李慈铭:《越缦堂读书记》,上海书店出版社,2000 年。
(清) 李慈铭著,王利器纂辑:《越缦堂读书简端记》,天津人民出版社,1980 年。
(清) 李慈铭著,王利器纂辑:《越缦堂读书简端记续编》,天津古籍出版社,1993 年。
(清) 黄以周:《儆季杂著》,光绪二十年江阴南菁讲舍刻本。

二、近人研究论著

(一) 中日文部分

埃伯哈德:《中国汉代的天文学及天文学家的政治职能》,费正清编:《中国的思想与制度》,世界知识出版社,2008 年。
安部聡一郎:《後漢時代關係史料の再檢討—先行研究の檢討を中心に—》《史料批判研究》第 4 号,2000 年。
安部聡一郎:《袁宏『後漢紀』・范曄『後漢書』史料の成立過程について—劉平・趙孝の記事を中心に—》,《史料批判研究》第 5 号,2000 年。

安部聡一郎:《党錮の「名士」再考—貴族制成立過程の再検討のために—》,《史學雜誌》111 編 10 号,2002 年。
安部聡一郎:《清流・濁流と「名士」—貴族制成立過程の研究をめぐって—》,《中國史學》第 14 卷,2004 年。
安部聡一郎:《『後漢書』郭太列傳の構成過程—人物批評家としての郭泰像の成立—》,《金沢大学文学部論集》第 28 号,2008 年。
安群:《十年来国内门阀士族研究综述》,《中国史研究动态》1990 年第 2 期。
安田二郎:《六朝政治史の研究》,京都大学学術出版会,2003 年。
安田二郎:《曹魏明帝の「宮室修治」をめぐって》,《東方学》第 111 輯,2006 年。
曹书杰:《王隐家世及其〈晋书〉》,《史学史研究》1995 年第 2 期。
曹文柱:《西晋前期的党争与武帝的对策》,《北京师范大学学报》1989 年第 5 期。
陈鸿琦:《前汉典理兵器的职官考述》,《简牍学报》第 11 期,兰台出版社,1995 年。
陈侃理:《罪己与问责——灾异咎责与汉唐间的政治变革》,《中国中古史研究:中国中古史青年学者联谊会会刊》第 2 卷,中华书局,2011 年。
陈美丽、裴士凯著,张建中译:《美国学者对中国中古时期历史和社会的研究》,张海惠编:《北美中国学》,中华书局,2010 年。
陈琳国:《庶族、素族和寒门》,《中国史研究》1984 年第 1 期。
陈启云著,高专诚译:《荀悦与中古儒学》,辽宁大学出版社,2000 年。
陈尚君:《汉唐文学与文献论考》,上海古籍出版社,2008 年。
陈爽:《世家大族与北朝政治》,中国社会科学出版社,1999 年。
陈爽:《近 20 年中国大陆地区六朝士族研究概观》,《中国史学》第 11 卷,2001 年。
陈弱水:《隐蔽的光景——唐代的妇女文化与家庭生活》,广西师范大学出版社,2009 年。
陈恬仪:《汉晋之际的颍川陈氏家族》,《辅仁国文学报》第 28 期,2009 年。
陈啸江:《魏晋时代之"族"》,《史学专刊》第 1 期,1935 年。

陈寅恪:《隋唐制度渊源略论稿》,上海古籍出版社,1982 年。
陈寅恪:《唐代政治史述论稿》,上海古籍出版社,1982 年。
陈寅恪:《金明馆丛稿初编》,生活·读书·新知三联书店,2001 年。
陈寅恪:《金明馆丛稿二编》,生活·读书·新知三联书店,2001 年。
陈寅恪:《寒柳堂集》,生活·读书·新知三联书店,2001 年。
陈勇:《董卓进京述论》,《中国史研究》1995 年第 4 期。
陈直:《晋徐美人墓石考释》,《中原文物》1980 年第 1 期。
川合安:《西晋王浚妻華芳墓誌について》,《唐代史研究》第 4 号,2001 年。
川胜义雄著,徐谷芃、李济沧译:《六朝贵族制社会研究》,上海古籍出版社,2007 年。
崔向东:《日本的两汉豪族研究》,《中国史研究动态》2002 年第 5 期。
崔向东:《汉代豪族研究》,崇文书局,2003 年。
大原信正:《曹魏明帝政権史研究序説》,《アジア史研究》第 34 号,2010 年。
丹羽兑子:《魏晋時代の名族—荀氏の人々について—》,中国中世史研究会编:《中国中世史研究》,東海大学出版会,1970 年。
東晋次:《後漢時代の政治と社会》,名古屋大学出版会,1995 年。
东晋次著,徐世虹译:《后汉的选举与地方社会》,《日本中青年学者论中国史(上古秦汉卷)》,上海古籍出版社,1995 年。
渡边信一郎著,周长山译:《元会的建构——中国古代帝国的朝政与礼仪》,沟口雄三、小岛毅编:《中国的思维世界》,江苏人民出版社,2006 年。
渡邉義浩:《「封建」の復権—西晉における諸王の封建に向けて—》,《早稲田大学大学院文学研究科紀要》50 輯 4 册,2004 年。
渡邉義浩:《杜預の左傳癖と西晉の正統性》,《六朝學術學會報》第 6 号,2005 年。
渡邉義浩:《司馬彪の修史》,《大東文化大学漢学会誌》第 45 号,2006 年。
渡邉義浩:《西晉司馬氏婚姻考》,《東洋研究》第 161 号,2006 年。
渡邉義浩:《司馬氏の臺頭と西晉の建國》,《大東文化大学漢学会誌》第 46 号,2007 年。
渡邉義浩:《西晉における「儒教国家」の形成》,《大東文化大学漢学会誌》

第 47 号,2008 年。

渡边义浩著,松金佑子译:《日本有关“儒家国家化”的研究回顾》,《新史学》第 14 卷第 2 期。

杜正胜:《编户齐民——传统政治社会结构之形成》,联经出版社,1990 年。

杜正胜:《新史学之路》,三民书局,2004 年。

都築晶子:《六朝貴族研究の現況—豪族・貴族・国家—》,《名古屋大学東洋史研究報告》第 7 号,1981 年。

多田狷介:《漢魏晋史の研究》,汲古書院,1999 年。

段绍嘉:《司马芳残碑出土经过及初步研究》,《人文杂志》1957 年第 3 期。

范兆飞:《魏晋之际的党派分野和士族升降——以淮南三叛中的太原士族群为中心》,《复旦学报》2009 年第 5 期。

范兆飞:《西晋士族的婚姻网络与交游活动——以太原士族为中心的考察》,《南都学坛》2009 年第 5 期。

范兆飞:《亦汉亦魏:〈司马芳残碑〉的时代及意义》,《史学月刊》2018 年第 1 期。

范兆飞:《螭龙的光与影——中古早期碑额形象演变一瞥》,《唐研究》第 24 卷,北京大学出版社,2019 年。

方诗铭:《何晏在曹魏高平陵政变前后》,《史林》1998 年第 3 期。

方诗铭:《关于汉晋琅邪诸葛氏的“族姓”问题》,《中华文史论丛》第 58 辑,1999 年。

方韬:《从〈晋辟雍碑〉看晋武帝立嗣》,《贵州文史论丛》2011 年第 4 期。

傅玫:《三十年来日本史学界对中国古代地主阶级的研究概况》,《中国史研究动态》1983 年第 3 期。

福原啓郎:《西晉の武帝司馬炎》,白帝社,1995 年。

福原啓郎:《魏晉政治社会史研究》,京都大学學術出版会,2012 年。

福原启郎著,胡宝华译:《内藤湖南关于中世贵族制的思考方式》,内藤湖南研究会编著:《内藤湖南的世界》,三秦出版社,2005 年。

甘怀真:《政治制度史研究的省思——以六朝隋唐为例》,《中华民国史专题论文集第四届讨论会》第 1 册,台北“国史馆”,1998 年。

甘怀真:《皇权、礼仪与经典诠释: 中国古代政治史研究》,喜马拉雅研究发展基金会,2003 年。

甘怀真:《从天下国家的观点论中国中古的朝代》,《中国中古史研究: 中国中古史青年学者联谊会会刊》第 2 卷,中华书局,2011 年。

冈村繁:《汉魏六朝的思想与文学》,上海古籍出版社,2002 年。

宫川尚志:《六朝史研究(政治 · 社会篇)》,平樂寺書店,1964 年。

宫崎市定著,韩昇、刘建英译:《九品官人法研究》,中华书局,2008 年。

谷川道雄著,马彪译:《中国中世社会与共同体》,中华书局,2002 年。

谷川道雄编:《魏晋南北朝隋唐史学的基本问题》,中华书局,2010 年。

谷霁光:《史林漫拾》,福建人民出版社,1982 年。

顾江龙:《齐王攸就国考论——晋武帝"必建五等"的历程之一》,北京大学中国古代史研究中心编:《田余庆先生九十华诞颂寿论文集》,中华书局,2014 年。

顾江龙:《太康十年分封与杨骏的兴灭》,《华东师范大学学报》2018 年第 4 期。

郭熹微:《论魏晋禅代》,《新史学》第 8 卷第 4 期,1997 年。

韩国磐:《魏晋南北朝史纲》,人民出版社,1983 年。

韩昇:《隋文帝传》,人民出版社,1998 年。

韩昇:《贞观永徽之际的政局》,《中华文史论丛》2001 年第 1 辑。

韩昇:《中古社会史研究的数理统计与士族问题——评毛汉光先生的〈中国中古社会史论〉》,《复旦学报》2003 年第 5 期。

韩树峰:《南北朝时期淮汉迤北的边境豪族》,社会科学文献出版社,2003 年。

韩树峰:《武帝立储与西晋政治斗争》,《中国人民大学学报》2009 年第 6 期。

河南省文化局文物工作队第二队:《洛阳晋墓的发掘》,《考古学报》1957 年第 1 期。

河南省文物考古研究院:《曹操高陵》,中国社会科学出版社,2016 年。

何启民:《中古门第论集》,学生书局,1978 年。

何启民:《〈历史研究〉一九五四~一九六六年间有关魏晋南北朝史论文之讨论》,《政大历史学报》第 13 期,1996 年。

何兹全:《读史集》,上海人民出版社,1982 年。

侯思孟著,耿昇译:《九品中正考》,《国外中国学研究译丛》第 1 辑,青海人民出版社,1986 年。

侯旭东:《北朝村民的生活世界》,商务印书馆,2005 年。

胡宝国:《汉唐间史学的发展》,商务印书馆,2003 年。

胡宝国:《虚实之间》,社会科学文献出版社,2011 年。

胡小丽:《〈晋书〉与〈世说新语〉、刘孝标注史料关系初探》,《文史》2002 年第 2 辑。

胡志佳:《门阀士族时代下的司马氏家族》,文史哲出版社,2005 年。

胡志佳:《西晋王浚家族的兴衰及其人际网络——由华芳墓志铭观察》,《逢甲人文社会学报》第 7 期,2003 年。

胡志佳:《惠帝羊皇后与西晋政局——兼论羊氏家族的发展》,《逢甲人文社会学报》第 8 期,2004 年。

黄灿:《日本学者对汉代家族制研究概述》,《中国史研究动态》1985 年第 11 期。

黄炽霖:《曹魏时期中央政务机关之研究》,文史哲出版社,2002 年。

黄惠贤:《魏晋南北朝隋唐史研究与资料》,湖北人民出版社,2010 年。

黄永年:《文史探微》,中华书局,2000 年。

黄正建:《唐代"士大夫"的特色及其变化》,《中国史研究》2005 年第 3 期。

吉川忠夫著,王启发译:《六朝精神史研究》,江苏人民出版社,2010 年。

葭森健介:《中国史における貴族制研究に関する覚書》,《名古屋大学東洋史研究報告》第 7 号,1981 年。

葭森健介:《魏晋革命前夜の政界—曹爽政権と州大中正設置問題—》,《史學雜誌》95 編 1 号,1986 年。

葭森健介著,李济沧译:《士庶考——针对唐宋变革前史的一个考察》,《日本学者中国史研究年刊(2008 年度)》,上海古籍出版社,2011 年。

姜亮夫:《张华年谱》,古典文学出版社,1957 年。

景蜀慧:《魏晋诗人与政治》,文津出版社,1991 年。

景蜀慧:《魏晋政局与皇甫谧之废疾》,《文史》2001 年第 2 辑。

景蜀慧:《何晏罹疾及服散考释》,《文史》2008年第4辑。

景蜀慧:《魏晋文史寻微》,中华书局,2018年。

金发根:《东汉党锢人物的分析》,《历史语言研究所集刊》34本下,1963年。

津田資久:《『魏略』の基礎的研究》,《史朋》第31号,1998年。

津田資久:《『魏志』の帝室衰亡叙述に見える陳寿の政治意識》,《東洋學報》84卷4号,2003年。

津田資久:《曹魏至親諸王攷—『魏志』陳思王植伝の再検討を中心として—》,《史朋》第38号,2005年。

津田資久:《符瑞「張掖郡玄石図」の出現と司馬懿の政治的立場》,《九州大学東洋史論集》第35号,2007年。

金应熙:《国外关于中国古代史的研究述评》,内蒙古人民出版社,1994年。

金应熙、邹云涛:《国外对于六朝世族研究的述评》,《暨南学报》1987年第2期。

雷海宗:《皇帝制度之形成》,《清华学报》第9卷第4期,1934年。

雷艳红:《陈寅恪“关陇集团”说评析》,《厦门大学学报》2002年第1期。

黎明钊:《西汉中期之三老与豪强》,《新史学》第8卷第2期,1997年。

黎明钊:《汉代地方官僚机构:郡功曹之职掌与尹湾汉墓简牍之关系》,《中国文化研究所学报》新8卷,1999年。

黎明钊:《汉代东海郡的豪姓大族:以〈东海郡下辖长吏名籍〉及〈赠钱名籍〉为中心》,《中国文化研究所学报》新9卷,2000年。

黎明钊:《汉代豪族大姓的研究回顾》,周樑楷编:《结网二编》,东大图书公司,2003年。

黎明钊:《汉代豪族大姓类别与分布探讨》,《史学传薪——社会·学术·文化的探索》,香港中华书局,2005年。

李培栋:《魏晋南北朝史缘》,学林出版社,1996年。

李晓杰:《东汉政区地理》,山东教育出版社,1999年。

李约翰著,齐威译:《英美关于中国中世贵族制研究的成果和课题》,《中国史研究动态》1984年第7期。

李贞德:《汉魏六朝的乳母》,李贞德、梁其姿编:《台湾学者中国史研究论丛·妇女与社会》,中国大百科全书出版社,2005年。

林丽真:《论魏晋的孝道观念及其与政治、哲学、宗教的关系》,陈弱水、王汎森编:《台湾学者中国史研究论丛·思想与学术》,中国大百科全书出版社,2005年。

梁满仓:《汉唐间政治与文化探索》,贵州人民出版社,2000年。

廖伯源:《历史与制度——汉代政治制度试释》,台湾商务印书馆,1998年。

廖吉郎:《两晋史部遗籍考》,嘉新水泥公司文化基金会,1970年。

廖蔚卿:《张华与西晋政治之关系》,《台大文史哲学报》第22期,1973年。

刘驰:《六朝士族探析》,中央广播电视大学出版社,2000年。

刘琳:《中古泥鸿——刘琳史学论文自选集》,巴蜀书社,1999年。

刘显叔:《东汉魏晋的清流士大夫与儒家大族》,《简牍学报》第5期,1977年。

刘显叔:《论魏末政争中的党派分际》,《史学汇刊》第9期,1979年。

刘啸:《论汉末名士到魏晋士族的复杂历程——以汉末颍川荀、陈、钟三家为中心》,《许昌学院学报》2005年第6期。

刘啸:《再论晋初太子之争:以太子太傅、少傅、詹事的设置为中心》,《历史教学问题》2010年第2期。

刘增贵:《汉代婚姻制度》,华世出版社,1980年。

刘增贵:《论后汉末的人物评论风气》,《成功大学历史学报》第10期,1983年。

刘增贵:《从碑刻史料论汉末士族》,傅乐成教授纪念论文集编辑委员会编:《中国史新论——傅乐成教授纪念论文集》,学生书局,1985。

刘增贵:《东汉的门第观念》,《国史释论——陶希圣先生九秩荣庆纪念论文集》(下),食货出版社,1988年。

刘增贵:《晋南北朝时代的乡里之情》,熊秉真编:《欲盖弥彰:中国历史文化中的"私"与"情"——公义篇》,汉学研究中心,2002年。

刘增贵:《汉魏士人同乡关系考论》,邢义田、林丽月编:《台湾学者中国史研究论丛·社会变迁》,中国大百科全书出版社,2005年。

刘增贵:《汉代的益州士族》,黄宽重、刘增贵编:《台湾学者中国史研究论丛·家族与社会》,中国大百科全书出版社,2005 年。
柳春新:《汉末晋初之际政治研究》,岳麓书社,2006 年。
柳春新:《〈魏略〉考论》,《中国典籍与文化论丛》第 11 辑,凤凰出版社,2009 年。
路远:《〈司马芳碑〉刻立年代考辨》,《文博》1998 年第 2 期。
鲁迅:《魏晋风度及文章与药及酒之关系》,《而已集》,人民文学出版社,1980 年。
卢建荣:《魏晋之际的变法派及其敌对者》,《食货月刊》10 卷 7 期,1980 年。
鲁力:《魏晋封建主张及相关问题考述》,《武汉大学学报》2004 年第 2 期。
陆侃如:《中古文学系年》,人民文学出版社,1985 年。
卢云:《汉晋文化地理》,陕西人民教育出版社,1991 年。
洛阳市文物工作队:《洛阳出土历代墓志辑绳》,中国社会科学出版社,1991 年。
洛阳市文物考古研究院:《河南洛阳市西朱村曹魏墓葬》,《考古》2017 年第 7 期。
罗新:《五燕政权下的华北士族》,《国学研究》第 4 卷,北京大学出版社,1997 年。
罗新:《论曹操的爵制改革》,《文史》2007 年第 3 辑。
罗志田:《民国史研究的“倒放电影”倾向》,《社会科学研究》1999 年第 4 期。
罗志田:《非驴非马:陈寅恪的文字意趣一例》,《读书》2010 年第 4 期。
吕思勉:《吕思勉读史札记(增订本)》,上海古籍出版社,2005 年。
満田剛:《『三國志』蜀書の典據について》,《創価大学大学院紀要》第 23 号,2001 年。
満田剛:《『三國志』魏書の典據について(巻一~巻十)》,《創価大学人文論集》第 14 号,2002 年。
毛汉光:《两晋南北朝士族政治研究》,中国学术著作奖助委员会,1966 年。
毛汉光:《中国中古政治史论》,上海书店出版社,2002 年。
毛汉光:《中国中古社会史论》,上海书店出版社,2002 年。
美川修一:《『三国志』—荀彧の死—》,早稲田大学文学部東洋史研究室編:

《中国正史の基礎的研究》,早稲田大学出版部,1984 年。

蒙思明:《魏晋南北朝的社会》,上海人民出版社,2007 年。

牟发松:《汉代三老:"非吏而得与吏比"的地方社会领袖》,《文史哲》2006 年第 6 期。

牟润孙:《注史斋丛稿》,中华书局,1987 年。

内藤湖南著,黄约瑟译:《概括的唐宋时代观》,《日本学者研究中国史论著选译》第 1 卷,中华书局,1992 年。

内藤湖南著,夏应元监译:《中国史通论——内藤湖南博士中国史学著作选译》,社会科学文献出版社,2004 年。

内藤湖南著,马彪译:《中国史学史》,上海古籍出版社,2008 年。

潘光旦:《存人书屋历史人物世系表稿》,《潘光旦文集》第 4 卷,北京大学出版社,1996 年。

彭卫:《汉代婚姻形态》,三秦出版社,1988 年。

皮尔斯:《近十五年来西方魏晋南北朝史研究》上,《中国史研究动态》1993 年第 8 期。

皮锡瑞:《经学历史》,中华书局,1959 年。

钱国祥:《由阊阖门谈汉魏洛阳城宫城形制》,《考古》2003 年第 7 期。

钱穆:《国史大纲》,商务印书馆,1996 年。

钱穆:《略论魏晋南北朝学术文化与当时门第之关系》,《中国学术思想史论丛》卷三,安徽教育出版社,2004 年。

清水凯夫:《论唐修〈晋书〉的性质》,南京大学中文系编:《魏晋南北朝文学论集》,南京大学出版社,1997 年。

瞿同祖:《瞿同祖法学论著集》,中国政法大学出版社,1998 年。

瞿同祖著,邱立波译:《汉代社会结构》,上海人民出版社,2007 年。

权家玉:《晋武帝立嗣背景下的贾充》,《魏晋南北朝隋唐史资料》第 23 辑,2007 年。

权家玉:《西晋杨骏一族的崛起》,《魏晋南北朝隋唐史资料》第 24 辑,2008 年。

容建新:《80 年代以来魏晋南北朝大族个案研究综述》,《中国史研究动态》

1996 年第 4 期。
陕西文物管理委员会:《潼关吊桥汉代杨氏墓群发掘简记》,《文物》1961 年第 1 期。
山下将司:《唐初における『貞観氏族志』の編纂と「八柱国家」の誕生》,《史學雑誌》111 編 2 号,2002 年。
上田早苗著,宋金文、马雷译:《贵族官僚制度的形成——清官的由来及其特征》,收入《日本中青年学者论中国史(六朝隋唐卷)》,上海古籍出版社,1995 年。
森本淳:《曹氏政権の崩壊過程に関する一試論—軍事権との関係を中心に—》,《アジア史研究》第 25 号,2001 年。
石井仁、渡邉义浩:《西晋墓誌二題》,《駒沢史学》第 66 号,2006 年。
史念海:《河山集》四集,陕西师范大学出版社,1991 年。
石田德行:《北地傅氏考—漢・魏・晋代を中心に—》,《中嶋敏先生古稀記念論集》(下),汲古書院,1981 年。
矢野主税:《裴氏研究》,《社会科学論叢》第 14 号,1965 年。
矢野主税:《魏晋百官世系表》,長崎大学史学会,1971 年改訂版。
矢野主税:《門閥社会成立史》,国書刊行会,1976 年。
施蛰存:《水经注碑录》,天津古籍出版社,1987 年。
辻正博:《西晋における諸王の封建と出鎮》,收入笠谷和比古編:《公家と武家Ⅳ・官僚制と封建制の比較文明史的考察》,思文閣,2008 年。
史广超:《〈永乐大典〉辑佚述稿》,中州古籍出版社,2009 年。
守屋美都雄:《六朝門閥の一研究—太原王氏系譜考—》,東京日本出版協同株式會社,1951 年。
守屋美都雄著,钱杭、杨晓芬译:《中国古代的家族与国家》,上海古籍出版社,2010 年。
宋德熹:《中古门第观念》,《兴大历史学报》第 5 期,1995 年。
宋德熹:《中国中古门第社会史研究在台湾——以研究课题取向为例(1949—1995)》,《兴大历史学报》第 6 期,1996 年。
宋杰:《濡须与孙吴的抗魏战争》,《文史》2003 年第 4 辑。

苏绍兴:《两晋南朝的士族》,联经出版社,1987 年。

孙启治、陈建华编:《古佚书辑本目录(附考证)》,中华书局,1997 年。

孙英刚:《唐代前期宫廷革命研究》,《唐研究》第 7 卷,北京大学出版社,2001 年。

汤勤福:《半甲集》,上海三联书店,2010 年。

唐长孺:《魏晋南北朝史论丛》,生活·读书·新知三联书店,1955 年。

唐长孺:《魏晋南北朝史论拾遗》,中华书局,1983 年。

唐长孺:《魏晋南北朝史籍举要》,《唐书兵志笺证(外二种)》,中华书局,2011 年。

陶晋生:《北宋士族——家族·婚姻·生活》,历史语言研究所所专刊 102,2003 年。

陶贤都:《魏晋南北朝的霸府与霸府政治研究》,湖南人民出版社,2007 年。

田余庆:《秦汉魏晋史探微(重订本)》,中华书局,2004 年。

田余庆:《东晋门阀政治》,北京大学出版社,2005 年第 4 版。

田中靖彦:《『漢晉春秋』に見る三國正統觀の展開》,《東方学》第 110 輯,2005 年。

田中靖彦:《唐代における三国正統論と『史通』—曹魏描写に込められた劉知幾の唐朝観—》,《中国: 社会と文化》第 20 号,2005 年。

田中靖彦:《初期東晉における孫呉觀—干寶『搜神記』を中心に—》,《六朝学術学会報》第 7 号,2006 年。

田中一輝:《西晉の東宮と外戚楊氏》,《東洋史研究》68 卷 3 号,2009 年。

万绳楠:《魏晋南北朝史论稿》,安徽教育出版社,1983 年。

万绳楠整理:《陈寅恪魏晋南北朝史讲演录》,黄山书社,1987 年。

王安泰:《开建五等——西晋五等爵制成立的历史考察》,花木兰文化出版社,2009 年。

王德权:《"核心集团与核心区理论"的检讨——关于古代中国国家权力形成的一点思考》,《政大历史学报》第 25 期,2006 年。

王健文:《奉天承运——古代中国的"国家"概念及其正当性基础》,东大图书公司,1995 年。

王力坚:《汉末建安的疫灾与文学》,《人文中国学报》第 17 期,2011 年。
王力平:《中古杜氏家族的变迁》,商务印书馆,2006 年。
王庆卫:《再论〈司马芳残碑〉刊刻年代乃其背景》,《文博》2015 年第 6 期。
王戎:《洛阳战国刻纹铜匜图像浅议》,《中原文物》2008 年第 4 期。
王瑞来:《宰相故事:士大夫政治下的权力场》,中华书局,2010 年。
王惟贞:《魏明帝曹叡之朝政研究》,花木兰文化出版社,2009 年。
王晓毅:《正始改制与高平陵政变》,《中国史研究》1990 年第 4 期。
王晓毅:《论曹魏太和"浮华案"》,《史学月刊》1996 年第 2 期。
王晓毅:《司马炎与西晋前期玄、儒的升降》,《史学月刊》1997 年第 3 期。
王晓毅:《司马懿与曹魏政治》,《文史哲》1998 年第 6 期。
王伊同:《五朝门第》,中华书局,2006 年。
王永平:《曹爽伐蜀之目的及其失败原因考析》,《许昌师专学报》1999 年第 3 期。
王永平:《论晋武帝立嗣问题——以齐王攸为中心》,《河南科技大学学报》2004 年第 3 期。
王永平:《略论诸葛诞与琅邪诸葛氏"姓族"形成之关系》,《文史哲》2005 年第 4 期。
王永平:《夏侯玄论——兼论魏晋之际谯郡夏侯氏门风之变化及其门第上升》,《史学月刊》2007 年第 4 期。
汪征鲁:《魏晋南北朝选官体制研究》,福建人民出版社,1995 年。
卫广来:《汉魏晋皇权嬗代》,书海出版社,2002 年。
吴慧莲:《曹魏的考课法与魏晋革命》,《台大历史学报》第 21 期,1997 年。
五井直弘:《漢代の豪族社会と国家》,名著刊行会,2001 年。
西嶋定生:《中国古代统一国家的特质——皇帝统治之出现》,杜正胜编:《中国上古史论文选集》下册,华世出版社,1979 年。
西嶋定生著,武尚清译:《中国古代帝国的形成与结构——二十等爵制》,中华书局,2004 年。
夏增民:《儒学传播与汉晋南朝文化变迁》,华中科技大学出版社,2009 年。
小池直子:《賈充出鎮—西晉・泰始年間の派閥抗争に関する一試論—》,

《集刊東洋学》第 85 号,2001 年。
小池直子:《賈南風婚姻》,《名古屋大學東洋史研究報告》第 27 号,2003 年。
萧璠:《皇帝的圣人化及其意义试论》,《历史语言研究所集刊》62 本 1 分,1993 年。
兴膳宏、川合康三:《隋書經籍志詳攷》,汲古書院,1995 年。
兴膳宏著,彭恩华译:《石崇与王羲之》,《六朝文学论稿》,岳麓书社,1986 年。
邢义田:《天下一家:皇帝、官僚与社会》,中华书局,2011 年。
邢义田:《治国安邦:法制、行政与军事》,中华书局,2011 年。
谢文学:《颍川长社钟氏家族研究》,《许昌师专学报》1991 年第 2 期。
徐婵菲、姚智远:《浅释洛阳新获战国铜匜上的刻纹图案》,《中原文物》2007 年第 1 期。
徐高阮:《山涛论》,《历史语言研究所集刊》41 本 1 分,1969 年。
许冠三:《三十五年(1950—1985)来台湾史界变迁》,《新史学九十年》,香港中文大学出版社,1986 年。
许倬云著,邹水杰译:《中国古代社会史论——春秋战国时期的社会流动》,广西师范大学出版社,2006 年。
许倬云:《求古编》,新星出版社,2006 年。
薛瑞泽:《嬗变中的婚姻——魏晋南北朝婚姻形态研究》,三秦出版社,2000 年。
阎爱民:《汉晋家族研究》,上海人民出版社,2005 年。
阎步克:《士大夫政治演生史稿》,北京大学出版社,1996 年。
阎步克:《察举制度变迁史稿》,辽宁大学出版社,1997 年第 2 版。
阎步克:《乐官与史官——传统政治文化与政治制度论集》,生活·读书·新知三联书店,2001 年。
阎步克:《〈周礼〉诸臣冕服的两种推定与中古冕制》,《文史》2006 年第 4 辑。
严耕望:《两汉太守刺史表》,上海古籍出版社,2007 年。
严耕望:《中国地方行政制度史·秦汉地方行政制度》,上海古籍出版社,2007 年。
严耕望:《中国地方行政制度史·魏晋南北朝地方行政制度》,上海古籍出版社,2007 年。

严耕望:《唐代交通图考》,上海古籍出版社,2007 年。

杨德炳:《汉末的琅邪郡与琅邪的诸葛氏》,《魏晋南北朝隋唐史资料》第 9、10 辑,1988 年。

杨光辉:《西晋分封与八王之乱》,《中国史研究》1989 年第 4 期。

杨光辉:《汉唐封爵制度》,学苑出版社,2001 年。

杨宽:《古史新探》,中华书局,1965 年。

杨励三:《司马芳残碑》,《文物》1965 年第 9 期。

杨联陞:《东汉的豪族》,《清华学报》第 11 卷 4 期,1936 年。

杨联陞:《"报"作为中国社会关系基础的思想》,费正清编:《中国的思想与制度》,世界知识出版社,2008 年。

杨鸿年:《汉魏制度丛考》,武汉大学出版社,1985 年。

杨英姿:《张华政治生涯探论》,《许昌学院学报》2005 年第 3 期。

杨筠如:《九品中正与六朝门阀》,《民国丛书》第 3 编 13 册,上海书店,1991 年。

杨耀坤:《魏晋南北朝史论稿》,成都出版社,1993 年。

叶妙娜:《东晋南朝侨姓士族之婚媾:陈郡谢氏个案研究》,《历史研究》1986 年第 3 期。

叶妙娜:《东晋南朝侨姓高门之仕宦:陈郡谢氏个案研究》,《中山大学学报》1986 年第 3 期。

伊藤敏雄:《正始の政変をめぐって—曹爽政権の人的構成を中心に—》,野口鐵郎編:《中国史における乱の構図》,雄山閣,1986 年。

殷宪、殷亦玄:《北魏平城书迹研究》,商务印书馆,2016 年。

永田拓治:《周斐『汝南先賢傳』輯本》,《東洋史論叢》第 17 号,2010 年。

游自勇:《汉唐时期"乡饮酒"礼制化考论》,《汉学研究》22 卷 2 期,2004 年。

宇都宫清吉著,黄金山译:《刘秀与南阳》,《日本学者研究中国史论著选译》第三卷,中华书局,1993 年。

余嘉锡:《余嘉锡文史论集》,岳麓书社,1997 年。

于涛:《东曹、魏尚书的选举与中正的形成》,《文史哲》2000 年第 6 期。

于涛:《论汉魏禅代的“军府”模式及影响》,《山东大学学报》2001 年第 2 期。
于涛:《〈三国志〉所记司马朗入仕年龄志疑》,《中国典籍与文化》2009 年第 4 期。
余英时:《士与中国文化》,上海人民出版社,2003 年。
余英时:《现代危机与思想人物》,生活 · 读书 · 新知三联书店,2005 年。
于兆伟:《西晋党争与伐吴战争关系论略》,《许昌师专学报》2002 年第 1 期。
增渊龙夫著,吕静译:《中国古代的社会与国家》,上海古籍出版社,2017 年。
斋藤実郎:《東観漢記 · 七家後漢書 · 後漢書の史料問題》,早稲田大学文学部東洋史研究室编:《中国正史の基礎的研究》,早稲田大学出版部,1984 年。
张广达:《近年西方学者对中国中世纪世家大族的研究》,《中国史研究动态》1984 年第 12 期。
张嘉凤:《“疾疫”与“相染”——以〈诸病源候论〉为中心试论魏晋至隋唐之间医籍的疾病观》,李建民编:《台湾学者中国史研究论丛 · 生命与医疗》,中国大百科全书出版社,2005 年。
张嘉凤、黄一农:《中国古代天文对政治的影响——以汉相翟方进自杀为例》,王健文编:《台湾学者中国史研究论丛 · 政治与权力》,中国大百科全书出版社,2005 年。
张鹤泉:《魏晋南北朝都督制度研究》,吉林文史出版社,2007 年。
张金龙:《魏晋南北朝禁卫武官制度研究》,中华书局,2004 年。
张军:《汉魏晋军府制度研究》,中共中央党校出版社,2006 年。
张蓓蓓:《夏侯玄综考》,王叔岷先生八十寿庆论文集编辑委员会编:《王叔岷先生八十寿庆论文集》,大安出版社,1993 年。
张蓓蓓:《唐修〈晋书〉论衡》,《中国古典文学与文献学研究》第 4 辑,学苑出版社,2008 年。
张晓连:《释“士族”》,《北朝研究》1997 年第 1 期。
张伟国:《司马氏篡魏军政凭借考》,《新亚学报》第 22 期,2003 年。
张兴成:《两晋宗室管理制度试论》,《文史哲》2001 年第 2 期。
张兴成:《西晋王国职官制度考述》,《中国史研究》2001 年第 4 期。

张旭华:《九品中正制略论稿》,中州古籍出版社,2004 年。
赵超:《古代墓志通论》,紫禁城出版社,2003 年。
镇江博物馆:《江苏镇江谏壁王家山东周墓》,《文物》1987 年第 12 期。
郑敬高:《南朝的将门》,《华中师范大学学报》1987 年第 6 期。
中国科学院考古研究所洛阳工作队:《汉魏洛阳城初步勘查》,《考古》1973 年第 4 期。
中国社会科学院考古研究所洛阳汉魏故城队:《河南洛阳汉魏故城北魏宫城阊阖门遗址》,《考古》2003 年第 7 期。
中国社会科学院考古研究所洛阳汉魏故城队:《河南洛阳市汉魏故城太极殿遗址的发掘》,《考古》2016 年第 7 期。
中村圭爾:《六朝貴族制研究》,風間書房,1987 年。
中村圭尔:《贵族制社会中的血缘与地缘关系的历史特性》,《人文论丛》2002 年卷,武汉大学出版社,2004 年。
中村圭尔著,夏日新译:《六朝贵族制论》,《日本学者研究中国史论著选译》第二卷,中华书局,1993 年。
钟盛:《论三国后期吴、晋交州之争》,《魏晋南北朝隋唐史资料》第 26 辑,2010 年。
周勋初:《魏晋南北朝文学论丛》,江苏古籍出版社,1999 年。
周一良:《魏晋南北朝史论集》,北京大学出版社,1997 年。
周一良:《魏晋南北朝史札记》,中华书局,1985 年。
周一良:《毕竟是书生》,北京十月文艺出版社,1998 年。
周振鹤:《西汉政区地理》,人民出版社,1987 年。
周振鶴:《周振鹤自选集》,广西师范大学出版社,1999 年。
朱大渭:《〈晋书〉的评价与研究》,《史学史研究》2000 年第 4 期。
朱东润:《八代传叙文学述论》,复旦大学出版社,2006 年。
竹田竜児:《門閥としての弘農楊氏についての一考察》,《史学》31 卷 1—4 号,1958 年。
朱晓海:《嵇康仄窥》,《台大中文学报》第 11 期,1999 年。
朱晓海:《西晋佐命功臣铭飨表微》,《台大中文学报》第 12 期,2000 年。

朱永嘉:《论曹操的抑制豪强及其法家思想》,《曹操论集》,生活·读书·新知三联书店,1960 年。

祝总斌:《两汉魏晋南北朝宰相制度研究》,中国社会科学出版社,1998 年。

祝总斌:《材不材斋文集》,三秦出版社,2006 年。

祝总斌:《评魏晋宋齐"儒教沦歇"及"近世取人,多由文史"说》,《文史》2006 年第 1 辑。

庄春波:《秦汉武库制度》,《史学月刊》1991 年第 6 期。

佐川英治:《「奢靡」と「狂直」—洛陽建設をめぐる魏の明帝と高堂隆—》,《中国文史論叢》第 6 号,2010 年。

佐藤達郎:《曹魏文·明帝期の政界と名族層の動向—陳羣·司馬懿を中心に—》,《東洋史研究》52 卷 1 号,1993 年。

(二) 英文部分

David Johnson: *The Medieval Chinese Oligarchy*, Westview Press, 1977.

Jennifer Holmgren: *Marriage Kinship and Power in Northern China*, VARIORUM, Ashgate Publishing Company, 1995.

Michael Dalby, "Reviewed work(s): The Aristocratic Families of Early Imperial China: A Case Study of the Po-ling Ts'ui Family", *Harvard Journal of Asiatic Studies*, Vol.40, No.1, 1980.

Miscevic D. Dusanka: "Oligarchy or Social Mobility: A Study of the Great Clans of Early Medieval China," *Bulletin of the Museum of Far Eastern Antiquities Stockholm* 65, 1993.

Robert M. Somers: "The Society of Early Imperial China: Three Recent Studies", *The Journal of Asian Studies*, Vol.38, No.1, 1978.

W. Eberhard: *Conquerors and Rulers: Social forces in medieval China*, Leiden, 1952.

Patricia Buckley Ebrey: *The Aristocratic Families of Early Imperial China: A case Study of the Po-ling Ts'ui Family*, Cambrige University Press, 1978.

索　引

L

M

N

P

Q

R

S

T

W

后　记

当论文写完的时候已是江南草长的时节，结束了整整大半年与键盘为伴的日子，我随意地走在复旦的校园，一头撞入江南好时节的春意中，享受着久违的惬意时光。呼吸着微雨过后的新鲜空气，看着树枝上抽出的嫩芽，慢慢地从一家书店踱到另一家书店，随手翻阅架上的新书，读书人的快乐大约莫过于此吧。

转眼之间，我已经在复旦度过了八个年头，2000 年 8 月推开 3 号楼 323 寝室的那个早晨，似乎还新鲜得宛如发生在昨日一般，不过我的身份已经完成了本—硕—博的转变。记得当日，父亲打量着老旧的筒子楼，感慨了一句：好像与我 20 多年前在复旦读书的时候没有什么不同。是的，这老楼默默地注视着一代代学生来了又去，曾经听同学说起过他们毕业之后再跑回校园敲过去寝室门的故事，心中涌过一阵感动，因为这青春与怀念已经被深深地刻在了每一个过客的心头。

当年，选择将历史作为高考的第一志愿，而没有填报其他热门的专业，除了自己的喜好之外，大约还被年轻的时候就要做自己喜欢做的事，不要为将来留有遗憾这样天真的理想主义驱动着。无可否认，历史这门学科在当下所面临的困境，八年埋首故纸堆的生涯，确实也错过了很多风景。由于在沪语之中“历史”与“律师”的发音相近，当被人问起专业时，常常会发生从“做律师很好的，赚大钱”到“历史，嗯嗯”这样的奇妙转折，原来以为这只是我个人的经验，后来聊天时才发现这竟然是很多上海同学的集体记忆，记在这里大约以后也可以当作一条反映社会心态的生活史材料吧。现在只是祈望我拿出来的这篇论文，作为八年来青春、梦想、汗水与辛劳的承载物，作为学生时代的最后一份作业，能让我依然带着孩子气地骄傲宣称，我为自己曾经的选择而自豪，为自己付出过的努力而满足。

天资驽钝的我，能够在八年时间内完成从本科到博士的学业，得益于许多老师的教导与厚爱。从韩昇师问学五年，留在脑海中的每每是师生漫谈的温馨场景，先生好购书、读书，每周午饭后散步至书店，在书架前随意品评的快意，是我很长时间内每周期待的节目。韩师常常教示做政治史必须把握其中的“分寸感”，这也是我在论文写作过程中心向往之的目标。

初识陈尚君教授，我只是他课程中一名“不速”的蹭课者而已。但蒙先生错爱，不但慷慨地允许我使用他丰富的个人藏书进行研究，而且客座香港中文大学期间，邀请我前往小住，使我能够有机会浏览香港大学、中文大学的藏书，补充了很多必需的资料。当我刚刚开始读研究生的时候，余欣老师恰好来复旦任教。在这五年中，我打扰他的次数大概只能用数不胜数来形容了。在今年这个有些寒冷的冬天，我依然麻烦他给我从京都寄来了“新年礼物”——一包我博士论文写作需要的论文。在复旦的八年中，曾经流连于许多老师的课堂，受益良多，特别是章清、姚大力、邹振环老师，我从本科时代就开始听他们的课，从中获得的远远不仅是知识。

“独学而无友，则孤陋而寡闻”，所幸在复旦的生涯中我一直不乏可以相与问学的同道。同门之中,张达志与我是硕士同屋,我们同样热衷于看书问学,一直以来我们的谈话都是从“最近又有什么书”开始的。学兄周奇、陈春雷、范兆飞、房奕对我照顾良多,时而相聚谈天,不但在学问上交流,有时也在乒乓球场上互相切磋,这是我研究生时代的宝贵记忆。来自台湾大学的吴怡洁,不但慷慨热情,常常有可爱的小礼物相赠,更让我开始对海峡彼岸的学术有了切身的了解。师妹王元元,在我们去武汉参加达志婚礼的几日中,不辞辛苦,担任向导,陪我去武大三至九世纪研究所看书,陪我到处寻觅书店,常感于心。

我在复旦的八年中,从本科到博士的同学,无论在生活还是学习上都对我关怀有加,这些朋友是我人生中宝贵的财富,唐雯、秦蓁、张仲民、吕和应、贾敏、方明、傅骏、邹怡、章可、庞仕影、周庆彰、于文、温海清、任宏、刘士岭、张生、罗凌、卢高潮、李晓明、罗婧、陈文彬、范若恩、王鑫磊、宋涛,谢谢你们带给我的快乐与帮助。

在博士论文的写作中得到过很多师友的关怀,我曾冒昧地写信向素不相识的张伟国、林校生、薛瑞泽先生索取相关论著,皆蒙其不吝惠赐。余蔚、邓志峰老师在预答辩时提出了许多中肯的意见。又蒙武汉大学毋有江博士、香港中文大学张欢华博士、日本九州大学河上麻由子博士帮助复制资料,免去了我很多上穷碧落下黄泉的功夫。在论文写作过程中,同门秦蓁不断地鼓励鞭策,唐雯不辞辛劳,仔细地校读了全文,提供了很多宝贵的修改意见,截稿日那天,罗婧为论文的排版一直忙碌到凌晨。

最后要感谢我的父母,正是由于你们的宽容,才让我在过去的八年之中,每天都能如今日那样,惬意地漫步在复旦园中。

仇鹿鸣记于 2008 年 4 月 15 日晚

“大江东去，浪淘尽，千古风流人物”，三国时代的历史无疑是中国人心中的一段情意结，但与脍炙人口的英雄故事相比，有关三国政治史的研究可以说是稍逊风骚，除了陈寅恪先生与田余庆先生所做出的典范性研究之外，似乎缺少足够有分量的工作，对于这一时代的变局做出综合性的检讨。这或许是受制于魏晋时代史料的相对匮乏，记得博士论文刚刚完成时，韩昇师曾问我写作的感受，我据实作答：“在很多问题上，我已自信窥见端倪，但在目前史料条件下，似乎又不足以对所有问题做出完满的解释。”历史研究者的工作方式有时颇似田间老农，需靠天吃饭，若无足够的史料，则空怀一身屠龙之术，却无施展的余地。而最近十余年来中古史研究的趋势，或许可以用“中心衰落，边缘崛起”一语来加以涵括，即传统的政治史研究关注度渐趋下降，宗教、礼制、医疗等与新史学相涉的研究领域日益繁盛。这一升一降固然与西潮东渐、学风移易等诸多因素有关，但就政治史研究领域本身而言，缺乏新史料的刺激和研究范式的老化无疑是其失去吸引力的重要因素。因此，在本书的写作及修订过程中，笔者一方面努力地在这有限的史料空间中闪转腾挪，尽可能地从中榨取更多的信息；另一方面则试图对前人的成说加以反思，引入一些新的观察视角，以冀在前贤时彦研究的基础上，有所进益。当然至于本书中这些尝试具体的成败得失，则需要由读者来加以评判。

在博士论文送审和答辩过程中，卢向前、芮传明、姚大力、章义和、俞钢、汤勤福等先生曾担任论文的评审人与答辩委员，提示了不少宝贵的意见。在最近几年中，参与中国中古史青年学者联谊会、复旦大学中古中国共同研究班的活动使我获益良多，不但结识了许多新的朋友，可以相互问难，砥砺学问，亦借此开阔眼界，获闻海内外最新的学术动态，以免井蛙之陋，本书的部分章节亦曾经在相关的学术会议及沙龙中报告，收获了不少重要的修订建议。

自2008年博士毕业之后,我有幸随陈尚君先生一起承担点校本二十四史修订的工作,尚君师学问气象宏大,于中古文献极为精熟,是我读书时的偶像,毕业后能与其一起工作,问学左右,可谓是人生中特别的幸运与际遇。犹记得第一日上班时,尚君师恐我不太习惯文献工作的青灯枯坐,以聪明人做笨事一语慰勉有加,我答之曰:“平生尚未做过一件足以写入悼词的事情,从现在开始可以做这样一件事情,我深感自豪”,虽可谓大言不惭,倒亦是我心中真实想法的写照。最近几年来,我自史学兼治文献,工作重心又多集中于唐代,多线作战之下,不免常感学力不足,左右支绌,但对文献研究的略窥门径,也使我得以对历史记载的形成过程有了更深地思考与理解,提升了学术研究的厚度。尚君师对我素来优假有加,鼓励我发展广泛的学术兴趣,此次修订书稿,又特意提供了两个月的假期,让我得以心无旁骛的从唐代“穿越”回魏晋,根据最近几年收集的资料,全面修订了拙稿。在本书修订的过程中,蒙福原启郎、辻正博、田中靖彦、徐冲、史习隽、聂庆锋等师友惠赐大作或复制资料以遗,责编胡文波兄本是治魏晋政治史的同好,在细致地完成编辑工作之余,亦向笔者提供了中肯的修订建议,使我避免了不少疏失。

本书的部分章节曾在相关的学术刊物上发表,在收入本书时,一并作了进一步的修订完善。本书的研究曾先后受到上海社科基金青年项目、复旦大学亚洲研究基金、复旦大学“985工程”三期人文学科整体推进重大项目的资助,虽然我素来坚信学术本非为稻粱谋,但在坚守学术之余能谋得一点稻粱总还是一件让人愉快的事情。

仇鹿鸣又记于2012年1月15日晚

修订本后记

本书初版于2012年，距今已有八年，去年上海古籍出版社的胡文波先生来和我商谈版权续期，提出希望借此机会做一些修订。坦率地说，我对此本颇感犹豫，本书是以我2008年完成的博士论文为基础增订而成，距今恰好一纪。十二年的时间，对于研究者个人来说，并不算短，但对于一本学术著作而言，还算“年轻”，加上我最近十年来的兴趣主要集中于唐代，对旧日的议题并无进一步的思考。若“修订本”仅是一噱头，也大违我的本心。拂不过出版方的美意，加上上半年因疫情的关系，困居室内，时间碎片，情绪亦颇恶，遂抽出一个多月的时间，拾缀旧作，也算是聊为无益之事，稍遣有涯之生。

本次修订主要做了两方面的工作，其一，根据我自己平时阅读的记录，增补一些之前未及注意的材料，改正了个别错误。对于书出版之后，学界直接相关的讨论，如司马芳残碑的问题，也酌情做了一些回应，这类增补在书中约有数十处。其二，对全书文字做了较多的修订。与大多数“正常”的作者一样，书出版之后，除了个别时候需要引用一下外，我其实从未通读过书中的任何一节。因此，此次重读，对书中不少的表述，稍觉拿捏得不够妥帖。念博士的时候,有幸赶上了往复最后的热闹,记得当年陆扬老师曾在网上抛出过一个讨论,大意是中文作为一种学术语言,尚不够成熟。博士论文交出后,曾收到一份盲审意见,意见中除了一些例行的表扬外,还特别提到一点,说文章写得很流畅,但是不是也有些“因文害意”。应该说在当时,或因尚少切身的体会,我对两个问题都没有往心里去。近年来,在内外驱迫之下,工作状态多少有从因读书略有所得而撰文,堕入为写论文而读书。在持续写作的过程中,特别是2018年因准备出版《长安与河北之间》一书,花了半年时间大幅度增补旧稿,一个直观的感受是旧作在四五年后,尽管观点仍维持不变,除了增补材料外,往往对自己昔日的文字颇感“戳气”,特别是在“准确”与“简洁”这两方面很难俱全。因此,之前未往心里去的两个问题,近年倒是经常萦绕在脑海中。学术论文的写作,究其格套而言,本是西方的舶来品,因此形式上略显板滞,语句欧化、注释冗长等弊病,但恐不免耳。为了追求表达的准确完备,经常有意无意地把中文写出些“从句感”。在我尊敬的前辈学者中,自不乏公认文章简洁灵动者,除了自身的天赋与修为外,无可否认,这些论文写得漂亮的前辈,大多没有处理庞大学术史、折衷各家之说的负担。这种“直指本心”的潇洒,对于成长在学术工业化与标准化的年轻一代学人来说,徒有羡鱼之情,缺少模仿的内外条件。因此,至少于我个人而言,就像中国革命经常在“左倾”与“右倾”之间摇摆一样,直到现在,还困扰于“准确”与“简洁”的两难。既然重拾旧稿,则难免要按现在的喜好,在文字做一些增润,也算是敝帚自珍之意。

对于或多或少熏染于后现代语境中的年轻学人来说,往往有“二马分途”的紧张。一方面有展现更加精致而规范学术的自觉与压力,尝试收集更丰富的材料,运用更精密的方法,在实证层面超迈前贤。另一方面,在理性上对历史的真相是否可以“抵达”则远没有前辈学者那么自信，这种“张力”在政治史领域中显得尤为明显，以事件、人物为中心的传统政治史的衰退是一个世界性的问题。毫无疑问，本书在方法和议题上仍局限于传统政治史的范畴，因此很难避免被自己或读者追问类似的问题。传统政治史研究由于史料记载的隐晦，高层政治活动又距离一般人的生活经验较远，难以避免较多地运用推测与假设，常依赖研究者的“自由心证”。二战以后，在史学社会科学化的浪潮中，因为缺乏“科学性”，渐成弃儿。对于中国史上段的研究而言，与政治史有关的史料占据了大宗，对于学者而言，似乎也很难视而不见，完全另起炉灶。至少我个人觉得，对于史学研究而言，关键不在于标举“新方法”或“新材料”，而是如何更好地将史料与方法“接榫”。因此本书开篇所标榜的“运用政治史与家族史相结合的研究方法”，无疑只是一句放四海而皆准的套话，若在具体实践中还稍有所得的话，大约是对“政治集团”这一概念的离析与拓展。认为因庇护关系而形成的社会（人际）网络是一种广泛寄生于官僚体系内部的结构性存在，而政治集团形成的基本要素需有一较为明确的政治目标，两者间虽有联系，但绝不能等同。之前给本书写书评的几位学者，多对如何更好地界定与运用“政治集团”这一概念有所讨论，我在《事件、过程与政治文化——近年来中古政治史研究的评述与思考》（《学术月刊》2019 年第 10 期）一文中尝试较为细致地分梳“社会网络”与“政治集团”这一组概念的同异，也算是一个回应。由于这些较新的思考无法纳入本书的修订，也请有兴趣的读者参看。

由于三国史在中国有广泛的群众基础，本书出版之后，稍有一些溢出学界之外的影响，连带着有读者表彰小书颇具现实关怀。“塑造正统”和“以史为鉴”是传统史学最重要的两个现实功用，但至少在我看来，这两个现实功用在现代史学研究中都应该被摒弃。假如有一天，学者只能借助研究来表达“忍不住的关怀”，那是学